普通高等教育“十一五”国家级规划教材

新世纪高职高专物流管理专业系列教材

物流信息技术

第3版

主　编　鲍吉龙　江锦祥

副主编　邵万清

机械工业出版社

物流信息技术是现代物流的基础和灵魂，本书全面阐述了构筑现代物流信息技术的几个关键技术的原理及其在物流领域的应用。全书共七章，内容主要涉及物流信息技术概论、数据库管理与网络技术、物流管理信息系统、物流条码技术、物流 EDI 技术、GPS 与 GIS 技术、智能运输系统等。本书内容丰富，实用性强，既有基本概念和原理的阐述，又有案例分析，深入浅出，易学易懂。每章前均有学习目的，章后都有小结和复习思考题，便于学习，是较为成熟的物流信息技术教材。

本书可作为高职高专物流管理及相关专业大专学生的专业教材，也可作为物流领域相关企业工程技术人员的技术参考书。

图书在版编目（CIP）数据

物流信息技术 / 鲍吉龙，江锦祥主编．—3 版．—北京：机械工业出版社，2010.5（2023.1 重印）

普通高等教育“十一五”国家级规划教材．新世纪高职高专物流管理专业系列教材

ISBN 978-7-111-30693-1

Ⅰ．①物 … Ⅱ．①鲍 … ②江 … Ⅲ．①物流—信息技术—高等学校：技术学校—教材 Ⅳ．①F253.9

中国版本图书馆 CIP 数据核字（2010）第 089214 号

机械工业出版社（北京市百万庄大街 22 号　邮政编码 100037）

策划编辑：孔文梅　　责任编辑：孔文梅　张美杰

封面设计：饶　薇　　责任印制：刘　媛

涿州市般润文化传播有限公司印刷

2023 年 1 月第 3 版第 14 次印刷

169mm×239mm・20.25 印张・358 千字

标准书号：ISBN 978-7-111-30693-1

定价：45.00 元

电话服务

客服电话：010-88361066

010-88379833

010-68326294

网络服务

机　工　官　网：www.cmpbook.com

机　工　官　博：weibo.com/cmp1952

金　书　网：www.golden-book.com

机工教育服务网：www.cmpedu.com

第3版序

由全国二十多所高职高专院校的物流管理专业的专家、学者和教师共同规划、共同编写的“新世纪高职高专物流管理专业系列教材”，于 2003 年 2 月由机械工业出版社出版发行第 1 版，这套教材是我国高职高专院校开办物流管理专业初始时，内容体系较为完整，实用性和操作性较强，适合高职高专物流管理专业人才培养定位和教学特点的第一套教材。为了适应我国物流行业业态变化快、管理模式和技术创新速度快的特点，我们在征求广大院校教师和读者意见并深入了解物流企业用人需要的基础上，于 2004 年 6 月完成了本套教材第 1 版的修订，推出了第 2 版教材。

2006 年，教育部下发了教高 [2006] 16 号文《关于全面提高高等职业教育教学质量的若干意见》（简称“16 号文”）。“16 号文”对未来高等职业院校的工学结合人才培养模式改革、面向工作任务和内容的课程内容和教学方式改革、教材建设提出了新的要求。为了适应教育部“16 号文”的高等职业教育改革精神的要求，以职业能力培养为目标，以国家物流师职业资格标准为参照，以物流运营管理相关工作岗位过程和内容为缆绳，以适合“教、学、做”一体化教学为宗旨，我们组织了对第 2 版教材的修订，陆续推出第 3 版系列教材（其中部分教材是第 2 版系列教材中新增加的书目）。

第 3 版教材具有如下特点：

（1）在内容上更能突出物流运营管理相关岗位的工作实际。

（2）在组织结构上更符合相关岗位群的业务流程。

（3）采用案例更具时代性和实用性。

（4）例题和作业更能如实反映企业实际。

（5）配套的多媒体课件更有助于提高教学效率和效果。

（6）行业企业教学资料库更加充实。

本套教材均配有电子课件，凡用作教材的学校或教师可向出版社索取，咨询电话：010-88379375、88379757。

本套教材既可作为高职高专院校物流类专业课程的教材，也可作为各类、各层次学历教育和短期培训的选用教材，也适合广大物流业界人员作为学习参考用书。

由于物流行业发展变化快，我国高等职业教育改革日益深入，再有由于作者水平的限制，书中难免有不尽如人意之处。恳请广大读者提出宝贵意见，以期保持这套教材的时代性和实用性，使其与物流管理高等职业教育的发展和谐共进。

新世纪高职高专物流管理专业
系列教材编审委员会

第2版序

由全国交通系统22所高职高专院校的专家、学者共同规划、共同编写的“新世纪高职高专物流管理专业系列教材”（第1版），于2003年2月由机械工业出版社出版发行，这也是我国高职高专开办物流管理专业以来，内容体系较为完整、实用性和操作性较强，适合高职高专物流管理专业培养目标和教学特点的第一套教材。该套教材自面市以来，深受广大师生和业界读者的欢迎。通过一年多的使用、实践，我们广泛收集了各院校和读者对本套教材的反馈意见和建议，并深入调查和了解了物流企业的用人需要，深感有必要对第1版教材从结构到内容进行调整与修订，以使本套教材更能适应物流行业对人才实际要求的变化，更适合高职高专的培养目标和教学特点，更方便广大师生的使用。

第2版教材的特点是：

（1）为了适应不同行业、不同地区院校物流管理专业的办学要求，在原来规划的第1版15本教材的基础上，增加了《货物学》、《物流电子商务》、《物流经济学》、《物流中心运作与管理》、《物流采购管理》。

（2）教材各章增加了学习目的，并尽可能附本章小结，内容结构更加适合学校教学的要求。

（3）克服以往要么理论分析过深，要么泛泛介绍等缺点，减少了理论分析和公式推导，突出实用性和操作性，因此更适合高职高专培养目标和教学特点要求。

（4）每章后面的案例和复习思考题侧重运作管理方法与技术，突出专题性，突出实训展开，更有利于培养学生分析问题、方法应用和解决实际问题的能力，体现高职特点。

（5）章节内容和案例更能体现现代物流运作的技术和管理实际，更能反映当今物流行业新技术、新管理方法和工具的应用。

（6）为了方便广大教师的备课和教学，每本教材增加了助教多媒体课件，帮助教师组织教学过程，使教学更生动直观，提高教学效率。

本套教材既可作为高职高专院校物流类专业课程的教材，也可作为各类、各层次学历教育和短期培训的选用教材，也适合作为广大物流业界人员的学习参考用书。

我们相信，“新世纪高职高专物流管理专业系列教材”（第2版）的面市，必将为推动我国高职高专物流管理专业教育事业的发展和物流行业的进步，发挥积极的推动作用。

由于物流行业发展变化快，再有编者水平的限制，书中难免有不足之处，恳请广大读者提出宝贵意见，以期保持这套教材的时代性和实用性，使其和高职高专的物流管理专业教育与时俱进。

新世纪高职高专物流管理专业
系列教材编审委员会

前　言

《物流信息技术》第 2 版出版已近 5 年，经过许多高校大量师生的实际使用，反馈了很多宝贵的意见和建议，给编者提供了非常有益的启发和帮助，在此表示深深的感谢。借这次机械工业出版社组织编写物流管理专业规划教材第 3 版的机会，我们对本书第 2 版出现的错误进行了改正。

第 3 版对第 2 版的内容作了较大的调整和改动，主要调整和改动的内容如下：

（1）删去第 2 版第一章的部分内容，进行了重新编写，增加了案例分析。

（2）第二章修改说明：①将原第六节“常用关系数据库管理系统”改为案例 1；原第七节改为第六节；②将原第五节的二、三部分合并；③在第三节增加“网络协议”内容；④增加第七节“网络信息安全”。

（3）在第四章中增加了“射频识别技术”内容，原第五节改为第六节。同时对原第四章中的部分内容进行了修改。

（4）对第七章“智能运输系统”进行了重新编写，增加了中国智能运输系统的发展现状、智能运输系统在现代物流中的应用等内容。案例部分叙述了我国部分省市智能运输系统的运用现状。

本书第 3 版的第一章由宁波工程学院邵万清老师编写，第二章由浙江交通职业技术学院江锦祥老师编写，第三章的部分内容由江西交通职业技术学院黄浩老师编写，第七章由天津交通职业技术学院翁玉波老师编写，第四、五、六章及第三章的部分内容由宁波工程学院鲍吉龙教授编写。全书由鲍吉龙教授统稿。

广东省交通运输高级技工学校阎子刚教授对本书进行了审稿，并提出了许多中肯的意见和建议，编者深感受益，在此深表谢意。

为方便教学，本书配备电子课件等教学资源。凡选用本书作为教材的教师均可索取，咨询电话：010-88379375、88379757。

尽管编者精益求精，由于时间和编者水平有限，错误和不足之处仍然在所难免，因此，希望使用本书的广大师生和读者不吝赐教，继续提出宝贵意见和建议，编者将不胜感激。

编　者

目录

第一章　物流信息技术概论

【学习目的】

通过本章的学习，要求熟练掌握数据、信息、物流信息、信息技术、物流信息技术的概念，掌握信息与决策的关系、物流信息特点和作用，掌握信息技术在物流领域的应用，理解物流现代化与物流信息技术之间的关系，了解我国物流信息化的现状特点。

物流信息技术是现代信息技术在物流各个作业环节中的应用，是物流现代化的重要标志。我国已经进入到现代物流阶段，而信息化是现代物流的灵魂，没有物流的信息化，就没有物流的现代化。信息技术使物流企业拓展了服务范围，提高了物流运作效率和对市场的反应速度，从而奠定了信息技术在物流服务中处于核心竞争力的地位。随着物流信息技术的不断发展，产生了一系列新的物流理念和物流经营方式，推动了物流的变革。

第一节　信息与物流信息

一、数据与信息

数据和信息是信息技术中最基本的概念。信息技术处理的主要对象是大量的各式各样的数据和信息。当今社会已进入日新月异的信息时代，数据和信息已经被广泛地应用到社会生活的各个领域。

（一）数据

所谓数据，就是用来反映客观事物的性质、属性以及相互关系的任何字符、数字和图形。例如，载重10t的东风载货汽车，其中“10”、“东风”就是数据，反映了一辆特定的载货汽车。又如，“两艘集装箱货轮”，其中的“两”和“集装箱”就是数据，“两”表示了货轮的数量特征，“集装箱”反映了货轮的类型。在信息技术领域中，数据的定义是：数据是人们用来反映客观事物而记录下来的可以鉴别的符号，是客观事物的基本表达，数据不仅包括数字，还可以是文字、图形及声音等。

随着计算机技术的发展，计算机可处理的数据种类越来越多，也使信息技术的应用越来越广。数据可以分为数值型和非数值型，数值型数据指可以参加数值计算的数据，而不可计算的数据均为非数值型数据。

在计算机中，数据的三个基本特征是数据名、类型和长度。数据名具有唯一性；类型表示数据的类型，如整型数、日期型等，每一个数据只能归属一种类型；数据长度以字节为单位，表示需要占用的存储空间，对于非数值型数据还要定义其精度。例如前面提到的品牌“东风”是字符型，其数据长度为四个字节。

（二）信息

1、信息的定义

在现代经济生活中，每天都产生大量各式各样的信息，根据人们研究目的和定义角度的不同，信息可以有很多种定义。信息的一般定义是：信息是对某个事件或者事物的一般属性的描述。信息总是通过数据形式来表示，加载在数据之上并对数据的具体含义进行解释。因此，也可以说，信息就是经过加工处理后有价值的数据。

数据和信息是密切相关的，但是数据不等同于信息。数据和信息的关系可以看做是原料和成品之间的关系，信息技术能将不可利用的数据形式加工成可利用的数据形式，成为信息。要注意的是，对某个人来说是信息的东西，对另外一个人来说可能只是一种原始数据，这如同工厂的生产一样，一道工序或者一个加工部门的成品，只是另外一道工序或者部门的原材料。所以，在实际应用中，数据和信息这两个词可能常常被混淆，但它们是有区别的（见表 1-1）。数据是原材料，信息是加工后的、对决策或行动有价值的数据。

表 1-1 数据与信息的区别

数据	未加工的原材料	用以荷载信息的物理符号
信息	加工了的数据	数据的载体

一个仓库材料入库单上有发货单位、名称、数量、单价、总价、日期、经手人等一些数据。当这些数据以单个形式出现时是毫无意义的。将它们汇总（进行加工）以后就成了一张入库单，赋予了这些数据一定的意义。如反映入库的一笔账目，就不再是数据，而是一条信息了。根据这张入库单，就可以了解仓库进了一批什么货、价值是多少、应当如何堆放，等等。

相同的数据，如果使用者对它进行不同的标志或定义，就会变成不同的信息。例如，数字 100，当我们在其后加上“t”，我们知道这是 100t 的东西；当我们在其前面加上“入库”的标志，则代表入库量为 100t；加上“出库”

的标志，则代表出库量为100t。

信息的构成通常由实体、属性、属性值三要素组成。即：

信息：实体（属性1：值1；…；属性m：值m）

例如：载货汽车（品牌："东风"；载重："10t"），表示了一条有关一辆载重10t的东风载货汽车的信息：实体是载货汽车，"品牌"、"载重"是描述载货汽车这个实体的两个属性，其值分别为"东风"、"10t"。

2、信息的分类

从不同的角度，可以将信息分成不同的类别：

（1）自然信息与社会信息。自然信息是指由自然界产生的反映自然事物的信息，例如气象信息、海洋信息等。社会信息是指反映人类社会的有关信息，例如物流信息、企业管理信息等。

（2）原始信息与综合信息。从信息源收集的信息是原始信息。在原始信息的基础上经过信息技术的综合加工产生的新数据信息称为综合信息。相对而言，综合信息对于使用者的管理和决策来说更有价值。例如，物流资源计划系统（LRP）所产生的信息属于综合信息，这种信息可以用于物流管理决策。

（3）内部信息和外部信息。凡是在系统内部产生的信息称为内部信息。例如，在企业的内部网上产生和共享的信息就属于内部信息的范畴。外部信息在系统外部产生。例如，对于物流企业来说，国家的一系列有关物流的政策信息就是一种外部信息。

（4）输入信息、中间信息和输出信息。从系统外部或从贮存体中输入的信息称为输入信息，在加工处理过程中产生的信息称为中间信息，加工后得到的信息称为输出信息。

3、信息的特征

信息作为对事件或者事物的一般属性的描述，具有很多特性：

（1）信息的客观性。信息是物质的基本属性，由于物质是客观存在的，所以信息的存在也是不以人们的意志为转移的。

（2）信息的价值性。信息的价值性即指人们通过利用信息，可以获得效益，因此信息也是一种资源。例如现在有许多开展在线购书业务的电子商务网站，要购买一本最新版的图书，如果了解相关的图书信息，就可以进行在线订购，不仅比到出版社订购方便、快捷，还可以享受打折待遇。又如，我国对高新技术产业制定了特殊政策，作为一个欲投资高新技术产业的投资者，若能及时掌握国家政策，则有可能获得更高的效益。

（3）信息的不对称性。由于人们的认知程度受文化水平、实践经验、获得途径等因素的限制，造成了对事物认识的不对称性。在市场中交易的双方所掌握的信息是不相等的，不同的企业掌握信息的程度各有不同，这就形成了信息的不对称性。企业掌握的信息越充分，对其决策越有利，但是随着信息技术的发展和应用，这种不对称性的表现将是很短暂的。

（4）信息的时效性。信息是有生命周期的。在特定的时间跨度以内，信息是有效的，超过这一跨度，信息有可能会失去其原有的价值。例如，企业在得到用户的需求信息后，如果不及时进行处理和利用，就有可能丢失商机，丧失用户，造成损失。信息的生命周期是指信息从产生、搜集、加工、传输、使用到失效的全过程。

（5）信息的共享性。共享性表现在许多人都可以使用同样的信息，信息不会因为个别人的使用而消失。信息的共享是现代企业管理的重要基础。企业各部门通过内部网络可以进行信息的共享，保证了信息的统一性和决策的一致性。在供应链管理信息系统中，供货商可以通过系统了解到分销商的商品分销情况，零售商可以实时掌握在途货物的运输情况等，从而大大提高决策和操作的准确性。

（6）信息的滞后性。信息滞后于数据。信息的滞后时间包括信息的间隔时间和加工时间。信息的间隔时间是指获取同一信息的必要间隔时间。例如要获得企业“每年的物流运输成本”这个信息，必须在每年结束时才能获取，因此“每年的物流运输成本”这个信息的间隔时间是“一年”。企业的月度储存、支出这个信息的间隔时间是“一个月”。因此，每个信息由于自身的特点各有其特定的信息间隔时间，少于信息间隔时间加工的信息是没有意义的。因此，应根据工作的需要，确定一个合理的数据处理间隔时间，这样才能得到比较全面地反映整个活动过程的有效信息。例如企业的统计报表分为月报、季报、半年报和年报。

信息的加工时间是指获取某信息由数据加工所需要的加工时间。由于人们采用不同的手段和工具来加工数据以获得信息，因此其加工的时间不同。信息还有一个时效性特征，有些信息的价值就体现在其时效性上，信息的加工时间越短，越能及时地获得信息，就越能发挥其价值。因此，对数据的加工处理，应根据需要采用先进的信息技术。

（7）信息的存储性。信息可以被存储在不同的载体之上。由于现代计算机科学的飞速发展，计算机在存储大量不同类型信息的功能方面发展得很快，并且能够安全利用数据，随时转换存储格式，最大限度地发挥了信息的重复使用效率。

（8）可传输性。信息的价值还表现在它的可传播性，有效的信息传播，可产生更大的价值。利用现代信息技术，信息以比特的形式存储，可以更快、更便利地在世界范围内传输。

（9）可扩散性。由于信息的传输性，信息可以通过各种介质向外扩散。信息的扩散具有正负两种效应。正效应是利于知识的扩散，节省人力、资金等资源的消耗，如同我们从前人那里获取知识；负效应造成信息的贬值，不利于信息的保密。对于某个企业或个人来说，当它或他所掌握的信息失密后，可能意味着这种信息给他带来的价值减少。因此，要注重信息的保密性，减少信息的扩散的负效应。在企业内部，要充分利用信息的共享性，在信息有效的时间内，在内部快速扩散，对外部则应该抑制信息扩散的负效应。

二、信息与决策

人的行动是在大脑的支配下完成的，是在大脑获取足够的信息量后做出的，做什么、为什么做、怎样做、什么时候做等是一个分析、判断、做出决定的过程，做出正确的判断决定必须要有足够的信息。显然，信息与决策的关系，表现为信息经分析、处理形成决策，决策执行的结果又成为新的信息，如此往复循环，如图 1-1 所示。

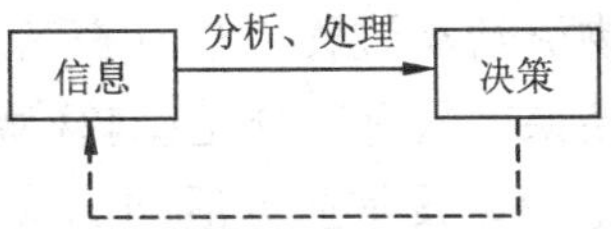

图 1-1　信息与决策的关系

企业的经营决策是一个复杂的过程，根据决策方案实施后出现的结果，可将决策分为确定型决策、不确定型决策、风险型决策。确定型决策指决策者对方案实施的结果已知，在一定的条件下必然出现某个结果，决策者是在对影响因素充分掌握的基础上做出决策的；不确定决策指决策者对方案实施的结果未知，对影响方案实施的因素与结果之间的关系缺乏必然的认识；风险型决策指决策者对方案实施的结果未知，但了解由于某一因素的影响而出现某一结果的概率。由上述可知，每一种决策都与对决策方案的影响因素的掌握程度有关，对有关这些因素的信息掌握越充分，对实施的结果越有把握，因而越容易做出决策。一般来讲，企业的经营决策中，事务性决策掌握的信息充分，决策难度小；高层的战略性决策，不确定性因素多，决策难度大。

信息为决策提供了依据，但信息本身不能决定决策。决策最终依靠决策者的判断。同样的信息在不同的决策者面前会产生不同的判断，有时甚至会产生截然不同的结果。

信息与决策的关系，还表现在不同的决策所需要的信息也不同。

（1）战略性决策。其任务是研究企业自身目标所应采取的战略。用于辅助决策的信息系统应提供对企业能力的评价，对企业未来潜力的预测，对本地区、全国乃至全世界市场需求的估计，企业投资风险的推算等。战略层活动要求对广泛的概括性数据进行加工处理，不仅需要内部的信息，还需要外部的相关信息加以支持以做出正确全面的判断和决策。这类问题的主要特征在于结构化程度低、规律性不强，即问题的相关要素以及要素之间的关联关系和制约关系是难以描述的、不确定的，甚至影响问题的要素都不确定。例如市场预测、企业投资方向决策。

（2）战术性决策。这一层主要活动是对经营管理中的数据进行各种分析，多发生在战术管理层。例如物流企业配送中心编制月度采购计划的过程，就是根据本月末预计的商品库存、商品销售量、用户需求（包括合同和市场需求预测），来确定下月计划采购的商品品种、数量和日期，其在编制中用到的部分信息（如市场需求预测、本月末预计的商品库存等）准确度就较差，同时物流活动过程中也存在着相当大的不确定因素，所以这一处理过程和得出的结果就只有部分是比较确定的。

（3）日常业务活动的决策。通常是确定型的管理决策问题，即问题的相关要素以及要素之间的关系和制约关系是可知、可描述、确定的，多发生在操作管理层。信息量大、更新频率高、规律性强、内容具体、结构化程度高是这类决策的主要特征。物流企业的主要日常业务活动有进货、合同、出入库、统计数据汇总、各种台账报表、数据查询等。通过管理信息系统，完成日常业务活动基础数据处理，对数据进行简单的加工。

三、物流信息

（一）物流信息的定义

物流信息（Logistics Information）是反映物流各种活动内容的知识、资料、图像、数据、文件的总称。物流信息是物流活动各个环节生成的信息，一般是随着从生产到消费的物流活动的产生而产生的信息流，与物流过程中的运输、保管、装卸、包装等各种职能有机结合在一起，是整个物流活动顺利进行所不可缺少的。

物流信息包含的内容和对应的功能可从狭义、广义两方面来考察。从狭义范围来看，物流信息是指与物流活动（如运输、保管、包装、装卸、流通加工等）有关的信息。在物流活动的管理与决策中，如运输工具的选择、运输路线的确定、在途货物的追踪、仓库的有效利用、订单管理等，都需要详细和准确的物流信息。物流信息对运输管理、库存管理、订单管理等物流活动具有支持保证的功能。

从广义范围来看，物流信息不仅指与物流活动有关的信息，而且包含与其他流通活动有关的信息，如商品交易信息和市场信息等。商品的交易信息包括商品的销售和购买信息、订货和接受订货信息、发出货款和收到货款等信息；商品的市场信息包括市场的结构信息、消费者的需求信息、促销活动信息和竞争性商品等信息。例如，零售商根据对消费者需求的预测以及库存状况制订订货计划，向批发商或直接向生产厂家发出订货信息。批发商在接到零售商的订货信息后，在确认现有库存水平能满足订单要求的基础上，向物流部门发出发货配送信息。如果发现现有的库存水平不能满足订单的要求，则马上向生产厂家发出订单。生产厂家在接到订单之后，如果发现现有库存不能满足订单要求，则马上组织生产，再按订单上的数量和时间要求向物流部门发出发货配送信息。

此外，物流信息还应包括政策信息，通信、交通等基础设施信息等。总之，在现代物流活动中，物流信息与其他各类相关信息相互交叉、相互融合，共同在物流系统和整个供应链活动中发挥着重要的作用。

（二）物流信息的特点

1、信息量大

物流信息随着物流活动以及商品交易活动的展开而大量发生。多品种小批量生产和多频次小数量配送使库存、运输等物流活动的信息大量增加。零售商广泛应用 POS 系统读取销售时点的商品品种、价格、数量等即时销售信息，并对这些销售信息加工整理，通过 EDI（电子数据交换）向相关企业传送。同时为了使库存补充作业合理化，许多企业采用 EOS（电子自动订货）系统。随着企业间合作倾向的增强和信息技术的发展，物流信息的信息量将会越来越大。

2、更新速度快

在现代物流活动中，信息价值的衰减速度正在逐渐加快，大量的信息转瞬即逝。例如，现代物流的一个特点是供应商千方百计地满足客户个性化的服务需求，多品种小批量生产，多频次小数量配送。由此产生大量的新信息，不断地更新原有的数据库，而且更新的速度越来越快。

3、来源广泛

物流信息不仅包括企业内部的物流信息（如生产信息、库存信息等），而且包括企业间的物流信息和与物流活动有关的基础设施的信息。各种信息的产生、加工、传播和应用在时间、空间上都不一致，方式也不相同，这使得物流信息的搜集分类、统计分析等工作的难度增加。因此，随着信息处理手段的电子化，要求物流信息标准化和格式化，使得信息能即时交换和共享。

（三）物流信息分类

根据对物流信息研究的需要，可以从以下几方面对物流信息进行分类。

1. 按信息沟通联络方式分

（1）口头信息。口头信息是指通过面对面交谈进行交流的信息。它可以迅速、直接地传播，但也容易失真，与其他传播方式相比速度较慢。物流活动的各种现场调查和研究，是获得口头信息最简单的方法。

（2）书面信息。书面信息是指物流信息的书面表示形式，可以重复说明和进行检查。各种物流环节中的报表、文字说明、技术资料等都属这类信息。

2. 按信息的来源分

（1）外部信息。外部信息是指在物流活动以外发生但提供给物流活动使用的信息，包括供货人信息、客户信息、订货合同信息、交通运输信息、市场信息、政策信息，还有来自企业内生产、财务等部门的与物流有关的信息。通常外部信息是相对而言的，对物流子系统，来自于另一个子系统的信息也可称之为外部信息。例如，物资储存系统从运输系统中获得的运输信息，也可相对称为外部信息。

（2）内部信息。内部信息是来自物流系统内部的各种信息的总称，包括物流流转信息、物流作业层信息、物流控制层信息和物流管理层信息。这些信息通常是协调系统内部人、财、物活动的重要依据，也具有一定的相对性。

3. 按信息功能不同分类

（1）计划信息。它是指尚未实现但已当做目标确认的信息，如物流量计划、仓库吞吐计划、车皮计划、与物流活动有关的基础设施建设计划等信息。只要尚未进入具体业务操作的，都可归入计划信息之中。这种信息的特点是带有相对稳定性，信息更新速度较慢。计划信息往往是战略决策或大的业务决策不可缺少的依据。

（2）控制及作业信息。它是指物流活动过程中产生的信息，具有很强的动态性，是掌握物流现实活动状况必不可少的信息，如库存种类、库存量、在运量、运输工具状况、物价、运费、设施投资在建情况、港口发运情况等。这种信息更新速度很快，时效性很强，是掌握物流活动实时运动情况的重要信息。这种信息的主要作用，是用以控制和调整正在发生的物流活动和指导下一次即将发生的物流活动，以实现对过程的控制和对业务活动的微调。控制及作业信息是管理工作不可缺少的信息。

（3）统计信息。它是指物流活动结束后，对整个物流活动一种总结归纳性的信息。诸如上一年度发生的物流量、物流种类、运输方式、运输工具使用量、装卸量以及与物流有关的工农业产品产量、国内外贸易数量等。这种信息是一种恒定不变的信息，有很强的资料性，用以正确掌握过去的物流活动规律，指导未来物流发展和制订计划，是经济活动中非常重要的一类信息。

（4）支持信息。它是指能对物流计划、业务、操作产生影响的有关文化、科技、产品、法律、教育、民俗等方面的信息，例如物流技术的革新、物流人才需求等。这些信息不仅对物流战略发展有价值，而且也对控制、操作起到指导和启发的作用。

（四）物流信息的作用

物流管理需要大量准确、及时的信息和用以协调物流系统运作的反馈信息。任何信息的遗漏和错误都将直接影响物流系统运转的效率和效果，进而影响企业的经济效益，物流系统产生的效益来自于整体物流服务水平的提高和物流成本的下降，而物流服务水平与畅通的物流信息在物流过程中的协调作用是密不可分的。物流信息在物流管理中，不仅反映了物品流动的各种状态，更重要的是有效地控制了物流的时间、方向、大小和发展进程，提高了物流管理的水平。

（1）物流信息的传送连接着物流活动的各个环节，并指导各环节的工作，起着桥梁和纽带的作用。物流管理活动是一个系统工程，采购、运输、仓储、装卸搬运、配送、包装、流通加工、销售等活动在企业内部互相作用，形成了一个有机的整体系统。物流系统通过物质的流动、所有权的转移和信息的接受、发送与外界不断作用，实现对物流的控制。物流信息越准确、快捷，整个系统的协调性越好，内部损耗越低，物流管理水平越高，企业就越能从中受益。

（2）物流信息可以帮助企业对物流活动的各个环节进行有效的计划、协调与控制，以达到系统整体化目标。物流活动的每一步都会产生大量的物流信息，而物流系统则可以通过合理应用现代信息技术（如 EDI、MIS、POS、电子商务等）对这些信息进行挖掘和分析，得到下一环节活动的指示性信息，进而能够通过这些信息的反馈，对各个环节的活动进行协调与控制。例如根据客户订购信息和库存反馈信息安排采购或生产计划；根据出库信息安排配送或货源补充等。

（3）物流信息有助于提高物流企业科学管理和决策水平。物流管理通过加强供应链中各活动和实体间的信息交流与协调，使其中的物流和资金流保持畅通，实现供需平衡。物流管理中的一些基本决策问题需要物流信息的支持，如：

1）位置决策。位置决策，即物流管理中的设施定位，包括物流设施、库存点和货源等，在考虑需求和环境条件的基础上，通过优化进行决策。

2）生产决策。生产决策主要根据物流的流动路径，合理安排各生产成员间的物流分配。良好的决策可以在各成员间实现负荷均衡，使物流保持畅通。

3）库存决策。库存决策主要关心库存的方式、数量和管理方法，是降低物流成本的重要依据。

4）采购决策。采购决策，即根据商品需求量和成本合理确定采购批次、间隔和批量，以确保在不间断供给的前提下使成本最小化。

5）运输配送决策。运输配送决策包括运输配送方式、批量、路径以及运输设备的装载能力等。

通过运用科学的分析工具，我们可以对物流活动所产生的各类信息进行科学的分析，从而获得更多富有价值的信息。通过物流系统各节点间的信息共享，能够有效地缩短订货提前期，降低库存水平，提高搬运和运输效率，减少递送时间，提高订货和发货精度，及时、高效地响应顾客提出的各种问题，从而极大地提高顾客满意度和企业形象，提高物流系统的竞争力。

第二节　物流信息技术

一、信息技术

信息技术（Information Technology，IT）泛指凡是能拓展人的信息处理能力的技术。通过信息技术的运用，可以替代或辅助人们完成对信息的检测、识别、变换、存储、传递、计算、提取、控制和利用。

现代信息技术主要包括传感技术、计算机技术、通信技术、网络技术等，它替代或辅助人们完成对信息的检测、识别、变换、存储、传递、计算、提取、控制和利用。

1．传感技术

传感技术扩展了人的感觉器官能力，主要完成对信息的识别与搜集。如传统的物资管理中，物资入库时，须搬到磅秤上由保管员抄磅秤数，然后将数据输入计算机中，这种方式已经成为历史。现在有了汽车磅，当装载物资的汽车上了汽车磅后，入库数量一次性被采集并被输入计算机，既提高了数据的准确性、及时性，又减轻了工人的劳动强度。

2、计算机技术

计算机技术以高速的计算能力以及“海量”的存储能力扩展了人的大脑能力，包括计算、记忆能力，完成信息的加工、存储、检索、分析等。由于计算机的特点，使以前难以解决甚至无法解决的问题得以解决。如在库存信息处理方面，对时常需要更新的库存数据、图表，计算机能很快给出结果，使企业在及时补充库存、调整库存商品种类、减少冗余库存、合理安排运输路线和装运量、节约资源等方面都能进行有效的改进。

3、通信技术

通信技术则扩展人的神经系统能力，实现信息的传递。过去人们传递信息主要依靠口头、书信、电话、电报等方式。目前，数据传输率最大的光纤通信,其传输率可高达 1 000GB / s,相当于每秒传送 110 000 页文本的信息量。如以资金周转为例，在我国使用传统方法进行资金流通结算，国内一般需要一个星期，国际一般需要半个月左右，而通过现代通信技术，国内国际的资金流通结算均可在 24 小时内完成。

4、网络技术

网络技术的发展和应用使各地互联的计算机充分共享资源(硬件、软件和数据)，为拓展人们的信息处理能力创造了一个世界范围内的虚拟空间。在企业内部，通过局域网的建设，企业的人、财、物、产、供、销等各部门之间实现了信息共享。这样可以减少企业内部沟通的时间和降低运作的成本，使决策者做出全盘的统筹规划；在外部环境，网络技术把整个世界都展现在人们眼前，对整个企业工作流程进行全程动态实时跟踪，随时掌握着产品信息、客户情况、对手动态、行业动态、政策法规等最新情况。

信息技术是新经济风暴的起源，是新经济浪潮的动力，是新经济时代的标志，更是新经济企业信息化的物质技术基础，其内容可以用“3A”、“3C”、“3D”来表示。“3A”即工厂自动化、办公自动化、家庭自动化；“3C”即通信、计算机、控制的结合；“3D”就是数字传输、数字交换、数字处理三结合的数字通信。数字化和自动化是信息技术最显著的特点。

二、物流信息技术的概念

物流信息技术（Logistics Information Technology， 简称 LIT）是指运用于物流各环节中的信息技术。

物流信息技术主要由通信、软件、面向行业的业务管理系统三大部分组成，包括基于各种通信方式基础上的移动通信手段、全球卫星定位（GPS）技术、地理信息（GIS）技术、计算机网络技术、自动化仓库管理技术、智能标签技术、条码、射频技术、信息交换技术等现代尖端科技。在这些尖端技术的支撑下，形成以移动通信、资源管理、监控调度管理、自动化仓储管理、业务管理、客户服务管理、财务处理等多种信息技术集成的一体化现代物流管理体系。

物流信息技术是物流现代化的重要标志，也是物流技术中发展最快的领域之一。从物流数据自动识别与采集的条码系统，到物流运输设备的自动跟踪；从企业资源的计划优化到各企业、单位间的电子数据交换；从办公自动化系统中的微型计算机、互联网、各种终端设备等硬件到各种物流信息系统软件都在日新月异地发展。同时，随着物流信息技术的不断发展，产生了一系列新的物流理念和物流经营方式，推进了物流的变革。

据国外统计，物流信息技术的应用，可为传统的运输企业带来以下实效：降低空载率 15%～20%；提高对在途车辆的监控能力，有效保障货物安全；网上货运信息发布及网上下单，可增加商业机会 20%～30%；无时空限制的客户查询功能，有效满足客户对货物在运情况的跟踪监控，可提高业务量 40%；对各种资源的合理综合利用，可减少运营成本 15%～30%。对传统仓储企业带来的实效表现在：配载能力可提高 20%～30%；库存和发货准确率可超过 99%；数据输入误差减少，库存和短缺损耗减少；可降低劳动力成本约 50%，提高生产力 30%～40%，提高仓库空间利用率 20%。

因此，物流信息技术在现代企业的经营战略中占有越来越重要的地位。建立物流信息系统，充分利用各种现代信息技术，提供迅速、及时、准确、全面的物流信息是现代企业获得竞争优势的必要条件。

三、物流信息技术的应用

1、数据库技术

数据库技术将信息系统中大量的数据按一定的结构组织起来，提供存储、维护、查询的功能。可以将物流系统的数据库建成一个物流系统或供应链的公共数据平台，为数据采集、数据更新和数据交换提供方便。结合数据仓库技术和数据挖掘技术，对原始信息进行系统的加工、汇总和整理，提取隐含的、从前未知的、潜在有用的信息和关系，满足物流过程智能化管理的需要。

2、物流网络技术

现代物流企业的信息量大、时空跨度大、处理复杂，企业高效运作必须建立在功能完善、操作方便、安全及时的物流管理信息系统基础上。20 世纪

90 年代以后，企业网络已经成为连接企业、事业单位各部门并与外界交流信息的重要设施。随着计算机技术与网络技术的迅猛发展，基于局域网和广域网技术发展起来的企业网络技术得到迅速了发展，尤其是企业计算机网络开放系统集成技术受到了人们的普遍重视。在市场经济和信息社会中，企业网络对物流企业的综合竞争力的增加有着十分重要的作用。企业内部网在物流企业中的应用主要有：

（1）集成各种先进技术，建立一个适合企业实际的、较为完善的、安全可靠的计算机应用网络体系，将人工收集和提供信息的方式转变为用计算机和网络的方式收集处理信息，向决策者提供更有效的信息，使决策者方便、有效地获得决策所需要的本企业内、外的信息，提高决策的效率与效益。

（2）以数据应用为核心，充分利用企业的内外部资源建立、改进、完善计算机业务处理应用系统。以市场为主体对象，实现企业各部门之间的信息交流与数据共享。及时、准确、全面地反映公司各部门业务服务、业务管理的实际情况，提高企业的服务质量、管理水平，推动物流企业业务水平的提高。

（3）建立计算机信息中心，扩充计算机信息处理能力，使企业的信息管理迈上一个新台阶，支持企业的决策体系。

（4）采用最新的公众信息媒体，树立良好的企业形象，扩大供销渠道，改善客户服务和支持、增强企业的市场竞争能力。

（5）在行业和各重要业务部门之间，建立支持相关业务应用系统的数据处理和网络传输技术，以便及时交流有关信息。

3、条码与射频技术

条码技术是 20 世纪在计算机应用中产生和发展起来的一种自动识别技术，是集条码理论、光电技术、计算机技术、通信技术、条码印制技术于一体的综合性技术。条码技术具有制作简单、信息收集速度快、准确率高、信息量大、成本低和条码设备方便易用等优点，所以从生产到销售的流通转移过程中，条码技术起到了准确识别物品信息和快速跟踪物品历程的重要作用，它是整个物流信息管理工作的基础。

条码技术在物流数据采集、快速响应、运输中的应用极大地促进了物流业的发展。例如，在货物保管环节中，由于使用了条码技术，使商品的出入库、库存保管、商品统计查询、托盘利用等所有保管作业实现了自动检测、自动操作和自动管理，大幅度降低了保管成本，提高了仓储的效率；在装卸搬运和包装环节中，由于使用了条码信息技术，实现了自动化装卸搬运、模块化单元包装、机械化分类分拣和电子化显示作业，大幅度提高了装卸搬运和包装作业效率，提高了对用户的服务水平。

射频技术（RFID）是一种基于电磁理论的通信技术，适用于物料跟踪、运载工具和货架识别等要求非接触数据采集和交换的场合。它的优点是不局限于视线，识别距离比光学系统远，射频识别卡具有读写能力，可携带大量数据，难以伪造，且有智能。目前通常利用便携式的数据终端，通过非接触式的方式从射频识别卡上采集数据，采集的数据可直接通过射频通信方式传送到主计算机，由主计算机对各种物流数据进行处理，以实现对物流全过程的控制。

4、电子数据交换技术

电子数据交换（Electronic Data Interchange，简称 EDI）技术是计算机、通信和管理相结合的产物。EDI 按照协议的标准结构格式，将标准的经济信息，通过电子数据通信网络，在商业伙伴的电子计算机系统之间进行交换和自动处理。由于使用 EDI 可以减少甚至消除贸易过程中的纸面文件，因此 EDI 又被人们通俗地称为“无纸贸易”。

EDI 能让货主、承运人及其他相关的单位之间，通过系统进行物流数据交换，并以此为基础实施物流作业活动。物流 EDI 的参与单位有货主（如生产厂家、贸易商、批发商、零售商等），承运人（如独立的物流承运企业或代理等），实际运货人（铁路企业、水运企业、航空企业、公路运输企业等），协助单位（政府有关部门、海关、金融企业等）和其他的物流相关单位（如仓库业者、专业配送者等）。

物流 EDI 的优点在于供应链组成各方基于标准化的信息格式和处理方法通过 EDI 共同分享信息、提高流通效率、降低物流成本。例如，对零售商来说，应用 EDI 系统可以大大降低进货作业的出错率，节省进货商品检验的时间和成本，能迅速核对订货与到货的数据，易于发现差错。

5、全球定位技术

全球定位系统（Global Position System，简称 GPS）是利用空中卫星全天候、高准确度地对地面目标之运行轨迹进行跟踪、定位与导航的技术。GPS 最初只是运用于军事领域，近年来，GPS 已在物流领域得到了广泛的应用，如应用在汽车自定位及跟踪调度、铁路车辆运输管理、船舶跟踪及最佳航线的确定、空中运输管理、防盗反劫、服务救援、远程监控、轨迹记录和物流配送等领域。例如，利用卫星对物流及车辆运行情况进行实时监控。用户可以随时“看到”自己的货物状态，包括运输货物车辆所在位置（如某座城市的某条道路上）、货物名称、数量、重量等，同时可实现物流调度的即时接单和即时排单以及车辆动态实时调度管理；GPS 提供交通气象信息、异常情况报警信息和指挥信息，以确保车辆、船只的运营质量和安全；客户经授权后也可以通过互联网随时监控运送自己货物车辆的具体位置；GPS 还能进行各种运输工具的优化组合、运输网络的合理编织，如果货物运输需要临时变化线路，可随时指挥调动，大大降低车辆的空载率，提高了运输效率，做到资源的最佳配置。

6. 地理信息系统

地理信息系统（Geographic Information System，简称 GIS）是人类在生产实践活动中，为描述和处理相关地理信息而逐渐产生的软件系统。GIS 以地理空间数据为基础，以计算机为工具，采用地理模型分析方法，对具有地理特征的空间数据进行处理，实时地提供多种空间和动态的地理信息。它的诞生改变了传统的数据处理方式，使信息处理由数值领域步入空间领域。通过各种软件的配合，地理信息系统可以建立车辆路线模型、网络物流模型、分配集合模型、设施定位模型等，更好地为物流决策服务。GIS 用途十分广泛，除应用于物流外，还应用于能源、农林、水利、测绘、地矿、环境、航空、国土资源综合利用等领域。

第三节 物流现代化

一、物流现代化的概念

物流现代化就是运用现代管理制度、管理组织、管理技术、管理方法对原材料、产成品从起点至终点及相关信息有效流动的全过程进行管理，将运输、仓储、装卸、加工、整理、配送、信息等方面有机结合，形成完整的供应链，为用户提供多功能、一体化的综合性服务的过程。它具体包括物流专业化、管理系统化、运输合理化、仓储自动化、包装服务标准化、装卸机械化、加工配送一体化、信息网络化。

现代物流与传统物流的不同表现在很多方面，其中最主要的有以下几方面：

（1）服务功能上的差异。一般传统物流的服务功能是相对独立的，因此不具备控制整个供应链的功能；而现代物流强调的是对供应链的全面管理和有效控制。

（2）与客户关系的差异。传统物流与客户的关系是建立短期合约，以价格竞争和标准服务赢得客户；而现代物流与客户通常是战略合作伙伴的关系，通常以降低成本、提供增值和定制物流服务满足客户的需求。

（3）信息系统建设的差异。传统物流无外部整合系统，有限的或没有EDI联系，更没有卫星跟踪系统；而现代物流实施信息系统，广泛运用EDI以及卫星跟踪系统。

（4）物流企业管理的差异。传统物流企业通常采用分散的、传统的、人工的管理；而现代物流企业采用的是现代化、信息化、全面质量管理系统的管理。

二、物流信息技术与物流现代化

现代物流的发展有三大支撑条件：信息网络技术的发展；交通运输的发展和多式联运的产生；现代物流是一系列繁杂而精密的活动，要计划、组织控制和协调这一活动，离不开信息技术的支持。

（一）信息技术对现代物流的影响

1、互联网为物流企业提供了良好的运作平台

尽管物流管理同样具有一般企业管理的共性，它也有其独特的个性。物流管理的大部分内容涉及企业内部各个部门之间的衔接和协调，因此，物流管理是企业管理的盲区和难点，运作不好，将导致企业物流效率乃至整个企业运作效率的低下。互联网技术则恰好为物流管理提供了良好的运作平台。在网络环境下，供应链中的各个节点企业能更好地实现信息共享，使企业可以提高生产力，降低了物流企业的运行成本，为产品提供了更大的附加值。

2、网络技术促使物流传输方式产生新变化

互联网是现代物流活动中最大的载体，人们可以通过网络获得各种有关的物流商品信息。用户只需通过网络订货，剩余的工作就可以由物流企业的配送中心来完成。同时，有些商品可以通过简单的方式获得，如音乐、电影、游戏、图片、电子图书、计算机软件、教学节目和以标准的电子信息形式存放的商品等都可以从网上直接下载。

3、物流信息系统极大地方便了物流信息的收集和传递

信息对于企业经营的重要意义不言而喻，由于信息技术得到了广泛应用，物流信息系统能够收集到大量的市场信息，通过对这些信息的加工和处理，很容易得到富有价值的商业资讯和情报，比如客户的定购数量、购买习惯、商品的需求变化特征等，这些资料对企业制定营运管理政策、商品开发和销售具有重要的价值。

（二）信息技术推动下的现代物流业的发展趋势

1．全球化

当前的商品与生产要素在全球范围内以空前的速度自由流动。跨国经营在全球范围风行，企业为了追求更大的利润，往往将许多商品的原料生产、半成品生产、零部件加工、成品组装、标志、包装和发运销售，分别安排在国内外许多不同的地方进行，并同生产、流通、分配、消费过程交叉结合，从而改变了传统的生产经营方式。跨国公司的生产和经营越来越成为当前和今后国际物流需求的主要来源，并成为物流业发展和竞争的焦点。这种全球化战略的趋势，使物流企业和生产企业更加紧密地联系在一起，形成了社会大分工。生产企业集中精力制造产品、降低成本、创造价值，而物流企业则集中精力从事物流服务工作，因此物流企业的业务功能和服务水平都比原来有了更高的要求。

2．信息化

传统物流只有融合信息技术才能称之为现代物流，物流企业信息化已是现代物流企业的核心，是现代企业发展的必然要求和基石。

在电子商务时代，要提供最佳的服务，物流系统必须要有良好的信息处理和传输系统。在大型的配送公司里，一般都建立了 ECR 和 JIT 系统，通过对客户消费的科学系统分析就可做到在保证商品最低库存的情况下及时满足客户的需求，提高仓库商品的周转次数。配送不仅实现了内部的信息网络化，而且增加了配送货物的跟踪信息，从而大大提高了物流企业的服务水平，降低了成本。

3．电子化

所谓电子化是指商业过程实现电子化，即电子商务。它同样也是以信息化和网络化为基础的。电子化具体表现为：实现业务流程及其每一步骤的电子化、无纸化；所有商务涉及的货币实现数字化和电子化；交易商品实现符号化、数字化；业务处理过程实现全程自动化和透明化；交易场所和市场空间实现虚拟化；消费行为实现个性化；企业之间或供应链之间实现无边界化；市场结构实现网络化和全球化等。

作为电子商务发展关键性因素之一的物流，是商流、信息流和资金流的基础与载体。全球电子商务的推广和普及将使得跨国和跨区域物流更加频繁，对物流的需求会更加强烈。物流中心不仅要成为信息聚散中心，而且还会成为管理决策中心、观念与技术创新中心、市场和消费中心。

4、网络化

网络化是指物流配送系统的组织网络和信息网络体系。从组织上来讲，它是供应链成员间的物理联系和业务体系，如中国台湾的计算机业在20世纪90年代开创的“全球运筹式产销模式”，它是按客户订单、采取分散形式组织生产，将全球的制造资源都利用起来，将计算机的所有零部件、元器件、芯片外包给世界各地的制造商，采取外包的形式去生产，然后通过全球的物流网络将这些零部件、元器件、芯片发往同一个物流配送中心进行组装，由该物流配送中心将组装的计算机迅速发送给订户。这种过程需要有高效的物流网络支持。而信息网络是供应链上企业之间的业务运作通过互联网实现信息的传递和共享，并运用电子方式完成操作。例如，从配送中心向供应商发放订单就可以利用网上的电子订货系统通过Internet和EDI来实现，对下游分销商的送货通知也可通过网上的分销系统来实现等。

5、自动化

物流自动化的基础是信息化，核心是机电一体化，其外在表现是无人化，效果是省力化。此外，物流自动化的效果还有：扩大物流作业能力、提高劳动生产率、减少物流作业的差错等。物流自动化的技术很多，如条码技术、射频自动识别技术、自动化立体仓库技术、自动存取技术、自动分拣技术、自动导向和自动定位技术、货物自动跟踪技术等。这些技术在经济发达国家已经普遍使用于物流作业中，在我国，虽然某些自动化技术已被采用，但达到普遍应用还需要相当长的时间。

6、多功能化

在电子商务时代，现代物流发展到集约化阶段，一体化的配送中心不再单单提供仓储和运输服务，还必须开展配货、配送和各种提高附加值的流通加工服务项目，也可按客户的需要提供其他服务。现代供应链管理就是对从供应者到消费者供应链的综合运作，使物流达到最优化，为客户提供超过客户本身期望的增值服务。

7、共享化

供应链管理强调链上成员的协作和社会整体资源的高效利用，以最合理的、最少的资源来最大化地满足整体市场的需求。而供应链上的企业只有在建立互惠互利的共赢伙伴关系的基础上，才能实现业务过程间的高度协作和资源的高效利用，只有通过资源、信息、技术、知识、业务流程等的共享，才能实现社会资源优化配置和供应链上物流业务的优势互补以及更快地对终端市场和整个供应链上的需求做出响应。近年来，一些新型的供应链管理策略，如供应商管理库存（VMI），第四方物流（4PL），JIT，协同计划、预测和供给（CPFR），零售商—供应商伙伴关系（RSP），以及分销商一体化（DI）等都能很好地使供应链上的企业有效地实现信息、技术、知识、客户和市场等资源的共享化。

8、协同化

市场需求的瞬息万变、竞争环境的日益激烈都要求企业和整个供应链具有更快的响应速度和协同运作的能力，以及对供应链上的前向洞察力。通过与供应商和客户的实时沟通与协同，企业一方面能使供应商对自己的需求具有预见能力，使其能提供更好的价格和服务，同时对其供应能力也有较好的预见性，为自己长期的、充足的供给业务提供保障；另一方面，自己也能及时了解客户的需求信息，在多变的市场环境中保持更快的响应能力，跟踪和监控需求满足的过程，准确、及时、优质地将产品和服务递交到客户手中。为了实现物流作业的协同预测、规划和供应，快速响应和供应链上总库存的最佳配置等目标，需要做到与客户和合作伙伴间业务流程的紧密集成，达到零阻力、无时差的协作，共同分享业务数据、联合进行预测和计划、管理执行以及完成绩效评估等。而只有企业间真正达到了彼此协同，才能使物流作业的响应速度更快、更具有前向的预见性、更好地共同抵御各种风险、降低成本和提高产出，满足客户的需求。

三、我国物流信息化的发展

我国的物流行业在信息化建设方面较以前有了很大的进步，但是和世界上的一些发达国家相比，还有很大差距。我国的物流领域还没有形成一个信息化的整体网络，企业的物流信息化基本上还处于各自为政的状态。

（一）我国物流信息化建设的发展特点

我国正处于全面推进信息化的进程之中，分析近年来现代物流信息化在我国得以迅速发展的原因，主要来自于以下三个层面的因素。

第一层面，基础信息化需求仍是主流。由于信息技术、网络技术的普及和发展，特别是互联网技术解决了信息共享、信息传输的标准问题和成本问题，使得信息更广泛地成为控制、决策的依据和基础，因此，只要解决信息的采集、传输、加工、共享，就能提高决策水平，从而带来效益。在这个层面上可以不涉及或少涉及流程改造和优化的问题，信息系统的任务就是为决策提供及时、准确的信息。这是所有行业信息化的共性问题、基础问题。物流企业同样也不例外。

第二层面，涉及流程改造的信息化需求日渐突出。企业在利益机制的驱动下，不断追求降低成本和加快资金周转，将系统论和优化技术用于物流的流程设计和改造，融入新的管理制度之中。此时的信息系统作用有两种：其一是固化新的流程或新的管理制度，使其得以规范地贯彻执行；其二是在规定的流程中提供优化的操作方案，如仓储存取的优化方案、运输路径的优化方案等。此时信息系统作用主要在于固化管理和优化操作。此类信息化建设涉及流程，因此带有明显的行业特点。

第三层面，供应链的形成和供应链管理的作用上升，其中物流管理是其主要组成部分。要解决的问题是提高整个供应链的效率和竞争力，主要是通过对上下游企业的信息反馈服务来提高供应链的协调性和整体效益，如生产企业与销售企业的协同、供应商与采购商的协同等。物流信息系统不仅是供应链的血液循环系统，也是中枢神经系统。供应链的基础是建立互利的利益机制，但是，这种机制需要一定的技术方案来保证，信息系统在这里的主要作用是作为实现这种互利机制的手段。例如，销售商的库存由供应商的自动补货系统来管理，生产商的生产计划根据销售商的市场预测来安排等。

三个层次的需求是由浅入深的，在我国的发展也是逐渐展开的。后一阶段往往以前一阶段的基础为起点，即流程改造和过程的优化控制是以现有基础信息化为起点，而供应链的形成和供应链管理又要以各企业流程设计和运行优化为基础。这种情况也决定了我国的物流信息化建设必须走一条循序渐进的道路。

从发达国家的物流发展实践来看，物流领域是现代信息技术应用比较普遍和成熟的领域，信息密集型企业是物流企业未来的发展方向。但是，目前我国物流领域中现代信息技术应用和普及的程度还不高，发展也呈现出十分不平衡的特点。

（二）我国物流领域应用信息技术的特点

1．信息技术在物流领域的应用程度较低

随着信息技术的发展，各类经济主体将信息技术应用于经济活动的各个环节，以实现资源的优化配置和竞争能力的提高，已成为一个不可逆转的趋势。我国多数工商企业在应用现代信息技术、实现管理信息化方面的工作已开始起步，但总体水平不高，程度参差不齐。以计算机普及和应用情况为例，国内工商企业的计算机保有量还比较少，近 50%的企业计算机保有量不足 10 台，近 80%的企业计算机保有量不足 50 台。在计算机的应用方面，主要集中于传统的财务管理、办公自动化和销售管理，超过 50%的企业将计算机应用于上述方面；而在其他环节和领域的应用还相对较少，特别是在企业最为核心的生产流程、业务流程、经营决策以及物流管理方面的应用还非常有限。

目前，我国物流领域中现代信息技术应用和普及的程度还不高，发展也不平衡。据调查，我国的物流服务企业中，仅有 39%的企业拥有物流信息系统，绝大多数物流服务企业尚不具备运用现代信息技术处理物流信息的能力。在拥有信息系统的物流服务企业中，其信息系统的业务功能和系统功能还不完善，物流信息资源的整合能力尚未形成，缺乏必要的远程通信能力和决策功能。这说明我国物流企业信息化程度较低，已成为制约中国物流企业发展和竞争能力提高的技术瓶颈。

2、条码技术的应用仍不能满足现代物流发展的要求

我国企业很早就在商品标志方面应用了条码，其普及水平也相对较高。目前约 60%制造企业的产品采用了条码标志，大中型企业的普及程度更高。但值得注意的是，38.8%的零售企业并没有完全实现条码化。这不仅对零售企业利用 POS 系统提高销售效率有较大影响，而且影响了整个物流流程的信息采集与反馈、物流企业与工商企业之间的信息共享和相互合作以及物流作业自动化的开展。

除商品条码标志外，高效的物流活动需要对由销售单元组成的储运单元、货运单元及其在物流流程中的位置进行条码标志。调查显示，我国 75%的企业的储运单元和货运单元都没有条码标志，93.6%的制造企业、100%的批发企业和 97%的零售企业都没有采用位置码。可见，货运单元条码、储运单元条码以及位置码在我国企业中的应用水平还非常低。这三种条码应用水平低，将造成以下结果：一是直接影响计算机管理的物流系统的运作；二是限制了仓库管理自动化的实现。

3、企业之间尚未形成物流信息的共享机制

企业之间要实现信息的共享，可以利用的方式主要有电子数据交换（EDI）技术和网络技术。但是这些方式目前在我国的使用都非常有限。

EDI 技术是一种有效的、新型的商业信息管理手段，其应用范围还非常有限，主要集中在进出口企业与海关、商检等管理部门之间的使用。就国内多数企业而言，真正意义上的 EDI 技术应用还远未开展。出现这种状况的主要原因：一是企业整体的信息化水平不高，技术条件和信息管理基础相对薄弱；二是 EDI 技术的开发成本比较高，多数企业缺乏充足的开发资金实力；三是上下游企业之间在对 EDI 技术的认识上尚未达成一致，有些上下游企业甚至没有意识到 EDI 技术的作用。

网络技术应用更是停留在初级水平上。局域网、增值网（VAN）以及互联网是目前国际上物流领域中应用比较普遍的网络技术。特别是随着互联网技术商业化应用范围的扩大和普及，网络技术已逐步取代了 EDI 技术，

但由于我国企业信息化水平较低，网络技术的应用，特别是在物流方面的应用还处在起步探索过程之中。据调查显示，我国建有局域网的企业，制造企业为44.7%，批发企业为31.3%，零售企业为62.7%。可以看出，局域网在我国企业中的普及水平还不高，只有零售企业的使用情况还比较好。实际应用过程中，企业局域网目前还主要应用在信息共享、管理应用和打印服务等方面。此外，企业网站建设尚不普及，利用互联网开展电子商务、电子物流（利用互联网进行物流服务的采购和分拨）等仅在少数企业中开始探索。

4. 企业对各种系统集成软件技术的利用不够

综观世界各个物流发展强国，信息技术在其物流领域广泛应用的另一个主要标志，是针对物流活动的需要开发的、使用大量信息技术支持的管理软件；这些管理软件不仅使企业实现了物流功能和业务流程的集成，而且可以将供应厂商、协作企业、用户及竞争对手的资源纳入到企业的管理系统之中，有利于实现各种物流资源的合理配置。目前应用十分广泛的物流系统集成软件，有制造资源计划（MRPII）、企业资源计划（ERP）、供应商管理库存系统（VMI）、供应链管理（SCM）等。据调查显示，ERP、VMI 及 SCM 等集成系统软件在我国企业中实施的尚不足 1/10，其中，制造企业应用情况略好于流通企业，如流通企业中实施 ERP 的比例目前仅为3%左右。这种现状严重制约了我国物流行业的发展。

（三）信息技术落后对我国物流产业的影响

首先，它阻碍了物流市场规模的扩大，使物流产业难以达到规模效应。根据国际研究机构的估计，美国第三方物流市场规模约相当于其全社会物流成本支出的 25%，欧洲为 30%，亚洲的总体水平低于 5%，而中国则在 2%左右。

其次，信息技术应用水平的落后使得物流企业服务手段单一，严重限制了以信息技术为基础的增值服务的发展。近年来，我国出现了许多第三方物流企业，甚至也有一些所谓的第四方物流企业。但从其经营、服务内容来看，这些企业为工商企业提供的物流服务仍然是以运输和仓储为主，与发达国家第三方物流企业的服务内容与手段还有很大的差距。

再次，信息技术应用水平的落后严重制约了物流自动化水平的提高。我国物流作业的自动化水平是比较低的，在搬运、点货、包装、分拣、订单及数据处理等诸多物流作业环节上，手工操作方式仍然占据着主导地位。虽然我国很多物流企业和工商企业都拥有一些自动化物流设备，如自动分拣系统、自动堆垛机、自动巷道起重机等，但它们并没有充分发挥出应有的效率，主要根源就在于缺乏信息技术的配套应用。

最后，信息技术应用水平的落后使得物流企业的国际竞争能力下降，物流市场难以形成充分竞争的局面。我国加入世界贸易组织后，物流企业面临着国外同行的激烈竞争，但是，我国多数企业没有应用 SCM 等流程优化技术和 EDI 技术、互联网等信息共享技术，使得上下游企业之间的物流活动难以得到有效的协调，从而影响每一个企业的物流运作效率，增加物流方面的资源占用和成本开支，物流企业对市场需求变化的快速反应能力就难以形成，这最终将影响我国物流企业的竞争实力，阻碍物流市场形成充分竞争的良性局面。

【本章小结】

信息化是现代物流的灵魂，是物流现代化的重要标志。随着信息技术的迅猛发展，其在物流领域的应用也越来越广泛。信息技术使企业拓展了物流服务范围，提高了物流运作效率和对市场的反应速度，从而更好地满足了客户的各种服务要求，为物流企业打造核心竞争力奠定了良好的基础。

本章阐述了数据、信息、物流信息、信息技术、物流信息技术、物流现代化的概念，重点介绍了信息与决策的关系、物流信息特点和作用及物流信息技术的应用，最后介绍了物流信息技术与现代物流之间的关系。

【案例】

现代物流信息技术构筑 UPS 核心竞争力

成立于 1907 年的美国联合包裹服务公司（United Parcel Service，UPS）是世界上最大的配送公司之一。2009 年，联合包裹服务公司年收入 453 亿美元，其中包裹与文件流量大约 38 亿件，平均每天向遍布全球的顾客递送 1 510 万件包裹。服务领域涵盖 200 多个国家和地区。公司向制造商、批发商、零售商、服务公司以及个人提供各种范围的陆路、空运的包裹和单证的递送服务，以及大量的增值服务。

20 世纪 80 年代初，联合包裹服务公司以其大型的棕色载货汽车车队和及时的递送服务，控制了美国路面和陆路的包裹速递市场。然而，到了 20 世纪 80 年代后期，随着竞争对手利用不同的定价策略以及跟踪和开单的创新技术对联邦快递的市场进行蚕食，联合包裹服务的收入开始下滑。许多大型企业（托运人）希望通过单一服务来源提供全程的配送服务，这些顾客们希望掌握更多的物流信息，以利于自身控制成本和提高效率。正是基于这种服务需求，联合包裹服务公司从 20 世纪 90 年代初开始了致力于物流信息技术的广泛利用和不断升级。今天，提供全面物流信息服务已经成为包裹速递业务中的一个至关重要的核心竞争要素。

联合包裹服务公司通过应用以下 3 项以物流信息技术为基础的服务提高了竞争能力：

（1）条码和扫描仪使联合包裹服务公司能够有选择地每周 7 天、每天 24 小时地跟踪和报告装运状况，顾客只需拨打免费电话，即可获得“地面跟踪”和航空递送等增值服务。

（2）联合包裹服务公司的递送驾驶员携带着笔记本电脑收集递送信息。通过计算机协调，减少了差错，加快了递送速度

（3）联合包裹服务公司最先进的信息技术应用，是创建于 1993 年的一个全美无线通信网络，该网络使用了 55 个蜂窝状载波电话。蜂窝状载波电话技术使驾驶员能够把适时跟踪的信息从载货汽车上传送到联合包裹服务公司的中央计算机。无线移动技术和系统能够提供电子数据储存，并能跟踪公司在全球范围内的数百万笔递送业务。通过安装卫星地面站和扩大系统，适时包裹跟踪在 1997 年成为了现实。

以联合包裹服务为代表的企业应用和推广的物流信息技术是现代物流的核心，是物流现代化的标志。尤其是计算机网络技术的应用使物流信息技术达到了新的水平，物流信息技术也是物流技术中发展最快的领域，从数据采集的条码系统，到办公自动化系统中的微机、互联网，各种终端设备等硬件以及计算机软件等都在日新月异地发展。同时，随着物流信息技术的不断发展，产生了一系列新的物流理念和经营方式，推进了物流的变革。譬如，运用卫星定位技术，用户可以随时“看到”自己货物的状态，包括运输货物车辆所的位置（如在某座城市的某条道路上）、货物名称、数量和重量等，不仅大大提高了监控的“透明度”，降低了货物的空载率，做到了资源的最佳配置；而且有利于顾客通过掌握更多的物流信息，以控制成本和提高效率。

由此可见，物流信息技术通过切入物流企业的业务流程来实现对物流企业各生产要素（车、仓等）进行合理组合与高效利用，降低了经营成本，直接产生了明显的经营效益。它有效地把各种零散数据变为商业智慧，赋予了物流企业新型的生产要素——信息，大大提高了物流企业的业务预测和管理能力，通过“点、线、面”的立体式综合管理，实现了物流企业内部一体化和外部供应链的统一管理，有效地帮助物流企业提高了服务质量，提升了物流企业的整体效益。具体地说，它有效地为物流企业解决了单点管理和网络化业务之间的矛盾、成本和客户服务质量之间的矛盾、有限的静态资源和动态市场之间的矛盾、现在和未来预测之间的矛盾等。

【复习思考题】

1．什么是信息、信息系统？信息的特征是什么？

2．简要说明信息与决策的关系。

3．什么是物流信息？简要说明物流信息的特点、作用和分类。

4．什么是信息技术、物流信息技术？

5．物流信息技术包括哪些内容？

6．对信息技术在物流领域的发展现状进行调研，并分析存在问题的原因。

第二章　数据库管理与网络技术

【学习目的】

通过本章的学习，要求熟练掌握数据库的定义与特点、数据的组织模型、数据库系统组成、计算机局域网的拓扑结构及组成、计算机网络互联设备、网络数据库的组织方式；掌握SQL的概念、数据库管理技术、企业内部网络的概念及技术特点；了解计算机网络协议组成、网络信息安全威胁和安全技术、数据仓库及数据集市的定义、数据集市的数据来源和星形模式；了解数据挖掘的概念、数据挖掘工具和数据挖掘应用。

在推动物流业飞速发展的现代信息技术中，数据库管理与计算机网络技术无疑居于中心的位置。物流的分析、决策过程无不要用到大量数据。如何收集、存储、加工这些数据，如何快速、开放地使用这些数据，就是计算机网络技术平台上数据库技术要解决的问题。在可靠、快捷的数据支持下，利用现代物流技术和模型进行决策，才能使管理真正有效，决策支持系统也应运而生。

第一节　数据库基础知识

数据库技术是研究数据库的结构、存储、设计和使用的一门软件科学，是进行数据处理和管理的技术。随着计算机的普及，现在企事业、交通运输、情报检索和金融等各行各业都纷纷建立以数据库为核心的信息系统。数据库在当今信息管理和处理中的作用越来越重要。从某种意义上讲，数据库建设的规模、信息的数量和质量及数据库的使用频度，是衡量国家信息化程度的标志之一。

一、数据管理技术的发展

数据管理技术是指对数据进行分类、组织、编码、存储、检索和维护的技术。数据管理技术的发展是和计算机技术及其应用的发展联系在一起的，经历了由低级向高级的发展过程。这一过程大致可分如下四个阶段：人工管理阶段、文件系统阶段、数据库系统阶段和高级数据库技术阶段。

（一）人工管理阶段

人工管理阶段是指20世纪50年代中期以前的阶段。当时计算机处于发展初期，计算机主要应用于科学计算，计算机系统本身的功能很弱且数量并不很多，没有大容量的外存和操作系统，数据的结构一般都比较简单，程序的运行由简单的管理程序来控制。这一阶段的特点可概括为：

（1）数据不能长期保存在计算机中。

（2）数据作为程序的组成部分不能独立存在，即数据和程序完全结合成一个不可分割的整体。

（3）数据由程序员设计的应用程序进行管理，无专门的系统软件对数据进行管理。

（4）数据面向应用，不同应用程序的数据之间相互独立、彼此无关，即使两个不同应用程序涉及相同的数据，也必须各自定义，无法互相参照和引用。因此，数据大量冗余，且不能共享。

（二）文件系统阶段

从20世纪50年代后期到60年代中期。在这一阶段里，出现了磁带、磁鼓和磁盘等较大容量的存储设备，有了操作系统、高级程序设计语言，计算机的应用范围也由科学计算领域扩展到数据处理领域。这一阶段的特点是：

（1）数据以文件形式可以长期保存在计算机中并由操作系统来管理，文件的组织方式由顺序文件逐步发展到随机文件。

（2）操作系统的文件管理系统提供了对数据的输入和输出操作接口，即提供数据存取方法。

（3）一个应用程序可以使用多个文件，一个文件可被多个应用程序使用，数据可以共享。

（4）数据仍然是面向应用的，文件之间彼此孤立，不能反映数据之间的联系，因而仍存在数据大量冗余和不一致性。

（三）数据库系统阶段

从20世纪60年代后期开始，随着计算机硬件和软件技术的发展，开展了对数据组织方法的研究，并开发了对数据进行统一管理和控制的数据管理系统，在计算机科学领域中逐步形成了数据库技术这一独立分支。数据管理中数据的定义、操作及控制系统由数据管理系统来完成（如图2-1所示）。

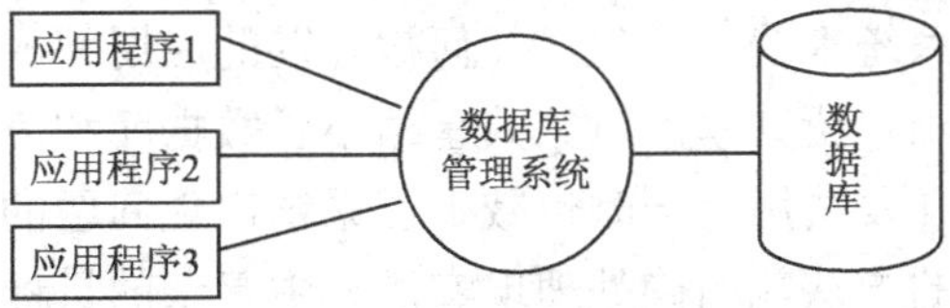

图2-1　数据库系统阶段

这一阶段的特点如下：

（1）采用一定的数据模型来组织数据，数据不再面向单一的应用，而是面向整个应用系统。

（2）应用程序独立于数据，实现了数据的独立性。

（3）数据的冗余度明显减少，从而减少了数据的不一致性。

（4）为用户的数据操作提供了方便的接口，实现了数据共享。

（5）提供了下列数据控制功能：

数据完整性控制：保证数据库中数据的正确性、相容性和一致性。

数据安全性控制：保护数据的安全和保密，以防被窃和失密。

数据的并发控制：防止数据共享时相互干扰和恶意破坏。

数据库的恢复：发生数据损坏时尽可能恢复到最近一个正确的状态。

（四）高级数据库技术阶段

大约从 20 世纪 80 年代后期开始，以微型计算机和计算机网络为特征的计算机技术及应用取得飞速的发展，并更加广泛地与其他学科技术相互结合和相互渗透。在数据库领域中诞生了很多高新技术，并产生了许多新型数据库，其中有些已经成熟并进入了实用阶段，具有代表性的是分布式数据库和面向对象的数据库。

（1）分布式数据库。它是数据库技术和计算机网络技术相互渗透和有机结合的产物，由一组物理上分布在计算机网络的不同结点上数据，既面向本地的局部应用，又参与涉及多个结点的全局应用，即这些分布的数据在逻辑上属于同一个整体。

分布式数据库的重要特性是数据分布的透明性。分布式数据库是一个统一整体，用户不必关心数据的逻辑分布，更不必关心数据的物理分布细节。对用户来说，访问分布式数据库如同访问集中式数据库一样，只要指出访问哪些数据，无须指出数据在哪里或如何访问这些数据。

（2）面向对象的数据库。20 世纪 80 年代末期，在程序设计语言领域中引入了面向对象的概念。通过面向对象的程序设计来解决程序中的重要问题，将面向对象的概念引入数据库领域，产生了面向对象数据库系统。

面向对象技术最重要的特点是将数据和数据操作的方法作为对象，由面向对象的数据库管理系统来统一管理，任何被开发的应用都成为对象目标库的一部分，由开发者和用户所共享。对象共享缩小了数据库和应用程序间的差距，降低了应用程序的开发费用，同时也减少了系统出现问题的可能性。同时，面向对象技术中所用的方法能精确处理现实世界中复杂的目标对象，例如图像、声音、文本文件等都可以定义为抽象数据类型，而且在系统运行时可对它们的内容进行检查。在面向对象技术中，属性的继承性使得在对象中共享数据和操作成为可能，使对象之间的通信成为数据和程序间交换信息的标准。面向对象的数据库技术已经可以处理复杂的企业范围内变化的事务对象。

二、数据库的定义和特点

数据库（Data Base，简称 DB）是存放在计算机存储设备中的、以一种合理的方法组织起来的、与公司或组织的业务活动和组织结构相对应的各种相关数据的集合，该集合中的数据可以为公司或组织的各级经过授权的人员或应用程序以不同的权限所共享。

（一）数据库的特点

（1）以一定的数据模型来组织数据，数据尽可能不重复（最少的冗余度）。

（2）以最优方式为某个特定组织的多种应用程序或用户服务（应用程序或用户对数据资源共享）。

（3）其数据结构独立于使用它的应用程序（数据独立性）。

（4）对数据的定义、操纵和控制由数据库管理系统统一进行管理和控制。

（二）数据库的分类

数据库的分类方法有许多种，按数据库的数据结构模型来分类，采用层次模型的数据库称为层次型数据库；采用网状模型的数据库称为网状型数据库；采用关系模型（Relational Model）的数据库称为关系型数据库；采用面向对象模型的数据库称为面向对象型数据库。

三、数据模型

模型是抽象地模仿现实世界的事物，如房屋设计模型、城市规划模型等都是对现实世界事物的一种模拟。在数据库技术中，使用数据模型（Data Model）对现实世界数据特征进行描述。数据模型应能比较真实地模拟现实世界，比较容易理解，同时也便于计算机实现。数据模型可分为两类或两个层次。

（一）概念数据模型

只描述信息的特性和强调语义，而不涉及信息在计算机中的表示，是现实世界到信息世界的第一层抽象。最常用的是实体联系模型（Entity Relationship Model）。

（二）结构数据模型

直接描述数据库中数据的逻辑结构，这类模型涉及计算机系统，又称为基本数据模型。它是用于机器世界的第二层抽象，通常包括一组严格定义的形式化语言，用来定义和操作数据库中的数据，最常用的有：层次模型、网状模型、关系模型和面向对象模型。

（1）层次模型（Hierarchical Model）。用树形结构表示实体类型以及实体间的联系是层次模型的主要特征。IBM 公司 1969 年推出 IMS（Information Management System）商用数据库系统的数据模型是最典型的层次模型系统，20 世纪 70 年代曾在商业领域中广泛应用。

层次结构是一棵有向树，树的结点（实体）是记录型，结点（实体）的属性称为数据项或字段，结点（实体）间的联系用有向连线表示。上一层结点和下一层结点间的联系是一对多的联系（或一对一的联系）。层次模型特征是：有且只有一个结点没有父结点，该结点为根结点；根结点以外的其他结点有且只有一个父结点。

（2）网状模型（Network Model）。用网状结构表示实体类型及实体之间联系的数据模型称为网状模型，用于设计网状数据库。网状模型有许多成功的数据库管理系统，它们在 20 世纪 70 年代和 80 年代得到广泛的应用。

与层次模型不同的是，在网状模型中允许一个以上的结点可以没有父结点，一个子结点可以有多个父结点。因此层次模型实际上是网状模型的一个特例，网状模型比层次模型更具有普遍性，更容易表示现实世界中事物间的复杂联系。

如图 2-2 所示，客户和产品都没有父结点，订单明细有两个父结点。

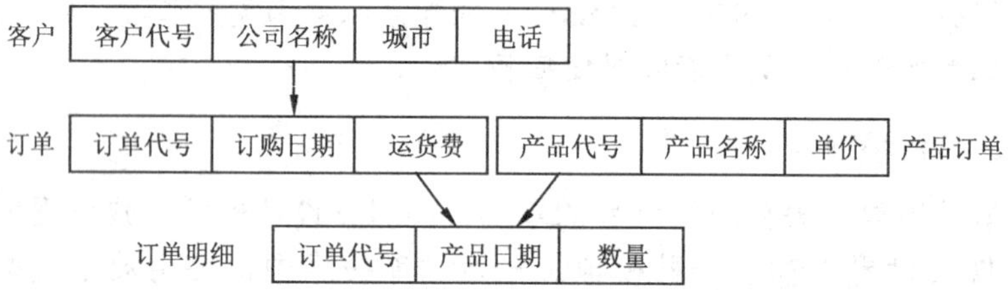

图 2-2　网状模型

网状模型和层次模型统称为非关系模型。在非关系模型中，实体是用记录来实现的，记录之间的联系是用指针来实现的，因此数据的联系十分密切，查询效率较高；但是，应用程序在访问非关系模型的数据时，必须根据数据库的逻辑结构选择合适的存取路径，这大大加重了程序员的负担。因此，从 20 世纪 80 年代中期开始，非关系数据库产品已逐步被关系型数据库产品所取代。

（3）关系模型（Relation Model）。用表结构来表示实体类型以及实体间联系的模型为关系模型。

采用关系模型的数据库由一系列的“二维表”组成，每个表保存着企业或组织业务活动中所涉及的一个特定实体（或者两个实体之间的某种联系）的所有实例的各种属性值数据。例如，表明各个客户向本公司订购产品的状况的“订单”就是一个实体，为了记录这一实体所有实例的订单代号、客户代号、订购日期和运货费等属性值数据，就可以在公司数据库中规定一个描述公司所有订单内容的“订单”表，如表 2-1 所示。一张二维表格被称为关系，即“订单”关系；表中的每一行数据代表着一份具体的订单，称为一个元组或一个记录；表中的每个列就是一个属性，称为一个分量或字段。

表 2-1　订单关系模型表

订单代号	客户代号	订购日期	运货费
O001	C001	1999-12-03	20
O002	C002	1999-12-10	50
O003	C001	2000-04-05	20
O004	C002	2000-04-20	20
O005	C003	1999-12-20	100
O006	C003	2000-06-09	50
O007	C004	2000-07-08	50
O008	C005	2000-10-08	100

对关系的描述称为关系模式，一般格式为：

关系名（属性名 1，属性名 2，……，属性名 n）

因此，上面的订单关系可以描述为：订单（订单代号、客户代号、订购日期、运货费）。

与层次模型、网状模型相比，关系模型具有如下几个特点：

1）关系模型概念单一，数据结构简单，实体与实体间的联系都是用关系（二维表）表示的。而在层次模型和网状模型中实体间的联系是由记录和记录之间所构成的层次结构和网状结构来表示的，数据结构复杂。

2）关系模型是数学化的模型，可把表格看成一个集合，数据操作是集合的操作，即操作对象和操作结果都是关系。

3）关系数据库语言是非过程化的。用户或应用程序只要告诉系统“做什么”，而不需要知道“怎么做”，这样大大降低了用户编程的难度。

4）关系模型以关系代数为基础，形式化基础强。

5）有功能强大的关系数据库语言 SQL 的支持。

（4）面向对象模型（Object—Oriented Model）

与层次模型和网状模型相比，关系数据模型有严格的数学基础，概念简单清晰，非过程化程度高，在传统的数据处理领域使用的非常广泛。但是，随着数据库技术的发展，出现了许多如 CAD、图像处理等新的应用领域，甚至在传统的数据处理领域也出现了新的处理需求，例如，存储和检索保险索赔案件中的照片、手写的证词等。这就要求数据库系统不仅能处理简单的数据类型，还要处理包括图形、图像、声音、动画等多种音频、视频信息，传统的关系数据模型难以满足这些需求，因而产生了面向对象的数据模型。

在面向对象的数据模型中，最重要的概念是对象（Object）和类（Class）。对象是对现实世界中的实体在问题空间的抽象。针对不同的应用环境，我们面向的对象也不同。一个教员是一个对象，一本书也可以是一个对象。一个对象由属性集、方法集和消息集组成。其中，属性用于描述对象的状态、组成和特性，而方法用于描述对象的行为特征，消息是用来请求对象执行某一操作或回答某些信息的要求，它是对象向外提供的界面。共享同一属性集和方法集的所有对象的集合称为类。每个对象称为它所在类的一个实例。类的属性值域可以是基本数据类型，也可以是类。一个类可以组成一个类层次（如图 2-3 所示），一个面向对象的数据库模式是由若干个类层次组成的。在图 2-3 中包含了三个类：书类、工具书类、教科书类。其中，书是超类，而工具书类和教科书类是它的子类。子类可以继承其超类的所有的属性、方法和消息。

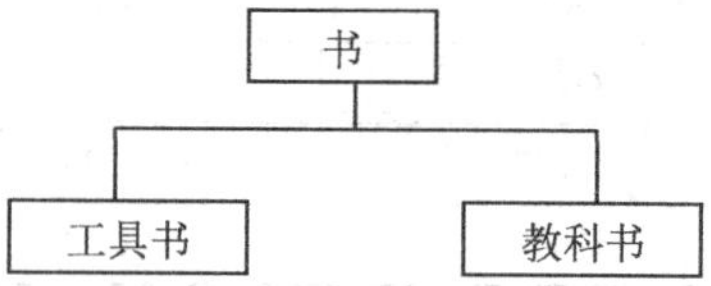

图 2-3 类

面向对象数据模型比网状、层次、关系数据模型具有更加丰富的表达能力。但正因为面向对象模型的丰富表达能力，模型相对复杂，实现起来较困难，所以，尽管面向对象系统很多，但大多是实验型的或专用的，尚未通用。

四、数据库系统的组成

数据库系统（DBS）是采用数据库技术的计算机系统，是可运行的、以数据库方式存储、维护和向应用系统提供数据或信息支持的系统。它由计算机硬件，软件（数据库、数据库管理系统、操作系统和应用系统等），数据库管理人员（DBA）及其他人员所组成。DBS 中各部分之间的关系如图 2-4 所示。

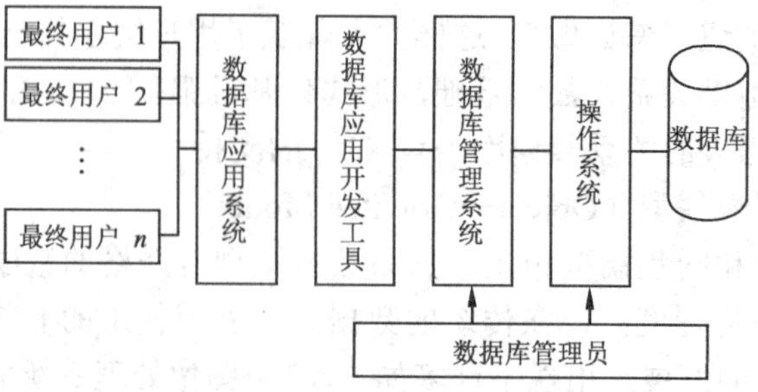

图 2-4 数据库系统组成

（一）数据库及其硬件支持系统

数据库需要有包括 CPU、内存、外存、输入输出设备等在内的硬件设备支持。外存空间应足够大，以存放规模越来越大的数据库、操作系统及数据库管理系统及应用程序系统；还应有足够大的内存，以存放操作系统及数据库管理系统的核心模块、数据缓冲区和应用程序等。

（二）数据库管理系统

数据库管理系统简称 DBMS（Data Base Management System），是专门用于建立和管理数据库的一套软件，介于应用程序和操作系统之间。DBMS 不仅具有最基本的数据管理功能，还能保证数据的完整性、安全性，提供多用户的并发控制，当数据库出现故障时对系统进行恢复等。

DBMS 主要是实现对共享数据有效的组织、管理和存取。围绕数据，DBMS 应具有如下几个方面的基本功能；

（1）数据库定义。对数据库的结构进行描述，包括外模式、模式、内模式的定义；数据库完整性的定义；安全保密定义，如用户口令、级别、存取权限等；存取路径，如索引的定义。这些定义存储在数据字典，亦称为系统目录中，是 DBMS 运行的基本依据。

（2）数据存取。提供用户对数据的操纵功能，实现对数据库数据的检索、插入、修改和删除。一个好的 DBMS 应该提供功能强易学易用的数据操纵语言（DML）、方便的操作方式和较高的数据存取效率。DML 有两类：一类是宿主型语言，一类是自含型语言。前者的语句不能独立使用而必须嵌入某种主语言，如嵌入 C 语言、COBOL 语言中使用，而后者可以独立使用，通常供终端用户交互使用。

（3）数据库运行管理。这是指 DBMS 运行控制、管理功能。它包括多用户环境下的并发控制、安全性检查和存取权限控制、完整性检查和执行、运行日志的组织管理、事务的管理和自动恢复，即保证事务的原始性，这些功能保证了数据库系统的正常运行。

（4）数据组织、存储和管理。DBMS 要分类组织、存储和管理各种数据，包括数据字典（亦称系统目录）、用户数据、存取路径等等，要确定以何种文件结构和存取方式在存储级上组织这些数据，如何实现数据之间的联系。数据组织和存储的基本目标是提高存储空间利用率，选择合适的存取方法提高存取（如随机查找、顺序查找、增、删、改）效率。

（5）数据库的建立和维护。它包括数据库的初始建立、数据的转换、数据库的转储和恢复、数据库的重组织和重构造以及性能监测分析等功能。

（6）其他功能。这包括 DBMS 与网络中其他软件系统的通信功能，一个

DBMS 与另一个 DBMS 或文件系统的数据转换等。

（三）操作系统

操作系统主要负责计算机系统的进程管理、作业管理、存储器管理、设备管理和文件管理等，因此可以给 DBMS 的数据组织、管理和存取提供支持。例如，当 DBMS 需要读取存放在磁盘上的数据库物理记录时，就必须调用操作系统读取磁盘块的操作，由操作系统从磁盘取出相应的物理块，而对物理块的解释是由 DBMS 来完成的。

（四）数据库应用系统

数据库应用系统是指包含数据库的各种应用系统，如管理信息系统、决策支持系统等都属于数据库应用系统。有了数据库应用系统，即使不具备数据库知识的用户也可以通过其用户界面使用数据库中的数据完成各种应用任务。

（五）数据库应用开发工具

数据库应用开发工具用于支持数据库应用系统的开发。目前，流行的开发工具有 PowerBuild、Delphi、Informix 等，它们都提供了图形化的界面工具、应用程序建立工具、调试工具、强有力的数据库访问能力和数据库浏览工具等。

另外，也可以直接利用 DBMS 产品，如 Access、Foxpro 和 Oracle 等开发数据库应用系统。或者，利用具有数据库接口的高级语言及其编译工具（如 C 语言）开发数据库应用系统。

未来的数据库语言应该是将数据库语言与通用的程序设计语言相结合，除能对传统的数据库功能提供透明访问外，也应能支持面向对象的程序设计方法。

（六）数据库管理员及其他人员

为保证一个企业或组织数据库的正常运转，必须配备专门的管理人员对数据库进行管理和控制，这类人员称为数据库管理员（DBA）。DBA 的主要职责包括：

（1）根据数据库设计的结果，建立整个数据库的模式。对关系数据库而言，就是在数据库中建立一系列的关系模式。

（2）定义数据库数据的存储结构和存取方法，即内模式。例如，为关系模式建立索引。

（3）定义外模式，并根据用户的不同权限给用户授权，使各用户既可以使用自己业务范围内的数据，又无法窃取其他不在其权限范围内的数据。

（4）根据需要，修改数据库的模式、外模式和内模式，并将所有的修改操作记录下来以备今后查看。

（5）监控数据库的运行和使用，及时处理数据库运行过程中可能出现的任何问题，保证数据库数据的完整性。

数据库系统的用户除了 DBA 外，还有系统分析和设计人员、应用程序员和最终用户。其中系统分析和设计人员主要负责数据库应用系统的需求分析和文档书写，确定系统的软硬件配置，参与数据库各级模式的设计；应用程序员主要负责数据库应用系统的开发；而最终用户则通过数据库应用系统提供的用户界面使用数据库数据，完成各项应用任务。

需要说明的是，以上介绍的各类人员可以是由一个或多个人组成的。例如，DBA 的角色可以由一个人承担，也可以由多个人承担，而系统分析员、应用程序员、最终用户也可以有多个。另外，如果某个数据库系统涉及的应用比较简单，DBA、系统分析员和应用程序员的角色也可以由同一个人来承担。这样，万一数据库遭到破坏时可以及时地将其恢复。

第二节 数据库管理技术

一、SQL 语言简介

在数据库中，数据的定义、数据的操纵等主要功能，是通过数据库支持的数据库语言实现的，SQL 就是一种关系数据库语言。

SQL（Structured Query Language）是 1974 年由博伊斯（Boyce）和张伯伦（Chamberlain）提出的，IBM 公司圣乔斯实验室（San Jose Research）研制的 System R 上实现了这种语言。由于它功能丰富，语言简洁，使用方法灵活，备受用户及计算机工业界的欢迎。1986 年 10 月，美国国家标准局（ANSI）的数据库委员会 X3H2 批准了 SQL 作为关系数据库语言的美国标准，同年公布了标准 SQL 文本。此后不久，国际标准化组织（ISO）批准 SQL 作为关系数据库语言的国际标准。

SQL 成为国际标准以后，数据库厂家纷纷推出各自支持 SQL 的软件或与 SQL 的接口软件。这使不同数据库系统之间的相互操作有了共同的基础。目前流行的关系数据库管理系统一般都支持 SQL。

（一）几个基本概念

基本表：基本表是本身独立存在的表。在 SQL 中一个关系就对应一个表，一个表可以带若干索引。

视图：视图是从一个或几个基本表导出的表，它本身不独立存储在数据库中。数据库中只存放视图的定义而不存放视图的数据，这些数据仍存放在导出视图的基本表中，因此，视图是一个虚表。

数据库：数据库是若干个基本表的集合。

（二）SQL 语言的功能

SQL 语言是高度化的非过程语言。SQL 语言简洁易学，语言的主要功能由表 2-2 中的 8 个动词表达。

表 2-2　SQL 语言中的动词

SQL 功能	动　　词
数据查询	SELECT
数据定义	CREATE、DROP
数据更新	INSERT、UPDATE、DELETE
数据控制	GRANT、REVOTE

SQL 数据定义功能包括：定义数据库、定义基本表、定义视图、定义索引。这些功能均由相应的命令实现。

SQL 中用 SELECT 实现查询，查询是 SQL 语言的核心，它可以从一个表或多个表中找出满足条件的元组。数据库的选择、投影、连接操作均可以由 SELECT 实现。

SQL 中用 INSERT、UPDATE、DELETE 实现数据的更新。

二、数据管理技术

（一）安全性管理

安全性管理是数据库管理系统中一个非常重要的组成部分，是数据库管理系统的一个必不可少的重要特征。安全性管理包括两方面的内容：用户登录系统的管理和用户使用数据库对象的管理。特定的用户只有使用特定的认证模式，才能登录到系统中，使用系统的资源。在数据库中，只有具有一定权限的用户，才能使用相应的数据库对象。安全性通常设计为限制访问人员能够查看的各类数据和能够查看的时间，以保护用户数据不受外部侵害。

用户登录系统的管理通过认证来实现。认证是指当用户访问数据库系统时，系统对该用户的账号和口令的确认过程。用户使用数据库对象的管理通过许可来实现。许可用来指定授权用户可以使用的数据库对象和这些授权用户可以对这些数据库对象执行的操作。

（二）数据库备份

备份是指制作数据库结构和数据的复制，以便在数据库遭到破坏时能够修复数据库。数据库的破坏是难以预测的，因此必须采取相应的措施，以便能够恢复数据库。备份需要一定的许可。备份的内容不但包括用户数据库的内容，还包括系统数据库的内容。备份有许多方法，应根据不同的情况选择最合适的方法。

1、完全数据库备份

如果数据库是一个只读数据库，那么完全数据库备份就足以防止数据的丢失。完全数据库备份可用作系统失败时恢复数据库的基础。当执行完全数据库备份时，SQL Server 系统备份在备份过程中执行的任何操作以及事务日志中没有提交的事务。当使用备份进行恢复时，SQL Server 系统使用在备份文件中捕捉到的部分事务日志，以确保数据的一致性。

2、增量备份

对于一个经常修改的数据库，为了最大限度地减少恢复时间，可以执行数据库增量备份。只有在执行了完全数据库备份之后，才能执行增量备份。在增量备份中，SQL Server 系统备份自从上一次完全数据库备份之后已经改变的数据库部分，包括在执行增量备份过程中执行的任何操作以及事务日志中任何未提交的事务。当执行增量数据库备份时，应该考虑以下的规则和因素：

（1）如果自从最近一次完全数据库备份以来，数据库中某些记录已经修改了若干次，那么增量备份只包含该记录的最新值。这一点与事务日志备份不一样，在事务日志备份中，包含了该记录所有变化的历史值。

（2）可以最小化备份数据库的时间，因为这种备份比完全数据库备份小，并且不必应用事务日志的一系列备份。

（3）应该为包含增量备份内容的备份文件创建一个命名机制，以便区分这些增量备份文件和包含完全数据库备份的文件。

3、事务日志备份

可以通过备份数据库事务日志来记录数据库的任何变化。当执行完全数据库备份时，一般应备份事务日志。只有当执行了完全数据库备份之后，才能备份事务日志。如果没有相应的数据库备份，事务日志不能用于恢复。当备份事务日志时，SQL Server 系统执行下列操作：

（1）备份从最近一次成功执行 BACKUP LOG 语句的地方到当前事务日志的末尾之间的事务日志。

（2）清除事务日志直到事务日志中活动部分的开始处。

（3）清除事务日志不活动部分中的信息，重新声明磁盘空间。

（4）数据库文件或者文件组备份。

当数据库非常庞大时，可以执行数据库文件或者文件组备份。文件组包含了一个或者多个数据库文件。当 SQL Server 系统备份文件或者文件组时，它可以只备份在 FILE 选项或者 FILE GROUP 选项中指定的数据库文件，并且允许只备份指定的数据库文件而不是整个数据库。当执行数据库文件或者文件组备份时，应该考虑下面因素：

（1）必须指定文件或者文件组的逻辑名称。

（2）为了使存储的文件与数据库的其余部分一致，允许执行事务日志的备份。

（3）为了确保所有的数据文件或者文件组定期进行备份，应该制定一个周期备份每个文件的规划。

（4）最多可以指定16个文件或者文件组。

（三）数据库恢复

数据库恢复是指将数据库备份加载到系统中的过程。在进行数据库恢复时，系统首先进行一些安全性检查，如指定的数据库是否存在、数据库文件是否有变化、数据库文件是否兼容，然后指定数据库及其相关的文件。之后，针对不同的数据库备份类型，采用不同的数据库恢复方法。

恢复是与备份相对应的操作。备份用于防止可能遇到的系统失败，而恢复则是为了处理已经遇到的系统失败而采取的操作。因此，备份是恢复的基础，没有数据的备份就没有数据的恢复。恢复是备份的目的，不是为了备份而备份，而是为了恢复而备份。

在恢复数据库文件时，必须确保数据库备份文件是有效的，并且在备份文件中包含了所需要的备份内容。有两种方法可以得到数据库备份的信息：一种方法是使用 SQL Server Enterprise Manager 查看每一个备份设备的属性，另一种方法是使用 Transact-SQL 语句。

在 SQL 中，恢复数据库的方法有两种：一种是使用 Transact-SQL 语句执行数据库的恢复操作，另一种是使用系统提供的图形化工具（SQL Server Enterprise Manager）执行恢复操作。

在恢复数据库时，必须了解执行备份时使用的备份方法类型和备份是否存在，从不同的备份中恢复数据库。

1、从完全数据库备份中恢复

当从完全数据库备份中恢复数据库时，SQL Server 系统重新创建数据库以及数据库相关的全部文件，然后把这些文件放到原来的位置上。所有的数据库对象都由系统自动创建，因此，对于用户来说，没有必要在恢复数据库之前重新创建数据库。一般在数据库的物理磁盘文件损坏，或者整个数据库被删除、破坏时，应该从完全数据库备份中恢复。

2、从增量备份中恢复

当从增量备份中恢复数据库时，SQL Server 系统只恢复从最近一次完全数据库备份以后数据库的变化部分，并且将数据库返回到执行增量备份时的状态。一般情况下，从增量备份中恢复数据库所需的时间比从事务日志中恢复数据库要少。

3．从事务日志备份中恢复

当从事务日志备份中恢复数据库时，SQL Server 系统恢复记录在事务日志中的数据库变化。一般情况下，为了从最近一次完全数据库备份或增量备份中恢复数据库的变化，可以使用事务日志备份。尤其重要的是，使用事务日志备份来恢复，可以将数据库恢复到某个指定时刻的状态。虽然使用增量备份恢复数据库可以加快数据库的恢复进程，但是为了确保数据的一致性，还必须用事务日志备份来恢复在增量备份之后的数据库变化。与从增量数据库备份中恢复数据库一样，使用事务日志备份恢复也必须在完全数据库恢复之后才能进行，事务日志的恢复是基于完全数据库恢复的。如果没有从完全数据库备份中恢复数据库，就不能从事务日志备份中进行恢复。

4、从文件或者文件组备份中恢复

为了减少恢复巨大的数据库所需的时间，可以从文件备份或者文件组备份中恢复数据库。如果某个特殊的文件被破坏或者被偶然删除，则可以从文件备份或者文件组备份中恢复。

（四）数据复制

复制是一种实现数据分布的方法，即把一个系统中的数据通过网络分布到另外一个或多个地理位置不同的系统中，以满足可伸缩组织的需要，减轻主服务器的工作负荷，提高数据的使用效率。数据复制的过程类似于报纸杂志的出版过程，即把信息从信息源迅速送到信息接收处。

第三节　计算机局域网技术

一、计算机网络概述

计算机网络是计算机技术和通信技术发展的产物。从强调信息传输的观点来说，计算机网络是以计算机之间传输信息为目的而连接起来，实现远程信息处理或进一步达到资源共享的系统；从强调资源共享的观点来说，计算机网络是以能够相互共享资源（硬件、软件和数据）的方式连接起来，是各自具备独立功能的计算机系统的集合体；而从用户的角度来说，计算机网络由一个网络操作系统自动管理用户任务所需的资源，使整个网络就像一个对用户透明的计算机大系统。

综上所述，计算机网络可以定义为：将地理位置不同的、功能独立的多个计算机系统，通过通信设备和线路连接起来，由功能完善的网络软件（包括网络协议、信息交换方式及网络操作系统等）将其有机地联系到一起并进行管理，从而实现网络资源共享和信息传递的系统。

（一）计算机网络的功能

虽然各种特定的计算机网络可以有其各自的功能，但一般可以将它们共同的功能归纳为如下几个方面：

1、资源共享

计算机网络最主要的功能是突破地域限制，向用户提供资源共享的手段。用户无须考虑自己以及所用资源在网络中的位置，就可以通过计算机网络使用所需的资源。可共享的资源包括计算机网络中的硬件设备（如存储设备、打印设备、扫描仪、通信设备、光驱等）和软件（包括程序、数据和文档）。

2、数据传输和集中处理

数据传输是计算机网络的基本功能，提供网络用户之间、各计算机之间以及用户与计算机之间的数据传输。根据需要可将分散在各地的数据信息进行集中或分级处理与管理，通过综合分析处理后得到有价值的信息。

3、均衡负荷与分布处理

在计算机网络中，当某台计算机的处理任务过重而太“忙”时，可以将部分工作转交给网络中其他较“空闲”的计算机来完成，以均衡负荷，减轻局部负担。在处理综合性的大型问题时，可以按一定的算法将任务分配给网络中不同的计算机进行分散处理，提高处理速度和设备利用率。还可以用各地的计算机资源共同协作，进行重大科研项目的联合开发和研究。利用网络技术，将多台计算机连成具有高性能的计算机系统，以并行处理方式来求解复杂的问题，这是目前计算机应用研究的方向之一。

4、改善可靠性，提高性价比

计算机网络中的计算机能够彼此互为备用，一旦网络中某台计算机出现故障，则网络中的其他计算机可以取而代之。另外，虽然大型计算机运算速度快，处理能力强，但价格昂贵，用多台功能较强的个人计算机来组成计算机网络系统，由于资源共享，使用方便，性能价格比明显提高。

（二）计算机网络的分类

用于对计算机网络进行分类的标准很多。例如，按网络拓扑结构可分为总线网、星形网、环形网、树形网和网状网等；按信息交换方式可分为线路交换网、报文交换网、报文分组交换网等等。但是，这些分类标准都只能给出网络某一方面的特征。

在计算机网络中，一般来说，传输距离影响着传输速率，距离越短，传输速率也就越高。而传输速率又极大地影响着计算机网络硬件技术的各个方面。因此，为了反映网络技术的本质特性，人们通常按照网络覆盖范围的不同进行分类，把计算机网络大致分为局域网、广域网和城域网三大类。

1、局域网

局域网（LAN，Local Area Network）是将较小地理区域内的计算机或数据终端连接在一起的计算机网络。一般是一个单位、一幢大楼或一个部门所使用的网络，通常使用单位或部门自己组建专用通信线路，涉及的范围较小，一般在几公里以内（不超过 10km）。

局域网是在小型计算机和微型计算机大量推广使用之后才逐渐发展起来的。一方面，它容易管理与配置；另一方面，容易构成简洁整齐的拓扑结构。局域网具有传输速率高（可在 10Mbps～10 Gbps）、差错率（误码率）低、传输延迟小等特点，所以网络节点往往能对等地参与对整个网络的使用与监控。再加上局域网成本低、组网方便、使用灵活等特点，深受用户青睐，是目前计算机网络技术发展中最活跃的一个分支。

2、广域网

广域网（WAN，Wide Area Network）又称远程网，是在一个广阔的地理区域内进行计算机或数据终端连接的计算机网络。一般是跨城市、地区甚至国家，涉及地理范围较大，通常在几十到几千公里。

出于军事、国防和科学研究的需要，广域网发展较早。例如，ARPAnet 于 1971 年就在全美推广使用并延伸到世界各地。在广域网中，网络之间连接的通信线路常常借用传统的公共传输网（如电报、电话网）来实现。由于这些传输网原来多是为传送声音信号而设计的，这就使广域网的数据传输速率要比局域网低得多，一般不超过 64kbit / s。

由于广域网的布局不规则，使得网络的通信控制比较复杂，一般采用点对点的通信技术，所以必须解决寻径问题，这就是广域网的物理网络中必须包含网络层的原因。

3、城域网

城域网（MAN，Metropolitan Area Network）是介于局域网与广域网之间的一种高速网络，通常覆盖一个城市，在几十公里范围内。随着局域网使用带来的好处，人们逐渐要求扩大局域网的范围，或者要求将已经使用的局域网互相连接起来，使其成为一个规模较大的网络。城域网能满足企业、机关、公司与社会服务部门的计算机联网需求，传输介质主要使用光纤，可实现大量用户、多种信息传输的综合信息网络。

目前互联网是跨越全世界的最大的网络，但它并不是一种具体的物理网络技术，它只是将同类或不同类的物理网络互联，通过高层协议统一起来的一种技术。

二、局域网的拓扑结构

拓扑（Topology）是一种研究与大小、距离无关的几何图形特性的方法。在计算机网络中，如果把主机、终端和各种数据通信控制设备等定义为节点，而把两个节点间的连线称为链路，则计算机网络拓扑结构就是一组节点和链路的几何排列或物理布局图形，用以表示网络节点的分布形状及相互关系。

计算机网络的拓扑结构反映了网络中各实体之间的结构关系，它主要是指通信子网的拓扑结构。网络拓扑结构是实现各种协议的基础，并直接关系到网络设计、网络性能、系统可靠性和通信费用等因素，所以它也是设计计算机网络的第一步。

（一）总线形

在总线形拓扑结构中，网络中的各个节点通过相应的硬件接口直接连接到传输介质或一根总线（Bus）上。如图 2-5 所示，就是“以一条共用的网线来连接所有节点”，所有节点地位平等。实际网络中，“总线”并非真的是“一条”很长的网线，其实是“很多条较短”的网线所接起来的，常用网线（传输介质）为同轴电缆。所以从宏观角度来看，它算是一条网线；但是从微观角度来看，应该是许多段网线所连接成的。

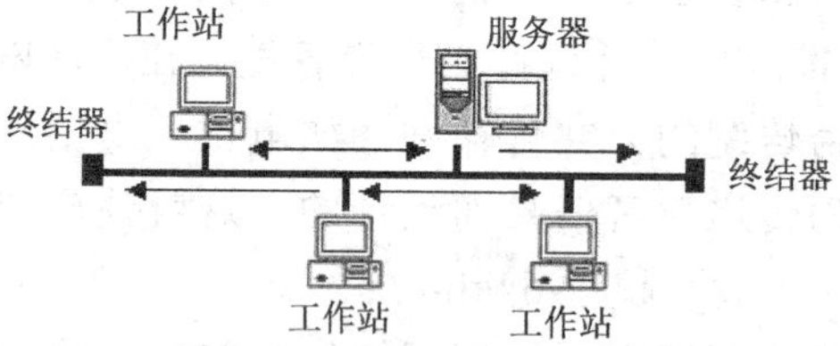

图 2-5 总线形网络

由于各节点通过总路线来传输信息，并且各节点对于总路线的使用权是平等的，没有某一个节点有特殊的优先权。在总线上某一时刻若有两个节点同时发送数据，则这两个数据将会在总线上发生“冲突”（Collision），造成所发送的数据不能被目的节点正确接收。为了避免“冲突”产生，就有一个解决“争用”总线问题的方式，以使各节点充分利用总线的信道空间和时间来传送数据并不会发生相互冲突。这就是介质访问控制方式。

总线形拓扑结构的网络具有以下特点：

总线形网络在早期非常盛行，局域网大多数都采用这种结构，如以太网（Ethernet）。因为它具有成本低廉和布线简单的优点。只要买足了网线、接头和网卡，不需要其他额外的网络设备，就可以架起总线形网络，达到资源共享的目的。

不过简单的结构背后，难免会存在一些缺失，首先是只要其中任何一段线路故障，整个网络就瘫痪了，而且在追查该故障线路时比较麻烦；其次是要加入或减少一部计算机时，也会使网络暂时中断，这两项主要缺点在日益重视网络管理的今日，使得总线形网络逐渐消失在网络舞台上。

（二）星形

星形拓扑结构是继总线形结构后兴起的网络结构，此种网络不再是“手牵手，前一个接后一个”，而是所有节点都接到一个特殊装置，该装置通常称为中央节点。这种结构是中心向外成放射状，因此称为星形（Star）网络，中央节点接收分散节点的信息再转发给相应的节点。一般是由集线器（HUB）或交换机来承担中央节点功能，传输介质一般为双绞线，如图 2-6 所示。

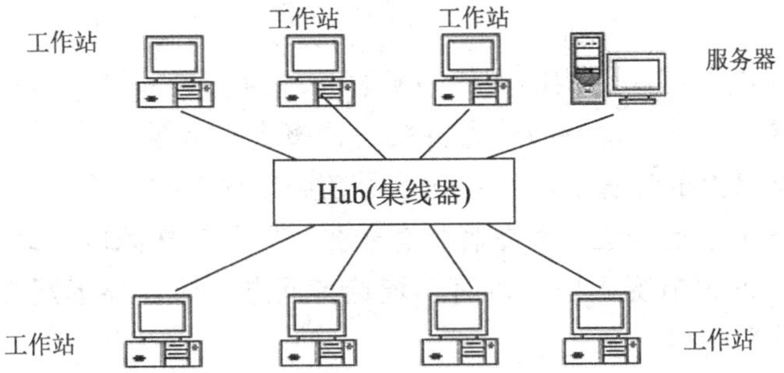

图 2-6　星形网络

星形网络的优点正好弥补总线形网络的缺点。星形拓扑结构的网络具有以下特点：

（1）局部线路故障只会影响局部区域，不会导致整个网络瘫痪。除非整个网络只有一部集线器，而碰巧问题出在集线器，这样才会整个网络都停止工作。

（2）追查故障点时相当方便，通常从集线器或交换机上对应的指示灯便能很快查知。

（3）新增或减少计算机时，不会造成网络中断。

（4）唯一缺点是必须增加一笔购买集线器或交换机的成本，但是由于集线器的价格日益滑落，使得这个缺点的影响逐渐缩小，因此星形网络已成为目前小型局域网的趋势。

（三）环形

环形拓扑结构是网络中各节点通过一条首尾相连的通信链路连接起来形成一个闭合的链路环（Ring）。环形结构中各工作站地位平等，网络中的信息流是定向的，传输延迟也是确定的。每个节点按照位置不同而有一个顺序编号，信号会按照该顺序编号以“接力”方式传递，传到最后一棒时再传给第一棒。如图 2-7a 所示，X 计算机欲传送数据给 Z 计算机时，必须先传给 Y 计算机，Y 计算机收到信号后发现这不是给自己的，于是再传给 Z 计算机。在正常情况下，每台计算机都是靠前一台计算机（即“顺序编号较小”的计算机）传来数据，不能跳过中间的计算机直接传送。

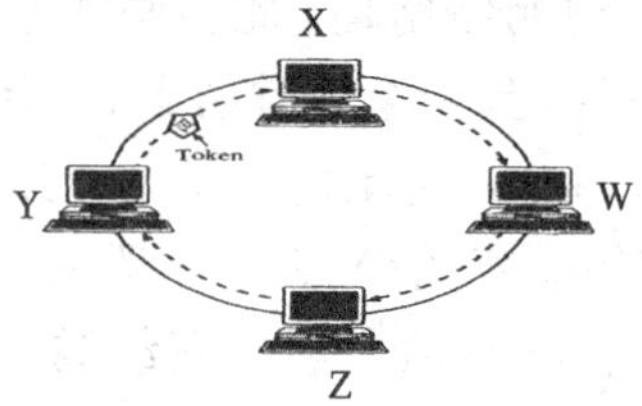

a）

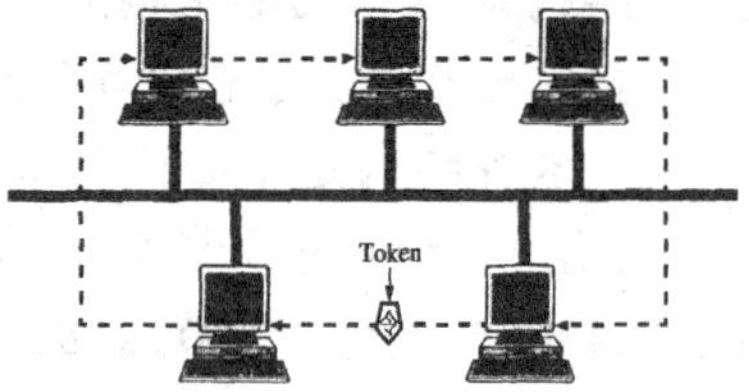

b）

图 2-7　环形网络

总线形和星形拓扑结构的网络在数据传输时都可能发生两部（或多部）计算机同时传送数据，而导致信号冲突，使整个网络暂时无法工作。

在环形网络上的计算机，在传送信号前必须先取得“令牌”（Token），有令牌的计算机才准传送，而令牌只有一张，并且是按照顺序编号轮流传递，所以不会发生冲突情况。由于没有信道选择问题，所以环形网络的管理软件比较简单，实时性强。

因为目前在市场上环形网络的软硬件设备成本较高，连带影响到其普及性。另外，若任一线路或节点故障，则整个环形网络便会瘫痪，不过这个问题可以采用双环线路的方式解决。当主要线路上任一段网线损毁时，可以利用备用环的线路让网络继续运作，不会因此而中断。不过这种方式只能避免线路故障，若是节点故障，网络仍会瘫痪。但是这种双环形网络结构，架设成本较高，一般只有光纤网络才会采用这种模式。

需要指出是，环形网络逻辑拓扑结构与实体拓扑可以不同。逻辑拓扑结构指的是其数据传输方式，实体拓扑指的则是实际布线的模样。图 2-7a 是标准的环形网络，实体拓扑与逻辑拓扑模样都相同。如图 2-7b 所示，实体拓扑为总线形网络，但数据传输方式却是环形网络。

（四）树形

树形结构是星形的扩展，是一种分层结构，具有根节点和各分支节点。树形结构网络中除了叶节点外，所有根节点和子树节点都是转发节点，因此，它是一个在分级管理基础上的集中控制通信网，适用于分级管理和控制系统。

树形结构网络的缺点是：数据在传输中要经过多条链路，延时较长。

树形结构网络的优点是：只要采用合理的连接方案可使通信线路的总费用比星形结构低，网络软件也不复杂，维护方便。资源共享能力差，可靠性也较差，任何一个链路出现故障会影响整个或部分网络的正常运行。

网络拓扑结构会因为网络设备、技术和成本的改变而有所变化，例如最早期的局域网为节省成本和布线方便，多采用总线形网络。后来，集线器、交换机的成本大幅下降，局域网中的节点数大幅增加，因此星形网络逐渐普及。而近几年来网络几乎已经成为每家公司、单位的必需品，因此，如何让两个甚至更多个局域网连接起来，就成为网管人员考虑的问题，于是这时候网络拓扑结构又开始倾向树形或混合型。

三、网络协议

在网络发展的初期，许多研究机构、计算机厂商和公司都大力发展计算机网络。自从 ARPANET 出现后，市场上出现了许多商品化的网络系统，如 TCP/IP 协议。这些自行发展的网络，在体系结构上差异很大，以至于它们之间互不相容，难于相互连接以构成更大的网络系统。为此，国际标准化组织（ISO）在 1977 年成立了一个分委员会来专门研究一种用于开放系统的体系结构，提出了开放系统互联（OSI，Open System Interconnection）模型，这是一个定义连接异种计算机的标准主体结构。所谓开放是指任何计算机系统只要遵守这一国际标准，就能同其他位于世界上任何地方的、也遵守这一标准的计算机系统进行通信。

（一）OSI 参考模型

OSI 参考模型如图 2-8 所示。OSI 网络体系结构共有七层：物理层、数据链路层、网络层、传输层、会话层、表示层和应用层。下面从最底层开始，简单介绍每层的功能。

1、物理层

物理层的主要功能是为数据链路层提供一个物理链接，以保证在通信信道上透明地传输比特流。该层是网络通信的数据传输介质。物理层协议的设计就是用来屏蔽这些传输介质的差异，以实现传输介质对计算机系统的独立性。物理层的数据单元是比特。

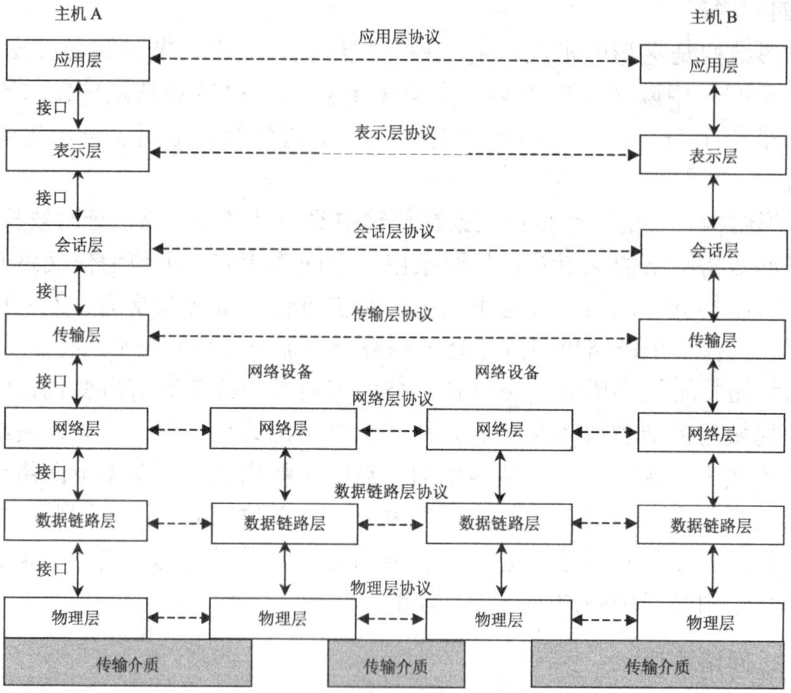

图 2-8 OSI 参考模型

2、数据链路层

数据链路层的主要功能是在两个相邻节点间的线路上，无差错地传输数据帧。数据链路层协议的设计就是把一条有可能出错的物理链路变为让网络层实体看起来是一条不出差错的数据链路。数据链路层的数据单元是帧。

3、网络层

网络层的主要功能是为数据分组进行路由选择，并负责子网的流量控制、拥塞控制和网络互连。网络层协议的设计就是要保证发送端传输层所传下来的数据分组能准确无误地传输到目的站的传输层。网络层的数据单元为分组。网络层、数据链路层、物理层协议都是点——点协议。

4、传输层

传输层的主要功能是向用户提供可靠的端——端服务，处理数据包错误、数据包次序，以及其他一些关键传输问题，以使两个端系统之间透明地传输报文。它屏蔽了会话层，使会话层看不见传输层以下的数据通信的细节。它是计算机体系结构中关键的一层。传输层的数据单元是报文。

5、会话层

会话层的主要功能是使用传输层提供的可靠的端——端连接，在两个应用进程之间建立会话连接，并对会话进行管理和控制，保证会话数据可靠传送。在会话层以上的各高层协议中，数据单元都是报文。

6、表示层

表示层的主要功能是处理在两个通信系统中交换信息的表示方式，主要包括数据格式转换、数据加密与解密、数据压缩与恢复等功能。

7、应用层

应用层是 OSI 参考模型的最高层，主要功能是为应用软件提供服务和接口，例如文件传输服务、虚拟终端、远程用户登录、电子邮件等。

（二）TCP/IP 协议

TCP/IP 是一种异构网络环境的网络互联协议，其目的在于实现各种异构网络或异种机之间的互联通信，可以在各种硬件和操作系统上实现互联通信，TCP/IP 协议已成为建立计算机局域网、广域网的首选协议。事实上，TCP/IP 包含了大量的协议，是由一组通信协议所组成的协议集，TCP 和 IP 是其中最基本也是最重要的两个协议。

TCP/IP 是美国为 ARPAnet 制定的协议，协议的开发早于 OSI 参考模型，所以其层次结构与 OSI 参考模型有些区别。虽然 OSI 参考模型是计算机网络的标准协议，但由于系统过于复杂、开销太大，所以真正采用它的并不多，TCP/IP 协议因简洁、实用而得到了广泛的应用。可以说，TCP/IP 已成为事实上的工业标准和国际标准。

TCP/IP 也同样采用了分层结构，分为 4 层：网络接口层、网络层、传输层和应用层，其各层及相对应的有关协议与 OSI 参考模型的对照如图 2-9 所示。

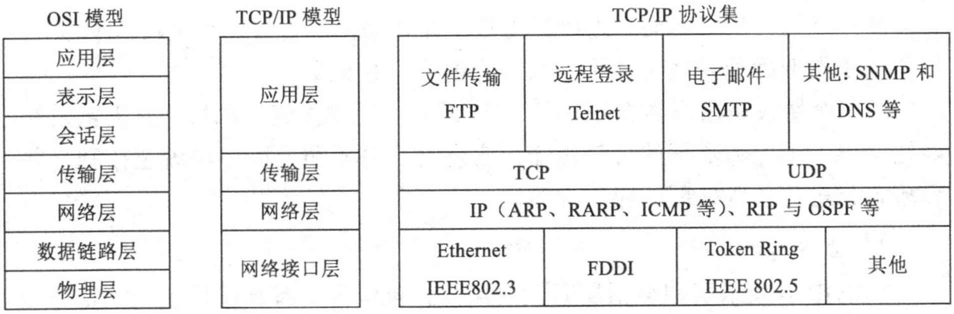

图 2-9　OSI 参考模型与 TCP/IP 协议标准的比较

1、网络接口层

网络接口层，负责对硬件的沟通，与 OSI 参考模型中的数据链路层和物理层对应。事实上，TCP/IP 并没有定义这两层，而是直接使用其他通信网上的数据链路层和物理层，如使用以太网、令牌环网、X.25、FDDI 网和 ISDN 等多种数据链路层协议及其所支持的多种传输介质。这也就是 TCP/IP 实现多种网络互联所具有的开放性和灵活性。

2、网络层

网络层又称互联网络层，是网络互联的基础，其主要任务是决定数据如何传送到目的地，如编定地址、选择路径等。在发送端，网络层接受一个请求，将来自传输层的一个报文分组封装在一个 IP 数据报中，将源 IP 地址、目的 IP 地址等信息填入数据报报头；使用路由选择算法确定数据报应当在本地网络处理还是通过网间连接器（如路由器）将数据报传递给相应的网络接口再发送到其他网络。在接收端，网络层还处理从网络上传来的数据包，校验数据报的有效性、删除报头等。

TCP/IP 在该层上的协议主要是 IP 协议，它制定了所有在网络上流通的报文标准，提供跨越多个网络的单一数据报文传送服务，规定了计算机在 Internet 上通信时所必须遵守的一些基本规则，以确保路由的正确选择和报文的正确传输。与 IP 协议配合的还有三个协议：将 IP 地址转换为物理网络地址（如以太网地址）的地址解析协议（ARP）；将物理网络地址转换为 IP 地址的逆向地址解析协议（RARP）；利用 IP 完成 IP 数据包在传输时的控制信息和错误信息的传输的网际控制报文协议（ICMP）等。

3、传输层

传输层又称为主机对主机层，基本任务是提供应用程序间的通信，负责传输过程中的流量控制、错误处理、数据重发等工作。传输层通过 TCP 或 UDP 头部增加网络地址，允许源主机与目的主机的对等实体进行会话，提供应用程序间的通信服务。该层主要定义了两个端－端协议，对应两种不同的传输机制。

第一个协议是可靠面向连接的协议，即传输控制协议（TCP），保障某一机器的数据准确无误地传送到互联网上的另一台机器。

第二个协议是用户数据报协议（UDP），它提供无连接的服务，无重发和纠错功能，不保障数据的可靠传输。它适合那些不需要顺序与流量控制，并希望自己对此加以处理的应用程序。

4、应用层

TCP/IP 将表示层和会话层融入应用层，包含了所有高层协议，主要功能是定义应用程序如何提供服务。它包括了一些高层次的应用程序。例如，远程登录协议（Telnet）允许用户登录到远程计算机并在远程计算机上工作；文件传输协议（FTP）提供了在 Internet 上的任意两台计算机之间相互传输文件的机制；简单邮件传输协议（SMTP）是专门处理邮件传送的协议；域名系统（DNS）用于将主机名映射到它们的网络地址；超文本传输协议（HTTP）用于 WWW 上超文本传输的协议等等。

四、局域网的基本组成

局域网由网络硬件和网络软件两大部分组成。网络硬件主要由计算机系统和通信系统组成，用于实现局域网的物理连接，为连接在局域网上的计算机之间提供一条物理通道，使通信双方能够相互传递信息。计算机系统是网络的基本单元，具有访问网络、数据处理和提供共享资源的能力。根据提供的网络功能和在网络中所起的作用不同，计算机系统有网络服务器和工作站之分。通信系统是连接网络基本单元的硬件系统，主要作用是通过通信电缆（即传输介质或传输媒体）、网络接口卡和网络设备等将计算机连接在一起，为网络提供通信功能。网络软件可大致分为网络系统软件和网络应用软件两种类型，包括控制信息传送的网络协议及其相应的协议软件、网络操作系统、通信控制软件和品种繁多的网络应用软件。

图 2-10 所示的是单集线器双绞线以太网的结构组成示例。

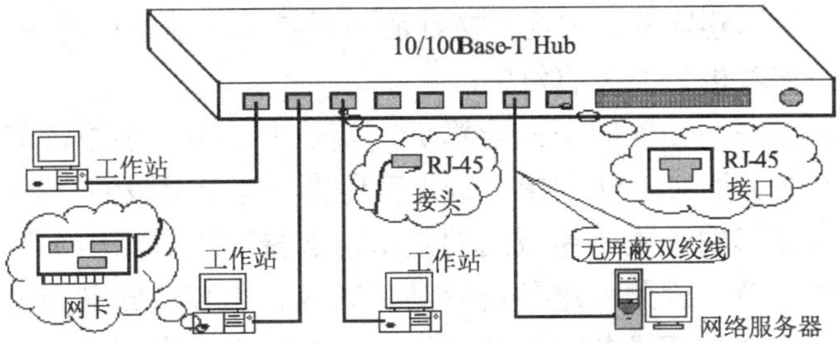

图 2-10　单集线器双绞线以太网的结构组成

1、网络服务器

网络服务器是连接在局域网上的一台计算机，也是一个网络节点。该节点的特殊功能是为网络提供各种网络服务和共享资源。网络服务器是网络的核心，它拥有大量可共享的硬件资源（如大容量磁盘、高速打印机、高性能绘图仪等）和软件资源（如数据库、数据文件、应用程序等），并具有管理这些资源和协调网络用户访问资源的能力。网络服务器的主要功能有：

（1）提供网络通信功能，有管理网络服务器与工作站之间通信的能力。

（2）为网络用户提供各种共享的软硬件资源，并能管理和分配这些资源，协调用户对资源的访问。

（3）提供文件管理功能，如文件和目录的存取与安全保护、共享数据库的管理与访问、数据的存储与共享、对共享软件的管理和磁盘管理等。

（4）提供各种 Internet 信息服务，如文件服务、打印服务、存储服务、电子邮件服务、域名服务、Web 服务、文件传输服务。

（5）提供各种网络应用服务，如信息管理系统、远程教学、电子图书馆、IP Phone、电子商务和远程医疗、视频点播、电视会议等多媒体应用。

（6）提供网络管理功能，监控网络运行情况，对网络进行性能管理、失效管理、配置管理、设备管理等。

在计算机网络上有许多不同类型的服务器，不同的服务器会提供不同的功能，并不是任何一台服务器都能提供如上所述的所有功能。那么，有哪些网络服务器呢？我们按照网络服务器所提供的服务进行分类，网络服务器有：文件服务器、通信服务器、打印服务器、终端服务器、磁盘服务器、数据库服务器、视频服务器、邮件服务器、DHCP 服务器、DNS 服务器、Web 服务器等。如果在一台服务器上提供多种服务，则被称为综合服务器。其中，文件服务器（FS，File Server）是为网络用户提供文件管理的服务器，它提供了操作系统中文件系统的各种功能，包括对目录和文件的操作以及对网络文件系统的控制与管理等，如：磁盘管理、文件系统的保护与管理以及文件、目录的生成、复制和删除等。因此，文件服务器是应用最为广泛的一种服务器，它在网络中扮演着极为关键的角色。

服务器可以是高性能的个人计算机，或是大、中、小型计算机，也可以是专用的网络服务器（IBM、HP、Dell 等品牌都有专用服务器产品）。网络服务器的性能直接影响着整个局域网的效率，选择和配置好网络服务器是组建局域网的关键环节。因此，服务器应具有高速、大容量磁盘和内存，高速的网络接口卡、高档外部设备，以及多线程、多进程、多用户的系统管理功能等。当然，不同类型的网络服务器，对计算机系统配置的具体要求有所不同，这需要根据用户所建立的服务器类型以及所使用的服务器软件系统而定。另外，在每台服务器上必须至少安装一块网卡，使用传输介质和介质连接设备把网络服务器与网络设备连接起来，使其成为一个网络节点。

2．工作站

工作站是指用户能够在网络环境中工作，访问网络共享资源的计算机系统，通常又被称为客户机（Client）。工作站的主要作用是为网络用户提供一个访问网络服务器、网络共享资源，并与网络中的其他节点交流信息的操作台和前端窗口，使用户能够在网上工作，如在网上传输文件、使用共享打印机打印文件、访问 Internet 各种信息和共享网上的各种软硬件资源等。

从网络构成上看，工作站通常使用的就是一台普通的 PC，如 PⅢ、PⅣ等各种微机，当然还需要安装网卡，并通过传输介质、网络设备与网络服务器连接，使之成为局域网上的一个站点。从功能上看，工作站比一台独立的 PC 具有更大的操作范围，它不仅能够访问本机的本地资源，同时也能访问网络上所有的远程资源（只要权限允许）。

工作站可以是有盘的，安装有自己单独的操作系统（如 Windows 2000/XP 等），能独立工作，而且还必须运行有关的网络软件，包括：网络协议软件（如 TCP/IP 等）、网络应用软件（如 Internet 各种信息服务的客户软件等）或网络操作系统的客户端软件，这样，用户在网络工作站上使用网络软件提供的实用程序或操作命令向服务器申请网络服务，获取各种公共的网络资源，访问 Internet 信息等等。工作站也可以是无盘的，被称为无盘工作站，这种工作站必须在网卡上加插一块专用的启动芯片或制作专用的引导软盘，用于从服务器上引导本地系统或连接服务器。

3、网络适配器（网卡）

网络适配器又称网络接口卡（NIC，Network Interface Card），简称网卡。网卡是安装在计算机中的一块电路板，它可以作为计算机的外部设备插在扩展槽中，用于实现计算机和传输介质之间的物理连接，为计算机之间相互通信提供一条物理通道，并通过这条通道进行高速数据传输。

网卡的基本功能是：

（1）实现工作站与局域网传输介质之间的物理连接和电信号匹配，接收和执行工作站与服务器送来的各种控制命令，完成物理层功能。

（2）实现局域网数据链路层的一部分功能，包括网络存取控制、信息帧的发送与接收、差错校验、串并代码转换等。

（3）实现某些接口功能，并提供数据缓冲能力。

（4）实现无盘工作站的复位和引导。

网卡的种类很多，不同类型的网卡支持不同的网络协议（如 IEEE 802.3、IEEE 802.5 等），不同的传输介质（如无屏蔽双绞线、光纤、同轴电缆）以及介质连接器，不同的总线接口。按网卡支持的网络协议分类，有以太网卡、快速以太网卡、千兆以太网卡、FDDI 网卡、ATM 网卡等。这些网卡可以提供 RJ-45、AUI、BNC、SC、ST、MIC 等不同的介质连接器。如果按网卡提供的总线接口分类，又可分为 ISA 网卡、PCI 网卡、EISA 网卡等类型。选用什么类型的网卡，需要根据实际的网络环境而定，具体来说，应根据所使用的局域网标准、协议、传输介质和计算机的总线类型来选择网卡的类型。

4、网络设备

网络设备是集线器（HUB）、中继器（Repeater）、交换机（Switch）等网络连接设备和网桥（Bridge）、路由器（Router）等网间互联设备的统称。通过这些设备可以把计算机连接起来组成局域网，或将局域网与局域网互联起来，组成更大规模的互联网络。网络设备是组建计算机网络的关键设备，比如在图 2-10 中，我们将计算机通过以太网卡、无屏蔽双绞线、RJ-45 连接器和网络设备 HUB 相连，就能把这些计算机连接在一起，组成一个 10/100Base-T 以太网。

5、传输介质及附属设备

传输介质是通信双方交流信息的物理通道，用于两个网络站点之间原始比特流的实际传输。传输介质的品种繁多，每一种介质在带宽、延迟、信号衰减、抗干扰能力、传输距离、安装维护难度等方面都不相同。传输介质的选用是非常重要的，它对网络性能影响极大。局域网所使用的传输介质主要是双绞线、同轴电缆和光缆。双绞线和同轴电缆一般作为建筑物内部的局域网连接；光缆则因其性能优良、价格较高而常作为建筑物之间的连接干线。

附属设备随局域网使用的传输介质而定。就目前使用最为普遍的双绞线以太网（如图 2-10 所示）而言，附属设备主要是 RJ-45 连接头（俗称水晶头）。对于同轴电缆以太网来说，附属设备包括 BNC 插头、T 形插头、终端匹配器、增音器和调制解调器等。

6、网络软件

前面所述的是组成局域网的硬件设备，它们仅能完成网络的物理连接，为通信双方提供一条物理通道，而要在网络上真正实现信息交换，还必须有控制信息传送的协议和网络软件。

网络软件是一种在网络环境下运行和使用，或者是控制与管理网络运行和通信双方交流信息的计算机软件。网络是在网络软件的控制下工作的。在计算机网络上，通信双方都必须遵守相同的协议，才能进行相互的信息交流和资源共享，所以网络软件必须实现网络协议，并在协议的基础上管理网络、控制通信、提供网络功能和网络服务。

根据网络软件的功能与作用不同，网络软件可大致分为网络系统软件和网络应用软件两大类。网络系统软件是控制和管理网络运行、提供网络通信和网络资源分配与共享功能的网络软件，它为用户提供了访问网络和操作网络的友好界面。网络系统软件主要包括网络操作系统（NOS，如 NetWare、Windows NT/2000 Server 等）；网络协议软件（如 TCP/IP、NetBEUI、IPX/SPX 等）；网络通信软件（如实现传输层和网络层功能的网卡驱动程序等）。网络应用软件是指为某一个应用目的而开发的网络软件，它为用户提供一些实际的应用。网络应用软件既可用于管理和维护网络本身，也可用于某一个业务领域，如网络管理监控程序、网络安全软件、分布式数据库、管理信息系统（MIS）、数字图书馆、Internet 信息服务、远程教学、远程医疗、视频点播、电视会议等。

五、网络互联技术

计算机与计算机或工作站与服务器进行连接时，除了使用连接介质外，还需要一些中介设备。这些中介设备主要有哪些？起什么作用？这是在网络设计和实施中人们所关心的一些问题。为使一个网络上的用户能够访问其他计算机网络上的资源，使不同网络上的用户能够相互通信和交流信息，以实现更大范围的资源共享和信息交流，还必须进行计算机网络互联。计算机网络互联是利用网络互联设备及相应的技术措施和协议把两个以上的计算机网络连起来，实现计算机网络之间的连接。

（一）网络传输介质互联设备

T 形连接器与 BNC 接插件同是细同轴电缆的连接器，它对网络的可靠性有着至关重要的影响。同轴电缆与 T 形连接器是依赖于 BNC 接插件进行连接的，BNC 接插件有手工安装和工具型安装之分，用户可根据实际情况和线路的可靠性进行选择。

终端匹配器（也称终端适配器）安装在同轴电缆（粗缆或细缆）的两个端点上，它的作用是防止电缆无匹配电阻或阻抗不正确。无匹配电阻或阻抗不正确，则会引起信号波形反射，造成信号传输错误。

RJ-45 非屏蔽双绞线连接器有 8 根连针，在 10Base-T 标准中，仅使用 4 根，即第 1 对双绞线使用第 1 针和第 2 针，第 2 对双绞线使用第 3 针和第 6 针（第 3 对和第 4 对作备用）。在 100Base-T 标准中使用 8 根。具体使用时可参照厂家提供的说明书。

调制解调器（Modem）其功能是将计算机的数字信号转换成模拟信号或反之，以便在电话线路或微波线路上传输。调制是把数字信号转换成模拟信号；解调是把模拟信号转换成数字信号，它一般通过 RS-232 接口与计算机相连。

（二）网络物理层互联设备

1、中继器

由于信号在网络传输介质中有衰减和噪声，使有用的数据信号变得越来越弱，因此为了保证有用数据的完整性，并在一定范围内传送，要用中继器把所接收到的弱信号分离，并再生放大以保持与原数据相同。

2、集线器

集线器（Hub）可以说是一种特殊的中继器，作为网络传输介质间的中央节点，它克服了介质单一通道的缺陷。以集线器为中心的优点是：当网络系统中某条线路或某节点出现故障时，不会影响网上其他节点的正常工作。集线器可分为无源（Passive）集线器、有源（Active）集线器和智能（Intelligent）集线器。

无源集线器只负责把多段介质连接在一起，不对信号作任何处理，每一种介质段只允许扩展到最大有效距离的一半。

有源集线器类似于无源集线器，但它具有对传输信号进行再生和放大从而扩展介质长度的功能。

智能集线器除具有有源集线器的功能外，还可将网络的部分功能集成到集线器中，如网络管理、选择网络传输线路等。

集线器技术发展迅速，已出现交换技术（在集线器上增加了线路交换功能）和网络分段方式，提高了传输带宽。

随着计算机技术的发展，Hub又分为切换式、共享式和可堆叠共享式三种。

（1）切换式 Hub　一个切换式 Hub 重新生成每一个信号并在发送前过滤每一个包，而且只将其发送到目的地址。切换式Hub可以使10Mbps和100Mbps的站点用于同一网段中。

（2）共享式 Hub　共享式 Hub 提供了所有连接点的站点间共享一个最大频宽。例如，一个连接着几个工作站或服务器的 100Mbps 共享式 Hub 所提供的最大频宽为 100Mbps，与它连接的站点共享这个频宽。共享式 Hub 不过滤或重新生成信号，所有与之相连的站点必须以同一速度工作（10Mbps 或 100Mbps）。所以共享式 Hub 比切换式 Hub 价格便宜。

（3）堆叠共享式 Hub　堆叠共享式 Hub 是共享式 Hub 中的一种，当它们级连在一起时，可看做是网中的一个大 Hub。当 6 个 8 口的 Hub 级连在一起时，可以看做是 1 个 48 口的 Hub。

（三）数据链路层互联设备

1、网桥

网桥（Bridge）是一个局域网与另一个局域网之间建立连接的桥梁。网桥是属于数据链路层的一种设备，它的作用是扩展网络和通信手段，在各种传输介质中转发数据信号，扩展网络的距离，同时又有选择地将有地址的信号从一个传输介质发送到另一个传输介质，并能有效地限制两个介质系统中无关紧要的通信。网桥可分为本地网桥和远程网桥。本地网桥是指在传输介质允许长度范围内互联网络的网桥；远程网桥是指连接的距离超过网络的常规范围时使用的远程桥，通过远程桥互联的局域网将成为城域网或广域网。如果使用远程网桥，则远程桥必须成对出现。

在网络的本地连接中，网桥可以使用内桥和外桥。内桥是文件服务的一部分，通过文件服务器中的不同网卡连接起来的局域网，由文件服务器上运行的网络操作系统来管理。外桥安装在工作站上，实现两个相似或不同的网络之间的连接。外桥不运行在网络文件服务器上，而是运行在一台独立的工作站上，外桥可以是专用的，也可以是非专用的。作为专用网桥的工作站不能当普通工作站使用，只能建立两个网络之间的桥接。而非专用网桥的工作站既可以作为网桥，也可以作为工作站。

2、交换机

网络交换技术是近几年来发展起来的一种结构化的网络解决方案。它是计算机网络发展到高速传输阶段而出现的一种新的网络应用形式。它不是一项新的网络技术，而是现有网络技术通过交换设备提高性能。由于交换机市场发展迅速，产品繁多，而且功能上越来越强，所以用企业级、部门级、工作组级、交换机到桌面级进行分类。

（四）网络层互联设备

路由器（Router）是用于连接多个逻辑上分开的网络。逻辑网络是指一个单独的网络或一个子网。当数据从一个子网传输到另一个子网时，可通过路由器来完成。因此，路由器具有判断网络地址和选择路径的功能，它能在多网络互联环境中建立灵活的连接，可用完全不同的数据分组和介质访问方法连接各种子网。路由器是属于网络应用层的一种互联设备，只接收源站或其他路由器的信息，它不关心各子网使用的硬件设备，但要求运行与网络层协议相一致的软件。路由器分本地路由器和远程路由器，本地路由器是用来连接网络传输介质的，如光纤、同轴电缆和双绞线；远程路由器是用来与远程传输介质连接并要求相应的设备，如电话线要配调制解调器，无线要通过无线接收机和发射机。

（五）应用层互联设备

在一个计算机网络中，当连接不同类型而协议差别又较大的网络时，则要选用网关设备。网关的功能体现在OSI模型的最高层，它将协议进行转换，将数据重新分组，以便在两个不同类型的网络系统之间进行通信。由于协议转换是一件复杂的事，一般来说，网关只进行一对一转换，或是少数几种特定应用协议的转换，网关很难实现通用的协议转换。用于网关转换的应用协议有电子邮件、文件传输和远程工作站登录等。

网关和多协议路由器（或特殊用途的通信服务器）组合在一起可以连接多种不同的系统。

和网桥一样，网关可以是本地的，也可以是远程的。目前，网关已成为网络上每个用户都能访问大型主机的通用工具。

第四节 网络数据库组织

由于计算机网络系统的中心工作是对数据信息进行处理，所以从形式多样、相互联系、错综复杂、大量和杂乱无章的原始数据信息中，及时而又准确地提炼出对某项活动有用的信息，并进一步形成新的有用信息；对数据进行正确和快速的收集、合理有效的存储及传播、检索、分类等处理，保证数据的一致性、完整性和正确性就成为各种网络系统的核心问题。

网络系统不同于单用户系统，也不同于多用户系统。单用户系统和多用户系统都不存在对数据进行“并行”处理的问题，只有计算机网络系统和分布式计算机系统才存在对数据进行“并行”处理的问题。对数据进行“并行”处理给系统管理和数据组织带来了极大的复杂性。所以，一个网络系统要实现上述目标，不仅要求系统能够对数据进行合理的组织，还要求系统有良好的适应网络特点的管理模式。这两方面的工作，是通过数据库设计工作来实现的。

一、集中式数据库与分布式数据库

集中式数据库与分布式数据库是两种传统的数据库。

（一）集中式数据库

集中式数据库设计主要是在中小型或大型中心计算机上设计数据库系统时使用。其特点是，系统中的各用户在其终端上共用中心计算机内的集中式数据库，系统以共享主存储器为特征，系统中数据库之间、子系统之间关系密切，相互依赖性强。集中式数据库结构如图 2-11 所示。

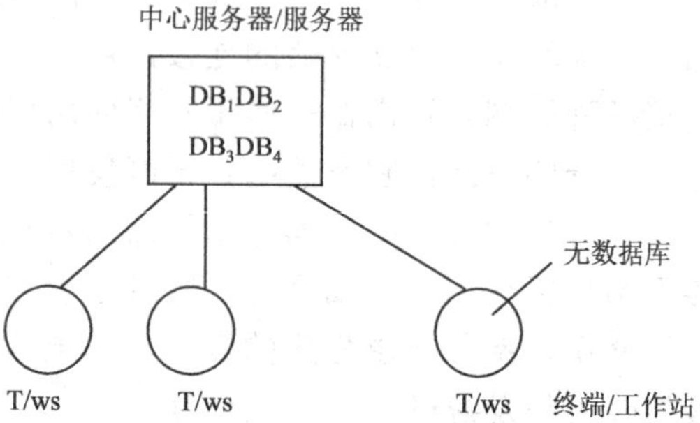

图 2-11 集中式数据库结构示意图

（二）分布式数据库

随着网络的普及与 Internet 的迅速发展，分布式大型数据库越来越普及，越来越多的系统把数据库部件都安装在多个服务器上。例如，一家大型银行可能把与存款账号相关的记录放在一个服务器上，而与支票账号相关的记录放在另一服务器上。对数据库进行分割可以提高性能（因为服务请求可以利用更多处理器和更多网络带宽），但也出现了如何在服务器边界上处理事务的问题。例如，用两个不同服务器管理存款和支票信息的银行就要保证一个服务器上传递的金额能在另一服务器上显示出来。

分布式数据库设计主要用于网络系统，特别是对 NMIS（网络管理信息系统）。在 NMIS 中，各子系统分布在各工作站中，它要求各子系统在物理上是独立的、分散的，而在逻辑上系统是统一的、完整的。通过网络通信，数据得到共享。分布式数据库设计用于 NMIS 中，给系统带来许多好处，使系统可靠性更高、响应时间更快、系统维护方便、便于系统管理。但是，分布式数据库设计给系统带来了并发控制、数据查询和数据恢复处理等方面的问题。

分布式数据库有三种结构。这里假设在某一个 NMIS 系统中共有 DB_1、DB_2；DB_3、DB_4 四个数据库或者是四组数据库，用不同的方式来构造它们，结果如下。

（1）层次型。其结构如图 2-12a 所示。这种结构的特点是：系统中存在一个中心数据库工作站（或网络服务器），它含有系统中全部的数据库，中心数据库工作站的内容与各工作站数据库的内容同步，使得各工作站对数据库的访问，可以使用其本身的数据库，也可以使用中心工作站中的数据库，同时各工作站还可以通过中心数据库工作站共享其他工作站的数据库资源。

（2）联邦型。其结构如图 2-12b 所示。这种结构的特点是：系统中的所有数据库被分布在不同的工作站中，且由各工作站独有。系统中没有中心数据库工作站，各工作站可以进行相互的访问，以实现数据共享。

（3）全程型。其结构如图 2-12c 所示。这种结构的特点是：各工作站中都有一套完整的系统数据库，各工作站共享系统内所有数据，系统通信量大，数据冗余量大，不利于数据的一致性和安全性、完整性。

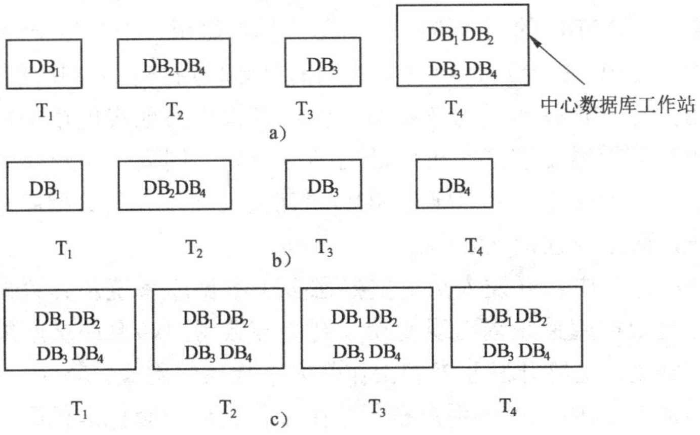

图 2-12　分布式数据库三种结构

a）层次型　b）联邦型　c）全程型

（三）集中式与分布式数据库

由于集中式与分布式数据库各有所长，为此，系统除了采用集中式组织数据库或采用分布式组织数据库两种方式中的一种之外，还有一种集中式与分布式混合组织数据库的方式。混合组织数据库方式中，数据组织取决于数据库中数据量多少和对数据的处理方式。通常的做法是在系统中心服务器和中心服务器下属各工作组服务器或工作站上都存有信息数据库。在中心服务器中存放详细的数据，在各工作组服务器或工作站上存放了经过综合处理的数据子集。这就使得工作组一级尽可能多地完成信息处理，从而减轻了中心级系统负担，减少了终端用户信息处理的成本，还有效地保证了数据的一致性、完整性，系统对数据处理的实时性也得到了加强。

二、开放式数据库互联技术（ODBC）

由于不同厂商推出的各种数据库管理系统在性能和应用范围上的差异，使得一个综合网络数据库应用系统的各子系统因需求的差异等原因而选择不同的数据库系统。为此，在一个综合网络数据库应用系统中就会存在多种不同的数据库，特别是当用户需要从客户机向不同的服务器访问时。微软公司提出的开放式数据库互联 ODBC（Open-Date Base-Connectivity）技术为解决这个问题提供了一个强有力的解决方案。

ODBC 为用户提供了一个简单、标准和透明的数据库连接的公共编程接口，各开发厂商根据 ODBC 的标准来实现其底层的驱动程序。底层驱动对各用户都是透明的，并允许用户根据不同的数据库系统来采用不同的技术对其加以优化实现。ODBC 的这种数据库驱动的基本思想，很类似于 Windows 中打印机驱动的思想。在 Windows 中，不同的打印机用户安装相应的驱动程序，打印时使用同样一种打印语句或操作，就可以很容易地实现在不同打印机上的打印输出，而无需了解打印机内部的具体原理。同理，用户安装不同的数据库系统驱动程序就可以用同样的 SQL 语句实现在不同的数据库系统上进行同样的操作，而无需进行预编译。

在传统的方式中，开发人员需要熟悉多个数据库系统及其数据库应用程序接口。一旦数据库系统端出现变动，则会导致用户端系统重新编建或者对源代码进行修改，这给开发和维护工作带来了极大的困难。

在 ODBC 方式中，由于用户在程序中都使用同一套标准代码，所以，不管底层网络环境如何，也无论用户采用何种数据库系统，用户端源程序都不会因底层的变化而需要进行重新编建和修改，用户也就无需逐个了解各数据库系统及其数据库应用程序接口的特点，从而减轻了用户开发维护的工作量，缩短了系统开发周期。ODBC 的这种开放性，还为程序集成提供了便利，为客户/服务器结构的不同计算机环境的数据访问提供了技术支持。传统的数据库连接方式与 ODBC 方式的数据库连接逻辑结构如图 2-13 所示。图中，API 为数据库应用程序接口，DBMS 为数据库管理系统。

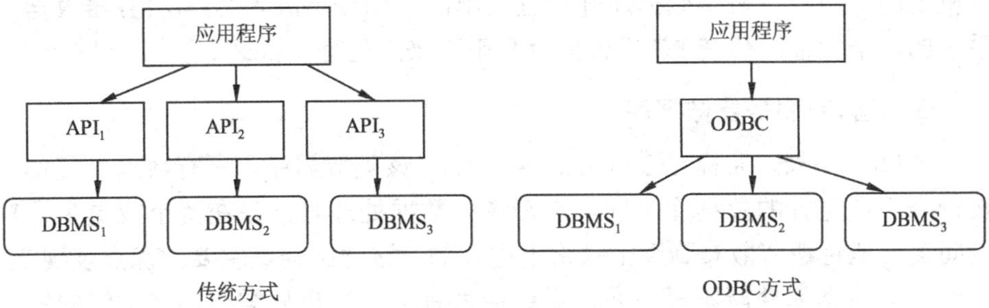

图 2-13　两种数据库连接方式逻辑结构图

三、数据一致性

数据共享带来很多 DBMS 必须面临的复杂性。其中，最困难的问题之一就是一致性（数据锁定）控制问题，它决定了如何处理两个或更多用户访问数据库中的同一个记录，以改变数据的方法。一致性控制即确定哪一个用户的变化有效，然后锁住其他用户，避免他们进入该文件或记录，直到第一个用户的工作完成。

一致性控制可采取多种方式完成，不同的数据库采用不同的方法或综合几种方法来完成。一致性控制可以完全交给 DBMS 处理，但更成熟的软件通常允许用户或编程人员选择所要采取的方式。

（1）一致性控制最好的办法是，将读写访问权交给第一个打开数据文件输入数据或更新数据的用户，而防止其他人访问该文件，直到第一个用户关闭文件。该方法完全违背了建立多用户数据库的本意，所以，它的使用是有限制的：仅使用在数据文件的大量更新以及进行分类或分组时。

（2）采用文件锁定办法，允许第一个打开文件、进行输入或更新数据的用户进行读写访问，而其他用户仅可进行只读访问。数据库用户仍可根据数据进行查阅和报告。一些 DBMS 系统可告知只读用户文件何时已被更改，并在其他用户屏幕上自动显示该变化。

（3）更完善的多用户数据库可进行记录锁定，即仅仅锁定增加了的或变化了的记录。其他数据库用户仍可在同一个文件中更改其他部分记录，而不致引起任何混淆。少数数据库系统甚至可以进行区域锁定，即仅锁定正在编辑的区域。虽然这对许多应用软件并不必需，但区域锁定代表了一致性控制的最高水平。

（4）采用处理本法，任何数据输入或更新均在一个独立文件处理本（Transaction Log）中进行，从而无需直接在数据库中进行处理。除非用户或应用软件特别强调，数据的变化不写入数据库文件；处理本是为在小型机或主机上的多用户主机型数据库开发且实施的，如今已成为客户/服务器数据库系统的一个特征。传统 PC 机数据库几乎不采用处理本处理。

四、客户/服务器数据库

客户/服务器，简称 C/S（Client/Server），该类数据库与所有数据处理集中在一个系统进行的数据库不同，它在进行数据处理时，是在两个或更多计算机间逐一地将载荷散布到整个网络中进行的。这种结构最主要的优点表现在：

（1）数据库性能不再与客户系统能力有关。客户只需要拥有足够的能力运行传递查询或更改至数据服务器的前端应用软件即可。服务器进行所有数据处理并返回仅满足查询标准或更改结果要求的数据部分至客户。仅需要的高性能机器是运行数据库的机器。随着数据库变大，或更多的用户出现，仅服务器需要被升级。

较小的数据库或具有很少用户的数据库可以被安装在网络文件服务器上，随用户增多或数据库变大，可以在不影响用户访问它的情况下，把数据库装到专门服务器系统中。

（2）这种结构提高了数据安全性。用户不必访问数据文件即可进行查询或更改。实际上，用户通常无需直接访问存放数据的服务器。所有用户联络通过客户数据库进行。客户服务器数据库还具有通过客户数据库授权给用户的多种级别的安全性功能，数据安全性得以加强。

（3）明显改善了网络通信处理能力。从客户到服务器的唯一通信是查询或更改数据。服务器必须送返查询或更改结果。与传统网络数据库不同，整个数据文件不再在通信线路上传递。

（4）这种结构具有前端独立性。在传统的数据库中，用户程序必须用 DBMS 提供的同样的编程语言编写。程序开发者仅有极少几种语言可供选择，所以，用户接口的形式也相当有限。在客户/服务器系统中，程序开发人员可使用多工作平台的前端程序与数据库对话。所以，不同的数据库用户可以使用不同的前端程序，只想浏览或汇总数据的用户可以使用更简单的前端程序。前端程序可用于多工作平台情况。

第五节 企业内部网络

20 世纪 90 年代以后，企业网络已经成为连接企业、事业单位各部门并与外界交流信息的重要基础设施。随着计算机技术与网络技术的迅猛发展，基于局域网和广域网技术发展起来的企业网络技术得到迅速的发展，尤其是企业计算机网络开放系统集成技术受到人们普遍重视。在市场经济和信息社会中，企业网络对物流企业的综合竞争能力的增加有着十分重要的作用。因此，为了将 Internet 技术和现存的企业网络相结合，更好地满足企业经营和发展的要求，需要一种新型的企业计算机网络系统—— Intranet（内部网络）。由于 Internet 技术尤其是 WWW 技术的发展以及企业网络技术的发展为 Intranet 的形成奠定了技术基础。

由于传统的 Client/Server（以下简称 C/S）模式下的 MIS 采用的是专用的网络操作系统（NOS）和各种应用软件及管理软件等，这种 MIS 不能适应企业不断增长的多方面的需求，其主要表现在：

（1）系统结构封闭，不同系统之间难以交流。

（2）MIS 中的各子系统的界面风格各异，难于统一，造成使用复杂，不利于推广。

（3）系统升级、移植、维护、开发困难，周期长。

（4）系统之间难于相互包容，造成投资重复。

（5）系统灵活性差，限制了系统利用新技术进行扩展。

（6）系统远程管理困难。

随着企业管理机制和运行方式的变化，传统的企业网络 MIS 将无法满足企业的要求，构造新型的企业 MIS 网络是非常重要的。

最早在企业中建立 Intranet 的是美国的 Lockheed 公司、Hughes 公司和 SAS 研究所。它们将 Internet 的技术和工具引入企业网，这是一种新的尝试，将这些用于学术环境的网络工具和技术运用于商业环境。当他们取得成功经验后，就有越来越多的企业也纷纷建立 Intranet。

一、Intranet 的概念

所谓 Intranet，一般认为它是基于 Internet 的 TCP/IP 协议、使用 WWW 工具、采用防止外界侵入的安全措施、为企业内部服务并有连接 Internet 功能的企业内部网络。

Intranet 与 Internet 的联系在于：Intranet 是使用 Internet 技术组建的企业内部网，Intranet 要与 Internet 互联才能发挥作用。

Intranet 与 Internet 的区别在于：Intranet 是一种企业内部网，而 Internet 是一种公共信息网。Internet 允许任何人从任何一个站点访问它的资源。而 Intranet 内部信息必须严格加以保护，它必须通过防火墙与 Internet 连接。

Intranet 网络的基本组成如图 2-14 所示。其中 Web 服务器对 Intranet

有着举足轻重的作用，因此对 Web 服务器需要考虑其响应能力、与后端服务器的集成度、管理的难易程度、信息开发的难易程度以及稳定性、可靠性和安全性等主要性能。同时 Web 服务器的选择也要考虑两个方面：Web 服务器硬件和 Web 服务器软件。此外，浏览器服务器网络环境对数据库提出了新的要求，比如数据库与 Web 服务器的集成度、安全性、稳定性、容错性和扩展性等。

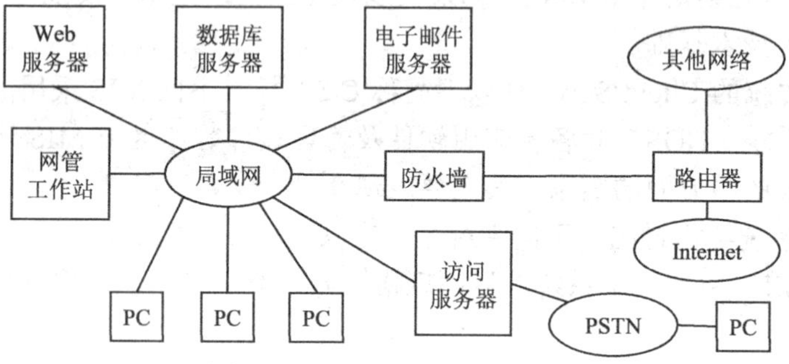

图 2-14 Intranet 的基本组成

1、网络与网络协议

网络是 Intranet 的核心。小的企业 Intranet 只是一个简单的网络，大的企业 Intranet 是若干小型网络组成的大型网络。网络的类型可以包括局域网和广域网。

TCP/IP 是 Intranet 的主干，其基本思想是通过网络互联设备将各种不同的网络连接起来，在各个网络的低层协议上构造一个虚拟的网络。TCP/IP 是创建 Intranet 的关键。

2、Intranet 服务与服务器

Intranet 的服务一般是指 Web、E-mail 和 FTP 等应用程序提供的服务；服务器指的是提供这些服务的软件，例如 Web 服务器提供 Web 服务。这些服务可运行于任何操作系统上，如在 Windows NT、Linux 和 Novell NetWare 等操作系统上。

Intranet 的服务器主要有：Web 服务器、数据库服务器和电子邮件服务器。

（1）Web 服务器用于存储和管理主页，提供 Web 服务，与 Web 服务器配套的另一类服务器是代理服务器，它主要有两个作用：一是作为防火墙，既实现 Intranet 与 Internet 的互联，又防止外部用户非法访问 Intranet 的保密资源；二是作为 Web 服务器的本地缓冲区，将 Intranet 用户在 Internet 中访问过的主页或文件的副本存放在代理服务器中，用户下一次访问时可以直接从代理服务器中取出，这样可大大提高用户的访问速度，节省费用。

（2）数据库服务器也是 Intranet 的重要组成部分。目前，Web Server 一般是通过 ODBC（Open Data Base Connection 开放数据库接口）接口与数据库连接。各种常见的数据库都可以通过 WWW 形式显示。主页制作人员通过在 WWW 主页中嵌入 SQL 语句，可以让用户直接通过主页访问数据库文件。

（3）在 Intranet 中，电子邮件服务器与 Web 服务器一样都是要与外部的 Internet 连接的。电子邮件服务器可以通过防火墙与 Internet 连接，也可以直接与 Internet 连接。

3、客户软件

在用户的客户机上，必须安装客户软件以方便地访问 Intranet 资源。

二、Intranet 技术特点

Intranet 技术主要由一系列的组件和技术构成，Intranet 主要包括网络协议、硬件结构和软件结构。其中网络协议以 TCP/IP 为核心。软件结构又由浏览器、中间件和数据库层组成，网络浏览器是指用户使用的界面；中间件为企业级的信息服务产品，它集成了电子邮件、群件系统、Web 等；数据库层是大量数据的存储中心，用于完成复杂的计算。所有这些主要都是在 Internet 发展过程中产生的。

所谓 Intranet 就是将 Internet 的三层结构搬到企业 LAN 上构成的系统。确切地说，Intranet 是把一批限定的客户连接在一起的网络，这些客户使用标准的 Internet 协议。简言之，Intranet 是一种企业内部网络，是企业级的 Internet 网。另外，Intranet 还可以被理解为小型的 Web，专用 Web，或把它定义为企业的通信网络。

以 Intranet 技术建立起来的网络系统是一种三层 C/S 结构网。这种结构网与传统的单层 C/S 结构网的区别在于：

传统的单层结构 C/S 网，网络服务是以服务器为中心进行的，客户与服务器是密切联系在一起的，其构成的服务模式是客户/服务器模式。三层 C/S 结构网使服务器从 LAN 中脱离出来，而把服务器移到更大的网上，这种网络提供的服务是通过分布在网络上的多台服务器为客户提供服务的，这些服务器与客户的距离无关，其所构成的服务是客户/网络（Client/Network）服务模式。

传统的 C/S 结构与三层 C/S 结构的系统结构如图 2-15 所示。

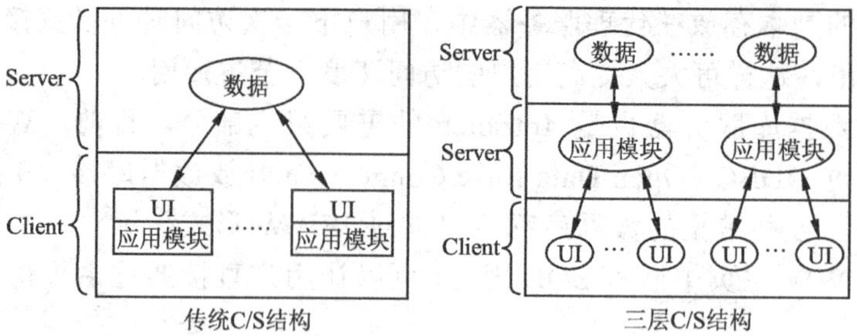

图 2-15　传统 C/S 结构与三层 C/S 结构

三层 C/S 结构同 Internet WWW 的 C/S 结构是完全一致的。如图 2-16 所示。

三层C/S结构		Internet WWW的C/S结构
数据	数据层	数据库
应用模块	功能层	Web服务器
用户接口	表示层	WWW游览器

图 2-16　三层 C/S 结构与 Internet WWW 的 C/S 结构

三层 C/S 结构第一层表示用于完成与用户的接口；第二层是利用服务器完成客户的应用功能；第三层数据层应客户的请求，服务器独立地进行各种处理。

Intranet 的主要特点有这样几个方面：

（1）Intranet 是根据企业内部的需求而设置的，它的规模和功能是根据企业经营和发展的需求而确定的。

（2）Intranet 能方便地和外界连接，尤其是和 Internet 连接。

（3）Intranet 采用 TCP/IP 和相应的技术与工具，是一个开放的系统。

（4）Intranet 根据企业的安全要求，设置相应的防火墙、安全代理等来保护企业内部的信息，防止外界侵入。

（5）Intranet 广泛使用 WWW 的工具，使企业员工和用户能方便地浏览和采掘企业内部的信息以及 Internet 丰富的信息资源。

Intranet 的特点还表现在：其与传统的 MIS 相比，传统的 MIS 系统只能管理结构化的信息，而 Intranet 对企业的信息管理包括结构化信息和非结构化信息，如大量的文字资料、图片、声音、影像等。

Intranet 有五项基于标准的服务：文件共享、目录查询、打印共享、电子邮件及网络管理。

三、建设物流企业内部网的目的

（1）集成各种先进技术，建立一个适合企业实际的、较为完善的、安全可靠的计算机应用网络体系，将人工收集和提供信息的方式转变为用计算机和网络的方式收集处理信息，向决策者提供更有效的信息。使决策者方便、有效地获得决策所需要的本企业内、外的信息，提高决策的效率与效益。信息传递的“广、快、精、准”是企业建网的总目标。

（2）以数据应用为核心，充分利用企业的内外部资源，建立、改进、完善计算机业务处理应用系统。以市场为主体对象，实现企业各部门之间的信息交流与数据共享。及时、准确、全面地反映公司各部门业务服务、业务管理的实际情况，提高企业的服务质量、管理水平，推动物流企业业务水平的提高。

（3）建立计算机信息中心，扩充计算机信息处理能力，使企业的信息管理迈上一个新台阶，支持企业的决策体系。

（4）采用最新的公众信息媒体（Internet 网），树立良好的企业形象，扩大供销渠道，改善客户服务和支持，增强企业的市场竞争能力。

（5）在行业和各重要业务部门之间建立支持相关业务应用系统的数据处理和网络传输技术，以便及时交流有关信息。

四、物流企业网络建成后的具体功能

如今 Intranet 在企业中有着很广泛的应用。除了拥有 WWW 提供的服务诸如电子邮件（E-mail）、文件传输（FTP）、信息检索（Gopher）、聊天（Chat）等之外，还可以提供以下服务。

（1）企业内部的通信。有关资料、图纸或从外部网络发来的传真、电子邮件可以通过网络传递；领导可以在网络上审批文件，又称为电子签名。在外工作人员可以通过此功能与企业总部实现信息交流，实现无纸办公，大大节省了用于复印、传真和邮寄的费用，提高了办公效率。

（2）数据共享。业务相关部门（如财务、仓库、运输、调度等）之间可以共享有关数据。对于重要数据，要通过权限的设置，只有赋予一定权限的单位或部门才能使用和访问，不能超越权限使用。

（3）决策信息支持。通过网络可以随时查询国际、国内市场及相关信息。企业内的“中心信息库”可以保存和管理全公司各方面的资料和信息，并保存为 HTML 格式，供企业的有效站点浏览、查询有关信息和资料。

（4）实时控制与监督。物流企业所送货物、车辆方位可时时通报给企业总部或客户，业务员也可以通过网络随时向上级汇报工作。

（5）网络安全与管理。专业的网络管理工作人员负责网络系统的运行和

数据安全、数据备份等工作，对业务应用人员进行权限设定和网络设备的管理、维护工作。

（6）支持现场咨询。一个国际专业服务机构可用它的内部网来联系它的流动性很大的会计和顾问工作组。如今，其成员的大多数工作足不出户就可完成。

第六节 数 据 仓 库

数据仓库技术是近年来出现并迅速发展的一种技术，用以从大量的历史数据资源中挖掘出有用的知识，帮助企业或组织的管理人员进行决策分析。

一、定义及其特点

传统的数据库系统中存在着两种不同类型的处理：事务型处理（或称操作型处理）和分析型处理。所谓事务型处理是指对数据库进行日常的联机操作，如定期的数据查询、插入、删除和更新操作，这些操作主要为了支持企业或组织营运过程中各种日常的业务活动，数据库系统主要用于这种事务型处理。而分析型处理则主要是为了支持企业或组织管理人员的决策分析。

当同一个数据库系统中同时存在着这两种不同类型的处理时，问题就产生了，尤其是当以事务处理为主的联机事务处理（OLTP）应用与以分析处理为主的决策支持应用共存于一个数据库系统中时，这两种类型的处理将发生明显的冲突，并一定会严重影响系统的性能。因为，事务型处理一般只处理少量的数据（例如，一个客户、一份订单、一种货物），但是要求有快速的响应时间。而用于决策支持的分析型处理经常需要处理大量的数据，但允许较慢的响应时间，例如为了分析产品的销售趋势并做出相应的决策，可能需要查询公司在过去的三年中各种产品的销售总量，为获得该汇总结果可能需要读取几百万条记录并运行相当长的时间，该查询在执行时，必定会锁定许多记录。这样，其他的操作，如输入一份订单这样的事务处理操作，可能就会因为该长时间运行的查询而不能进行。显然，这种情况的出现是非常糟糕的。

可见，事务型处理与分析型处理是性质完全不同的两类数据处理。为了提高效率，必须将这两种类型的处理进行分离，将分析数据从事务处理环境（如 OLTP 系统）中提取出来，并重新组织、转换，将其移动到单独的数据库中。该数据库就是数据仓库，一个数据仓库通常包含了一个企业或组织希望查询的、用于决策分析的所有数据。这样，由于用于决策支持的分析型处理也可以直接操作数据仓库中的数据，而不会影响到原来数据库中的事务处理的速度了，可以提高决策分析的效率。

数据仓库（Data Warehouse）的概念最初是由 Bill Inmon 提出的，由于在数据仓库方面的建树，Bill Inmon 被尊称为“数据仓库之父”，他在其《Building Data Warehouse》一书中将数据仓库定义为：“面向主题的、集成的、不可更新的、随时间变化的数据集合，用以支持企业或组织的决策分析过程”。

根据 Bill Inmon 的定义，数据仓库具有如下的特点。

（一）数据仓库是面向主题的

数据仓库的数据库是面向主题的，是按主题区域（如销售）进行组织的，与 OLTP 数据库是不同的。主题是一个抽象的概念，它是在较高的层次上将企业或组织信息系统中的数据综合、归并并进行分析利用的抽象；从逻辑意义上来讲，主题对应了企业或组织中某一宏观分析领域所涉及的分析对象（如销售）。

例如，假设某公司 OLTP 系统中的订单条目系统及其数据库分为零售和批发两个系统。其中的每个系统都支持对其所存放的数据的基本查询，因此，通过这两个系统，用户可以分别查询零售或批发产品的信息。但是，如果用户希望获得一个关于各种产品销售总量的报表（不管产品是零售的还是批发的），就需要运行一个建立在所有的销售信息上的查询，而不只是对某个系统（零售或销售系统）存储的信息进行查询。如果利用原来的系统做这件事情，就只能先分别查询零售和批发系统，得到各种产品的零售销售总量和批发销售总量，再将这些信息进行汇总后计算出各种产品的销售总量。显然，这个查询过程不是很直接，需要人工干预，容易出错，特别是当需要在所有销售信息上进行更复杂查询时更是如此。

解决的方法就是将这些分开存放在不同系统中的数据按主题区域集成在一个数据仓库中，如图 2-17 所示，OLTP 系统中的两种销售数据源在数据仓库中是按销售主题区域组织在一起的。这样，用户就可以直接查询数据仓库，获得关于所有产品销售信息的各种汇总信息，如上面提到的各种产品

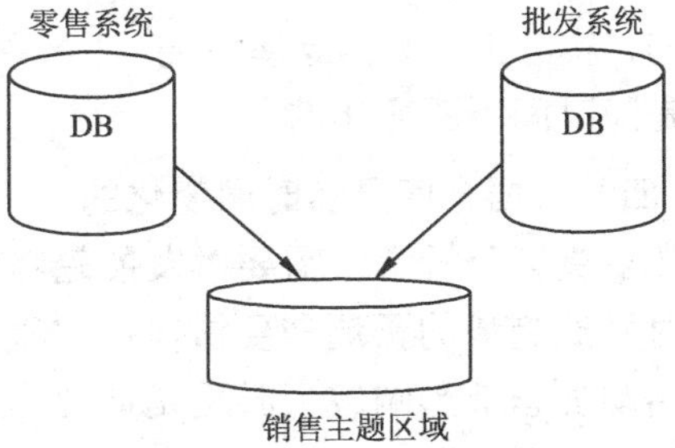

图 2-17 OLTP 系统

的销售总量，也可以轻易获得销售量最大的前 10 种产品等。

（二）数据仓库是集成的

用于决策支持的信息是多方面的，因此，数据仓库除了可以包含从 OLTP 系统中定期地传送过来的数据，也可以包含外部数据（如人口统计学数据、心理学数据等）。各种数据源中的数据经过提取、转换集成，最后被加载到数据仓库中。

考虑一下将零售系统和批发系统中的数据合并到一个数据仓库中的情形。这两个系统中数据的编码可能是不一样的，如在零售系统中的产品编码由 6 位数字组成（例如“456782”），而批发系统中的产品的编码是由 7 位字符或数字组合成的（如“A23D456”），为了将它们集成在一起并创建一个有效的主题区域，必须在数据进入数据仓库时修改这些产品的编码，使之遵循统一的编码模式。

类似的问题在数据的集成过程中还有很多。总之，在数据仓库数据的整个集成过程中，必须消除原始数据中存在的各种冲突，如同名异义、异名同义、数据编码的不统一，等等，还要进行数据的有效性检查，最后要将数据转换成面向主题的数据结构，并进行数据的汇总，等等。

（三）数据仓库是不可更新的

人们利用数据仓库的主要目的是进行决策分析，对数据仓库的操作主要也是数据查询。因此，各种数据源的数据一经集成进入数据仓库以后，数据仓库的用户是不可以进行数据更新操作的。图 2-18 说明了 OLTP 系统和数据仓库系统的区别。但这并不意味着数据仓库的内容是不变的，实际上，数据仓库中的数据是随时间不断变化的。

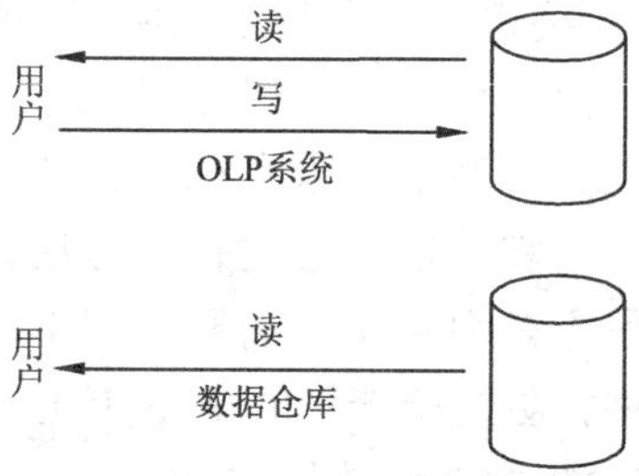

图 2-18 OLTP 系统与数据仓库系统的区别

（四）数据仓库是随时间变化的

许多决策分析常常需要对发展趋势进行预测，如预测某种产品的销售趋势。对发展趋势的预测需要访问历史数据，一般是多年的历史数据，尤其当商业活动受季节影响较大时更是如此。因此，在数据仓库中必须存放这些历史数据，而且随着时间的推移，应不断增加新的数据到数据仓库中。这一点与 OLTP 系统是不同的（见图 2-19），OLTP 系统不会将大量的历史数据存放在数据库中，因为 OLTP 系统要求有快速的响应时间。

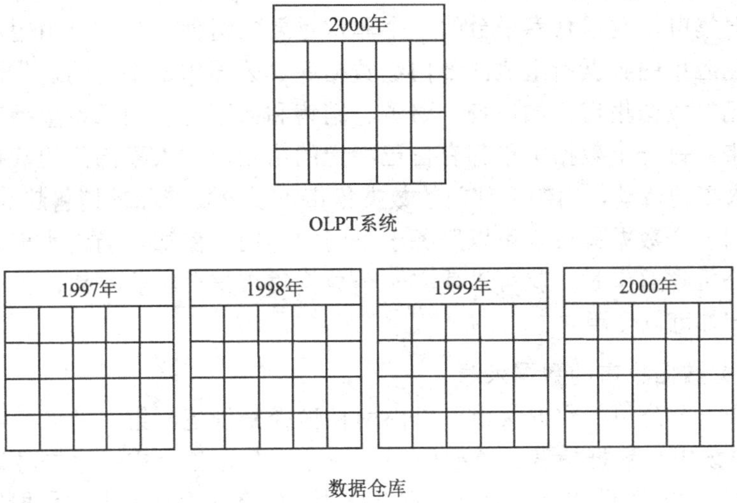

图 2-19　历史数据的组织

数据仓库中的历史数据大部分是不同时间的 OLTP 数据库快照的集合，以及基于快照进行统计、综合和重组而导出的数据。随着时间的推移，数据仓库系统必须不断捕捉 OLTP 数据库中的数据，捕捉到的新数据只是又一个 OLTP 数据库快照，它不会覆盖原来的快照。

数据仓库中的数据也是有存储期限的，超过期限的数据也是要被删除的，只是数据仓库中数据的存储期限远大于 OLTP 数据库中数据的期限，OLTP 数据库的数据存储期限一般是 3 个月到 1 年，而数据仓库中的数据的存储期限一般是 5～20 年。

数据仓库中不同时期的数据的概括级别可能也是不一样的。假设某服装批发公司，在其数据仓库中存放了从 1990～2000 年的产品销售数据，其中，2000 年的数据可能是每一笔销售业务数据，1998～1999 年的数据可能仅包括了每周的汇总数据，而 1990～1997 年的数据可能仅包含了每个月的汇总数据。这是因为，当处理完某项事务并过了相当长的时间以后，事务的细节就变得不重要了，例如，假设现在是 2000 年，关于某客户 X 在三年前的某一天（如 1997 年 2 月 4 日）购买了一件粉红色短大衣的信息，对该服装批发公司的决策分析又能起什么作用呢？但是，了解某种产品在从 1990～2000 年的每个 2 月份的销售情况却可能是比较重要的，因为利用这些数据可以预测该产品在将来的 2 月份的销售情况。

二、数据集市

（一）数据集市定义

数据集市是数据仓库平台的一个非常重要的组件，是一个由用以支持部门定制化应用的数据所组成的部门级数据库。公司内部不同的运作部门都可以有自己的数据集市，如市场、财务、销售和人事等部门都希望拥有自己的数据集市，每一个数据集市都有自己特定的用处，如人事部门的数据集市可以分析人事的流动，而销售部门的数据集市可以分析产品的销售趋势，等等。当然，同一个数据集市也可以服务于不同的部门。例如，当销售部和市场部都希望分析收益率时，就可以建立一个数据集市来分析收益率，并让销售部和市场部都可以使用它。

（二）数据集市的数据来源

通常一个公司的数据集市可以由两种途径来创建。第一种途径是直接从OLTP 系统中将数据捕获到需要使用该数据的数据集市中；第二种途径是将OLTP 系统中的数据捕获到中央数据仓库中，再将数据仓库中的数据填充到数据集市中。图 2-20 描述了从一个数据仓库中抽取的、分别服务于市场部、财务部和销售部的数据集市。

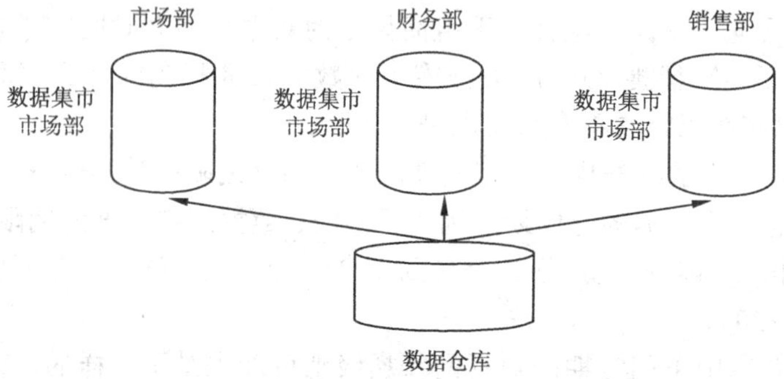

图 2-20　数据集市

三、星形模式

为提供高效的数据检索能力，通常采用星形模式来进行数据集市的设计。“星形模式”这个名字来源于该数据模型的外观，一个星形模式是由若干个表组成的，其中，有一个表格处于中心位置，它被其他的表格包围着，如图 2-21 所示。我们把被其他表包围的、处于中心位置的表格（销售实绩）称为“事实表”，而包围“事实表”的各表格（产品、客户、供应商、订单、时间）被称为“维数表”。

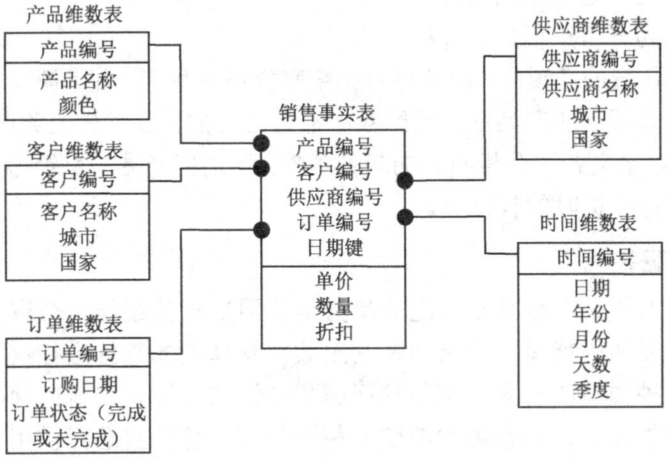

图 2-21　星形模式

1、**事实表**

事实表是由两个部分组成的，一部分是主码，用于链接各维数表，图 2-21 中销售事实表的主码就是：产品编号、客户编号、供应商编号、订单编号、日期编号。

事实表的另一部分则是数据仓库的数值指标（也称为事实），指标是用于分析的数值化信息，例如，当我们分析产品的销售额的时候，需要知道产品的单价、数量和折扣信息，那么单价、数量和折扣就可以作为指标，图 2-21 中销售事实表的指标就有：单价、数量和折扣。

指标的特征就是数值化和可加性。但有时我们也会发现数据仓库中某个指标可能不具备可加性，而指标的其他运算值（如平均值）却是有意义的，这称为“半可加性的指标（或事实）”。例如，在某个地区的不同位置所测得的气温的和是无意义的，因此是不可加的，而这些气温的平均值却是有意义的。

2、**维数表**

每个维数表也都有一个主码，图 2-21 中，产品维数表、客户维数表、供应商维数表、订单维数表、时间维数表的主码分别是“产品编号、客户编号、供应商编号、订单编号、日期编号”。除此之外，每个维数表还包括若干个其他的属性，这些属性具有非常丰富的性质。例如，产品维数表的“颜色”属性具有如下的性质：

（1）可用文字描述。

（2）离散的。

（3）可用于定义限制条件。

（4）可为分析过程提供行标题。

产品维数表的“颜色”属性可用文字来描述各种产品的颜色，如“红色”；每个具有不同颜色的产品在产品维数中都有自己的记录，使之离散开来；“颜色”属性可以定义各种分析数据的限制条件，如红色产品的总销售量；“颜色”属性也可用作分析时的行标题。

四、数据挖掘

数据仓库的一个越来越普遍的趋势是使用数据挖掘技术获取先前未知的信息。其主要原因就是，当公司在利用数据仓库中的数据进行决策分析时，需要回答两种类型的问题：定量的问题和定性的问题。定量的问题如各产品每季度的销售额、销售量最大的前五种产品等，这些问题只需用一些查询或制表工具就可以回答了。但如果用这些工具来回答定性的问题（如为什么某些客户会使用某类产品而其他客户不会?哪些因素对某类产品的销售额最有影响力?）时，决策分析人员将不得不先假设这些问题的答案，然后使用查询工具收集必要的信息，以验证或推翻自己的答案。显然，这样的一个过程取决于决策分析人员的直觉，如果分析员的直觉有误，就得不到真正正确的答案。而数据挖掘技术能够自动分析数据，进行归纳性推理，从中发掘出数据间潜在的模式、趋势和相关性，是解决这类定性问题的可靠的途径，下面先介绍数据挖掘的概念。

（一）数据挖掘的概念

数据挖掘（Data Mining，简称 DM），顾名思义就是从超大型数据库（VLDB）或数据仓库中搜索有用的商业信息的过程，这与从矿山中挖掘矿石的过程是类似的，都需要对巨大数量的材料进行筛选或用智能去探查价值的真正所在。给定足够大小和质量的数据库，数据挖掘技术可以使用一组算法浏览数据，自动地发现模型、趋势和相关性，帮助用户发现在其他时候可能发现不了的、隐藏在内部的信息，从而可以帮助企业产生新的商业机会。数据挖掘技术具有如下的性能：

1、自动预测趋势和行为

数据挖掘可以在大型数据库中自动发现预言性信息。在传统方法下需要大量进行分析的问题现在可以直接从数据挖掘中快速地得到答案。预言性问题的一个典型例子是目标市场营销。例如，利用数据挖掘，可以根据过去利用邮件进行商品推销的数据，来确定那些非常有可能乐意应答将来邮件的目标客户。

2、自动发现以前未知模式

数据挖掘工具可以识别以前隐藏的模式。模式发现的一个例子是分析零售数据来识别看似无关但经常放在一起购买的商品，如婴儿尿布与啤酒。其他模式发现问题包括对信用卡欺诈交易的检测和对由于数据输入错误而造成的异常数据的识别。

对于数据挖掘还有如下几点说明：

（1）数据挖掘可以寻找相关数据，而在一个非常大的数据库中相关数据经常是很难定位的。

（2）一个公司的数据可能是合并在数据仓库或数据集市中的，也有可能是存放在数据库或 Internet 和 Intranet 服务器上的，数据挖掘工具可以挖掘出埋藏在公司文件或存放在公共记录中的“矿石”。

（3）“采矿者”一般是最终用户，他们仅有有限的或完全没有编程能力。

（4）数据挖掘可以发现意想不到的有价值的结果。

（5）数据挖掘工具经常与电子表格软件和其他最终用户软件开发工具结合在一起。因此，挖掘出的数据可以快速而容易地进行分析和处理。

（6）数据挖掘可以产生五种类型的信息：联想、序列、分类、簇、预测。

（二）数据挖掘工具

1、神经计算

神经计算是一种机器学习方法，通过这种方法可以为模型检查历史数据。拥有神经计算工具的用户可以搜索大型数据库，如识别新产品的潜在用户，或搜索那些根据其概况将要破产的公司。

British Telecom 是美国的一家大通讯公司，拥有 150 万个商业用户，他们每天大约呼叫 9000 万次。该公司共提供了 4 500 种产品和服务，公司一直在寻找一种与每个客户接触的最好方法，最终采用的解决方法是一个客户数据仓库。该数据仓库最初的 RAM 大小是 3GB，并使用了一种称为 MPP（Massively Parallel Processing 大规模信息并行处理）的神经计算技术。利用该系统，公司可以分析客户的购物习惯，理解客户的需要和目标市场机会，识别每一产品的采购概况、产品包装和客户，及早掌握那些可能被竞争者夺去的客户。利用数据挖掘也可以很好地了解高销售量产品的趋势。在尚未使用数据挖掘技术时，该公司信息系统产生的与市场有关的分析数据一般是六个月至一年前的数据，而现在销售员可以信任市场信息了，因为他们几乎可以得到实时的市场信息。

2、智能代理

最有希望从 Internet 或基于 Intranet 的数据库获取信息的方法之一是使用智能代理。

3、辅助分析

这种方法使用一系列的算法对大数据集合进行分类整理，并用统计规则表达数据项。

（三）数据挖掘应用

随着所需管理的数据量（如客户的数据）的不断增加，大公司如电信公司、PC 制造商等都建立数据仓库来存储数据，为了对大量的数据进行筛选（如分析客户的购买习惯），各大公司纷纷开始使用数据挖掘工具进行数据挖掘。下面列举数据挖掘技术在某些行业的应用。

零售和销售业：预测销售、确定库存量和分销计划等。

银行业：预测坏账、信用卡欺诈、新信用卡用户等。

航空公司：捕捉客户经常去的地方和那些中途转机的乘客的最终目的地，这样航空公司就可以识别那些尚未开辟业务但却很受欢迎的地点，并考虑增加班机路线以捕捉商业机会。

广告：预测在黄金时间播放什么广告最好，怎样使插入广告的收效最大。

市场营销：对客户的人口统计信息进行分类，以预测哪些客户将对推销商品的邮件做出应答或购买特殊产品。

第七节　网络信息安全

随着计算机网络技术的飞速发展，尤其是互联网的应用变得越来越广泛，在带来了前所未有的海量信息的同时，网络的开放性和自由性也产生了私有信息和数据被破坏或侵犯的可能性，造成特别重大损失的 2004 年“冲击波”病毒、2007 年“熊猫烧香”病毒给全社会上了一堂生动的网络信息安全普及课，网络信息的安全性变得日益重要起来，已被信息社会的各个领域所重视。

当今网络在安全攻击面前显得如此脆弱源于以下几个方面的原因：

1）Internet 所用底层 TCP/IP 网络协议本身易受到攻击，该协议本身的安全问题极大地影响到上层应用的安全。

2）Internet 上广为传播的易用黑客和解密工具使很多网络用户轻易地获得了攻击网络的方法和手段。

3）快速的软件升级周期，会造成问题软件的出现，经常会出现操作系统和应用程序存在新的攻击漏洞。

4）现行法规政策和管理方面存在不足。目前我国针对计算机及网络信息保护的条款不细致，网上保密的法规制度可操作性不强，执行不力。同时，不少单位没有从管理制度、人员和技术上建立相应的安全防范机制。缺乏行之有效的安全检查保护措施，甚至有一些网络管理员利用职务之便从事网上违法行为。

一、网络信息安全威胁与对策

我国的政府部门、证券公司、银行等机构的计算机网络相继遭到多次攻击。公安机关受理各类信息网络违法犯罪案件逐年剧增，尤其以电子邮件、特洛伊木马、文件共享等为传播途径的混合型病毒愈演愈烈。由于我国大量的网络基础设施和网络应用依赖于外国的产品和技术，在电子政务、电子商务和各行业的计算机网络应用尚处于发展阶段，以上这些领域的大型计算机网络工程都由国内一些较大的系统集成商负责。有些集成商仍缺乏足够专业的安全支撑技术力量，同时一些负责网络安全的工程技术人员对许多潜在风险认识不足，缺乏必要的技术设施和相关处理经验，面对形势日益严峻的现状，很多时候都显得有些力不从心。也正是由于受技术条件的限制，很多人对网络安全的意识仅停留在如何防范病毒阶段，对网络安全缺乏整体意识。

（一）网络信息安全威胁

网络信息安全是一个非常关键而又复杂的问题，涉及计算机科学、网络技术、通信技术、密码技术、应用数学等多种学科。网络信息安全指网络信息系统资源（硬件、软件和信息）不受自然和人为有害因素的威胁和危害。网络信息系统之所以存在着脆弱性，主要是由于技术本身存在着安全弱点、系统的安全性差、缺乏安全性实践等；网络信息系统受到的威胁和攻击除自然灾害外，主要来自计算机犯罪、计算机病毒、黑客攻击、信息战争和计算机系统故障等。

由于网络信息系统已经成为信息社会与知识经济的重要生产资料，其中的信息数据更成为一些人窥视的目标。再者，由于网络信息系统自身所固有的脆弱性，使网络信息系统面临威胁和攻击的考验。网络信息系统的安全威胁主要来自于以下几个方面：

1、自然灾害

网络信息系统关键计算机仅仅是一个智能的机器，易受自然灾害及环境（温度、湿度、振动、冲击、污染）的影响。目前，不少计算机房并没有防震、防火、防水、避雷、防电磁泄漏或干扰等措施，接地系统也疏于周到考虑，抵御自然灾害和意外事故的能力较差。日常工作中因断电而设备损坏、数据丢失的现象时有发生。由于噪声和电磁辐射，导致网络信噪比下降，误码率增加，信息的安全性、完整性和可用性受到威胁。

2、黑客的威胁和攻击

网络上的黑客攻击事件越演越烈，已经成为具有一定经济条件和技术专长的形形色色攻击者活动的舞台。他们具有计算机系统和网络脆弱性的知识，能使用各种计算机工具。境内外黑客攻击破坏网络的问题十分严重，他们通常采用非法侵入重要信息系统，窃听、获取、攻击侵入网的有关敏感性重要信息，修改和破坏信息网络的正常使用状态，造成数据丢失或系统瘫痪，给国家造成重大政治影响和经济损失。黑客问题的出现，并非黑客能够制造入侵的机会，从没有路的地方走出一条路，只是他们善于发现漏洞，即信息网络本身的不完善性和缺陷，成为被攻击的目标或利用为攻击的途径，其信息网络脆弱性引发了信息社会脆弱性和安全问题，并构成了自然或人为破坏的威胁。

3、计算机病毒

近些年，出现了曾引起世界性恐慌的计算机病毒，其蔓延范围广，增长速度惊人，损失难以估计。它像灰色的幽灵将自己附在其他程序上，在这些程序运行时进入到系统中进行扩散。计算机感染上病毒后，轻则使系统上作效率下降，重则造成系统死机或毁坏，使部分文件或全部数据丢失，甚至造成计算机主板等部件的损坏。

4、垃圾邮件和间谍软件

一些人利用电子邮件地址的“公开性”和系统的“可广播性”进行商业、宗教、政治等活动，把自己的电子邮件强行“推入”别人的电子邮箱，强迫他人接受垃圾邮件。与计算机病毒不同，间谍软件的主要目的不在于对系统造成破坏，而是窃取系统或是用户信息。事实上，间谍软件目前还是一个具有争议的概念，一种被普遍接受的观点认为间谍软件是指那些在用户不知情的情况下进行非法安装且装后很难找到其踪影，并悄悄把截获的一些机密信息提供给需要者的软件。间谍软件的功能繁多，它可以监视用户行为，或是发布广告，修改系统设置，威胁用户隐私和计算机安全，并可能不同程度地影响系统性能。

5、信息战的严重威胁

信息战，即为了国家的军事战略而采取行动，取得信息优势，干扰敌方的信息和信息系统，同时保卫自己的信息和信息系统。这种对抗形式的目标，不是集中打击敌方的人员或战斗技术装备，而是集中打击敌方的计算机网络信息系统，使其神经中枢的指挥系统瘫痪。信息技术从根本上改变了进行战争的方法，其攻击的首要目标主要是连接国家政治、军事、经济和整个社会的计算机网络系统，信息武器已经成为了继原子武器、生物武器、化学武器之后的第四类战略武器。可以说，未来国与国之间的对抗首先将是信息技术的较量。网络信息安全应该成为国家安全的前提。

6、计算机犯罪

计算机犯罪，通常是指利用窃取口令等手段非法侵入计算机信息系统，传播有害信息，恶意破坏计算机系统，实施贪污、盗窃、诈骗和金融犯罪等活动。在一个开放的网络环境中，大量信息在网上流动，这为不法分子提供了攻击目标。他们利用不同的攻击手段，获得访问或修改在网中流动的敏感信息，闯入用户或政府部门的计算机系统，进行窥视、窃取、篡改数据。不受时间、地点、条件限制的网络诈骗，其“低成本和高收益”又在一定程度上刺激了犯罪的增长，使得针对计算机信息系统的犯罪活动日益增多。

（二）网络信息安全技术

网络信息安全从技术上来说，主要由防病毒、防火墙、入侵检测等多个安全组件组成，一个单独的组件无法确保信息网络的安全性。目前广泛运用和比较成熟的网络信息安全技术主要有：防火墙技术、数字加密技术、入侵检测技术、防病毒技术等。

1、防火墙技术

防火墙是网络安全的屏障，配置防火墙是实现网络安全最基本、最经济、最有效的安全措施之一。防火墙是指一个由软件或和硬件设备组合而成，处于企业或网络群体计算机与外界通道之间，限制外界用户对内部网络访问及管理内部用户访问外界网络的权限。当一个网络接上 Internet 之后，系统的安全除了考虑计算机病毒、系统的健壮性之外，更主要的是防止非法用户的入侵，而目前防止的措施主要是靠防火墙技术完成。防火墙能极大地提高一个内部网络的安全性，并通过过滤不安全的服务而降低风险。首先，防火墙可以强化网络安全策略。通过以防火墙为中心的安全方案配置，能将所有安全软件（如口令、加密、身份认证）配置在防火墙上。其次，防火墙可以对网络存取和访问进行监控审计。如果所有的访问都经过防火墙，那么，防火墙就能记录下这些访问并做出日志记录，同时也能提供网络使用情况的统计数据。当发生可疑动作时，防火墙能进行适当的报警，并提供网络是否受到监测和攻击的详细信息。再次防火墙可以防止内部信息的外泄。利用防火墙对内部网络的划分，可实现内部网重点网段的隔离，从而降低了局部重点或敏感网络安全问题对全局网络造成的影响。

2、数字加密与用户授权访问控制技术

与防火墙相比，数字加密与用户授权访问控制技术比较灵活，更加适用于开放的网络。用户授权访问控制主要用于对静态信息的保护，需要系统级别的支持，一般在操作系统中实现。

数字加密主要用于对动态信息的保护。对动态数据的攻击分为主动攻击和被动攻击。对于主动攻击，虽无法避免，但却可以有效地检测；而对于被动攻击，虽无法检测，但却可以避免，实现这一切的基础就是数字加密。数字加密实质上是对以符号为基础的数据进行移位和置换的变换算法，这种变换是受“密钥”控制的。在传统的加密算法中，加密密钥与解密密钥是相同的，或者可以由其中一个推知另一个，称为“对称密钥算法”。这样的密钥必须秘密保管，只能为授权用户所知，授权用户既可以用该密钥加密信息，也可以用该密钥解密信息，DES是对称加密算法中最具代表性的算法。如果加密/解密过程各有不相干的密钥，构成加密/解密的密钥对，则称这种加密算法为“非对称加密算法”或称为“公钥加密算法”，相应的加密/解密密钥分别称为“公钥”和“私钥”。在公钥加密算法中，公钥是公开的，任何人可以用公钥加密信息，再将密文发送给私钥拥有者。私钥是保密的，用于解密其接收的公钥加密过的信息。典型的公钥加密算法如RSA是目前使用比较广泛的加密算法。

3、入侵检测技术

入侵检测系统（Intrusion Detection System，简称IDS）是从多种计算机系统及网络系统中收集信息，再通过这些信息分析入侵特征的网络安全系统。IDS被认为是防火墙之后的第二道安全闸门，它能使在入侵攻击对系统发生危害前，检测到入侵攻击，并利用报警与防护系统驱逐入侵攻击；在入侵攻击过程中，能减少入侵攻击所造成的损失；在被入侵攻击后，收集入侵攻击的相关信息，作为防范系统的知识，添入策略集中，增强系统的防范能力，避免系统再次受到同类型的入侵。入侵检测的作用包括威慑、检测、响应、损失情况评估、攻击预测和起诉支持。入侵检测技术是为保证计算机系统的安全而设计与配置的一种能够及时发现并报告系统中未授权或异常现象的技术，是一种用于检测计算机网络中违反安全策略行为的技术。

入侵检测技术的功能主要体现在以下方面：监视分析用户及系统活动，查找非法用户和合法用户的越权操作。检测系统配置的正确性和安全漏洞，并提示管理员修补漏洞；识别反映已知进攻的活动模式并向相关人士报警；对异常行为模式的统计分析；能够实时地对检测到的入侵行为进行反应；评估重要系统和数据文件的完整性；可以发现新的攻击模式。

4、防病毒技术

随着技术的不断发展，计算机病毒变得越来越复杂和高级，对网络信息系统构成极大的威胁。在病毒防范中普遍使用的防病毒软件，从功能上可以分为网络防病毒软件和单机防病毒软件两大类。单机防病毒软件一般安装在单台 PC 上，即对本地和本地工作站连接的远程资源采用分析扫描的方式检测、清除病毒。网络防病毒软件则主要注重网络防病毒，一旦病毒入侵网络或者从网络向其他资源传染，网络防病毒软件会立刻检测到并加以删除。

5、安全管理队伍的建设

在计算机网络系统中，绝对的安全是不存在的，制定健全的安全管理体制是计算机网络安全的重要保证，只有通过网络管理人员与使用人员的共同努力，运用一切可以使用的工具和技术，尽一切可能去控制、减小一切非法的行为，尽可能地把不安全的因素降到最低。同时，要不断地加强计算机信息网络的安全规范化管理力度，大力加强安全技术建设，强化使用人员和管理人员的安全防范意识。网络内使用的 IP 地址作为一种资源以前一直为某些管理人员所忽略，为了更好地进行安全管理工作，应该对本网内的 IP 地址资源统一管理、统一分配。对于盗用 IP 资源的用户必须依据管理制度严肃处理。只有共同努力，才能使计算机网络的安全可靠得到保障，从而使广大网络用户的利益得到保障。

二、网络提供的安全服务

网络提供的安全服务就是根据用户的需求，为之提供安全策略和措施，保障用户网络的安全性，并且能够对用户网络安全事件进行快速反应。它是一项综合性服务，能够为网络提供更好的安全性，从而有效地减少企业由于安全问题引起的不可估量的损失。

（一）安全评估与风险分析

在网络信息社会中，周密的网络信息安全评估与风险分析，是制定可靠、有效的网络信息安全防护措施的必要前提。

对网络信息的安全评估，是为将不被信任的外部网络与被信任的被授权进入的内部网络及系统进行有效隔离。通过对所用网络平台（交换机、路由器、防火墙、WEB 服务器、数据服务器、应用服务器等）的安全性进行评估，来确定其所提供的功能是否会导致安全隐患。

网络信息的风险分析应该在网络信息系统、应用程序或信息数据库的设计阶段进行，这样可以从设计开始就明确安全需求，确认潜在的损失。因为在设计阶段实现安全控制要远比在网络信息系统运行后采取同样的控制要节约的多。

网络信息系统的安全性取决于网络信息系统最薄弱的环节，任何疏忽的地方都可能成为黑客攻击点，导致网络系统受到很大的威胁，最有效的方法是定期对网络信息系统进行安全评估与风险分析，及时发现并修正存在的弱点和漏洞，保证网络信息系统的安全性。

（二）入侵检测

入侵检测（Intrusion Detection）是对入侵行为的发觉。它通过对信息网络或计算机系统中的若干关键点收集违反安全策略的行为和信息，并对其进行分析，从中发现网络或系统中是否有被攻击的迹象。入侵检测的软件与硬件的组合便是入侵检测系统（Intrusion Detection System，IDS），入侵检测系统可分为主机型和网络型。

主机型入侵检测系统往往以系统日志手段、应用程序日志等作为数据源，当然也可以通过其他手段（如监督系统调用）从所在的主机收集信息进行分析。主机型入侵检测系统保护的一般是所在的系统。它的优点是可以利用操作系统本身提供的功能，结合异常分析来更加准确地报告攻击行为；缺点是必须为不同的平台开发不同的程序，增加了系统的负荷等。

网络型入侵检测系统的数据源则是网络上的数据包。往往将一台计算机的网卡设于混杂模式，监听所有本网段内的数据包并进行判断，一般网络型入侵检测系统担负着保护整个网段的任务。它的优点是简便，一个网段只需要一个或者几个这样的系统；缺点是这种结构的适用性随着日益复杂的高速网络的普及受到挑战，比如交换式以太网中这种结构就很难有成效。

（三）虚拟专用网（VPN）

虚拟专用网（VPN，Virtual Private Network），是指在公用网络上建立加密专用网络的技术，用户可以凭借公用网的环境，把属于自己的网络用户终端、有关的接入线路、模块及端口模拟成自己的专用网，并由专网管理人员通过 VPN 管理站对所属网络各部分的端口进行状态监视、数据查询、端口控制和测试以及告警、计费、统计信息的收集等网络管理操作，公网的管理人员协助管理各个 VPN。VPN 将企业的远程用户、分支机构、业务伙伴及出差的办公人员等通过特定的加密隧道连接起来，构成扩展的企业网，由于不需特别的专线租用，成本可大幅降低，如图 2-22 所示。

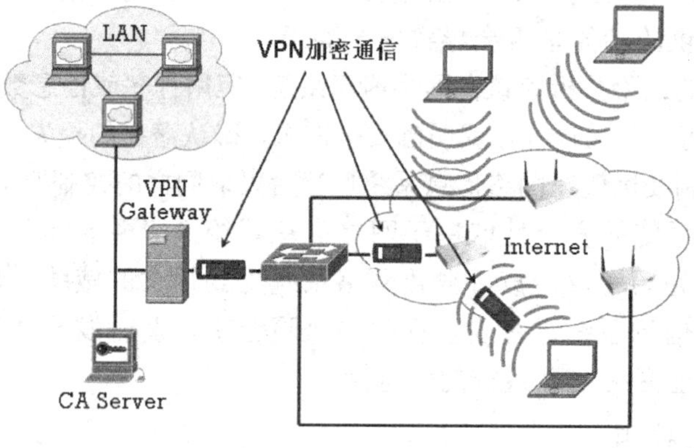

图 2-22　VPN 加密通信

VPN 具有很好的扩展性，当网络扩充与远程办公室、国际区域、远程计算机、漫游的移动用户以及由于商务要求的商务伙伴等连接或是变更网络结构时，企业只需依靠提供 VPN 服务的 ISP 就可以随时扩大 VPN 的容量和覆盖范围。VPN 架构在公用网络服务商所提供的网络平台之上的逻辑网络，用户数据在逻辑链路中传输而不是传统专网上端到端的物理链路。实现 VPN 的关键技术是隧道技术、加解密技术、密钥管理技术和身份认证技术。采用隧道技术的目的是要保证 VPN 中分组的封装方式和使用地址，与承载网络的封装方式和使用的地址无关。隧道是在服务提供商网的边缘路由器间建立点对点的逻辑路径，隧道具有复用、支持多协议传送和帧排序功能。根据隧道在 OSI 模型中所处的层次，隧道技术分为第二层隧道技术和第三层隧道技术。第二层隧道协议有第二层转发（L2F）、点对点隧道协议（PPTP）和第二层隧道协议（L2TP）等，它们以第二层 PPP 协议为基础，先把各种网络协议封装到 PPP 中，再把整个 PPP 数据包装入隧道协议中。第三层隧道协议有 IP 安全协议（IPSec）或通用路由封装（GRE）。

（四）病毒防护

基于互联网的多层次病毒防护策略已成为保障网络信息安全、保证网络安全运行的重要手段。从构成网络信息系统的各个环节来看，多层次防御的病毒防护体系应该由用户桌面、服务器、Internet 网关和病毒防火墙组成。

用户桌面和远程服务器是主要的病毒感染源，因此桌面系统和服务器的病毒检测和清除是保证整个 IT 应用良性运转的必要条件，服务器的防毒系统应该能有机地融入整套防护体系中，便于统一更新和自动运行。

群件和电子邮件是网络中重要的通信联络渠道，群件的核心是在网络内共享文档，一个被病毒感染的文档很容易经由内部文件的共享而迅速地传播，因此对桌面和服务器的保护是非常有必要的。

所有病毒之所以能以空前速度进行传播，主要依赖的是电子邮件和站点访问，这是当前病毒扩散的主要方式。因此，应对以 Internet 为载体的病毒的有效办法就是在 Internet 网关配备病毒扫描器，保护企业整个 IT 应用不受电子邮件病毒传播的威胁。

针对防火墙的病毒扫描器不仅扫描电子邮件、Internet 文件和 Web 通信中包括压缩文件在内的恶意代码，同时免受恶意的 Java、ActiveX 或者 JavaScript 代码的攻击。在网关和防火墙处检测病毒，需要扫描所有接收到的数据帧，将其重组并设置缓冲区，以便进行病毒扫描及清除。

【本章小结】

本章从数据管理技术的发展和计算机网络技术的概念出发，从面向企业管理人员应用的角度分析了数据库的定义与特点、数据的组织模型、数据库系统组成，介绍了计算机局域网的拓扑结构及组成、网络协议、计算机网络互联设备、网络数据库的组织方式。

关系数据库管理系统及在 Intranet 上的应用是近年来最广泛的。本章介绍了 SQL 的概念、企业内部网络（Intranet）的概念及技术特点、网络信息的安全技术。

数据仓库是面向主题的、集成的、不可更新的、随时间变化的数据集合，用以支持企业或组织的决策分析过程。数据集市是数据仓库平台的一个非常重要的组件，是一个由用以支持部门定制化应用的数据所组成的部门级数据库。本章还介绍了数据集市的定义、数据来源和星形模式；数据挖掘的概念、数据挖掘工具和数据挖掘应用。

【案例 1】

常用关系数据库管理系统

目前，数据库领域中有四种主要的数据模型：层次模型、网状模型、关系模型和面向对象模型。以这些模型为基础的数据库管理系统分别称为层次数据库、网状数据库、关系数据库和面向对象数据库。

自 1970 年美国 IBM 公司的圣约瑟研究实验室的高级研究员埃德加·考特（Edgar Frank Codd）研究员首次提出关系模型后，关系数据库得到了飞速的发展，20 世纪 80 年代以来，计算机厂商推出的数据库管理系统都支持关系模型，关系数据库成为数据库市场的主流产品，得到了非常广泛的使用。典型代表有 Oracle 公司的 Oracle、Sybase 公司的 Sybase、Informix 公司的 Informix、IBM 公司的 DB2、Microsoft 公司的 SQL Server 和 Fox 公司的 FoxPro 等。

一、Oracle 系统

Oracle 数据库是著名的 Oracle 公司的关系数据库产品，其技术特点如下：

（一）支持企业联机事务处理

Oracle 使用许多内部的改进和新特性来大力提高联机事务处理（OLTP）应用的高性能、高可用性和高可靠性。

（1）高性能　Oracle 提供了在高档多处理系统上的伸缩性。最近的版本还做了大量的内部改动以避免可能的串行化点，并在大负载工作下提高性能和伸缩性。共享资源，例如内存高速缓存和共享 SQL 高速缓存，逻辑地分成多个集合，减少多处理器系统的争用现象。通过精心设计的封锁机制可约定并行高速缓存管理锁以提高性能。使用这种设施，系统管理员将例程间通信降低到最低程度，并行服务器性能得到显著的改善。在管理内存资源方面，内存算法也做得比较优秀。同时，Oracle 还有快速的例程启动，能进行串行事务处理。在对数据与索引的访问中完全不受限制的加锁机制保证了对数据的最大限度的并行访问。Oracle 支持混合负载和视图更新。应用软件开发效率高，允许存储过程静态地或动态地封装已定义的查询。

（2）高可用性　高可用性包括操作的高可用性和应用软件的高可用性两个方面。操作的高可用性主要指 Oracle 的联机备份工具允许系统管理人员在数据库运行时不中断事务的处理，就可以进行数据的备份操作。Oracle 使用多个进程并行的恢复数据库，从而加速联机的恢复工作。Oracle 还支持只读的表格空间，由于不需要对静态的数据进行备份与恢复而节省了时间。

应用软件的高可用性主要体现在 Oracle Server 除了为 OLTP 与数据仓库应用软件提供了一系列的进行灾难恢复的应用选项，允许用户选择适应其要求的选项，从而确保用户应用软件的高可用性。

（3）高可靠性　Oracle 提供了全面的、灵活的、可靠的工具，确保彻底的用户身份验证，保证数据的隐秘性和完整性，管理数据库特性的指派，以及在企业或网络环境里监测数据库的操作。

（二）支持企业分布式处理

（1）数据的复制　Oracle 提供了全面的同步复制与异步复制的功能，提供了高度可管理的解决方案，不仅大大提高了运行性能，而且还确保了与其他所有的服务器功能的兼容性。

（2）透明的分布式查询　在 Oracle 中单独的 SQL 语句可以从多个数据库中查询数据，甚至可以对物理上存储在不同服务器上的数据进行复杂的合并操作。对位置的透明性使得在应用软件的开发中不必了解数据的具体存放位置。

（3）透明的分布式事务　Oracle 采用透明的两阶段提交机制来确保分布式更新事务的完整性。更新操作可由远程的或分布式的 SQL 语句来完成，或者通过远程调用提交给分布式的 Oracle 服务器。Oracle 能自动检测故障的原因，如有需要，无须人工干预就可以自动解决故障。

（4）继承非 Oracle 的系统　Oracle 的开放式体系结构将 Oracle 和非 Oracle 的数据资源与业界最全面的工具软件、应用软件以及第三方软件产品集中到一个业界标准的环境之中。

（三）支持企业数据仓库

由于数据仓库技术是帮助用户从大量的数据中提取信息以支持决策应用，因此需要将大表分成若干小表；需要并行查询并进行优化；需要高效的索引、连接、读取、存储操作；需要提高磁盘管理空间的性能。Oracle 在一个集成的、动态的体系结构内为数据仓库和决策支持应用提供了高性能、高可靠性；并行执行能力强；优化器技术强；支持分区视图；支持位图化索引；支持哈希连接；表扫描异步预读；利用数据本地存储；改进磁盘空间管理性能等等。

（四）Oracle 的 Internet 方案

Internet 在全世界范围的流行，极大地方便了世界各地人们之间进行彼此之间的信息交流。由于数据库是存储与管理信息的最有效的方式，将数据库技术与 Web 技术结合应用于 Internet 会很有前途。Oracle 针对 Internet/Intranet 的产品是Oracle Web Server。由 Oracle Web Listener、Oracle Web Agent 和 Oracle 7 服务器三部分组成。

（1）Oracle Web Listener　它是一个进程，具有普通 HTTP 服务器的功能，主要用于接收从 Web 浏览器上发出的用户查询请求，并将查询结果（即 HTML 文本）返回给用户。

（2）Oracle Web Agent　它是用公用网关接口（Cn）实现的过程化网关，负责 Web 与 Oracle7 数据库之间的集成。它由 Oracle Web Listener 启动，通过透明地调用 Oracle 7 服务器中的存储过程从数据库中检索信息，产生 HTML 输出结果并提交给 Oracle Web Listener。

（3）Oracle Web Server 2.0　它除了包括 Oracle Web Server 1.0 的功能及相应的开发与管理工具外，还增加 Java 解释器和 Live HTML 解释器，使其能支持多种语言。Oracle Web Server 2.0 由 Web Request Broker（WRB）、Web Server SDK 和 Web Server 管理工具组成。WRB 是一个多线索、多进程的 HTFP 服务器。Web Server SDK 是一个开放的应用开发环境，封装了 WRB 应用编程接口，允许用户使用 Java、Live HTML 和 C++等 Web 应用开发工具。

二、MS SQL SERVER 系统

（一）简介

MS SQL Server 是微软公司开发和推广的数据库管理系统（DBMS），是当前 Windows 操作系统下最流行的数据库系统，它具有如下几个优点：

（1）SQL Server 可看做是 Windows NT（Windows）的自然扩展，因为它与这个操作系统紧密结合。这样，用户不必学习另一个用户界面来使用这个数据库系统。

（2）SQL Serve 与 Windows NT 一样容易安装和维护，例如，二者的结合通过系统的简单安装来实现，消除了与数据库管理有关的许多复杂任务，并为每个系统管理任务使用图形计算环境。

（3）SQL Server 使用 Windows NT 的服务提供新的或扩展的数据库功能，如发送消息和管理登录安全性。

MS SQL Server 是为满足分布式客户/服务器需要而设计的一个可扩充、高性能的数据库管理系统。它通过下述方式来满足这些要求：

1）集成了 Microsoft Windows NT 线程和调度服务、Performance Monitor（性能监视程序）和 Event Viewer（事件查看程序）。这样，用户对网络和 MS SQL Server 只需做一次 Windows NT 登录，简化了用户账号管理。

2）应用内置的复制与基于 Windows NT Server 的计算机交换数据，向其他 ODBC 订阅者发布数据，并确保企业组织能可靠地向整个企业发布信息。内置的复制也令用户及时地访问正确的信息更为容易。

3）使用综合的分布框架，集中管理整个企业的服务器。使用一个基于 Windows 的管理接口对多个服务器进行可视的拖放控制。这可对数据复制、服务器操作、诊断和调整以及对专门数据库对象的建立和管理任务实施远程管理。此外，自动对象库使用户能建立定制的服务器管理应用。

4）任务调度为建立服务器任务或复制任务以及调度它们在指定时间执行等提供了更容易的方法。然后，可以设置一个报警，即在完成任务调度时，系统向系统管理员发送 E-mail 或页面通知。发现任何 MSSQL Server 事件时，发出警报。

5）许多内部数据库功能采用并行结构，这极大地提高了系统的性能和可扩充性。

6）超大型数据库采用并行结构，为许多开发和维护任务提供了较好的支持，并减少了输入/输出。

（二）系统结构

SQL Server 是基于 SQL 的客户/服务器数据库。基于 SQL 表示它采用了 ANSI 的结构化查询语言。客户/服务器表示 SQL Server 被设计成在中央位置（服务器）上存放数据，并实时将数据发给其他位置（客户机）。可以想象，SQL Server 实际上是许多不同组件的集合，其中包括 SQL Server 本身、SQL Server Agent（SQL 服务器代理）、SQL Mail（SQL 邮件系统）和 Distributed Transaction Coordinator（分布式事务协调器，DTC）。此外，默认的 SQL Server 安装还建立了几个数据库，称为系统数据库。

1. SQL Server

SQL Server 本身在 Windows NT 系统中的实现形式是 MS SQL Server Serve，在 Windows95 系统中的实现形式是 SQL server. exe。这个服务是核心数据引擎，是唯一实际修改数据的 SQL Server 部件。它是客户的“交通警察”，确定首先为哪个数据请求提供服务，并在多个用户争用时分配资源。

SQL Server 能监视客户所采取的动作，保护重要数据。其中包括：

（1）执行存储过程和触发器中定义的业务规则。

（2）防止两个用户同时更新同一个数据。

（3）保证在不同地址存放的数据具有逻辑的一致性。

2. SQL Server Agent

SQL Server Agent（SQL 服务器代理，原名 SQL Executive）是提供 SQL Server 的调度服务。SQL Server Agent 可以执行作业，作业包括在指定时间内要完成的多个步骤。步骤可能是一个 Transact-SQL 语句、一个操作系统命令或用 VBScript 之类的活动脚本语言写成的脚本。

SQL Server Agent 可以向操作员发警告。例如，如果从某个数据库取数据时发生严重错误，则 SQL Server 还可以自动向操作员发电子邮件，甚至可以通过操作员的传呼机表明发生了错误。

3. SQL Mail

SQL Server 的另一个重要部件是 SQL Mail（SQL 邮件）引擎，这个部件用扩展存储过程与支持 MAPI 的电子邮件系统通信，可以从特定服务器专用的账号读取、删除和发送电子邮件。但这还不能充分体现 SQL Server 与电子邮件的集成。例如，可以将 SQL Server 配置成以电子邮件形式从客户接收 Transact-SQL 语句并将结果作为电子邮件消息发回。

4. Distributed Transaction Coordinator（分布式事务协调器）

这种分布式事务通过 Distributed Transaction Coordinator（通常称为 MS DTC）进行处理。MS DTC 通过两阶段实现系统来处理分布事务。第一个阶段，它请求所有有关服务器为执行事务中与自身相关的部分作准备。如果每个服务器都能这样，则第二阶段就是让所有有关服务器各负其责完成自己的工作。如果某个服务器无法完成这个事务，则它让所有服务器忽略这个事务，这个事务将被退回。

5. 系统数据库

SQL Server 是自我包含系统的范例，它根据数据表格本身的规则来管理数据表格。在安装 SQL Server 软件时，它自动建立四个系统数据库。一般来说，要避免对系统数据库作任何改变，因为修改系统数据库就可能使服务器停止工作。但最好能知道这四个数据库的内容，它们分别是 Master、Model、Tempdb 和 Msdb。

（1）Master 数据库　顾名思义，Master 数据库用于记录在 SQL Server 最基本操作中使用的信息。这个数据库包含用户账号和系统配置信息及其他信息，告诉 SQL Server 到哪里找其他用户生成的数据库。如果 Master 数据库出现问题，则问题就很严重了，所以应当经常备份Master数据库。

（2）Model数据库　Model数据库是唯一有可能经常要修改的系统数据库。建立新数据库时，SQL Server首先复制Model数据库。如果服务器上的所有数据库都要有某些对象，例如对业务很重要的自定义数据类型，则可以将其加到Model数据库中，这样自定义数据类型就能和新数据库一起自动建立。

（3）Tempdb数据库　Tempdb数据库是SQL Server的临时库。这里用于存放所有的临时工作表格和将临时存储过程 Tempdb 数据库在每次启动 SQL Server时自动重建，不必用户费心。

（4）Msdb数据库　SQL Server Agent用Msdb数据库来存储处理作业和警告所需的信息。用户不能直接修改Msdb数据库，而只能通过用户接口生成、修改和删除SQL Server Agent对象。

三、Sybase系统

（一）概述

20世纪80年代中期，信息系统的应用环境发生了重大变革，集中式的处理环境向分布式系统转化，联机事务处理的应用比以往任何时候都更加重要，不同的操作系统、网络协议和数据库需要在同一环境下协同工作。所有这一切，都迫切期待着新一代产品的问世，Sybase 正是在这样的环境下诞生的。美国数据库厂商Sybase公司成立于1984年11月，自创立之日起，就致力于制造适合应用需求的新的数据库核心及一整套计算环境，公司名称“Sybase”便是 System（系统）和Database（数据库）相结合的含义，Sybase的最大功绩是促进了客户、服务器的迅猛发展。

Sybase公司的设计目标是:

（1）满足联机事务处理的应用需求。

（2）采用客户/服务器的体系结构。

（3）实现真正开放的和分布的数据库管理。

Sybase不断推出技术先进、结构新颖、性能良好的数据库产品，如：1987年正式推出了第一个采用客户/服务器体系结构和多线索技术、可编程的高性能数据库服务器，1989年颁布第一个能充分发挥客户/服务器结构优势的开放互连产品Open Interfaces，1990年生产出第一个提供高性能的与主机互连的网关产品，从而将主机的应用和数据集成到客户/服务器环境中，1991年推出支持整个应用生命周期（系统设计、应用开发、系统测试、运行维护）的工具集，1993年Sybase又推出着眼于企业范围关键性应用的企业级客户/服务器产品系列 Sybase System10，1995年末推出 System 11，它是针对企业日趋分散化的最新战略产品。

Sybase 数据库软件产品近几年来特别流行，它之所以受到广大用户的青睐，成为闻名全球的新产品，其中有两个重要的因素：一是 Sybase 支持作为标准的关系数据库语言 SQL，二是它率先参照即将制定的远程数据库访问（RDA，Remote Database Access）国际标准，使用客户/服务器模式，提供了在网络环境下各节点上的数据库真正实现互访操作的体系结构，并为其应用提供了方便适用的设施，这些特色正好迎合了 20 世纪 90 年代计算机系统联网应用迅速发展的普遍要求，因此也就走俏市场。

（二）Sybase 的客户/服务体系

在 Sybase 客户/服务器体系结构中，网络环境上的软件被明确地划分为三个部分：客户软件、服务器软件及接口软件，Sybase 公司相应的三种软件产品系列分别为：Sybase SQL Toolset、Sybase SQL Server 及 Sybase Client/Server Interface。

其中，Sybase SQL Server 是可编程的联机关系数据库管理系统软件，专门负责高速计算、事务管理和数据管理，它是 Sybase 体系中的核心，是专门针对联机事务处理的要求（大吞吐量、高速响应事务）而设计的关系数据库管理系统，它把传统的由各个客户应用负责的数据完整性逻辑改变为由数据库服务器软件集中进行控制。Sybase 数据库服务器使用的 Transact—SQL 语言是一种第四代语言（4GL），它扩充了 ANSI 标准的 SQL，开发人员编写的事务以及数据完整性逻辑都能作为存储过程和触发器直接存在服务器中，这种编程可使数据避免被客户非法使用或误操作。Sybase 服务器还引入了预编译存储过程，这也是 Sybase 在使用关系型数据库高性能地进行事务处理方面的一个新飞跃。Sybase SQL Server 的主要特点是：

（1）具有适应联机事务处理应用的高性能。

（2）实现了数据完整性检查和控制。

（3）强化的安全保密功能。

（4）先进的软件容错能力。

（5）支持分布式查询和更新。

Sybase SQL Toolset 软件是一组工具，是 Sybase 的客户软件，专门负责数据库系统与用户的交互，它为整个 SQL 开发生命周期提供多种开发工具，其中的 LSQL 允许以交互方式执行 T-SQL 命令，嵌入式的预编译器 E SQL 则允许程序员在第三代语言（C、COBOL）中嵌入 T-SQL 语言，DWB 是一种窗口操作工具，实现对数据库的查询、数据操作，以及报表生成等，APT 工具则为开发人员提供了一个应用程序的开发环境。

Sybase Client/Server Interface 是客户/服务器接口软件，它的功能是按照统一的规程实现客户对服务器的连接，Sybase 客户/服务器体系结构正是通过开放的 Client/Server Interface 软件来提供与其他关系数据库管理系统（Oracle、

Informix、RMS、RDB 及 DB2 等）中 SQL 网关的可互操作性。Sybase 客户/服务器体系结构通过数据库远过程调用（RPC）为客户/服务器及服务器/服务器的通信提供了综合的、基于消息的支持。使用 RPC、Sybase 数据库管理系统的客户机或服务器，均可以访问网络上的任何其他服务器，能够实现跨服务器的事务处理。Open Client 是 Sybase 客户机方面的应用编程接口（APD），它的作用是使客户机应用程序和第三方工具软件能够通过 SQL 命令或数据库 RPC（远程过程调用）而在整个网络上传递并发送给 Sybase SQL Server，或经由 Open Server 发送给其他的服务器和数据源；Open Server 是服务器一侧的应用程序接口，它允许客户机以 SQL 语句或 RPC 形式向一个非 Sybase 数据源发送标准请求，然后数据源向客户机回送状态和数据。所有的客户机都能用统一的方式与全体服务器对话，所有的服务器都能按统一方式接受客户机的请求，并以标准格式向客户机回送结果。最能体现开放和支持互连性的 Sybase 软件产品是 Open Server 上的网关，它以统一的形式去存取每一种数据源；Oracle、Informix、RMS、RDB、DB2 等数据库或文件及应用程序、实时过程控制数据、多媒体和 E-mail 数据等。

【案例 2】

物流企业计算机网络系统规划与设计实例

我国的网络建设事业正处于日新月异飞速发展的大好时机，大量的网络应用已逐步进入各行各业的企事业单位并取代了陈旧的办公方式，如用公文流转软件处理日常事务以实现无纸化办公的办公自动化，企业职能管理（如财务管理、劳动人事管理、办公管理等），网络（视频）会议，内部 Intranet 系统（包括电子邮件、内部 Web 浏览、文件服务等）、Internet 接入服务及通过互联网进行的 Web 访问及发布等。

现在以一个网络构建的实例来实现企业系统需求。某公司总部位于北京，在上海、广州分别有两个分公司，三地的用户数分别为 100、50、30。公司希望在三处分别构建局域网，并通过广域网互联，要求适应日常办公的需求，为员工提供电子邮件、浏览、协同工作、安全管理等功能。

一、网络设计原则

网络的设计主要要考虑到先进性、可靠性、开放性、安全性和可管理性。设计要立足先进技术，采用最新科技，以适应大量数据传输以及多媒体信息的传输。使整个系统在国内三到五年内保持领先的水平，并具有长足的发展能力，以适应未来网络技术的发展。网络的建设是以日常事务为核心的，大量的办公和业务数据以及其他信息不断地在网络上传输。所以，网络系统的可靠性就显得尤为重要。因此，在办公大楼网络系统的设计上，应特别注意如何保证网络系统的可靠性，其中包括：

（1）网络结构的可靠性　网络的物理连接上应尽量采用双连接，保证连接的可靠性。

（2）网络设备的可靠性　选用的网络设备应具有很好的容错特性及热备份等，尽量避免单点失效。

（3）网络系统与应用系统接口的可靠性　每个接口要确保它们是兼容的及应用公认的标准。

同时，网络系统必须是一个支持多种协议和接口的开放式网络，能够与现有的和未来的网络系统互联与集成，能与国家公用网络和国际网络互联，因此该网络系统要有良好的开放性和互联能力。由于每个企事业单位都有自己的关键数据，因此网络的设计必须考虑防止内部，主要是外部非法访问的措施。如果局域网系统使用多种网络设备，就要求网络设备具有很好的可管理性，以便于管理和维护。利用先进的网络管理软件，使得可以通过网管工作站监测整个网络的运行状况，合理分配网络资源、动态配置网络负载、迅速确定网络故障位置。

二、网络技术选型

局域网网络技术选型：今天，以客户机/服务器（Client/Server）为模式的分布式计算结构得到了广泛应用，从而使网络成为信息处理的中枢神经；同时，CPU 和总线的处理速度也不断提高，所有这些都对网络带宽提出了更高的要求，这种需求促进了网络技术的繁荣和飞速发展。现存的主要局域网技术有 10Base-2、10Base-5、10Base-T （10Mbps）、Fast Ethernet （100Mbps）、Gigabit Ethernet （1 000Mbps）、Token Ring （16M）、FDDI （100Mbps）、ATM 和千兆以太网等，其中应用较为广泛的骨干网络技术有快速以太网（Fast Ethernet）、FDDI、ATM 和千兆以太网等。我们的目的在于以最小的投资满足用户的需要并实现网络的可延伸性和可扩展性，虽然 ATM 和千兆以太网是现在比较流行的网络骨干解决方案，但由于本方案的对象是 100 个用户左右的中小型企业，考虑到网络实际利用率及保护用户的投资，我们采用双链路 100M 快速以太网（Fast Ethernet）作网络骨干，这样不但实现了网络冗余备份，同时也可以实现网络流量的负载均衡。

广域网网络技术选型：近几年来，我国的信息基础设施建设发展很快，各种类型的公共数据通信网都相继建成。目前可提供各种类型的网络接口，如：DDN、X.25、帧中继（Frame Relay）等，ISDN 在有些城市也可以提供。

X.25 网：X.25 网（分组交换业务）基于分组交换技术，采用全网状的结构，网上的任何两个节点均可进行通信。X.25 网是目前国内范围最广、网络环境最好的数据通信网，已经覆盖到全国的绝大多数省、县（个别极偏远地区除外）。由于采用全网状结构，通过一个节点入网后，即可与网上任一个节点通信。X.25 的缺点在于其效率较低：X.25 标准最初是为在不可靠线路上进行数据传输而设计的，因此包含了大量的纠错手段，占用了一部分有效带宽；而且，X.25 标准必须对数据进行重复打包，增加了无用数据的传输。以现在通信线路的可靠性，再使用 X.25 技术已经落后了。

DDN（数字数据网）：采用电路交换方式，即专线方式，支持点对点通信。由于 DDN 采用专线方式，所以不存在重复打包的情况，在所有的数据通信网中其传输效率最高。但是 DDN 只能进行点对点的通信，组网方式不够灵活。在进行多点间的广域通信时，所需要的线路和网络端口数较多，相应的费用也较高。

ISDN（综合数据业务网）：是目前国内刚刚起步的新型数据通信网，目前尚不能实现全国范围的联网，但 ISDN 在国际上已有二十余年的使用历史，是较为成熟的通信技术。ISDN 是基于普通电话网的数字通信方式，其最大特点是使用费用低廉，申请方便，适合作为广域网络的备份线路。

Frame Relay（帧中继）是近几年来兴起的新型数据通信网，目前在国际上已得到了广泛的应用，其市场占有率不断上升。Frame Relay 同 X.25 所采用的技术相似，也基于分组交换技术。所不同的是 Frame Relay 大大简化了 X.25 中的纠错手段，从而在保持 X.25 优点的同时，提高了数据传输的效率。Frame Relay 技术是在 OSI 第二层上用简化的方法传送和交换数据单元的一种技术，它简化了 X.25 的第三层功能，使得线路中的帧中继交换机的处理大大简化，提高了对信息处理的效率。Frame Relay 提供了一套合理的带宽管理和防止阻塞的机制，用户可以有效地利用预先约定的带宽，即承诺的信息速率（CIR），并且还允许用户的突发数据占据未预定的带宽，以提高整个网络资源的利用率。与分组交换一样。Frame Relay 也是采用面向连接的交换技术，可以提供 SVC 业务和 PVC 业务。

几种线路相比较，Frame Relay 的性价比最高，所以，该公司广域网的建设优先选用 Frame Relay 线路。比较以上几种技术，我们采用帧中继作为广域网的首选通信方式，并采用 DDR（拨号备份）作为广域网的后援线路以保证广域网络的可靠性。

三、网络方案设计

由于 Cisco 公司为中小型企业网络解决方案提供了较为全面的网络设备。所以我们选用 Cisco 公司的网络产品，在网络中心配置一台具有容错能力的百兆快速以太网路由交换机，作为整个局域网络的核心；网络服务器可以通过百兆上行链路接入中心交换机，为服务器提供最大的网络带宽。网络中心交换机选用一台 Cisco 公司的 Catalyst 5505 系列以太网路由交换机，新型 Catalyst5505 在新型高性能机箱中集成了现有 Catalyst5000 接口模块和特性，在提高带宽的同时保护了客户对 Catalyst5000 系列的投资。Catalyst5505 具有 5 个插槽，提供高达 3.6Gbps 的背板能力，支持高达 50 个 10/100M 高速背板交换链路或 192 个 10M 交换链路。以每秒数百万个信息包的传输速率，支持以太网、快速以太网、FDDI、ATM，支持虚网划分，支持 IEEE 802.1Q 虚网划分协议；冗余的交换机快速以太网上联端口提供冗余链路操作，提高核心网络的稳定性，保证最大程度的网络连通。

大楼内每个配线间及其他办公楼的交换设备使用 Cisco 的 2828 系列交换机，Cisco 的 2828 企业版交换机通过 Fast Ether Channel 技术提供了大容量的链路和可堆叠性。它们还通过 ISLVLAN 中继提供简化的管理、强化的安全性和广播控制能力。通过靠 TACACS+实现的集中访问控制能力，Catalyst 2820 企业版系列交换机增强了安全性。多级控制口令实现了面向交换机控制台的安全、灵活的访问控制政策。易于在大型网络中部署的企业版交换机通过一台启动服务器支持多台交换机的自动配置，并可以通过广泛使用的 Cisco IOS 命令行界面（CLI）进行管理。当与 Cisco 路由器、机箱交换机和访问服务器共用时，企业版交换机可在 Cisco 端到端网络中提供无与伦比的网络性能、管理控制能力和方便的使用。

本例中的三地广域网连接采用 Cisco 的 AS3620 系列模块式访问服务器，AS 3620 系列访问服务器支持多达 12 个 ISDN 主速率接口，48 个异步拨号访问端口，4 个同步接口，Cisco 3600 服务器支持各种广域网技术（包括帧中继、X.25）、按需拨号路由选择（DDR）和拨号备份，同时支持 Protocol Spoofing 和 Snapshot Routing，从而减少不必要的 WAN 传输。为了更进一步减少 WAN 费用和增加有效带宽，Cisco IOS 软件支持在帧中继、专线以及拨号网络上的数据压缩，资源预保留协议（RSVP）、非协议依赖性的多点广播（PIM）以及加权公平排队（WF）等功能可以保证一贯的服务质量以及较高的应用可用性。同时还可以支持诸如在 WAN 上的电话会议那样的新型应用，保证功能的可扩展性。

四、网络设备配置方案

网络中心交换机使用一台 5 槽的 Catalyst 5505 路由交换机。Catalyst 5505 中包括 1 个插槽供 CPU 路由交换管理控制模块使用，其余 4 个插槽可用于放置百兆快速以太网接口模块。中心 Catalyst 5505 交换机的具体配置如下：

（1）1 个路由交换管理控制模块。

（2）2个电源，具有电源冗余和负载均衡能力。

（3）2个12口的10/100BaseTX快速以太网交换模块，用于连接Catalyst 2828交换机中心服务器。

（4）2个插槽空余，可用于今后的网络扩充。

（5）2个风扇单元，可以互为冗余备份。

大楼内各配线间使用Catalyst 2828高性能交换机与中心交换机相连。在每个Catalyst 2828交换机中，均配置2个单口100BaseTX百兆快速以太网模块，分别连接至中心的Catalyst 5505交换机的10/100M端口上，从而构成冗余链路。该冗余链路的2条百兆快速以太网线路能够实现冗余和负载均衡。

五、总部局域网及设备配置示意图

上海和广州两地分公司由于用户数相对较少（分别为50人和30人），局域网的应用也相对较小，所以这两地的局域网架构不需要以Cisco的5505交换机作为中心交换机，我们以价格相对便宜的Cisco5000来替代5505，其他不变。考虑到三地广域网应用将来会较为频繁，我们仍然使用3640路由器来实现广域网的互联，由于篇幅所限，示意图请参考图2-23。

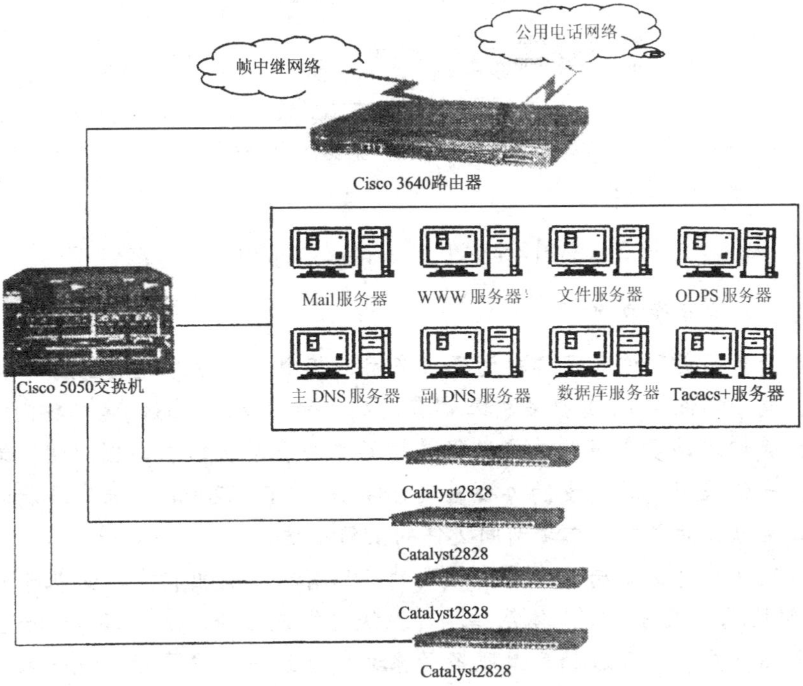

图2-23 总部局域网及设备配置示意图

六、广域网络连接示意图

本例中北京总部及上海和广州三地的网络使用帧中继互联，采用 DDR（Dail-On-Demand Routing）技术进行广域网线路的冗余备份及负载均衡。示意图如图 2-24 所示。

根据三地用户数量，我们使用私有 IP 地址集 172.16.X.X 并使用 24 位子网掩码（即 255.255.255.0）将这个 B 类网络分成 253 个合法 C 类子网。为了将来用户数量的扩展及规范网络地址规划，我们为三地分别留出了一个网段，如为北京留出了 172.16.2.0/24 网段，为上海留出了 172.16.4.0/24 网段，为广州留出了 172.16.6.0/24 网段等。考虑到北京虽然是总公司，但北京、上海、广州三地的广域网数据量通信都比较频繁，我们使用多点映射（Multipoint）而不是单点映射（Point-to-Point），所以在广域网的地址中使用 24 位子网掩码。

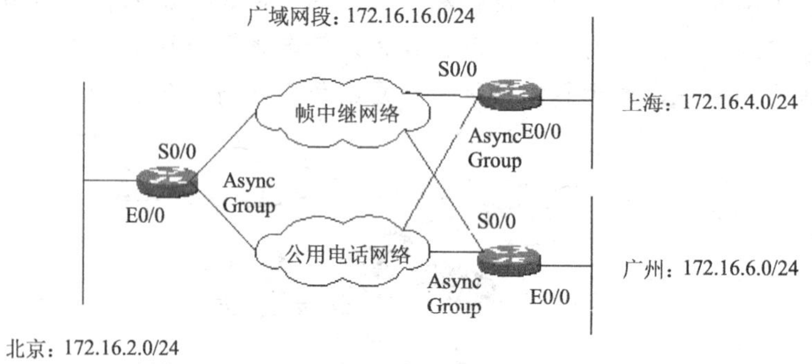

图 2-24　广域网络连接示意图

七、网络系统应用

前面我们提到许多网络中的各种应用，其中大部分是通用应用（如 Web 浏览、电子邮件等），有很多文章都有这些方面的专门介绍，这里我们就不介绍了。我们以许多企事业单位都很关切的办公自动化需求举例阐明网络系统应用。我们采用中软开发的办公自动化系统（ODPS2000），来实现局域网内部的日常办公的需求和广域网间文件的上传下达。

该软件针对企业局域网及广域网的应用有很多突出特点：如基于软件构件/构架技术，采用分布式体系结构，系统伸缩能力强，适应 Internet/Intranet 及电子商务应用。开放的目录服务子系统实现统一用户管理、统一系统资源管理。对象存储技术屏蔽不同系统平台之间的差异，为应用程序提供一致的数据存储、访问接口。采用消息队列、服务器进程通信和多目的地址广播数据传输，远程文件传递高效、快捷，有效实现行业内上下级之间文件的上传下达。提供二次开发接口，方便用户和系统集成商在此基础上进一步开发。可与 MS Office 及扫描仪、手写板、语音输入等外设无缝集成，并提供与 Notes/Exchange 的接口。此软件功能比较全面，包含电子邮件和日常办公系统，进行局域网内的文件流转、信息采集、远程的（比如北京到上海和广州）信息传递。

中软开发的这套办公系统包含 13 个子系统。其中应用比较广泛有 ODPS 基本系统工程（它主要以电子邮件形式工作）、公文处理、档案管理、会议管理、电子公告板、电子论坛、备忘信息等。这几个系统都是公司日常办公、传递信息必备的系统，比如：备忘信息，它记录了列车和航班时刻表、备忘信息、大事记、值班记录等信息，为公司职工的出差提供很大的便利。而会议管理对会议的策划、会议日程安排、会议室预定、会议通知、会议记录等方面进行管理，提高工作效率。电子论坛可以自由发表意见、建议、看法、交流经验等，可为职工发表自己的见解提供一个自由的空间。下面我将详细介绍以下几个子系统在局域网内和广域网间的应用：

（1）ODPS 基本系统工程　ODPS2000 系统核心模块、系统配置管理办法、工具以及内置的电子邮件系统。通过它可以实现北京、上海和广州之间的文件传递，解决广域网间的信息交流。

（2）公文流转与处理　完成公文的创制、处置，主要包括收文和发文运转环节。

收文处理-登记、拟办、批办、注办、催查办。

发文处理-拟稿、改稿、审核、（初核、复核）、审批（初审、复审）、会签、签发、发文登记、自动编号、排版、校对。

它保留多版本修改痕迹，以不同颜色和提示信息加以区分。系统提供专门的系统维护程序，管理用户信息并负责用户权限设置，每个用户拥有自己的登录名、口令密码及使用权限，用户可在任一工作站登录，系统将根据用户名及密码核查其作为系统用户的合法性，同时打开与其所具有的权限相对应的工作界面。系统允许用户自行更改口令密码，并且领导可以进行批示和密码签名，实现三地公文的远程传送。此子系统尤其适合文件运转较多的单位。

（3）信息采集与发布　它把下属单位报告上级单位（本单位）的一些工作情况进行分类汇集，经编辑处理在行业内发布。该系统可以使北京总公司很方便地了解其上海子公司和广州子公司的运营情况，掌握它的动态。

这套系统能够支持 Microsoft NT Server4.0、Microsoft Windows2000 系列、Linux 等操作系统，并且支持 SQL Server 7.0、Oracle、Sybase、Informix、Access 等数据库。虽然这套系统功能如此之全，但它的硬件配置要求却并不高，只

需要 32M 内存、1GB（服务器端）/100M（客户端）的硬盘，中文 Windows95/98 及以上版、中文 Word97/Word2000/Wps2000/Excel97。三地服务器配置和终端配置是一样的。三地的计算机台数相差不大，价钱也不会很贵，最主要的是它完全能达到要求。

【复习思考题】

1．试述数据库、数据库管理系统和数据库系统的概念。

2．与非关系模型相比，关系模型具有哪些优点？

3．实体与实体间具有哪三种联系？试举例说明。

4．数据库管理系统的功能是什么？

5．分析比较数据备份和数据恢复的关系。

6．计算机网络的功能有哪些？

7．比较局域网、广域网和城域网的特点。

8．简要说明局域网的拓扑结构。

9．试述计算机局域网的组成。

10．常见网络互联设备有哪几类，各有什么特点？

11．简述 Intranet 的特点。

12．试述数据仓库的定义及其特点。

13．什么是数据集市？什么是数据挖掘？

第三章　物流管理信息系统

【学习目的】

通过本章的学习，要求熟练掌握管理信息系统及物流管理信息系统基本的概念，物流信息系统的特点、构成、结构和功能；掌握物流管理信息系统的基本内容及系统开发方法和过程，了解物流管理信息系统的生命周期法、原型法等开发方法。

第一节　物流管理信息系统概述

一、管理信息系统

管理信息系统（MIS）可以有各种实际形态，可以有简单、复杂之分，但它应该是一个泛用的概念，它是种种应用于管理的信息系统的抽象。

戴维斯（G.B.Davis）等人曾提出一个具有代表性的定义，在 20 世纪 80 年代该定义一度为许多著作所引用。他把 MIS 定义为：“管理信息系统是一个用来提供各种作业、管理和决策信息的、集成化的人一机系统，它包括计算机的硬件、软件、操作规程以及用于分析的模型等。”

20 世纪 90 年代以来，由于网络技术的发展和计算机、工作站性能的飞速提高，越来越多的信息系统已经用基于局域网的客户/服务器模式或分布式处理模式取代了传统的主机中心结构模式。在软件上，随着 4GL、图形化用户界面、面向对象的程序开发技术等新技术的出现，新的软件开发工具逐渐代替了过去用程序设计语言来进行系统开发的方式。随着这些新方法、新技术的应用，现在的信息系统更强调为组织的决策和竞争服务。在这样的变革中，MIS 的概念模型也必然发生相应的变化。许多学者提出了他们对 MIS 的新的定义。例如，劳顿（Kenneth C.Laudon&Jane P.Laudon）认为：“管理信息系统是一个基于计算机的信息系统（Computer Based Information System，CBIS），它通过收集、处理、存储和扩散信息，来支持组织的管理、决策、合作、控制、分析活动，并使之可视化。”

总结以上的观点，可以将管理信息系统定义为：管理信息系统是一个基于管理科学理论，使用计算机、网络通信和信息处理技术的人一机系统。它通常具有以下一些特征：

（1）以解决组织所面临的问题为目的。

（2）以数据库和数据处理为基础。

（3）能够向组织的各层次、各部门提供所需的信息。

管理信息系统是根据特定环境的需要来构筑的信息系统，它必须是某种管理科学在实现手段上的体现。信息系统和组织的基本目标、组织所奉行的管理方法必须互相影响、相辅相成。管理信息系统涉及三个技术领域：计算机技术，包括软件、硬件、算法和程序设计等；通信技术，包括各种网络设备、网络构成、网络协议以及软件等；信息技术，包括对信息的提取、收集、分析、表示和系统设计开发的各种技术。

管理信息系统是用来解决组织所面临问题的系统。它可以是一个用来解决组织中数据处理效率问题的事务数据处理系统，也可能是一个辅助解决组织的预算问题的预算支持系统；而战略信息系统解决的是组织面临的竞争战略问题。"为使用计算机而建立的系统"，"为信息化而建立的系统"都偏离了 MIS 的宗旨。

管理信息系统的另一个特征是：它是以数据库和数据处理为基础的系统。没有数据，MIS 就成了无源之水，无本之木。任何 MIS 都不能缺少对数据进行处理的工具。使用 MIS 进行管理，就是将传统的管理活动记录为数据，经由 MIS 的收集、加工、处理、传递，转变为指导管理活动的信息。

最后，管理信息系统是给管理活动的各个层次提供信息的系统。仅能给组织中的个别人提供信息的系统并不能视为 MIS，只有这个系统的软、硬件和组织的各个层次、各个部门的管理活动结合起来了才构成 MIS。这意味着我们对 MIS 的所有子系统要有一个总体的设计规划。一个 MIS 是若干子系统的有机联合，同时它又是几个管理活动层次的有机结合。这种集成化通常是由系统开发时制订的计划和对系统功能所规定的标准、规范和规程等来实现的。系统应能避免各个子系统之间的冲突，实现资源的共享，保证整体的无矛盾性。

二、物流管理信息系统的定义及特点

随着物流系统的发展，物流信息量会变得越来越大，物流信息更新的速度也越来越快，如果仍对信息采取传统的手工处理方式，则会造成一系列信息滞后、信息失真、信息不能共享等信息处理瓶颈，从而影响整个物流系统的效率。因此，建立基于计算机和通信技术的物流信息系统是提高物流系统整体效率的有力保证。

（一）定义

物流管理信息系统或称为物流信息系统（Logistics Information System，LIS）是众多的应用管理信息系统之一，隶属管理信息系统的范畴。物流管理信息系统是使用系统的观点、思想和方法建立起来的，以电子计算机为基本信息处理手段，以现代通信设备为基本传输工具，并且能够为管理决策提供信息服务的人机系统。也可以说，物流管理信息系统是一个由人和计算机共同组成的，能进行物流信息的收集、传递、存储、加工、维护和使用的系统，它具有预测、控制和辅助决策等项功能。

从本质上讲，物流管理信息系统是利用信息技术，通过信息流，将各种物流活动与某个一体化过程连接在一起的通道。物流系统中的相互衔接是通过信息予以沟通的，基本资源的调度也是通过信息共享来实现的，因此，组织物流活动必须以信息为基础。为了使物流活动正常而有规律地进行，必须保证物流信息畅通。物流信息的网络化就是要将物流信息通过现代信息技术使其在企业内、企业间乃至全球达到共享的一种方式。

物流信息已经从“点”发展到“面”，以网络方式将物流企业的各部门、各物流企业、物流企业与生产企业和商业企业等连在一起，实现了社会性的各部门、各企业之间低成本的数据高速共享；物流信息从平面应用发展到立体应用，企业物流更好地与信息流和资金流综合，消除了信息不畅和信息共享中存在的不均等。

物流管理的主要目标是要减少物流完成周期的不确定性，因此存货可得性、递送及时性和交付一致性是企业外部对物流企业的要求，而经济性、可靠性、可维护性、柔性、可扩展性、安全性等是评价物流系统的内部指标，这些也是物流信息系统应该达到的指标。

从物流企业管理的角度，对物流信息系统的需求体现为：

（1）改善物流企业内部业务流程和信息交流方式，满足业务部门对信息处理和信息共享的需求，使信息更有效。

（2）通过对货物的跟踪与监控，物流企业的各层管理者可以及时掌握业务进展情况及经验业务数据，增强对业务的控制，为决策提供数据支持。

（3）为客户提供实时的货物跟踪，提供个性化服务，提高服务水平。

（4）按照现代化管理思想和理念的要求，为企业提供可靠的信息处理支撑环境。

（二）特点

作为辅助物流企业进行事务处理，为管理决策提供信息支持的管理信息系统，物流信息系统具有以下一些基本特征：

（1）人机系统。利用计算机强大的信息处理能力和存储能力，既是管理现代化的客观要求，也是管理信息系统的基本特点。充分利用现代信息技术，只是从物质基础条件上给予了保障，同时，要发挥物质技术系统的效率，还需要人的管理与操作。一个好的管理信息系统，必然是一个人机协调、高效率的系统。

（2）综合系统。物流信息系统的综合性反映在以下几个方面：①多学科交叉。系统开发是一个综合运用系统论、信息论、控制论、行为科学、管理科学、计算机技术、通信技术的过程。②多种人才结合，多学科交叉决定了系统开发是多方面人才结合、知识相互渗透的过程，也是一个培养复合型人才的过程。③软件和硬件的集成。管理信息系统从表面上看是计算机硬件系统和应用软件系统的集成，而实际上是一个软技术（包括：思想、方法、机构、观念等方面）和硬技术（包括：企业生产、工艺等方面）的集成。

（3）动态系统。物流管理信息系统开发从系统请求开始，经过系统调查、可行性分析、系统分析、系统设计、系统实施、系统运行和维护等阶段进入实用状态。随着环境的变化，系统又会产生新的需求，从而导致新的系统开发。因此，系统的维护与开发处在连续不断的动态过程之中，否则系统就没有生命力。

另外，物流过程是一个动态的过程，随着时间、空间的变化，物流条件、环境也在变化，如何把这些动态信息反映在物流中，对物流过程实施控制，这就要求物流管理信息系统要具有实时动态的处理能力。

随着社会经济的发展、科技的进步，物流管理信息系统正在向信息分类的集成化、系统功能的模块化、信息采集的在线化、信息存储的大型化、信息传输的网络化、信息处理的智能化以及信息处理界面的图形化方向发展。物流管理信息系统还具有集成化、模块化、实时化、网络化和智能化等主要特征。

（1）集成化。集成化是指物流管理信息系统将业务逻辑上相互关联的部分连接在一起，为企业物流活动中的集成化信息处理工作提供基础。在系统开发过程中，数据库的设计、系统结构以及功能的设计等都应该遵循统一的标准、规范和规程（即集成化），以避免出现"信息孤岛"现象。

（2）模块化。模块化是指根据物流信息处理的特点，把物流信息系统划分为若干个功能模块，实现系统的可扩展性、易维护性。

（3）实时化。实时化借助于编码技术、自动识别技术、GPS 技术、GIS 技术等现代物流技术，对物流活动进行准确、实时的信息采集；并采用计算机网络与通信技术，实时地进行数据处理和传送物流信息；通过 Internet / Intranet 的应用将供应商、分销商和客户按业务关系连接起来，使整个物流管理信息系统能够即时掌握和分享属于供应商、分销商或客户的信息。

（4）网络化。网络化通过企业内部网（Intranet）、互联网（Internet）将物流企业、供应商、客户等连接起来，在物流管理信息系统的管理下完成物流运作。

（5）智能化。智能化物流管理信息系统现在虽然尚缺乏十分成功的案例，但物流管理信息系统正在往这个方向发展努力。比如在物流企业决策支持系统中的知识子系统，它就负责搜集、存储和智能化处理在决策过程中所需要的物流领域知识、专家的决策知识和经验知识。

（三）物流管理信息系统所要解决的问题

（1）缩短从接受订单到发货的时间。

（2）库存适量化。

（3）提高搬运和装卸的作业效率。

（4）提高运输效率。

（5）使接受订货和发出订货更为省力。

（6）提高接受订货和发出订货的精度。

（7）防止发货、配送出现差错。

（8）调整需求和供给。

（9）信息咨询。

（10）提高成本核算与控制能力。

物流管理信息系统解决上述问题的目的是为了提高对顾客的服务水平和降低物流总成本。需要注意的是，提高服务和降低物流总成本之间存在“二律背反”关系，而物流管理信息系统起着控制物流各种机能并加以协调的作用。

三、物流系统功能信息需求与数据处理

（一）物流系统功能信息需求

无论是对物流活动进行管理，还是制定相关决策，都需要详细、准确、直接的物流信息。通过对物流不同业务间的各种信息分析，有助于了解不同物流业务过程中相关的物流信息以及其不同的信息需求、功能需求和决策需求。物流的主要业务包括运输、储存、物流加工、物流配送等，业务不同，其包含的信息也不同。

1、运输功能及信息需求

运输是物流最重要的功能要素之一，它影响着物流的许多构成因素，而运输费用又直接受到企业的工厂、仓库、供货厂商和用户之间地理分布的影响。运输方式有多种，例如公路、铁路、水运、航空、管道等。不同的运输方式有着不同的特点，对各种运输方式的综合利用是十分重要的。

运输业务中基础信息以单据为主，主要包括订货通知单、提单、运费清单和货运清单等。例如提单是用户购买运输服务所使用的基本单证，起收据和证明文件的作用，需列明货物唯一真实的受领人、交接方式、货物情况（类别、包装、数量等）信息。运费清单是承运人收取其所提供的运输服务费用的一种方法，需列明运费的款项及费用金额情况。货运清单是当单独一辆运输工具上装运多票货物时，用于明确总货载的具体内容的文件，需列明每一个停靠站点或收货人地址、提单、重量以及每票货的清点数等信息。现代物流的运作希望能通过物流信息系统同时生成所有的运输单证，即在生成

提单的同时，就生成支付运费清单，并通过电子方式传输订货通知单、提单、运费清单和货运清单等。

有了以上运输需求信息，还需掌握运输供给信息，如市场运力状况、可供选择的运输方式和运输工具、运输线路等，这样才能制订出合理的运输计划，有效地组织物流运输。

物流系统应充分考虑运输距离、运输环节、运输工具、运输时间和运输费用“五要素”，制订出经济合理的实施方案，以发挥物流的最大功效。要消除车辆空驶、对流运输、迂回运输、重复运输、倒流运输、过远运输、运力选择不当等不合理运输，需要掌握相关的运输需求与运输供给信息。运输组织需考虑货物要求、运输工具的运用效率以及各运输方式的协作等。

2、储存功能及信息需求

实现物流储存功能的场所主要是仓库，随着现代物流向多品种、少批量或多批次、小批量的转变，传统的储存仓库也渐渐演变成现在的流通仓库。

仓库形式有多种，按保管目的可以分为配送中心型仓库（具有发货、配送和流通加工的功能），存储中心型仓库（以储存为主的仓库），物流中心型仓库（具有储存、发货、配送、流通加工功能的仓库）；按经营性质可以划分营业用仓库、自用仓库。

储存业务的基本信息分为描述仓库和描述库存物品的基本信息。仓库的基本信息包括仓库的地点、形式、建筑形态、仓库面积、经营性质、保管方式、货架编码以及仓库设施设备等；库存物品的基本信息则有品种存放地点、物品名称、重量、形状、包装类别、数量、入库时间、适用装卸方式等；其他信息还包括物品需求信息、为配合储存业务管理需要的物品出库规则等。

为合理利用仓库资源，需要完成具体信息的分析，如库存物品周转速度，仓储服务水平，物品需求预测，库存分析（包括安全库存、订货周期、订货批量等），占用资金，积压，市场细分等方面的分析，以促进储存进一步的合理化。

3、物流加工功能及信息需求

物流加工是物品从生产领域向消费领域流动的过程中，为促进销售、维护产品质量、提高物流效率而对物品进行的初级加工。物流加工的作用主要表现在：提高原材料利用率；保护货物，利于运输与存储；提高物流设备利用率；适应多样化的顾客需求，进行方便用户的初级加工；提高商品的附加值。

实现物流加工合理化主要考虑配送、配套、合理运输、合理商流、节约等几方面的需求。由于加工需要加工设备、加工人员等资源，所以物流加工业务所需要的主要信息包括有关物品的加工要求、加工时间、加工量、加工流程、加工费用等。相关的辅助决策主要包括加工方式、加工周期、加工报价等。

4、**物流配送**

配送是物流中一种特殊、综合的活动形式，是商流与物流的紧密结合。广义配送几乎包括了所有的物流功能要素。一般的配送集装卸、包装、保管、运输于一身，特殊的配送还要以加工活动为支撑。而狭义的配送则是运输及分拣配货。这里以送货为目的的运输仅是最后实现主配送。配送成功的关键因素之一就是需要商流与物流越来越紧密的结合，图 3-1 采用数据流程图的方式描述了配送中的主要数据与数据流。

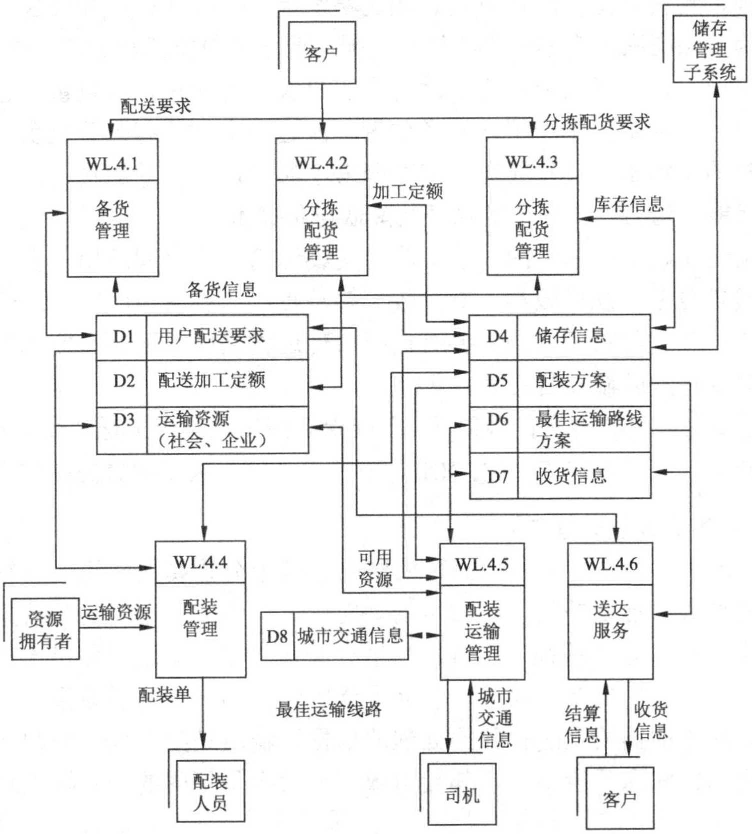

图 3-1 配送业务的数据流程图

配送本身就是一种商业形式，实质是一种固定的“中转”型送货，它有确定的组织、确定的渠道，自己的装备和管理力量、技术力量，以及自成体系的规章制度。配送提供的是企业需要什么就送什么的物流服务，它利用有效的分拣、配货、物流加工、包装等理货工作，使送货达到一定的规模，通过规模优势取得较低的送货成本，来获得利润。

配送中心通常分为专业配送中心、柔性配送中心、供应配送中心、销售配送中心、城市配送中心、区域配送中心、储存型配送中心和流通型配送中心等形式。对于不同类型的配送中心，由于其服务对象、配送技术和配送目的的不同，形成的配送形式和运作方式也不同，从而使得该项业务所需要的基本信息、信息分析以及决策的问题、决策模型也就有所不同。

对于备货而言，需要的基本信息如货源供应信息与筹集情况（订货或购货、集货、进货信息）及有关的质量检查、结算、交接等信息，需要进行的信息分析主要有备货成本、备货规模、供应商信息等，决策的问题主要包括备货规模、物资来源、配送方式、配送路线等。在配送中，需要控制的储存主要是为了保证满足定期配送的储存。配送业务的数据流程如图 3-2 所示。

配送加工、分拣及配货要考虑用户的要求，包括品种、数量、包装、运送方式等。配装是在单个用户配送数量不能达到车辆的有效载运负荷时，将不同用户的货物集中进行配送。需充分考虑如何进行有效的搭配装载，以充分利用运能、运力，提高送货水平及降低送货成本。

配送运输属于运输中的末端运输、支线运输，具有配送用户多、距离较短、路线较复杂、规模较小、额度较高等特点，一般使用汽车做运输工具，因此，需要辅助的决策问题主要有选择最佳运输路线、配装和路线有效搭配等，它需要有关运输方面的信息支持。

送达服务是配送业务的最终环节，能保证圆满地实现配送物品的移交（包括卸货地点、卸货方式），并有效地、方便地处理相关手续并完成结算。

（二）物流数据处理过程

在物流管理活动中，数据处理的结果起着十分重要的作用。进行物流管理时，需要大量准确的信息，如市场供应数量、供应价格、需求数量、需求价格以及库存数量、品种、质量、规格等。任何信息的遗漏和错误都将直接影响到相应决策的制定和执行，从而最终影响到物流管理的效果和企业的经济效益。应用的需要是进行数据处理的依据，输出是数据处理的归宿，数据处理采用的方法和手段不同，其输出效率和效果是不同的。数据处理过程如图 3-2 所示。

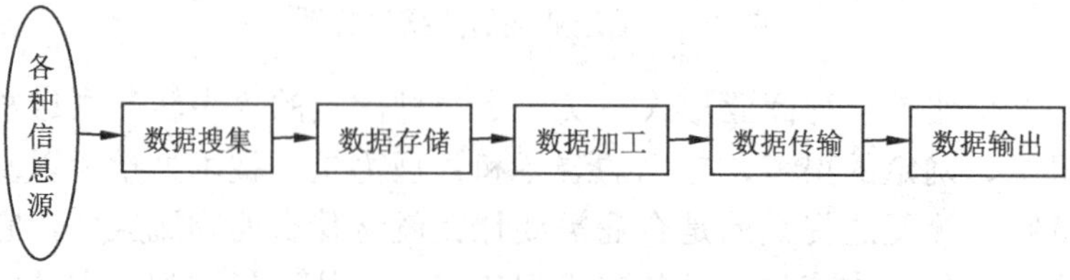

图 3-2　数据处理过程

1、数据搜集

搜集数据是数据处理的第一步，它的正确性直接影响到数据处理，决定着数据处理结果的质量，是我们做好后期一切工作的基础和依据。

数据的收集要有明确的目的，要确定数据的来源，在物流过程中的各环节上都会产生大量的数据，对数据的收集如果没有明确的目的，会造成所收集的数据冗余，不合所用，增加了数据处理的量和难度。数据的收集应及时、全面、准确，信息系统必须制定出数据管理规范，如信息的分类编码、信息的采集点及有关规章制度。

数据的搜集通常包括数据的识别、整理、表达和录入。目前信息搜集有多种方法和途径，例如互联网、数据库和光盘等。通过互联网可获取正式和非正式的政治、经济和社会等信息，但应注意其真伪性的识别、判断。我国目前已有1 000多种数据库，其中经济贸易类数据库、交通信息类数据库等对物流企业的帮助比较大。

2、数据存储

数据的存储就是将录入的数据存储在系统中，以供长期使用，它需要确定数据存储的介质（硬盘、软盘等），存储方式（数据文件方式、数据库方式），存储时间，存储内容，存储地方等。实际工作中应特别注意数据存储的安全性和可靠性，尽可能地减少数据冗余。

3、数据加工

数据加工是根据信息需求者的工作特点和需要，为获得信息而对存储数据进行整理、筛选、分类、计算、汇总、排序等相关操作的过程，这需要利用经济学、管理科学、运筹学、统计学等不同学科中相关的模型与方法，加工能力包括数学计算、逻辑处理及智能化处理等能力。

4、数据传输

数据传输就是指采用一定的方法和手段，将数据在信息系统的各子系统之间以及和其他系统之间的传送，从而实现信息交换和共享。在数据传输过程中，确保传输数据的正确、安全、及时是关键。

5、数据输出

数据输出是指按照需要将信息提供给用户。在计算机信息处理中，信息数据的形式可以是文字、图形、声音、图像等，输出方式及手段可以是打印、网络传输以及其他的多媒体技术。

（三）物流中的数据处理要求

在物流信息系统中，人们对数据处理的要求主要表现在：

1、可得性

数据应随时随地可得，以减少业务和计划上的不确定性。同时要求数据采集全面、数据处理及时。

2、及时性

在要求的时间内，完成数据的录入、加工、存储、传输或输出，这关系到信息是否能在有效的时间内得到充分的利用，体现出信息的价值。

3、准确度

不同的用户对数据处理的准确度要求不同，若数据处理的准确性不能满足用户的要求，那么利用再先进的技术都是浪费。例如在企业中，会计的账目处理要求分毫不差，但企业项目则允许以万元为单位来衡量。

4、适用性与灵活性

由于信息与数据的相对性，数据的输出内容要根据用户的需求来定，用户要求获得的是信息，而不是数据。信息是观念上的，这导致用户所需要的信息，从种类、格式、计算方法等不同的方面来看有着不同的内容，所以，完成数据处理的系统应具有较强的信息加工处理和提供信息的能力。

5、预警性

由于物流企业需要与大量的上游、下游协调工作，因此物流中的数据处理必须以异常情况为基础，突出问题，发现机会，使企业的决策者、管理者能把他们的精力集中在最需要引起的情况或者能提供的最佳机会时改善服务或降低服务成本。

6、安全性

数据处理的安全性是指在数据处理的过程中，数据或信息不会被丢失、篡改、破坏、窃取。数据处理的不安全将给信息掌握者带来难以估算的损失。比如企业内部重要销售信息的失密，将导致企业失去部分市场，甚至全部的竞争优势。因为尽管信息具有非零和共享的特点，但企业掌握市场需求的信息不对称，关键信息的泄露将削弱企业的核心竞争力，使之处于极为不利的地位。此外，安全性还应包括备份和易恢复，即可靠性。

7、经济性

数据处理需要付出一定的代价，在数据的搜集、存储、加工、传输到输出的每一个环节，都需要一定的人、财、物（如相关人员、计算机设备、网络、资金等）的全面支撑。现在随着科技的迅猛发展，需要处理的数据将越来越多，涉及面也更为广泛。因此，数据处理应该是在满足前面几项要求的前提下，尽量减少各种投资和费用，以提高数据处理的效率和经济效益。

第二节 物流管理信息系统基本结构

一、物流管理信息系统基本组成

物流管理信息系统的基本组成要素有硬件、软件、数据库和数据仓库、人员等。

1. 硬件

硬件包括计算机、网络通信设备等，例如计算机、服务器、通信设备，它是物流管理信息系统的物理设备、硬件资源，是实现物流管理信息系统的基础，它构成系统运行的硬件平台。

2. 软件

软件主要包括系统软件和应用软件两大类，其中系统软件主要用于系统的管理、维护、控制及程序的装入和编译等工作；而应用软件则是指挥计算机进行信息处理的程序或文件，它又包括功能完备的数据库系统，实时的信息收集和处理系统，实时的信息检索系统，报告生成系统，经营预测、规划系统，经营监测、审计系统及资源调配系统等。

3. 数据库与数据仓库

数据库技术将多个用户、多种应用所涉及的数据，按一定数据模型进行组织、存储、使用、控制和维护管理，数据的独立性高、冗余度小、共享性好，能进行数据完整性、安全性、一致性的控制。数据库系统面向一般的管理层的事务性处理。

数据仓库是面向主题的、集成的、稳定的、不同时间的数据集合，用以支持经营管理中的决策制定过程。基于主题而组织的数据便于面向主题分析决策，它所具有的集成性、稳定性及时间特征使其成为分析型数据，为决策层提供决策支持。数据仓库系统也是一个管理系统，它由三部分组成：数据仓库、数据仓库管理系统、数据仓库工具。

4. 人员

人员包括系统分析人员、系统设计人员、系统实施和操作人员，以及系统维护人员、系统管理人员、数据准备人员与各层次管理机构的决策者等。

二、物流管理信息系统的结构

物流管理信息系统的结构可以按照职能和层次两个方面进行划分。

（一）物流管理信息系统的功能结构

1、信息处理功能

物流管理信息系统能对各种形式的信息进行收集、加工整理、存储和传输，以便向管理者及时、准确、全面地提供各种信息服务。

（1）数据的收集。采集方式包括手工方式和各种信息采集技术。采集起来的数据经初步处理，按信息系统数据组织结构和形式输入到系统中。

（2）信息的存储。数据进入系统之后，经过整理和加工，成为支持物流系统运行的物流信息，通过各种存储介质进行存储，并可随时输出到其他各个子系统。

（3）信息的传输。信息系统最基本的功能之一就是信息传输，应具备相应的传输设备和传输技术，保证信息传输的安全、及时、完整，特别是物流过程有很多动态信息，应保证对动态信息的实时传输，以利于对物流过程的有效控制。

（4）信息的处理。物流管理信息系统的最基本目标就是将输入数据加工处理成物流信息。信息处理可以是简单的计算、汇总、查询和排序，也可以是复杂的模型求解和预测。

2、事务处理功能

物流管理信息系统能够从事部分日常性事务管理工作，如账务处理、统计报表处理等。同时，它能将部分员工和领导从烦琐、单调的事务中解脱出来，既节省了人力资源，又提高了管理效率。

3、预测功能

物流管理信息系统不仅能实测物流状况，而且能利用历史数据运用适当的数学方法和科学的预测模型来预测物流的发展。物流规模、物流服务水平与区域经济（包括经济规模、经济结构、市场运作状况）是密切相关的，通过这些相关因素可以对物流发展做出宏观的和微观的预测，可以是对整个物流规模的预测，也可以是对一个库存量、运输量的预测。

4、计划功能

物流管理信息系统针对不同的管理层提出的不同要求，能为各部门提供不同的信息并对其工作进行合理的计划与安排，如库存补充计划、运输计划、配送计划等，从而有利于保证管理工作的效果。

5、控制功能

物流管理信息系统能对物流系统的各个环节的运行情况进行监测、检查，比较物流过程实际执行情况与其计划的差异，从而及时地发现问题，然后再根据偏差分析其原因，采用适当的方法加以纠正，保证系统预期目标的实现。控制的过程也是协调的过程。

6、辅助决策和决策优化功能

物流管理信息系统不但能为管理者提供相关的决策信息，达到辅助决策的目的，而且可以利用各种半结构化或非结构化的决策模型及相关技术进行决策优化，为各级管理层提供各种最优解、次优解或满意解、可行解，以便提高管理决策的科学性，合理利用企业的各项资源，提高企业的经济效益。与管理决策密切相关的数学方法和技术有：运筹学、系统模拟、专家系统技术等。

（二）物流管理信息系统的层次结构

物流管理信息系统的层次结构是一种塔形结构，如图 3-3 所示，它分为作业层、管理层和决策层。

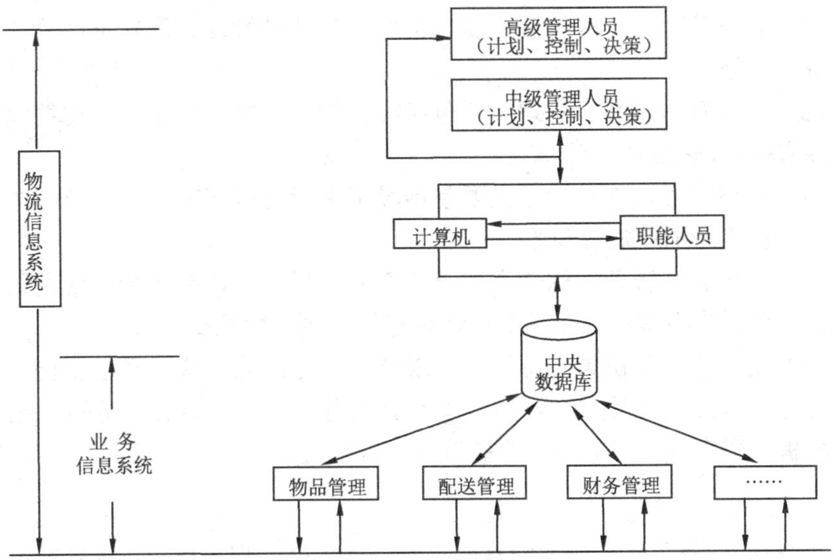

图 3-3　物流管理信息系统的层次结构

1、作业层

作业层的任务是有效地使企业现有的人力、物力资源，在预算的范围内执行各项活动。它的处理包括：事务处理、报表处理和查询处理。各项处理所需的数据主要来自企业内部，处理的数据量很大，它的处理是企业管理信息系统的基础。

作业层的事务处理和交易系统及时地处理每天的物品订货管理、计划管理、运输管理、采购管理、库存管理、设备管理和财务管理等，包括车辆运输路径选择、仓库作业计划、库存管理等，反馈和控制企业基层的日常生产和经营工作的信息。

其主要功能包括如下九个。

（1）原始数据采集与处理。原始数据的采集与初加工主要包括：商品购、销、调、存数据的登录与修改，会计记账，文件文字、声音、图像的录入与修改，各种事务的原始记录等。

（2）业务管理。业务管理主要包括运输管理、存储管理、配送管理、流通加工管理等，每一大类下还有很多细分的业务，包括合同、票据、报表等业务的日常处理。

（3）财会管理。财会管理主要包括成本核算、资金核算、利润核算等会计核算，固定资产管理、综合财务计划管理等。

（4）人事管理。人事管理主要包括员工档案管理、工资奖金管理、劳动纪律考核管理、劳动用工调配管理、综合统计（报表）管理等。

（5）物业管理。物业管理主要包括低值易耗品管理、固定资产管理、能源耗费管理等。

（6）办公管理。办公管理主要包括会议管理、文字处理、公文档案管理及企业宣传管理等。

（7）考核管理。考核管理主要包括经济指标考核管理、员工劳动绩效考核管理、员工违纪违规管理等。

（8）综合查询管理。综合查询管理主要包括综合计划指标完成查询、库存查询、商品价格查询、物品配送计划查询、员工状况查询等。

（9）统计分析与决策支持管理。统计分析与决策支持管理主要包括购进统计与分析、库存统计与分析、运输统计与分析、劳效统计与分析、销售统计与分析、顾客统计与分析、财务统计与分析等。

2. 管理层

管理层的任务是保证企业经营所需要的人、财、物的调用，综合衡量企业的生产经营情况，检查企业的主要经济技术指标完成情况，将它们与计划值比较，从中观察其发展趋势，找出偏差的原因，提出解决方案。

其处理包括：根据有关部门的计划或使用预算模型来编制企业的计划和预算，定期提供企业经营情况的综合报告，使用数学方法分析计划执行的偏差，为管理人员提供满意的行动方案。处理所需要的来自作业层产生的信息或数据，如各种计划、标准、预算和成本指标等。它一般包括合同管理、客户关系管理、质量管理、计划管理、市场商情信息等的管理；根据运行信息，监测物流系统的运行状况；建立物流系统的特征值体系，制定评价标准；建立控制与评价模型。

3．决策层

决策层的任务是确定企业的目标，制定达到该目标应采用的战略计划。物流企业战略管理是物流企业管理的重要组成部分，战略决策不似事务性管理的经常性和中短期决策的战术性，它是事关企业发展方向的长期性决策，是在充分论证的基础上做出的。物流信息系统可以帮助物流企业高层领导更加深刻地了解物流战略的制定、实施和评价以及之间的内在联系，对物流企业决定自身的发展方向，建立明确的发展目标具有重要的指导作用。

其处理包括：建立数学模型，用模拟法去探索企业的目标和达到该目标的途径。比如探索企业的经营发展方向，物流服务的规模经济，物流服务方向、模式等。处理所需要的数据除来自内部管理层产生的信息之外，还需要来源广泛的外部环境数据，如企业当前和未来活动领域内的经济形势、政治环境、科技发展、市场预测，竞争对手的实力和市场占有率，备选战略方案及其所用资源等。

由于决策环境的不确定性和管理模型的不精确性，因此要解决的决策问题多数是半结构化的。对这种问题的处理是系统给决策者提供一个分析问题、构造模型、模拟决策过程及其效果的环境，通过人—机对话的方式去探寻决策目标和实现途径的解答。决策层的目的是提高整个企业的经济效益，同时在广度和深度方面扩展决策者的视野。

一般一个企业的管理活动，至少包括三个层次：战略管理层、战术管理层和作业管理层。

（1）战略管理层也称为最高管理层，它主要负责有关企业全局和重大性问题的决策，具有战略性。如企业经营目标和经营方向的选择、企业服务模式的调整、市场营销策略的制定等。

（2）战术管理层主要负责企业的中层管理。它所做出的决策多属于企业的中、短期计划方案，也可以说是一些局部问题解决方案。如生产经营计划、存储计划、运输计划、配送计划、财务计划的制定等。

（3）作业管理层又称事务处理层，它主要负责企业的基层管理和一些经常性的事务操作。如运输作业计划、货物配载计划、物品加工作业计划等的制订及班组作业管理等。

管理活动的三个层次对应着三种类型的管理决策：结构化决策、半结构化决策和非结构化决策。

（1）结构化决策通常针对确定型的管理问题，依据一定的决策规则和决策模型可以实现决策过程的自动化。一般来说，它主要负责处理作业管理层出现的问题。

（2）半结构化决策通常指企业职能部门的计划、控制、管理等决策活动，多属局部的、短期的决策。通过相关的科学方法如运筹学、经济计量学、模糊数学等将半结构化问题转化为结构化问题来决策。

（3）非结构化决策带有战略性、全面性和复杂性，它所需要的信息大多来自于企业外部环境，很难用确定的决策模型来求解，它主要强调决策者的主观意志和经验判断。

三、物流管理信息系统的主要功能

物流管理信息系统包括物品管理子系统、配送管理子系统、储存管理子系统、运输与调度子系统、客户服务子系统等（如图 3-4 所示）。

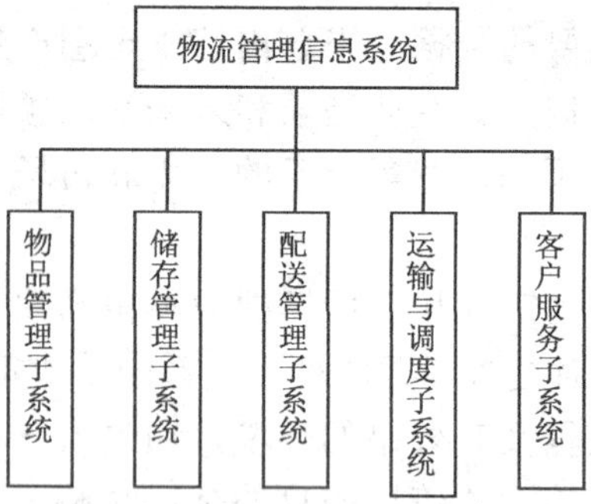

图 3-4 物流管理信息系统主要功能

（一）物品管理子系统

物品管理子系统是物流信息系统的重要组成部分，它可以使企业物品仓库的管理全面信息化。它覆盖的范围相当广泛，从物品的采购计划、审批、物品的国内外采购合同、合同执行情况的跟踪反馈，到物品到货入库、物品发货、结算与统计，全部都要通过这个物品管理系统进行调度管理。

物品管理子系统有以下四种主要功能：采购计划管理、采购合同管理、物品出入库管理、物品进销存查询（如图 3-5 所示）。

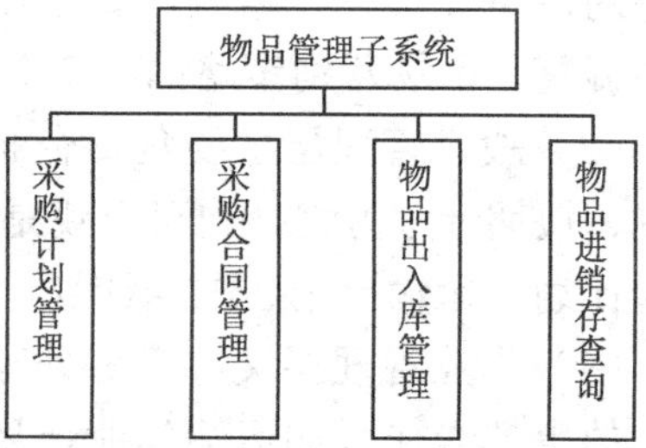

图 3-5 物品管理子系统的主要功能

1、采购计划管理

采购计划管理的主要任务是用来产生物品采购计划，供采购物品使用。其主要功能有计划编制和计划读取、计划审核、查询修改及报表打印，根据需要对物品的采购进行合理安排。

2、采购合同管理

采购合同管理的主要功能是用来产生备用物品及其他设备的采购合同，该模块有下列几个主要功能：合同生成、合同录入、查询修改、合同审核、合同处理及报表打印，可以完成全部合同的产生、输入、修改、查询、审核及打印等任务。对于合同的处理执行情况，应付款、已付款和未完成合同的各项统计可以做到一目了然，成竹在胸。

3、物品出入库管理

物品出入库管理含有单据录入、查询、修改、调整、统计报表输出、打印、自检以及月结算等功能。在物品入库后可以根据不同的物品属性，以及出入库条件进行查询和修改，同时可以对不同的库存情况进行及时调整，并且可以根据需要产生一些管理报表以及结算报表供打印输出或浏览。到一定时间后可以对指定日期前的数据进行结算，准确反映物品的价值和数量等。

4、物品进销存查询

物品进销存查询提供物品管理子系统所覆盖业务的信息查询，以及计划与完成情况的对比分析。

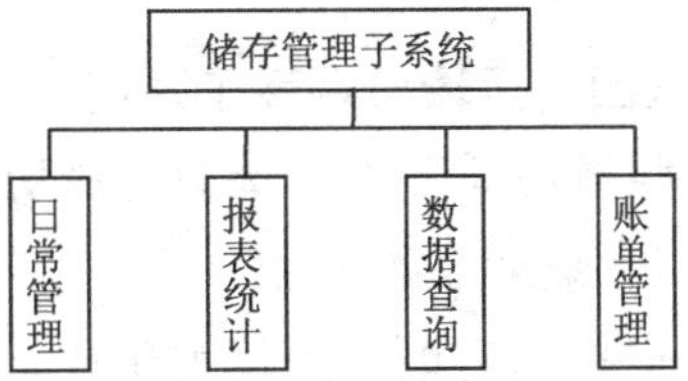

图 3-6　储存管理子系统的主要功能

（二）储存管理子系统

一般的储存管理子系统从功能结构上可分为四大功能（如图 3-6 所示）。

1、日常管理

日常管理包括物品凭单录入管理、冲账管理、查询管理、物品估价调整管理、材料修理凭单管理，其中储存物品凭单一般由物品入库凭单、物品出库凭单、销售出库凭单、报废出库凭单、委托加工出库凭单、物品库存调整凭单等组成。

2、账单管理

对仓库的使用资金账单进行管理，有利于领导和仓库管理人员了解并掌握仓库资金的调度。

3、报表统计

管理人员可统计各种物品的出入库及使用情况，并进一步了解仓库库存、仓库总账、损耗误差、物品活动及材料进货，以及统计各种材料的计划采购数量和实际库存数量及总的库存数量等，并可完成相应的图形绘制和报表打印。

4、数据查询

数据查询是对物品的消耗、库存数量和物品修理费支出的查询。可分别进行单一物品的消耗查询、各部门消耗物品的查询、各类物品消耗金额的查询、各类物品储备金额的查询、物品的明细库存查询、各部门支付物品修理费的查询，据此企业决策人员可以实时监控仓库的储备金额和各部门使用材料的情况，并及时、准确地对整个企业物品调度做出科学的决策。

（三）配送管理子系统

配送管理子系统的主要功能有六个（如图3-7所示）。

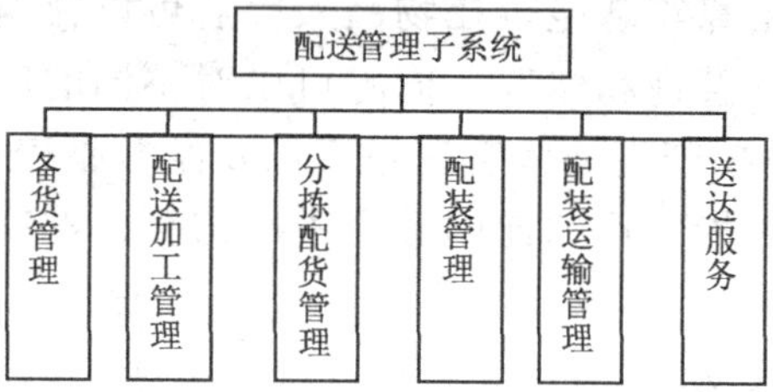

图3-7 配送管理子系统的主要功能

（四）运输与调度子系统

运输与调度子系统的主要功能有五个，如图3-8所示。

1、运输任务产生

根据起运地和到达地生成运输任务，对每一个承运公司生成运输任务交接单，同时打印装箱单、运单和运输标记，系统支持条码输出。

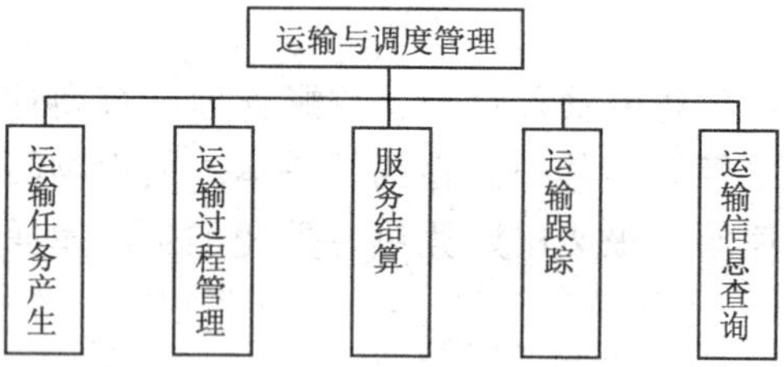

图3-8 运输与调度子系统的主要功能

2、运输过程管理

对于未完成的运输任务进行状态更新，生成各种统计报表，同时记录每一运单运费。

3、服务结算

对每一个承运公司进行运费结算，生成结算报表。承运公司通过Internet查询本公司的运输费用结算信息。

4、运输跟踪

运输跟踪可使物流运输企业及时获取有关货物运输状态的信息（如货物品种、数量、货物在途情况、交货期间、发货地和到达地、货主、送货责任车辆和人员等），提高物流运输服务水平。

5、运输信息查询

对所有的运输任务进行查询，包括该运输任务的货物细目、到达状态、签收及运费等情况。

（五）客户服务子系统

客户服务是物流公司和客户之间的接口和桥梁，也是物流公司进行采购、发货和运输的依据，它是现代物流的基本元素，也是物流企业提高服务水平和企业竞争能力的有效手段。

1、网上下单

客户可以通过网络下单，将自己的物品需求品种、数量和时间发送给物流公司，同时物流公司也可以通过网络向供应商发出订货请求。

2、货物跟踪

客户可以通过物流公司的网络实时跟踪自己的货物状态。

3、合同更改

客户可以通过网络及时更改合同的内容，物流公司根据客户更改后的合同及时调整采购和运输计划，承运公司通过 Internet 对承运的运输任务进行状态更新。

4、网上支付

物流公司可以通过网络与客户和供应商进行网上支付，客户也可以在网上查询其费用。当然，网上支付还需要银行的配合和相应的法律、法规的支持。

第三节　物流管理信息系统开发方法

一、物流管理信息系统开发概述

在开发信息系统的过程中，一个常见的问题是物流企业管理者缺乏有关开发过程如何运作的知识，到开发结束时，不但未达到预想的效果，反而花费了巨额的资金，造成了重大的损失。每一个开发商都会介绍自己公司的技术实力，但这并不意味着它们能保质、保量地满足物流管理的要求。历史的经验说明，开发信息系统不只是需要先进的技术，更需要开发商懂得物流企业的业务和管理。如果深刻理解了物流企业的业务，即使用过时一些的技术也能开发出适合物流管理需要的物流管理信息系统；反之则完全不能发挥技术的作用。这就要求物流企业管理者一方面要对信息系统的开发方法和开发过程有所了解，另一方面也要采用恰当的运作方法和开发商合作，保护自身的权益。

以往对信息系统开发的讨论基本集中在方法论上。过于理论化的方法论与实践很难结合，因此对现实的信息系统开发并不具有指导性的意义。

物流信息系统开发过程中应当考虑的重要事项有四个方面：物流信息系统开发的组织和运作形式、物流业务活动、开发方法和开发工具、系统集成。

二、物流管理信息系统常用的开发方法

目前常用的系统开发方法有：生命周期法、原型方法、面向对象的开发方法、CASE 方法等。为了能对这四种常用方法有更加具体的了解，下面逐一详细介绍。

（一）生命周期法

生命周期法又称结构化系统开发法、瀑布法等，是一种传统的信息系统开发方法，在 20 世纪 90 年代以前，系统开发主要是使用这种方法。软件工程学的许多理论也是在使用这种方法的过程中诞生的。

生命周期法的主要思想是将开发过程视为一个生命周期（Lifecycle），也就是几个相互连接的阶段，每个阶段有每个阶段明确的任务，要产生相应的文档。上一个阶段的文档就是下一个阶段工作的依据。当系统开发出来了以后，并不意味着整个系统生命周期的结束，而是意味着根据物流企业的需要对系统的修改和重建的开始。

生命周期法的整个开发过程可分为以下五个基本阶段：系统规划阶段、系统分析阶段、系统设计阶段、系统实施阶段、系统维护阶段。各个阶段的主要工作内容如下：

（1）系统规划阶段。明确当前物流企业所面临的问题和未来信息系统的关系，决定为解决这些问题进行信息系统开发所采用的基本策略、基本方法和组织结构。

（2）系统分析阶段。根据系统规划的思想，对组织当前所面临的问题进行详细分析，对物流企业现行信息处理方法做出详尽的描述，提出新系统的若干代替方案，并对其进行成本效益分析。

（3）系统设计阶段。根据系统分析的结果，提出信息系统逻辑模型和物理模型，进行子系统的划分，描述系统的功能和实现方法。

（4）系统实施阶段。按照系统设计的思想实现系统，进行软件编程和调试、检错，硬件设备的购入和安装，对物流企业有关操作人员的训练，从旧系统向新系统转换。

（5）系统维护阶段。使用和评价系统，对系统的开发、改进等。

以上各阶段中，（2）、（3）、（4）三个阶段是主要阶段。系统开发队伍中的系统分析师、系统设计师、程序员三部分人员分别担任三个阶段的主要工作。在这三个主要阶段中，还各有一个主要的任务，就是要产生各阶段的文档，它们既是该阶段工作的总结，同时又是下一阶段的工作基础。管理信息系统的开发周期如图 3-9 所示。

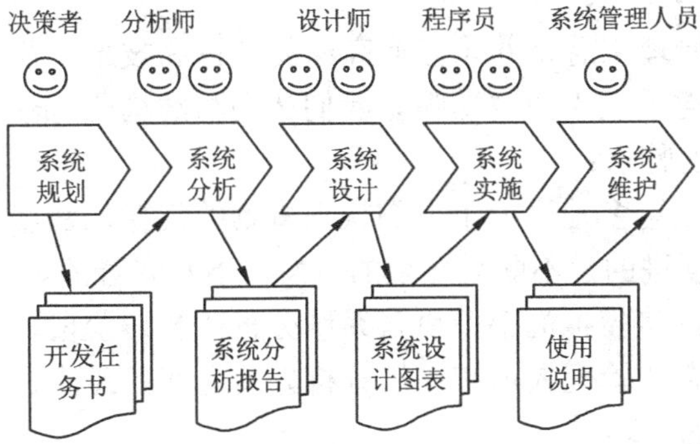

图 3-9　管理信息系统的开发周期

生命周期法是一种“面向功能的”系统开发方法，在系统分析阶段主要是将系统的功能加以分解，使之成为软件开发人员所能理解的形式。在系统设计阶段也是根据系统的功能要求来进行。生命周期法的特点是强调结构化、规范化、文档化；强调在不同的开发阶段中由不同的人员从事专门的工作，产生各阶段的文档。这样，一旦在某阶段发现了问题，就转到其上一阶段进行修正，避免较大的损失。另外，系统的软件结构设计是以功能模块的设计为中心的。

生命周期法是一种传统的方法，但现在仍有很大影响，它的一些基本思想如封装、模块化等仍被一些新提出的开发方法所继承使用。但是生命周期法的问题是开发效率低，在 4GL 开发工具迅速发展起来之后，开发信息系统已经不需要经过烦琐的模块设计，而是代之以原型方法或数据中心的开发方法。

（二）原型方法

原型方法是 20 世纪 80 年代随着计算机软件技术的发展，特别是在关系数据库系统（RDBS，Relational Data Base System）、第四代程序生成语言（4GL，

4th Generation Language）和各种系统开发生成环境产生的基础上，提出的一种设计思想、工具、手段都是全新的系统开发方法。

1、原型方法的基本思想

它的基本思想是试图改进生命周期法的缺点，在短时间内先定义用户的基本需求，通过强有力的软件环境支持，开发出一个功能并不十分完善的、实验性的、简易的信息系统原型。运用这个原型，与用户一起反复进行补充、修改、完善、发展，直至得到用户满意的系统。所以，原型方法依据的基本模型是循环或迭代模型。

2、原型方法的特点

原型方法从原理来看，并无任何高深的理论和技术，但为什么会备受推崇，在实践中获得了巨大的成功呢？我们认为与结构化方法相比，原型方法具有如下几方面的特点：

（1）原型方法更多地遵循了人们认识事物的规律，那就是人们认识事物的过程都是循序渐进的，不断受环境的启发，不断完善的。

（2）原型方法将模拟的手段引入系统分析的初期阶段，沟通了人们的思想，缩短了物流企业管理人员和系统分析人员之间的距离，解决了结构化方法中最难于解决的一环。

（3）原型方法的模拟原型能启发人们对问题进行较确切的描述和较准确的认识。

（4）充分利用了最新的软件工具，摆脱了老一套的工作方法，使系统开发的时间、费用大大地减少，效率、技术等方面都大大地提高。

（5）原型方法将系统调查、系统分析、应用设计等阶段融为一体，物流企业管理人员能看到系统实现后是什么样子，可提高物流企业管理人员对参加系统研制工作的积极性。

3、原型方法的开发过程

（1）确定用户的基本需求。这是系统开发一开始要做的工作，也是建立初始原型的必要条件。这一步骤主要是确定用户准备从系统得到些什么，对系统有哪些要求。如果要求较多，还要确定各种要求的优先顺序。在分析这些基本需求的基础上，构造一个简单的、并不完整和完善的计算机化的模型。这一阶段不需要大量收集和充分积累数据及信息。

（2）建立系统初始原型。根据构造的模型，采用快速技术，开发出一个尽量满足物流信息管理基本要求和习惯的初始系统模型。

（3）运行和评价原型。将开发出来的系统原型交给物流企业使用。物流企业信息管理操作人员在使用过程中检验、评价这个原型，如不满意或者不满足，再提出意见和要求，请求修改完善。

（4）修改旧原型、建立新原型。根据使用者提出的意见和要求，对旧原型进行修改、完善或扩充，构造新的系统原型，再重复第三步，即将修改、完善后的新原型交给物流企业运行和评价。

第三步和第四步是一个反复迭代的过程，直至满足物流企业信息管理需要为止。

（5）建立最终系统。满足物流信息管理需要的系统可能是一个新系统，也可能是完善系统的开发基础。这一步是改进数据管理的例行程序，增强有关辅助的功能，以及完成系统说明的各种资料和使用说明等。原型方法的工作过程如图 3-10 所示。

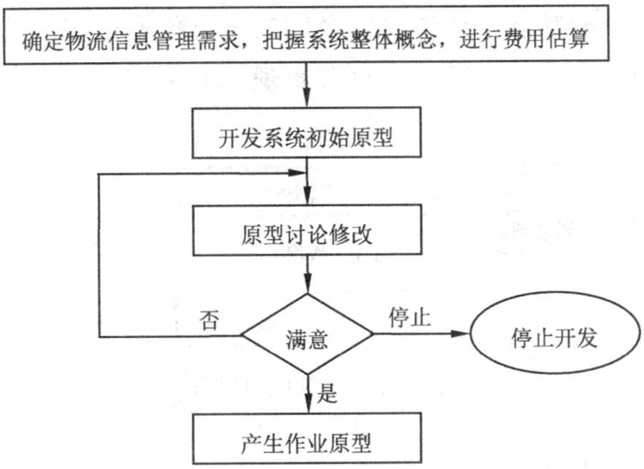

图 3-10　原型方法进行开发的基本步骤

4．原型方法的优缺点

原型方法的最大优点在于它可以加强开发者与用户之间的沟通，避免因认识隔阂而导致系统开发的失败。开发者在正式开发之前就可得用户的真正的需求，而用户能在较短的时间内看到系统的模样。用户还能够容易地和开发者合作，从而使得人力资源得到了有效的利用，在这种开发中，一般不需要太多人员，少数人就可以完成。其缺点是系统开发的管理较困难，系统的许多方面没有明确目标，而处于不断修改的状态下，开发人员控制较难，容易造成混乱。同时，原型方法是一种模拟方法，它对许多内部处理程序和拥有大量逻辑计算的功能模块等均无法模拟。

（三）面向对象的开发方法

面向对象系统的开发方法（Object Oriented，简称 OO 方法）是从 20 世纪 80 年代各种面向对象的程序设计方法（如 Smalltalk，C++等）逐步发展而来的。

1、OO 方法的基本思想

OO 方法认为，客观世界是由各种各样的对象组成的，每种对象都有各自的内部状态和运动规律，不同的对象之间相互作用和联系就构成了各种不同的系统。当我们设计和实现一个客观系统时，如能在满足需求的条件下，把系统设计成由一些不可变的（相对固定）部分组成的最小集合，这个设计就是最好的。而这些不可变的部分就是所谓的对象。这种方法的主要思路是所有开发工作都围绕对象展开，在分析中抽象地确定出对象以及其他相关属性，在设计中将对象严格地规范，在实现时严格按照对象的需要来研制软件工具，并由这个工具按设计的内容，直接地产生出应用软件系统。面向对象方法是一种基于问题对象的自底向上的开发方法论。

面向对象方法中，系统模型的基本单元是对象，是客观事物的抽象，是相对稳定的。系统的功能是通过对象之间的消息传递来实现的，如图 3-11 所示。因此，面向对象方法开发的系统有较强的应变能力，重用性好。

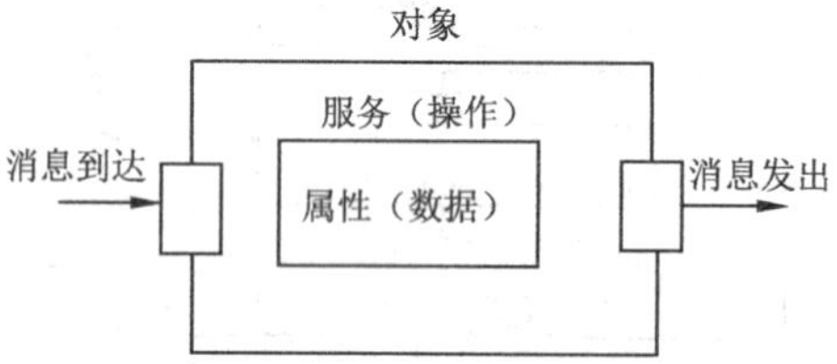

图 3-11　对象的分解图

2、OO 方法的特点

（1）以独立对象为基础，整个系统是各个独立对象的有机结合。

（2）对象是一个被严格模块化了的实体，称之为封装（Encapsulation）。这种封装了的对象满足软件工程的一切要求，而且可以直接被面向对象的程序设计语言所接受。

（3）解决了从电子数据处理系统到软件模块之间的多次映射的复杂过程。

（4）对象可按其属性进行归类（Class）。类有一定的结构，类上可以有超类（Superclass），类下可以有子类（Subclass）。这种对象或类之间的层次结构是靠继承关系维系着的。

（5）各种对象之间有统一、方便、动态的消息传递机制。而传递的方式是通过消息模式（Message Pattern）和方法所定义的操作过程来完成的。

3、OO 方法的优缺点

OO 方法以对象为基础，利用特定的软件工具直接完成从对象客体的描述到软件结构之间的转换。这是 OO 方法最主要的特点和成就。OO 方法的应用解决了传统结构化开发方法中客观世界描述工具与软件结构的不一致性问题，缩短了开发周期，解决了从分析和设计到软件结构之间多次转换的繁杂过程，是一种很有发展前途的信息系统开发方法。

（四）CASE 方法

1. CASE 方法的基本思路

CASE 方法解决问题的基本思路是：在前面所介绍的任何一种系统开发方法中，如果自对象系统调查后，系统开发过程中的每一步都可以在一定程度上形成对应关系，那么就完全可以借助于专门研制的软件工具来实现上述一个个的系统开发过程。这些系统开发过程中的对应关系包括：生命周期法中的业务流程分析、数据流程分析、功能模块设计、程序实现，业务功能一览表，数据分析、指标体系－数据 / 过程分析－数据分布和数据设计，数据库系统等等；OO 方法中的问题抽象－属性、结构和方法定义，对象分类，确定范式－程序实现等等。

另外，由于在实际开发过程中上述几个过程很可能只在一定程度上对应，故这种专门研制的软件工具暂时还不能一次“映射”出最终结果，还必须实现其中间过程。对于不完全一致的地方由系统开发人员再作具体修改。上述 CASE 的基本思路决定了 CASE 环境的特点：

（1）在实际开发一个系统中，CASE 环境的应用必须依赖于一种具体的开发方法，例如生命周期法、原型方法、OO 方法等等。而一套大型完备的 CASE 产品，能为用户提供支持上述各种方法的开发环境。

（2）CASE 只是一种辅助的开发方法。这种辅助主要体现在它能帮助开发者方便、快捷地产生出系统开发过程中各类图表、程序和说明性文档。

（3）由于 CASE 环境的出现从根本上改变了我们开发系统的物质基础，从而使得利用 CASE 开发一个系统时，在考虑问题的角度、开发过程的做法以及实现系统的措施等方面都与传统方法有所不同，故称之为 CASE 方法。

2. CASE 的特点

CASE 方法与其他方法相比，一般来说，有如下几方面的特点：

（1）解决了从客观世界对象到软件系统的直接映射问题，强有力地支持软件、信息系统开发的全过程。

（2）既支持自顶向下的结构化开发方法，又支持自下向上的面向对象和原型化开发方法。

（3）简化了软件的管理和维护，加速了系统的开发过程，使开发者从繁杂的分析设计图表和程序编写工作中解放出来。

（4）自动生成文档和程序代码，使系统产生了统一的标准化文档。

（5）着重于系统分析与设计，具有设计可重用性等。

3、CASE 方法的优点

尽管 CASE 工具在系统开发的一些方面提供了方便，它能够加快分析和设计的速度，利于重新设计，但它并不能做到系统设计的自动化，并且无法使业务上的需求自然而然地得到满足。系统分析和设计工作仍然要依靠分析与设计者的分析技能。

第四节　物流管理信息系统开发过程

物流管理信息系统所采用的开发方法不同，其开发过程也有所差异，但所涉及的内容基本相同。现以生命周期法为例，阐述物流管理信息系统开发的基本过程。生存周期包括五个步骤：系统规划、系统分析、系统设计、系统实施、系统测试和运行维护。

一、系统规划

确定要开发信息系统的总目标，给出它的功能、性能、可靠性以及接口等方面的设想。研究完成该项信息系统任务的可行性，探讨解决问题的方案；并且对可供使用的资源（如计算机硬、软件、人力等），成本，可取得的效益和开发的进度做出估计，制订完成开发任务的实施计划。

二、系统分析

系统分析是 MIS 开发的“上游工程”。由于这一步所得到的结果往往会影响到以后较长一个时期系统的开发和维护，它的问题也会在今后的开发和使用中逐渐暴露出来。有些人并不重视用户需求分析，匆忙开始编程，结果开发出的信息系统难以适合物流管理的需求，不得不付出惨痛的代价。

目前比较流行的系统分析方法有许多，如结构化系统分析、原型法等。无论使用何种方法，系统分析的目的都是为了在开始软、硬件购置和编程之前，用信息工作者的观点和方法，对物流企业的信息处理状况做出清楚的描述，明确管理上的需求信息，弄清企业当前信息处理的问题所在，为设计信息系统写出明确的书面材料，通过系统分析，给以后的工作打下一个坚实的基础。

传统的结构化系统分析方法的最大问题是过于烦琐，有些理论化的步骤难以实现。现在由于开发工具的进步和系统的小型化，一些简捷、实用的系统分析方法应运而生。这里提出一种实用的系统分析方法，它由五个基本阶段组成：① 用户需求分析；② 组织职能分析；③ 业务流程分析；④ 系统化；⑤ 编写系统分析报告。

（一）用户需求分析

在系统分析过程中，系统分析师首先要充分理解用户的业务，明确用户所处的环境，用户面临的问题以及用户对信息的需求等。信息系统开发应当是开发者和用户合作的结果。用户的主要任务是明确提出对系统功能方面的要求，解决“做什么”的问题；而开发人员则要理解用户的想法，通过运用自己的专业知识和技术，解决“如何做”的问题。这种合作关系的第一步，就是系统分析师对用户方的状况进行一般性调查。

在用户需求分析阶段，系统分析师主要通过和用户单位成员的各种形式的交流来获得有关信息。例如与用户单位有关人员进行座谈；收集、分析现行的管理资料、账册、报表；设计有针对性的问卷，向组织中有关负责人进行调查；用关键成功因素法得到关键信息；向系统目前的信息处理者进行咨询等。

通过对以上调查结果的整理，开发者应得到对用户有关情况的准确的文字描述。通过对现有材料的整理得到以下信息：

（1）用户单位的一般情况。如用户单位发展的历史，目前的资金状况、人员和组织结构、服务对象等。

（2）用户单位所在环境情况。这包括对国家有关的政策法令，有关管理部门关于生产的要求，关于物流服务质量等；对行业、关系客户、合作厂家的情况的了解；对影响计划的新技术发展的预测等。

（3）用户单位内部的约束条件。这包括人力资源（如人员总数、知识结构、管理人员从事贸易的比例、人才流动的程度等）；财力资源（如资金、销售额、销售额与上年度的比较、长期贷款额、短期贷款额、自有资本比例、利润等）；物力资源（如工厂的土地、厂房、设备以及所需的其他物力资源等）。

（二）组织职能分析

明确一个组织的职能和结构，对于开发 MIS 来说一般是先决条件。在许多企业、公司等组织中都有一些类似的机构名称。例如，公司中一般都有财务、计划、管理等职能部门。但往往同样名称的机构却有着不同的组织形式，也可能做着不同性质的工作。同时，在组织中各个部门之间不但存在着物流，还存在着非常复杂的信息流。设计者首先要先明确组织的这些职能部门是如何构成的，它们相互之间存在哪些物流的关系，又存在哪些信息流关系。将它们相互之间的关系用明确的图表形式表示出来，就可以给后续的系统设计工作打下良好的基础。

（三）业务流程分析

系统分析的第三步是进行业务流程分析。业务流程分析是对组织的现行业务进行分析，对当前的信息处理形式、方法、流程、流量等进行描述，为进行系统设计打下基础。业务流程分析使用的方法主要是对组织中的有关人员进行调查，了解他们使用什么信息、如何使用信息、从哪里得到信息、将信息传送给什么人。另外，对他们目前的工作方式和未来的工作目标也应有所了解。

（四）系统化

系统化是在详细调查的基础上，找出不合理的业务流程和数据流程，进而提出新系统的逻辑模型，包括原系统的不足、新系统的目标、子系统的划分、数据属性分析和数据字典的建立以及新系统中所要采用的管理方法。

（五）编写系统分析报告

将以上分析结果整理，形成系统的书面文件，即系统分析报告。至少应当有三种文档：用户需求说明书、信息系统要求说明书和开发工程基本计划。用户需求说明书是对用户需求调查的结果的整理，是整个系统开发工作的基本依据，由系统分析师编写，系统设计师等开发方人员阅读。信息系统要求说明书是对信息系统整体要求的说明，对计算机软件系统的性能、结构、数据处理单位等的明确说明，由系统分析师编写，用户方和开发方人员阅读。开发工程基本计划中说明开发信息系统的步骤、预算，对信息系统的费用效果以及开发步骤进行论证说明，由系统分析师编写，用户方和开发方人员阅读。

系统分析报告中还应当说明以下一些要点：

1. 系统的目标和战略

根据用户单位的目标和战略，MIS 的应用形态和性质应有所不同。典型的系统目标可分为几类：

（1）提高服务质量。对于服务业或事务单位，用户单位的目的主要是提高服务质量，例如改善因信息迟滞造成的服务周期长或因计算费事、费时造成的服务质量差等。

（2）降低成本。对于生产型用户单位，其目的主要是降低成本，例如改善产品结构，减少工时和在制品件数，实现产品库存量最小化，对于成本现状的即时掌握等。

（3）增加收益。对于流通业的企业，除了降低成本之外，如何增加收益是他们主要的目标，例如加快资金回收，提高市场调查能力，促进销售等。

（4）提高用户单位内部的信息处理能力。用户单位的目的还关系到信息在组织的传送、处理的效率，例如使基层的信息迅速上达，各职能部门之间的信息交换迅速、及时等。

2、新系统基本结构设想

在明确系统目标的基础上，要决定新系统的基本结构。新系统的基本结构主要包括：

（1）新系统的整体结构和网络。

（2）计算机硬件设备和外围设备。

（3）系统软件、数据库以及软件开发工具。

在这里要充分研究新系统的构成和它的优缺点，最好做几个方案，由用户单位和开发单位共同选择商定。

3、效益分析

在系统分析报告中还应该包括效益分析，即估计一下系统开发所需费用和所得的利益。首先，要估算系统开发所需费用，这不仅包括对系统硬件、通信设备、软件开发工具、操作系统等的购置费用以及开发费用等，还包括系统安装完成后，用以运行系统、维护系统的费用。

可以从定性分析开始估算系统的收益。用户单位在建立信息系统后，可期望获得以下一些利益：

（1）减少机会损失。如减少了订货处理错误，缩短了工期，减少了返工、退货等。

（2）自动化、省力化。例如分类核算的自动化等。

（3）资金效用。如提高了资金回转率。

（4）库存效用。如减少了库存量，从而避免了误码积压，减少了库存保管费用。

（5）提高了生产计划精确度，保证了订货及时等。

然后，将以上分析结果定量化，计算出详细的收益额或投资回报率等指标。

根据系统分析结果，最后提出新系统逻辑方案。若方案不可行，则停止项目；若方案不满意，则修改这个过程；若可行并满意，则进入下一阶段的工作。在此阶段，要对开发的信息系统进行详细的定义，这包括信息系统人员和用户共同讨论决定，哪些需求是可以满足的，并加以确切地描述。写出信息系统需求说明书或功能说明书及初步的系统用户手册，提交管理机构评审。

三、系统设计

系统设计过程可以归结为对系统的逻辑设计和物理设计两个方面的详细说明。逻辑设计（Logical Design）就是对信息系统的各逻辑成分以及它们相互关系的详细说明。逻辑设计说明系统将要如何工作来解决组织面临的实际问题。因此，它应当包括对于该信息系统的输入输出、处理功能、它所关联的业务流程等的说明，同时对数据模型和对系统的控制等问题也要予以说明。物理设计（Physical Design）是用现实的信息技术逻辑设计的结果予以对应的过程。在此阶段要产生对信息系统实际使用的硬件、软件、物理数据库、输入方式、输出介质、手工过程以及特定控制的说明。表 3-1 说明了系统设计的主要内容和要考虑到的一些重要问题。

表 3-1 系统设计的主要内容

系统输入设计	数据源的确定 估计数据量 选择数据输入设备和输入方式	手工过程设计	业务活动的说明 执行者、时间、场所、工作方式等
系统输出设计	决定输出设备和输出介质 确定输出内容、格式 确定输出时机	控制方式设计	处理控制，数据的一致性保证 接近控制 输入、输出控制
用户界面设计	设计用户界面的风格 编写联机帮助 错误信息	安全性设计	踪迹审计 权限设定 灾难恢复
数据库设计	逻辑数据模型 文件组织形式 物理数据模型	文档设计	操作手册 系统手册 用户指南
处理过程设计	程序模块的分解 关于计算过程、处理逻辑的说明		

设计是信息系统工程的技术核心。从系统设计的进程上，一般分为总体设计和详细设计两个阶段。在设计阶段中设计人员要把已确定了的各项需求转换成一个相应的体系结构，结构中每一组成部分是意义明确的模块，每个模块都和某些需求相对应，即所谓总体设计。进而对每个模块要完成的工作进行具体的描述，以便为程序编写打下基础，即所谓详细设计。对管理信息系统来说，还要设计全局的数据结构。其主要任务可概括为：总体结构设计；代码设计；数据库、文件设计；输入、输出设计；模块结构与功能设计。与此同时，根据总体设计的要求购置与安装设备，最终给出设计方案。如可行，则进入下一阶段工作。

在总体设计阶段要决定系统的整体结构，包括系统的网络结构、硬件配置，选用何种操作系统以及决定如何进行子系统的划分等。这一步从硬件上决定了系统的整体结构，从软件上决定了系统大体的工作方式和各个子系统的主要功能。

（一）系统详细设计

详细设计是对各个子系统更详细的设计，主要包括三方面的内容：数据存储设计、用户界面设计和处理设计。

（1）数据存储设计是对数据库物理结构、存储内容、存储数据的数量和流量等进行设计。这一步是其他软件系统成分的基础。对数据库的成分不能随意设定，对表的各个域的设定，应遵循关系数据库的规范理论，同时根据实际需要确定它们的长度、类型等。在使用 GUI 以后，这一步可以可视化地完成。

（2）用户界面设计包括代码设计、输入校验设计、输出格式设计等。稍后还将讨论使用 GUI 进行用户界面设计的方法。

（3）处理设计是系统设计阶段耗时最多的工作，其中包括了对各个模块内部处理过程的详细描述，通常用文字、图表等方法来描述对数据的核对、变换、分类、合并、检索、抽出、计算等详细步骤。

系统设计的结果是产生系统设计说明书或程序编写说明书。然后，就可以进入系统实施阶段。程序员开始根据系统设计说明书进行编程和调试。最后，新系统通过严格的调试、排错后，就可能开始投入使用，也就是进入了现行系统到新系统的转换过程。最后，系统完全投入运行，进入了运行维护阶段。

（二）系统总体设计

在总体设计阶段的主要工作是：决定系统的整体结构、决定系统硬件设备和系统软件，划分子系统，决定应用系统的模式及其控制结构图。

在硬件设计中要决定系统所使用的计算机、打印机、数据收集设备、存储设备、数据传送设备、数据显示设备等。通常应从新系统的数据量和数据流量出发，考虑所购置计算机的数据存储能力和处理能力是否能够满足需要。在决定购买硬件设备时，还要充分考虑设备的配套，如数据采集设备、打印输出设备等。过去信息系统总体设计考虑的主要问题在于能否满足企业自身信息处理的需要，所以常常以信息处理的数据量和计算机的处理能力为中心来考虑问题。随着计算机网络化的发展，局域网、企业网、行业网等计算机网络的形式，今后的硬件设计还充分考虑企业外部信息的问题。企业不但需要得到有关政府管理部门的信息，还要与行业中的合作伙伴等经常通信，或通过 EDI 进行贸易，同时企业还需要对外提供技术和信息服务，例如建立电子广告、企业网络主页等。

系统总体设计和硬件设计是牵涉技术性因素较多的工作，要求设计者有足够的信息技术方面的背景知识。硬件性能主要是由设备决定的，同时又受到软件系统的很大影响。所以，需要综合地考虑许多因素。

四、系统实施

把信息系统设计转换成计算机可以接受的程序，即写成以某一程序设计语言表示的“源程序清单。”这步工作也称为编码。当然，写出的程序应该是结构良好、清晰易读的，且与设计相一致的。其主要任务有：进行编程（由程序员执行）、人员培训（由系统分析设计人员培训业务人员和操作员）以及数据准备（由业务人员完成），然后投入试运行。如有问题，则修改程序；如果满意，则进入下一阶段。

五、系统测试和运行维护

测试是保证信息系统质量的重要手段，其主要方式是在设计测试用例的基础上检验信息系统的各个组成部分。首先进行单元测试以发现模块在功能和结构方面的问题，其次将已测试过的模块组装起来进行组装测试，最后按所规定的需求，逐项进行有效性测试，决定已开发的信息系统是否合格，能否交付给用户使用。

已交付的信息系统投入正式使用，便进入运行阶段。这阶段可能持续若干年甚至几十年。信息系统在运行中可能由于多方面的原因，需要对它进行修改。其原因可能有：运行中发现了信息系统中的错误需要修正；为了适应变化了的信息系统工作环境而作适当变更；为增强信息系统的功能需作变更。

系统测试、运行阶段的主要任务是：同时进行系统的日常运行管理、评价、监理审计三部分工作，然后分析运行结果。如果运行结果良好，则该系统投入使用，指导生产经营活动；如果运行有点问题，则要对系统进行修改、维护或者局部调整；如果出现了不可调和的大问题（这种情况一般是系统运行若干年之后，系统运行的环境已经发生了根本变化时才可能出现），则必须进一步提出开发新系统，这标志着老系统生命的结束、新系统的诞生，这全过程就是系统开发的生命周期。

由于开发信息系统沿着生存周期要经过这么多步骤，开发出的信息系统产品能否真正符合要求又只有到后期投入运行时才能得知，并且如果不能符合要求就将前功尽弃。为解决这一问题，近年来有人开始仿照硬件研制样机的办法开发信息系统，即研制信息系统样品，也称建立快速原型。其方法是，给出初步的需求以后，用很短的时间建立一个具有基本功能的简单信息系统模型作为参考。经试运行，并和用户研讨后决定如何改进此模型或是按此雏形正式投入开发工作。

第五节　综合物流管理信息系统举例

一、背景假定

现假定一工业生产企业在现有的 ERP 管理信息系统的基础上，要建立一套集原料采购、仓储、生产配送、生产为一体的综合物流管理信息系统。

该企业将自制件、外协件、外购件放入立体仓库。根据生产节拍以及缓冲站的需求，将货送往各个在线缓冲站，使生产系统在很高的生产节拍下保持及时生产。企业各项生产活动均在所建的综合管理信息系统控制下进行。

二、物流管理信息系统组成及功能

（一）根据管理要求，该物流管理信息系统应具备的功能

（1）监控管理，包括监控系统、货物调度系统及底层设备的控制系统。负责控制底层各种物流设备，采集各种信号（包括安装在滚道上的光电开关信息以及运输车辆的各种状态、出库台与入库台的状态等），同时负责把下发的运输命令变成控制信号下发各物流设备；对在线立体仓库缓冲站的数据库进行管理；为入库/出库申请分配货位，调度控制各种运输任务；接收主控终端的输入信息，对各种异常情况进行处理。

（2）生产管理。

（3）智能管理。能够智能管理地面自动导引车及空中的有轨小车，管理生产用配送到生产线各缓冲站。

（4）立体仓库管理。管理仓库仓位及堆垛机。

（5）空箱回收站管理。

（二）该物流管理信息系统的特点

（1）将中央库、立体仓库、成品库统一管理。生产管理系统（Manufacturing Resource Planning）与物流系统在库存控制方面的策略是一致的。生产管理系统更侧重宏观强调库存与销售、库存与生产、库存与采购供应的关系。物流系统更多地从设备层考虑及时发料、及时供应、及时生产。两者的集成可以更好地将微观物流与宏观物流结合起来，将市场的变化直接地反映到生产线上，做到更快地响应市场的变化。

（2）将物流控制与生产管理系统的车间层管理结合。对于装配车间的生产管理主要是物流系统的控制和管理，而生产管理系统的车间层管理亦具有车间生产管理的功能。两者功能集成起来，便可更好地完成“物流”车间的管理。

（3）商检与质量控制结合。大批量的生产，产品质量检验非常重要，企业为此建立了一条商品检验线，负责商品的质量考核，商检管理系统可以对产品各项性能指标进行检测，并将结果及时地通过生产管理系统的质量控制模块反馈到相关的生产线和外协厂，这样可以完成从零部件到成品的全面质量管理。

（4）物流系统中立体仓库的管理与生产管理系统的库存控制相结合。物流系统中的立体仓库系统的管理亦可以与生产管理系统的库存控制集成，成为生产管理系统对整个仓库实施管理的一个部分，如图 3-12 所示。两台主机通过计算机网络异地交换数据，采用光缆连接。

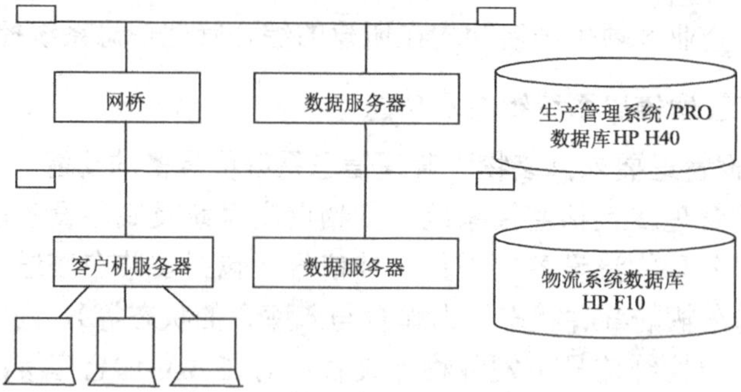

图 3-12 物流系统与生产管理系统数据交换示意图

（5）生产管理系统车间作业计划与物流系统立体库计划相结合。生产管理系统车间层光缆将生产管理系统的物料需求计划生成车间的作业计划。物流系统可以根据车间的作业计划和生产管理系统的车间层物料需求计划生成立体仓库计划。物流系统的立体库计划是装配系统每天正常生产所需的物料计划，其实质是车间层的物料需求，因此入立体库计划更强调计划的实时性，由于装配的配套性，在计划中应有配套性要求。

（三）系统功能结构

物流管理信息系统在功能结构上由物流业务管理系统、物流企业管理系统、物流电子商务系统和客户服务系统四部分组成。

某企业物流业务管理系统的功能结构如图 3-13 所示。

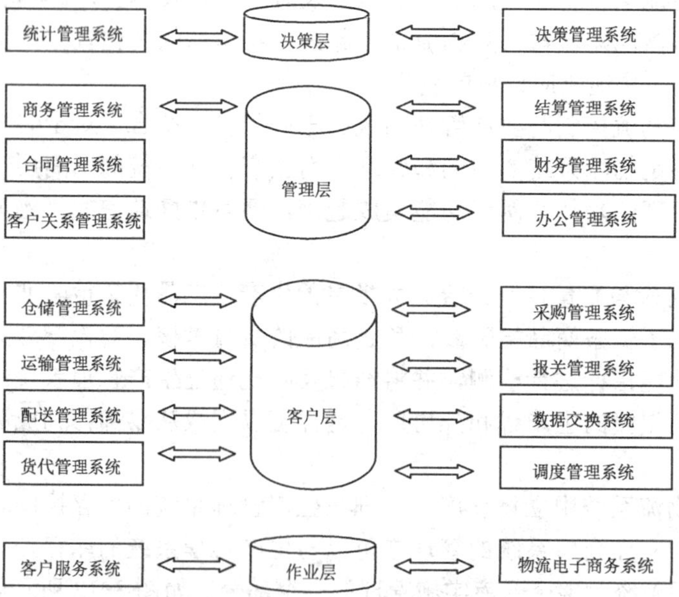

图 3-13 某企业物流业务管理系统的功能结构

物流业务管理系统由仓储管理、运输管理、配送管理、货代管理、采购管理、报关管理、统计管理、结算管理、合同管理、客户关系管理、数据交换管理等18个子系统、几十个功能模块构成（如图3-14所示），实现了货代、仓储、运输、配送、报关、流通加工、装卸搬运等各个物流环节的信息集成，并通过EDI系统实现了物流供应链上下游企业、政府、海关的数据实时交换，物流企业管理系统由商务管理系统、财务管理系统、统计管理系统、行政管理系统、决策支持系统五个子系统组成，实现物流企业内部信息化、网络化、智能化管理。物流电子商务系统则通过B2B电子商务模式实现了企业与客户之间的网上下单、订单录入、远程实时查询等网上信息交换功能，客户服务系统则通过客户服务中心建立、加强与客户的沟通和联系，倾听客户的建议和意见。为客户提供“安全、优质、快捷、准确”的物流服务。这四个系统的有机结合，构成了适用于采购物流、生产物流、销售物流、回收物流等各种物流方式的物流行业的信息解决方案。

三、企业物流计算机网络系统

该企业物流计算机系统由以下几部分组成：

（1）主机。两台HP F10小型机，分别命名为HBF101和HBF102。

（2）控制终端。共设4台控制终端。控制终端负责日常的系统工作，通过屏幕菜单进行操作，包括启动系统、切换系统工作方式、故障处理、重置入库申请、追加缓冲站申请、系统停止运行等等。

（3）现场（立体库入库口）终端。共6台Star终端，当条码读错和故障时，进行入库操作。

（4）DTC（集成器）及PC。终端通过DTC引出，PC用于管理DTC。

（5）通信系统。

四、该企业物流计算机网络结构

网络系统是物流综合管理信息系统的重要组成部分，该系统通过双绞线、路由器（HUB），通过光纤与生产管理系统相连。网络系统使用了粗缆（ThickLan Cable）、细缆（ThinLan Cable）以及双绞线进行布线，使用了网桥（Bridge）和集成器（DTC）等网络设备。该企业物流计算机网络结构如图3-14所示。

路由器把物流系统的局域网与企业的广域网连在一起。

企业采用分布式数据库，通过网桥将物流系统数据库与全厂的生产管理系统数据分开。这样，当物流系统计算机F10进行数据查询时，网络系统将把查询范围限定在本地网桥范围内，当查不到结果时，再将查询命令送到网桥以外的范围，即上一层网桥范围查找。这样可以提高物流系统计算机的实时性。因为绝大多数查询内容都在物流系统数据中。

集线器作为多终端连接器可以对终端口进行扩展。通信采用 RS-232 串行通信口。这样做可以保持最好的实时性。同时该系统编制了通信接收进程和通信发送进程，这样保证了物流系统实时性要求。

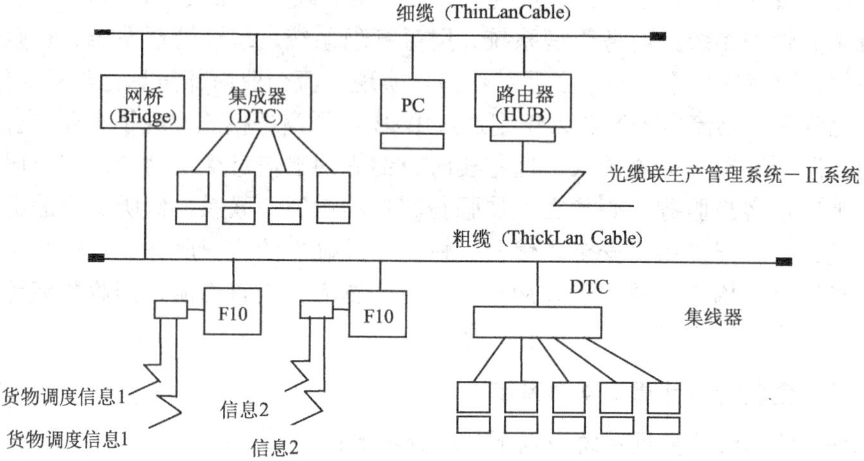

图 3-14　企业物流计算机网络结构图

五、企业物流系统软件功能

（一）概述

图 3-15 是 HP / F10 小型机物流系统及 HP / F10 小型机生产管理系统的软件结构示意图。

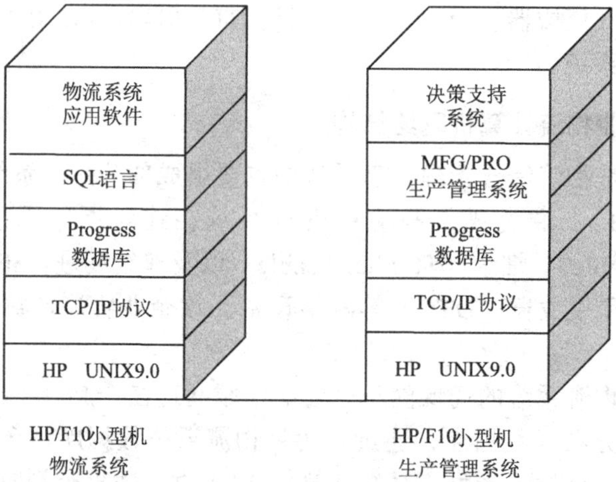

图 3-15　企业物流系统的软件结构图

该企业物流系统操作分为系统数据准备、系统启动运行、运行过程中的故障处理、系统停止运行四类操作，每一种类的操作都应遵守相应的操作规程。

该企业物流管理信息系统操作的基本程序为：

（1）数据准备。

（2）启动系统运行。

（3）处理系统运行过程中出现的各种故障。

（4）停止系统运行。

考虑到有时系统可能会只要进行立体仓库入库运行而不启动装配线，系统则提供了启动系统只进行自动入库的运行方式。

（二）系统运行的数据准备

在系统运行前应进行数据准备。

该系统的数据包括立体仓库货物及货位情况等数据、装配工艺数据、缓冲站状态数据等，立体仓库及缓冲站等数据在正常情况下由系统自动进行维护，而装配工艺数据则需要由操作人员进行维护。

此外还有生产计划数据，这是每次启动系统自动运行前必须准备的数据，一般应准备双日生产计划。

（三）系统运行

运行操作是通过菜单提示选择各种选项进行的，操作极为简便。

1、启动系统运行

在启动物流系统运行前，必须先启动相关的底层设备（装配线除外）。该系统有三种系统运行方式：自动运行、自动入库和半自动运行。

2、故障及意外情况处理

在系统运行过程中，可能出现的故障及意外情况主要有两种：底层设备故障和运输任务执行时间过长。

对于底层设备故障，要由管理操作人员及时了解故障原因，根据实际情况选择等待故障排除或停止与该设备有关的操作等处理方式。

对于运输任务执行时间过长，同样需要由管理操作人员及时了解清楚情况，选择继续等待该任务完成或选择该任务实际已完成等处理方式。

3、系统停止运行

在系统运行的画面上可以选择暂停系统或停止系统运行。

系统可以在任何时候任何条件下暂停。暂停系统运行的含义为不再向物流信息系统发送新的运输命令，而在此之前的命令将继续执行，因而其他有关设备仍处于正常运行状态。

系统停止运行的操作只应在要停止整个物流系统运行时进行，如下班或出现重大故障时。若系统处于自动运行状态，且装配线上还存在在制品，则必须先停止装配线运行，然后正常情况下最好等待已有运输任务全部完成后进行停止系统运行的操作。

该综合物流系统操作界面结构如图 3-16 所示。

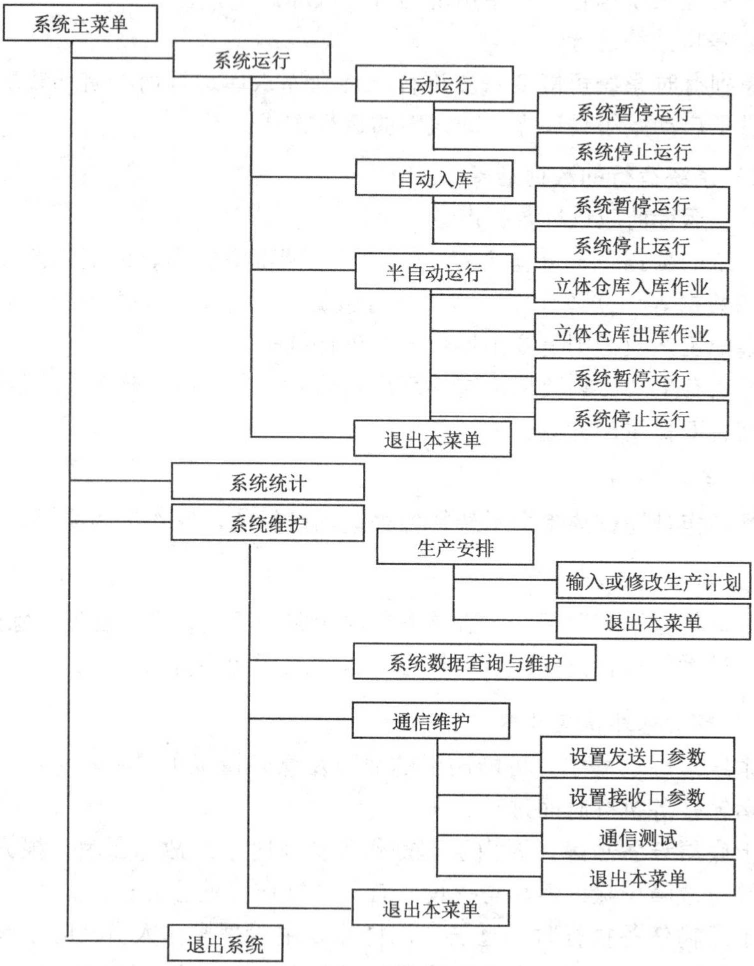

图 3-16　综合物流系统操作界面结构

六、该企业物流多进程管理信息系统

对于该企业这种复杂物流系统，用计算机系统进行物流设备管理、调度、控制是使这些自动化设备协调、有序、高效工作的关键所在。对于系统而言，既要保证及时送料，又要准时送到。因此，对控制系统的实时性有很高的要求。这些信息带有随机性及并发性。对于单进程的管理系统，由于它既要采集信号又要发送命令，还要对信息进行加工处理，因此很难做到不丢失信息或及时发送所需命令。这样，便不能保证物流系统的“及时送到”，就不能保证生产系统的“及时生产”（JIT）。

该企业物流系统采用多进程管理的体系，其管理框图如图 3-17 所示。

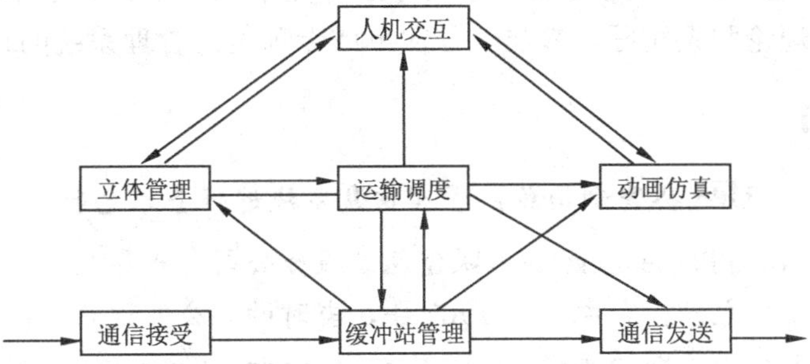

图 3-17　物流系统多进程管理框图

图 3-17 中各进程之间的联系是通过 UNIX 操作系统提供的一种称为“管理”方式进行的。

人机交互进程作为前台进程，提供给维护管理人员一个监控调整、干预系统运行的界面。通过这个界面，维护人员可以知道系统中各设备的运行状态。如：正常或故障。维护人员也可以对故障进行排除。立体仓库库存管理进程负责为入库货物分配货位，查找出库货物的货位，生成出入库任务并通过渠道告知运输调度进程。缓冲站管理进程主要管理和控制缓冲站的需料申请，并根据生产计划的执行情况向立体仓库管理进程发出出库/入库申请。运输调度进程根据任务的执行情况以及现有的出库/入库任务，按照运输调度规则生成运输命令，通过通信进程发给底层设备，控制它们的运行。通信分为两个进程，一个负责接收底层设备的运行信息，另一个负责发送决策管理层下达的各种命令。动画仿真进程将系统运行情况及时以动画形式显示给维护管理人员。

上述进程中除人机交互为前台进程外，其他都为后台进程，它们都在系统中并行地运行。由于有信息接收、命令发送两个独立进程，其信息采集不会丢失。同时，其他进程进行信息处理，可以保证其命令按时下达。此外，各类任务都在自己进程内处理，其错误或故障不会对整个软件系统造成很大的影响，这样就增加了系统的容错能力。

目前该企业物流系统已投入正常运行。由于该系统的运行使企业的日产量翻了一番。而生产人员只增加 20%，生产效率提高了 67%，为企业取得了明显的经济效益。

【本章小结】

本章主要阐述了管理信息系统及物流管理信息系统的基本概念；介绍了物流管理信息系统的特点、构成、结构、功能等内容，物流管理信息系统开发的方法、过程等。要求学生掌握物流管理信息系统的基本内容及系统开发的方法和过程，对生命周期法、原型方法等能学以致用。通过本章学习，学生还能做到理论联系实际，参与一些简单或专项信息管理系统的设计与开发。

【案例】

UPS公司利用物流管理信息系统进行全球竞争

UPS（United Parcel Service）联合包裹服务公司是世界上最大的航空和陆地邮件运输公司之一。它成立于1907年，当时的办公室设在一间狭小的地下室中。两个来自西雅图的年轻人——Jim Casey和Claude Ryan用两辆自行车和一部电话成立了这家公司，他们的承诺是“收取最低的费用，提供最佳的服务”。UPS已成功地运用这一原则经营了90多年。

现在UPS仍然依靠这一承诺，每年他们将近30亿件邮件和信函发往美国各地及世界上至少185个国家和地区。这家公司不仅在传统的邮递业务中处于领先地位，而且他们正同联邦快递公司的夜间快递业务方面展开竞争。这家公司成功的关键是采用了先进的信息技术，建立了一套科学的管理信息系统。在1992～1996年间，UPS大约在管理信息系统建设方面投入18亿美元，以保持其在世界上的领先地位。管理信息系统的建立使得UPS提高了客户服务质量，同时保持低成本并使整个服务成为一个整体。

通过使用一种称为邮递信息获取设备（DIAD）的便携计算机，UPS的司机可以自动获取有关客户的签字、收取、交货和时间记录卡等信息，然后司机将DIAD接到载货汽车上的适配器上，此适配器是个与蜂窝电话网相连的信息发送装置。此时邮件的跟踪信息就被发送到UPS的计算机网络中，以便UPS设在新泽西州总部的主机进行存储和处理。世界各地的机构都可使用这些信息，以便给客户提供交付的证据。对于客户的询问，此系统还可以打印出回函。

通过总体跟踪——自动化的邮件跟踪系统，UPS可以监视邮件的交递。在货物从发送人到收货人这一过程的许多点上，条码装置会将货物标签上的运输信息扫描下来；然后输入中心的计算机。客户服务代表可以利用与主机相连的台式计算机查验货物的状态，并能立即回答客户的询问。此外UPS的客户也可以通过他们自己的计算机，使用UPS提供的专用的货物跟踪软件直接查到这些信息。

UPS的仓储配送业务始于1991年，它可以将客户的产品存在仓库中，一旦客户需要则可以在一夜之间将货物送到客户要求的任何地方。使用这种服务，客户可以在凌晨1:00通过电子设备将运输指令传给UPS公司，并要求当天上午10:30将货送到。

1988年，UPS大力开拓海外市场并建立了自己的全球通信网——UPS网，以处理世界各地业务的信息。UPS网可以为开账单和交货确认提供信息，也可以跟踪国际运输，并加速清关，从而扩大了其开展国际业务的能力。使用自己的网络，UPS可以在货物抵达之前就将每一个单据文件以电子的方式直接传送到海关官员那里，之后海关官员决定准予清关或作标记以备检验。

UPS目前正在加强其物流管理信息系统的能力，以使其能够保证某一邮件或一组邮件将会在特定的时间抵达目的地。如果客户需要，UPS将能在货物抵达目的地前截住它们，并将其运回或转运其他的地方。最终，UPS甚至可以使它的系统实现客户彼此之间可以直接传递电子信件。

【复习思考题】

1. 什么是管理信息系统？

2. 什么是物流管理信息系统？它有什么特点？

3. 简述物流管理信息系统的基本构成。

4. 简述物流管理信息系统的功能、结构。

5. 说明在生命周期法系统开发中，各个阶段的主要工作和各阶段相互间的关系。

6. 物流管理信息系统在现代物流企业管理中有什么样的地位和作用？

7. 物流企业管理者应如何参与信息管理系统开发？

8. 根据本章提供的案例，试分析企业生产管理系统与企业物流信息管理系统两者是否可以替换？为什么？

第四章　物流条码技术

【学习目的】

通过本章的学习，要求了解条码的发展历史；熟练掌握条码技术的基本概念和特点，熟练掌握物流领域常用的码制：即 EAN－13 码、储运单元条码、贸易单元 128 条码和 PDF417 二维条码的定义、结构、编码规则和应用；掌握条码扫描技术和条码扫描设备；了解物流条码应用标准及条码技术在物流领域的具体应用。

条码（Bar Code）技术是在计算机应用中产生并发展起来的广泛应用于商业、邮政、图书管理、仓储、工业生产过程控制、交通等领域的一种自动识别技术，具有输入速度快、准确度高、成本低、可靠性强等优点，在当今的自动识别技术中占有重要的地位。物流业利用条码技术可对物品进行识别和描述，从而解决了数据录入和数据采集的瓶颈问题，可以说条码是实现 POS（Point of Sales，销售点）系统、EDI 电子商务、供应链管理的技术基础，是使物流管理现代化、提高竞争力的重要技术手段。

本章主要介绍条码的基本概念和基础知识，条码的技术和应用，物流条码的标准体系，常用的条码技术设备及条码技术在物流行业中的一些具体应用实例。

第一节　条码技术概述

一、条码的概念和构成

（一）条码的发展历史

条码的研究始于美国，20 世纪 20 年代，一位名为 John Kermode 的发明家想对邮政单据实现自动分拣，他的想法是在信封上做标志，标志中的信息是收信人的地址，就像今天的邮政编码。Kermode 发明的这种标志就是世界上最早的条码标志，他的设计方案非常简单，即一个“条”表示数字“1”，二个“条”表示数字“2”，以此类推。然后，他又发明了由基本的元件组成的条码识读设备：一个扫描器（能够发射光并接收反射光）；一个测定反射信号条和空的方法，即边缘定位线圈；使用测定结果的方法，即译码器。通过这种条码方法，Kermode 实现了对信件的直接分拣。

此后直到 1949 年，专利文献中才第一次出现了有关条码的记录，由 Norm Woodland 和 Bernard Silver 发明。但这时的条码就像一个“靶子”（牛眼）。条码的应用也首次出现在零售业市场。

20 世纪 70 年代，在电子元器件和激光器件的成本迅速下降的情况下，条码首先在食品零售业中开始应用，并取得成功。同时，Interface Mechanisms 公司开发出“二维码”。为了规范条码的使用，美国遂于 1971 年成立了“标准码委员会”（UCC），负责找出一种快捷、简单、准确的条码标志。

现在我们普遍使用的条码的发明应该归功于 IBM 公司的高级技术专家伍兰德先生和他所领导的研究小组，他们向标准码委员会递交了一份条码的试验报告。该标准码委员会于 1972 年做出决定，将 IBM 公司推荐的通用产品条码 UPC（Universal Product Code）作为统一的商品标志码，从而使千姿百态的商品有了统一的识别标准。

1977 年，欧洲成立了欧洲物品编码中心（European Article Number，EAN），并在 UPC 码的基础上开发出了 EAN 码。1981 年，该组织的国际地位确定，改名为国际物品编码中心。

20 世纪 80 年代，条码应用需要在更小的空间存储更多的信息。20 世纪 90 年代，相继出现多种高容量条码—— CODE49、PDF417。我国于 20 世纪 90 年代也相继制定了《通用商品条码》和《商品条码》等条码标准，这些条码标准与国际标准相兼容。

由于在条码这一领域的技术进步与发展非常迅速，并且每天都有越来越多的应用领域被开发，因此，相信用不了多久，条码就会像灯泡和半导体收音机一样普及，将会使我们每一个人的生活都变得更加轻松和方便。今天，已经很少能找到没有直接接触过既快又准的条码技术的公司或个人。

今后，条码技术将更好地与计算机技术、通信技术和光电子技术结合，朝着更高精度、更多应用的方向发展。

（二）条码的概念

什么是条码？条码是由一组规则排列的条、空以及对应的字符组成的标记，“条”指对光线反射率较低的部分，“空”指对光线反射率较高的部分，这些条和空组成的数据表达一定的信息，并能够用特定的设备识读，转换成与计算机兼容的二进制和十进制信息。如图 4-1 所示。

图 4-1　条码示意图

通常对于每一种物品，它的编码是唯一的，对于普通的一维条码来说，还要通过数据库建立条码与商品信息的对应关系，当条码的数据传到计算机上时，由计算机上的应用程序对数据进行操作和处理。因此，普通的一维条码在使用过程中仅作为识别信息，它的意义是通过在计算机系统的数据库中提取相应的信息而实现的。

（三）条码的基本术语

在条码技术和应用中，经常会接触到一些基本术语，为便于理解和使用，表 4-1 列出了这些基本术语的名称、定义和其相应的英语表述。

表 4-1 条码的基本术语

术语名称	英文表示	定 义
条码	bar code	由一组规则排列的条、空及其对应字符组成的标记，用以表示一定的信息
条码系统	bar code system	由条码符号设计、制作及扫描阅读组成的自动识别系统
条/空	bar/space	条码中反射率较低/较高的部分
空白区	clear area	条码左右两端外侧与空的反射率相同的限定区域
保护框	bearer bar	围绕条码且与条码反射率相同的边或框
起始符	start character	位于条码起始位置的若干条与空
终止符	stop character	位于条码终止位置的若干条与空
中间分隔符	central separating character	位于条码中间位置的若干条与空
条码字符	bar code character	表示一个字符的若干条与空
条码数据符	bar code data character	表示特定信息的条码字符
条码校验符	bar code check character	表示校验码的条码字符
条码填充符	filler character	不表示特定信息的条码字符
条高	bar height	构成条码字符的条的二维尺寸中的纵向尺寸
条宽	bar width	构成条码字符的条的二维尺寸中的横向尺寸
空宽	space width	构成条码字符的空的二维尺寸中的横向尺寸
条宽比	bar width ratio	条码中最宽条与最窄条的宽度比
条码长度	bar code length	从条码起始符前缘到终止符后缘的长度
长高比	length to height ratio	条码长度与条码高的比
条码密度	bar code density	单位长度的条码所表示的字符个数
模 块	module	组成条码的基本单位
条码字符间隔	bar code intercharacter gap	相邻条码字符间不表示特定信息处理且与空的反射率相同的区域
单 元	element	构成条码字符的条、空
连续型条码	continues bar code	没有条码字符间隔的条码
非连续型条码	discrete bar code	有条码字符间隔的条码
双向条码	bidirectional bar code	左右两端均可作为扫描起点的条码
附加条码	add-on bar code	表示附加信息的条码
自校验码	self-checking bar code	条码字符本身具有校验功能的条码
定长条码	fixed length bar code	条码字符个数固定的条码
非定长条码	unfixed length bar code	条码字符个数不固定的条码
条码字符集	bar code character set	某类型条码所能表示的字符集合

（四）条码的优越性

条码技术目前已被广泛应用于商业、邮政、图书管理、仓储、工业生产过程控制、交通等领域，在当今的自动识别技术中占有重要的地位。这是因为条码的应用具有如下突出的优越性：

1．可靠准确

有资料可查，键盘输入平均每 300 个字符一个错误，而条码输入平均每 15 000 个字符一个错误。

2．数据输入速度快

键盘输入，一个每分钟打 90 个字的打字员 1.6s 可输入 12 个字符或字符串；而使用条码，做同样的工作只需 0.3s。

3．经济便宜

与其他自动化识别技术相比较，推广应用条码技术，所需费用较低。

4．灵活实用

条码符号作为一种识别手段可以单独使用，也可以和有关设备组成识别系统，实现自动化识别，还可和其他控制设备联系起来实现整个系统的自动化管理。同时，在没有自动识别设备时，也可实现手工键盘输入。

5．自由度大

识别装置与条码标签相对位置的自由度要比 OCR 大得多。条码通常只在一维方向上表达信息，而同一条码上所表示的信息完全相同并且连续，这样即使是标签有部分缺欠，仍可以从正常部分输入正确的信息。

6．设备简单

条码符号识别设备的结构简单，操作容易，无需专门训练。

7．易于制作

条码标签易于制作，对印刷技术设备和材料无特殊要求。

（五）条码符号的构成

一个完整的条码的组成次序依次为：静区（前）；起始符；数据符（中间分割符，主要用于 EAN 码）；（校验符）；终止符；静区（后），如图 4-2 所示。

这里，静区是指条码左右两端外侧与空的反射率相同的限定区域，它能使阅读器进入准备阅读的状态，当两个条码相距距离较近时，静区则有助于对它们加以区分，静区的宽度通常应不小于 6mm（或 10 倍模块宽度）。

起始/终止符是指位于条码开始和结束的若干条与空，标志条码的开始和结束，同时提供了码制识别信息和阅读方向的信息。

图 4-2　条码符号的构成

数据符是指位于条码中间的条、空结构，它包含条码所表达的特定信息。

构成条码的基本单位是模块，模块是指条码中最窄的条或空，模块的宽度通常以 mm 或 mil（千分之一英寸）为单位。构成条码的一个条或空称为一个单元，一个单元包含的模块数是由编码方式决定的，有些码制中，如 EAN 码，所有单元由一个或多个模块组成；而另一些码制，如 39 码中，所有单元只有两种宽度，即宽单元和窄单元，其中的窄单元即为一个模块。

（六）条码的几个重要参数

条码密度（Density）：条码密度是指单位长度的条码所表示的字符个数。对于一种码制而言，密度主要由模块的尺寸决定，模块尺寸越小，密度越大，所以密度值通常以模块尺寸的值来表示（如 5mil）。通常 7.5mil 以下的条码称为高密度条码，15mil 以上的条码称为低密度条码，条码密度越高，要求条码识读设备的性能（如分辨率）也越高。高密度的条码通常用于标志小的物体，如精密电子元件，低密度条码一般应用于远距离阅读的场合，如仓库管理。

宽窄比：对于只有两种宽度单元的码制，宽单元与窄单元的比值称为宽窄比，一般为 2～3 左右（常用的有 2:1，3:1）。宽窄比较大时，阅读设备更容易分辨宽单元和窄单元，因此比较容易阅读。

对比度（*PCS*）：条码符号的光学指标，*PCS* 值越大，则条码的光学特性越好。其中 *PCS* 值的计算公式如下：

$$PCS=(RL-RD)/RL\times 100\%$$

式中　*RL* —— 条的反射率；

RD —— 空的反射率。

二、条码的编码方法

（一）编码方法

条码的编码方法是指条码中条、空的编码规则以及二进制的逻辑表示的设置。众所周知，计算机设备只能识读二进制数据（数据只有“0”和“1”两种逻辑表示），条码符号作为一种为计算机信息处理而提供的光电扫描信息图形符号，也应满足计算机二进制的要求。条码的编码方法就是要通过设计条码中条与空的排列组合来表示不同的二进制数据。

一般来说，条码的编码方法有两种：模块组合法和宽度调节法。

模块组合法是指条码符号中，条与空是由标准宽度的模块组成。一个标准宽度的条模块表示二进制的“1”，而一个标准宽度的空模块表示二进制的“0”。商品条码模块的标准宽度是0.33mm。

宽度调节法是指条码中，条与空的宽窄设置不同，用宽单元表示二进制的“1”，而用窄单元表示二进制的“0”，宽窄单元之比一般控制在2～3。

（二）常用的一维条码及其应用领域

目前常用的一维码的码制包括：EAN码、39码、交叉25码、UPC码、128码、93码及Codebar（库德巴码）等。

不同的码制有它们各自的应用领域：

EAN码：EAN码是国际通用的符号体系，是一种长度固定、无含意的条码，所表达的信息全部为数字，主要应用于商品标志。

39码和128码：39码和128码为目前国内企业内部自定义码制，可以根据需要确定条码的长度和信息，它编码的信息可以是数字，也可以包含字母，主要应用于工业生产线领域、图书管理等。

93码：93码是一种类似于39码的条码，它的密度较高，能够替代39码。

25码：25码主要应用于包装、运输以及国际航空系统的机票顺序编号等。

Codebar码：Codebar码应用于血库、图书馆、包裹等的跟踪管理。

三、条码技术与自动识别技术

（一）条码技术与自动识别技术的关系

自动识别技术是以计算机技术和通信技术的发展为基础的综合性科学技术，是信息数据自动识读、自动输入计算机的重要方法和手段。正是自动识别技术的崛起，提供了快速、准确地进行数据采集输入的有效手段，解决了由于计算机数据输入速度慢、错误率高等造成的“瓶颈”难题。

自动识别技术近几十年在全球范围内得到了迅猛发展，初步形成了一个包括条码技术、磁条（卡）技术、光学字符识别、系统集成化、射频技术、声音识别及视觉识别等集计算机、光、机电、通信技术为一体的自动识别高新技术学科。由此可见，条码技术只是自动识别技术的一种。

（二）条码技术

条码技术属于自动识别范畴。它是随着电子技术的进步，尤其是计算机技术在现代化生产和管理领域中的广泛应用而发展起来的一门实用的数据输入技术。从系统看，条码技术涉及编码技术、光传感技术、条码印刷技术以及计算机识别应用技术。

条码技术是研究如何把计算机所需要的数据用一种条码来表示，以及如何将条码表示的数据转变为计算机可以自动采集的数据。因而，条码技术主要包括：条码编码原理及规则标准、条码译码技术、光电技术、印刷技术、扫描技术、通信技术、计算机技术等。具体来说条码是一种可印制的机器语言，它采用二进制数的概念，经 1 和 0 表示编码的特定组合单元。直观看来，常用的条码是由一组字符组成的，如数字 0～9，字母 A～E 或一些专用符号。

条码是一种信息记录形式，尽管根据不同的编码规则所提出的条码编码方案多达四十余种，例如，目前应用最为广泛的有：交叉 25 码、39 码、UPC 码、EAN 码、128 码等，近年来又出现了按矩阵方式或堆栈方式排列信息的二维条码，但从印制条码的材料、颜色分类，所有的条码均可分为黑白条码，彩色条码，发光条码（荧光条码、磷光条码）和磁性条码等。

不论哪一种条码，都具有的共同点是：

（1）条码符号图形结构简单。

（2）每个条码字符均由一定数量的条码符号组成，占有一定的宽度和印制面积。

（3）每种编码方案均有自己的字符集。

（4）每种编码方案与对应的阅读装置的性能要求密切配合。

条码系统是由条码符号设计、制作及扫描识读组成的自动识别系统。条码识读装置是条码系统的基本设备，它的功能是译读条码符号，即把条码条符宽度、间隔等信号转换成不同时间长短的输出信号，并将该信号转化为计算机可识别的二进制编码，然后输入计算机。识读装置由扫描器和译码器组成。扫描器又称光电读入器，它装有照亮被读条码的光束检测器件，接收条码的反射光，产生模拟信号，经放大、量化后送译码器处理。扫描器可以是一支光笔或激光枪，由人手持作业；也可以是一种安装在某部位的自动扫描器，典型的有固定光束扫描器、直线扫描器、逐行扫描器和全方位扫描器。译码器存贮有需译读的条码编码方案的数据库库译码算法。早期的识别设备，扫描器和译码器是分开的，近年推出的设备大多已合成一体，整个设备完整、方便、灵巧。

当计算机配置了网络控制器之类的接口软、硬件时，这个条码系统就能同时处理多个条码识读装置输入的条码信息。

条码系统的识读性能，即条码系统能否成功地应用，在技术上主要取决于系统的识读能力和条码标签的印制质量，两者密不可分。

目前在我国推广应用条码技术已具有一定的物质基础，条码技术的应用对开发我国物品标志系统，使其规范化、标准化，并实现与国际标准兼容，以推进我国的计算机应用和现代化管理，促进国内商品经济的繁荣，增强中国产品在国际市场的竞争力，对推进生产自动化管理现代化具有深远的意义。

在物流领域，条码技术的应用解决了数据录入和数据采集的“瓶颈”问题，并有助于进货、销售、仓储管理一体化，为物流管理提供了有力的支持，物流供应链管理中条码技术的应用模型如图 4-3 所示。

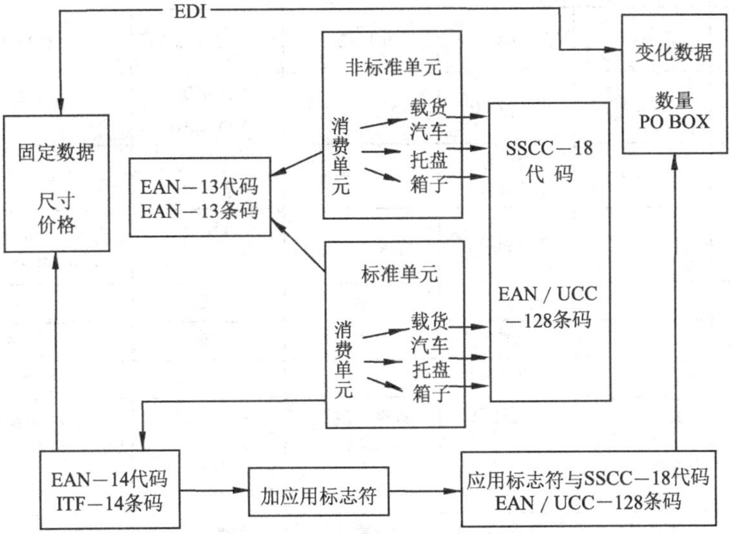

图 4-3　物流供应链管理中条码技术的应用模型

（三）条码技术与其他自动识别技术的比较

条码、OCR（光学字符识别）和 MICR（磁性墨水）都是一种与印刷相关的自动识别技术。OCR 的优点是人眼可读、可扫描，但输入速度和可靠性不如条码，数据格式有限，通常要用接触式扫描器；MICR 是银行界用于支票的专用技术，在特定的领域中应用，成本高，而接触识读，可靠性高。

磁条技术是接触识读，它与条码有三点不同：

一个是其数据可做部分读写操作，另一个是给定面积编码容量比条码大，还有就是对于物品逐一标志成本比条码高，而且接触性识读最大缺点就是灵活性太差。

射频识别和条码一样是非接触式识别技术，由于无线电波能“扫描”数据，所以 RF 挂牌可做成隐形的，有些 RF 识别技术可读数公里外的标签，RF 标签可做成可读写的。RF 识别的缺点是挂签成本相当高，而且一般不能随意扔掉，而多数条码扫描寿命结束时可扔掉。视觉和声音识别目前还没有很好的推广应用，机器视觉还可与 OCR 或条码结合应用，声音识别输入可解放人的手。

RF、声音、视觉等识别技术目前不如条码技术成熟，其技术和应用的标准也还不够健全。

表 4-2 是条码技术与其他自动识别技术的比较。

表 4-2 条码技术与其他自动识别技术的比较

项目\名称	键盘	OCR	磁条（卡）	条码	射频
输入 12 位数据速度	6s	4s	0.3～2s	0.3～2s	0.3～0.5s
误读率	1/300	1/10 000		1/15 000－1/100 000 000	
印刷密度	——	10～12 字符/in	48 字符/in	最大 20 字符/in	4～8000in
印刷面积	——	2.5mm 高	6.4mm 高	长 15mm×宽 4mm	直径 4mm ×长 32mm 至纵 54 mm ×横 86mm
基材价格	无	低	中	低	高
扫描器价格	无	高	中	低	高
非接触识读	——	不能	不能	接触～5m	接触～5m
优点	操作简单；可用眼阅读；键盘本身便宜	可用眼阅读	数据密度高；输入速度快	输入速度快；设备便宜；设备种类多；可非接触式识读	可在灰尘油污等情况下使用；可非接触式识读
缺点	识读率高；输入速度低；输入受个人因素影响	输入速度低；不能非接触式识读；设备价格高	不能直接用眼阅读；不能非接触式识读；数据可变更	数据不可更改；不可用眼直接阅读	发射、接收装置价格昂贵；发射装置寿命短；数据可改写

第二节 物流条码的标准体系

任何一种条码，都是按照预先规定的编码规则和条码有关标准，由条和空组合而成的。每种条码的码制是由它的起始位和终止位的不同编码方式所决定的，条码阅读器要解译条码符号，首先需判断此符号码制，才能正确译码。

为了便于物品跨国家和地区的流通，适应物品现代化管理的需要以及增强条码自动识别系统的相容性，各个国家、地区和行业，都必须制定统一的条码标准。所谓条码标准，主要包括条码码制标准、应用标准和产品包装标准。这类标准由各国的专门编码机构负责制定，也有地区性的标准和行业标准。

中国物品编码中心于 1990 年以来制定出我国条码标准，共 13 个版本，如表 4-3 所示。

尽管条码的标准很多，但是国际上公认的用于物流领域的条码标准主要有三种，即通用商品条码、储运单元条码和贸易单元 128 条码，这三种条码标准或码制基本上可以满足物流领域的条码应用要求。

表 4-3　我国条码标准

标准名称	标准编号
商品条码	GB 12904—1998
EAN · UCC 系统 128 条码	GB/T 15425—2002
交叉二五条码	GB/T 16829—1997
库德巴条码	GB/T 12907—1991
三九条码	GB/T 12908—2002
四一七条码	GB/T 17172—1997
中国标准书号条码	GB/T 12906—2001
中国标准刊号（ISSN 部分）条码	GB/T 16827—1997
条码术语	GB/T 12905—2000
条码应用标志	GB/T 16986—1997
储运单元条码	GB/ T16830—1997
条码符号印制质量的检验	GB/T 14258—1993
商品条码符号位置	GB/T 14257—2002

一、通用商品条码

通用商品条码是用于标志国际通用的商品代码的一种模块组合型条码。我国于 1998 年在修订《GB 12904—1991　通用商品条码》国家标准基础上制订了《GB 12904—1998　商品条码》标准，该标准与国际标准兼容，其规定的商品条码结构与国际物品编码协会推行的 EAN 码结构相同，分为标准版商品条码（13 位）和缩短版商品条码（8 位）。

（一）EAN 标准版商品条码（13 位）

EAN－13 码是国际物品编码协会在全球推广应用的一种商品条码，它是一种定长、无含义的条码，没有自校验功能，使用 0～9 共 10 个字符。

1. EAN－13 码的结构

见表 4-4，标准版商品条码符号由左侧空白区、起始符、左侧数据符、中间分隔符、右侧数据符、校验符、终止符、右侧空白区及供人识别字符组成，从起始符开始到终止符结束总共有 13 位数字，如图 4-4 所示。这 13 位数字分别代表不同的意义，且其不同的组合代表 EAN－13 码的不同结构，如表 4-5 所示。

图 4-4　EAN－13 码示例

表 4-4　EAN—13 码的结构

左侧空白区	起始符	左侧数据符	中间分隔符	右侧数据符	校验符	终止符	右侧空白区
9 个模块	3 个模块	42 个模块 6 位数字	5 个模块	35 个模块 5 位数字	7 个模块 1 位数字	3 个模块	9 个模块

注：在 EAN 码中一个模块的宽度为 0.33mm。

表 4-5　EAN—13 码的代码结构

结构种类	厂商识别代码	商品项目代码	校验码
结构一	$X_{13}X_{12}X_{11}X_{10}X_9X_8X_7$	$X_6X_5X_4X_3X_2$	X_1
结构二	$X_{13}X_{12}X_{11}X_{10}X_9X_8X_7X_6$	$X_5X_4X_3X_2$	X_1
结构三	$X_{13}X_{12}X_{11}X_{10}X_9X_8X_7X_6\ X_5$	$X_4X_3X_2$	X_1

注：X_i（i=1～13）表示从右至左的第 i 位数字代码。

厂商识别代码：由 7～9 位数字组成，用于对厂商的唯一标志，是 EAN 编码组织在 EAN 分配的前置码（$X_{13}X_{12}X_{11}$）的基础上分配给厂商的代码。前置码是用来标志各国家或地区级的 EAN 编码组织所在的国家或地区的代码，由国际物品编码协会（EAN 组织）统一管理和分配，以保证其在全球范围内的唯一性。已分配的前置码（$X_{13}X_{12}X_{11}$），见表 4-6。从表中可以看出，分配给中国的前置码（$X_{13}X_{12}X_{11}$）为 690-695，“给中国台湾的前置码为 471”。

表 4-6　EAN 码国家及地区编码

00～13：美国和加拿大	20～29：库存自定义	30～37：法国
40～44：德国	45：日本（49 也是）	46：俄罗斯联邦
471：中国台湾	474：爱沙尼亚	475：拉脱维亚
477：立陶宛	479：斯里兰卡	480：菲律宾共和国
482：乌克兰	484：摩尔多瓦	485：亚美尼亚
486：乔治亚苏维埃社会主义共和国	487：哈萨克	489：中国香港特别行政区
49：日本（JAN-13）	50：英国	520：希腊
528：黎巴嫩	529：塞浦路斯	531：马其顿王国
535：马耳他	539：爱尔兰	54：比利时与卢森堡
560：葡萄牙	569：冰岛	57：丹麦
590：波兰	594：罗马尼亚	599：匈牙利
600 & 601：南非	609：毛里求斯	611：摩洛哥
613：阿尔及利亚	619：突尼斯	622：埃及
625：约旦	626：伊朗	64：芬兰
690～695：中国	70：挪威	729：以色列
73:瑞典	740：危地马拉	741：萨尔瓦多
742：洪都拉斯	743：尼加拉瓜	744：哥斯达黎加

（续）

746: 多米尼加共和国	750: 墨西哥	759: 委内瑞拉
76: 瑞士	770: 哥伦比亚	773: 乌拉圭
775: 秘鲁	777: 玻利维亚	779: 阿根廷
780: 智利	784: 巴拉圭	785: 秘鲁
786: 厄瓜多尔	789: 巴西	80－83: 意大利
84: 西班牙	850: 古巴	858: 斯洛伐克
859: 捷克共和国	860: 原南斯拉夫	869: 土耳其
87: 荷兰	880: 韩国	885: 泰国
888: 新加坡	890: 印度	893: 越南
899: 印度尼西亚	90～91: 奥地利	93: 澳大利亚
94: 新西兰	955: 马来西亚	977: 国际标准期刊号（ISSN）
978: 国际标准书号（ISBN）	979: 国际标准音乐号（ISMN）	980: Refund receipts（偿还凭据）
981 & 982: Common Currency Coupons（通用流通券）		99: Coupons（票券）

商品项目代号：由3～5位数字组成，是由厂商自行编码，且必须遵循以下原则：对统一商品必须编制相同商品项目代码；对不同的商品项目必须编制不同商品项目代码。保证商品项目与其标志代码一一对应，即一个商品项目只有一个代码，一个代码只标志一个商品项目。

校验码：用于校验厂商识别代码、商品项目代号的正确性。

我国目前使用EAN－13码的两种代码结构，当前置码$X_{13}X_{12}X_{11}$为690、691时，其代码结构同表4-5所列的结构一；当前置码$X_{13}X_{12}X_{11}$为692时，其代码结构同表4-5所列的结构二。

2、EAN－13码的编码规则

与其他商品代码的编制原则一样，EAN－13码的编码必须遵循如下原则：

（1）唯一性。同种规格同种产品对应同一个产品代码，同种产品不同规格应对应不同的产品代码。

（2）永久性。产品代码一经分配，就不再更改，并且是终身的。当此种产品不再生产时，其对应的产品代码只能搁置起来，不得重复启用再分配给其他的商品。

（3）无含义。为了保证代码有足够的容量以适应产品频繁更新换代的需要，最好采用无含义的顺序码。

在遵循上述原则基础上，EAN－13码的商品代码编码遵循如下规则：

EAN－13码采用模块组合法：如图4-4所示，EAN标准版商品条码符号由左侧空白区、起始符、左侧数据符、中间分隔符、右侧数据符、校验符、终止符、右侧空白区组成，其中左侧空白区9个模块，起始符3个模块，左侧数据符42个模块，中间分隔符5个模块，右侧数据符35个模块，校验符7个模块，终止符3个模块，右侧空白区9个模块，总共113个模块，这其中

13个数字拥有95个模块。在第一节中我们曾介绍过，商品条码模块的标准物理宽度是0.33mm，一个标准宽度的条表示二进制的“1”，而一个标准宽度的空模块表示二进制的“0”。

EAN码的编码规则规定：起始符和终止符3个模块的编码均为101，中间分隔符5个模块的编码为01010。左侧数据符和右侧数据符的编码方式不同，如表4-7所示，从表4-7可以看出，A与C之间是一个反码关系，例如A方式中“2”用二进制“0010011”表示，C方式中则用“1101100”表示；而B与C则是一种倒序关系，例如，在B方式中，“2”用二进制“0011011”表示。左侧数据符7个模块的编码方式有两种，其数字0～9可分别按方式A和方式B编码，到底是选用方式A还是方式B，要由前置码字符决定，具体对应关系见表4-8。右侧数据符7个模块和校验符的编码方式只有一种，均采用表4-7所示的方式C。总结起来，EAN码的编码规则如表4-9所示。

表4-7 EAN码数据符的编码规则

数 字 符	左侧数据符		右侧数据符
	A	B	C
0	0001101	0100111	1110010
1	0011001	0110011	1100110
2	0010011	0011011	1101100
3	0111101	0100001	1000010
4	0100011	0011101	1011100
5	0110001	0111001	1001110
6	0101111	0000101	1010000
7	0111011	0010001	1000100
8	0110111	0001001	1001000
9	0001011	0010111	1110100

注：A、B、C中的“1”和“0”分别表示具有一个模块宽度的“条”和“空”。

表4-8 左侧数据符的编码选择

前 置 字 符	左侧数据符编码规则的选择					
0	A	A	A	A	A	A
1	A	A	B	A	B	B
2	A	A	B	B	A	B
3	A	A	B	B	B	A
4	A	B	A	A	B	B
5	A	B	B	A	A	B
6（中国）	A	B	B	B	A	A
7	A	B	A	B	A	B
8	A	B	A	B	B	A
9	A	B	B	A	B	A

表 4-9　EAN－13 码的编码规则

结　构	起始符	左侧数据符	中间分隔符	右侧数据符	校验符	终止符
排　列	101	方式 A、方式 B	01010	方式 C	方式 C	101

在 EAN 标准版的 13 数字代码中，最左侧的一位数字代码为前置码，前置码不用条码符表示，它的作用是确定条码符号中左侧数据符的编码规则。当条码识读器对 EAN－13 码进行识读时，识读器只能识读到 X_{12}～X_1 的条码符号，经过译码器的译码，再根据 EAN－13 码左侧数据符的编码规则可自动生成前置码 X_{13}，从而组成一个完整的 13 位数字代码。

EAN－13 码的标准物理尺寸：EAN 标准码的全宽为 37.29mm，其中条码所占宽度为 31.35mm，EAN 标准码的全长为 26.26mm，其中数据符条码长 22.85/23.18mm，起始符/分隔符/终止符长 24.50mm。EAN 标准条码可在 0.8～2.0 倍之间缩放。

例：确定如图 4-5 所示 EAN－13 码左侧数据位的二进制表示。

解：图中所示 EAN－13 码为“6901234567892”，由此可知其前置码为 6，左侧数据符为 901234；

由表 4-8 查出当前置码为 6 时，左侧数据位的编码方式为“ABBBAA”；

图 4-5　某一 EAN－13 码图

由表 4-7 查出该 EAN－13 码左侧数据 901234 的二进制表示为“0001011 0100111 0110011 0011011 0111101 0100011”。

（二）EAN 缩短版商品条码（8 位）

EAN－8 码是 EAN－13 码的压缩版，由 8 位数字组成，如图 4-6 所示，用于包装面积较小的商品上。与 EAN－13 码相比，EAN－8 码没有制造厂商代码，仅有前缀码、商品项目代码和校验码。EAN－8 条码的结构如表 4-10 所示。

图 4-6　缩短版 EAN 8 码示意图

表 4-10　缩短版 EAN 码结构

左侧空白区	起始符	左侧数据符	中间分隔符	右侧数据符	校验符	终止符	右侧空白区
7 个模块	3 个模块	28 个模块 4 个数字	5 个模块	21 个模块 3 个数字	7 个模块 1 个数字	3 个模块	7 个模块

在中国，凡需使用 EAN－8 码的商品生产厂家，需将本企业欲使用 EAN－8

码的商品目录及其外包装（或设计稿）报至中国物品编码中心或其分支机构，由中国物品编码中心统一赋码。

EAN－8 条码的物理尺寸为：条码全宽 26.73mm，其中条码部分宽 22.11mm；条码全长 21.64mm，其中数据符条码长 18.23/18.56mm，起始符/分隔符/终止符长 19.88mm；EAN－8 条码可放大 0.8～2.0 倍。

在缩短版中前置符包括在左侧数据符中，用条码符表示，并且左侧数据符均用 A 组编码规则，右侧数据符均用 B 组编码规则。

（三）EAN 码校验位的计算方法

校验码用于校验条码代码的正误，是根据条码字符的数值按一定的数学方法计算得出的。EAN 码标准版和缩短版的校验码计算方法相同。

校验码计算程序如下：

步骤 1：从代码位置序号 2 开始，所有偶数位的数字代码求和为 a。

即 $a=X_{12}+X_{10}+X_8+X_6+X_4+X_2$

步骤 2：将上步中的 a 乘以 3 为 c。即 $c=3\times a$

步骤 3：从代码位置序号 3 开始，所有奇数位的数字代码求和为 b。

即 $b=X_{13}+X_{11}+X_9+X_7+X_5+X_3$

步骤 4：将 c 和 b 相加为 d。

即 $d=c+b$

步骤 5：取 d 的个位数 e。

步骤 6：用 10 减去 e 即为校验位数值。

即 $X_1=10-e$

例：确定 EAN－13 码“234235654652”的校验码。

解：计算如下：

	数据码												校验码
代码位置序号	X_{13}	X_{12}	X_{11}	X_{10}	X_9	X_8	X_7	X_6	X_5	X_4	X_3	X_2	X_1
数字码	2	3	4	2	3	5	6	5	4	6	5	2	?
偶数位		3		2		5		5		6		2	
奇数位	2		4		3		5		4		5		

步骤 1：3+2+5+5+6+2=23

步骤 2：23×3=69

步骤 3：2+4+3+5+4+5=23

步骤 4：69+23=92

步骤 5：10−2=8

步骤 6：校验码为 8，即 X_1=8

二、储运单元条码

当今的物流信息自动化管理系统要求高速、准确地对物流信息进行采集。要及时捕捉作为信息源的每一商品在出库、入库、上架、分拣和运输等过程中的各种信息，迫切要求建立一种自动识别及数据自动录入的手段。用条码对储运单元进行标志无疑是最有效的方法。

前面我们介绍的是消费单元（即通过零售渠道直接销售给最终用户的商品包装单元）的条码标志规则，下面我们介绍如何给储运单元进行条码标志。

储运单元条码是专门表示储运单元编码的条码，储运单元是指为便于搬运、仓储、订货、运输等，由消费单元组成的商品包装单元。储运单元条码的基本结构为原印条码，当同一商品的包装数量不同或同一包装中有不同商品组合时，就必须加上储运标志码以资识别。

在储运单元条码中，又分为定量储运单元和变量储运单元。定量储运单元是指由定量消费单元组成的储运单元，如成箱的牙膏、瓶装酒、药品、服装、烟等。变量储运单元是指由变量消费单元组成的储运单元，如布匹、农产品、鲜肉类等。

（一）定量储运单元

定量储运单元一般采用13位或14位数字编码，具体可分为下列几种情况。

1、与定量消费单元同为一体的定量储运单元的编码

当定量储运单元同时又是定量消费单元时，应按定量消费单元进行编码。如电冰箱、彩电等，其定量消费单元的编码需按GB 12904－1998《商品条码》的编码方法赋予一个13位的代码。

2、由不同种类的定量消费单元组成的定量储运单元编码

当定量储运单元内含有不同种类定量消费单元时，储运单元的编码方法是按定量消费单元的编码规则为定量储运单元分配一个区别于它所包含的消费单元代码的13位数字代码。

3、由相同种类的定量消费单元组成的定量储运单元编码

当由相同种类的定量消费单元组成定量储运单元时，定量储运单元可用14位数字代码进行编码标志，其编码的代码结构如表4-11所示。

表4-11　由相同种类的定量消费单元组成的定量储运单元编码结构

定量储运单元包装指示符	定量消费单元代码（不含校验字符）	校验字符
V	$X_1X_2X_3X_4X_5X_6X_7X_8X_9X_{10}X_{11}X_{12}$	C

这里，V为定量储运单元包装指示符，用于指示定量储运单元的包装级别，

取值范围为 V=1，2，…，8。

定量消费单元代码是指包含在定量储运单元内的定量消费单元的代码（去掉校验字符后的 12 位数字代码）。

4、定量储运单元的条码标志

（1）定量储运单元 14 位数字代码的条码标志。定量储运单元 14 位数字代码的条码标志可用 14 位交叉二五条码（ITF－14 码）标志定量储运单元，也可用 EAN－128 条码标志定量储运单元的 14 位数字代码。

（2）定量储运单元 13 位数字代码的条码标志。当定量储运单元同时又是定量消费单元时，应使用商品条码（EAN－13 码）表示。

当定量储运单元是由不同种类的定量消费单元组成时，其代码的编码可用商品条码（EAN－13 码）或 14 位交叉二五条码（ITT－14 码）标志。采用 14 位交叉二五条码（ITT－14 码）标志的方法是：在 13 位数字代码前加一位“0”变成 14 位数字代码，然后用 ITT－14 码的编码规则编码标志。

（二）变量储运单元

变量储运单元编码由 14 位数字的主代码和 6 位数字的附加代码组成，代码结构如表 4-12 所示。

表 4-12 变量储运单元编码结构

主 代 码			附 加 代 码	
变量储运单元包装指示字符	厂商识别代码与商品项目代码	校验字符	商品数量	校验字符
LI	$X_1X_2X_3X_4X_5X_6X_7X_8X_9X_{10}X_{11}X_{12}$	C_1	$Q_1Q_2Q_3Q_4Q_5$	C_2

变量储运单元包装指示字符（LI）指示在主代码后面有附加代码，取值为 LI=9。

附加代码（Q_1～Q_5）是指包含在变量储运单元内，按确定的基本计量单位（如 kg、m 等）计量取得的商品数量。

变量储运单元的主代码用 ITF－14（14 位交叉二五条码）条码标志，附加代码用 ITF－6（6 位交叉二五条码）标志。变量储运单元的主代码和附加代码也可以用 EAN－128 条码标志。

（三）交叉二五条码

交叉二五条码在仓储和物流管理中被广泛采用。1983 年，交叉二五条码完整的规范被编入有关物资储运的条码符号美国国家标准 ANSI MH10.8 中。1997 年，我国制定了 GB/T 16829－1997《交叉二五条码》国家标准，并于 1998 年 3 月开始实施。

1、交叉二五条码的特点

（1）交叉二五条码是一种连续、非定长、具有自校验功能，且条和空都表示信息的双向条码。它由左侧空白区、起始符、数据符、终止符及右侧空白区构成。它的每一个条码数据符由 5 个单元组成，其中 2 个是宽单元（用二进制“1”表示），其余三个是窄单元（用二进制“0”表示）。如图 4-7 所示。

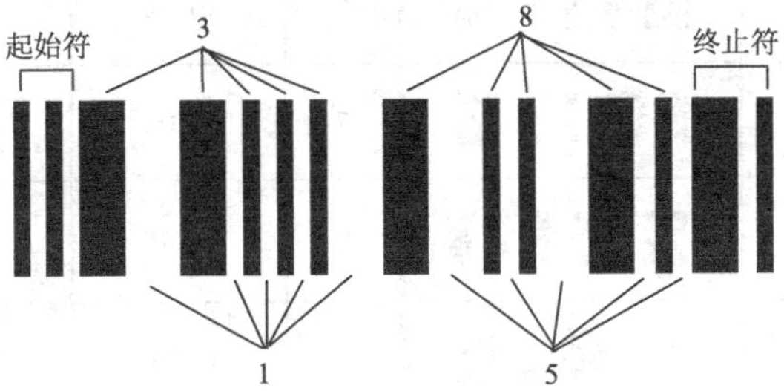

图 4-7　表示“3158”的交叉二五条码

在一个交叉二五条码符号中，组成条码符号的字符个数为偶数，当字符个数是奇数时，应在左侧补 0 使其变为偶数。条码字符从左到右，奇数位置上的字符用条表示，偶数位置上的字符用空表示。如图 4-8 所示。

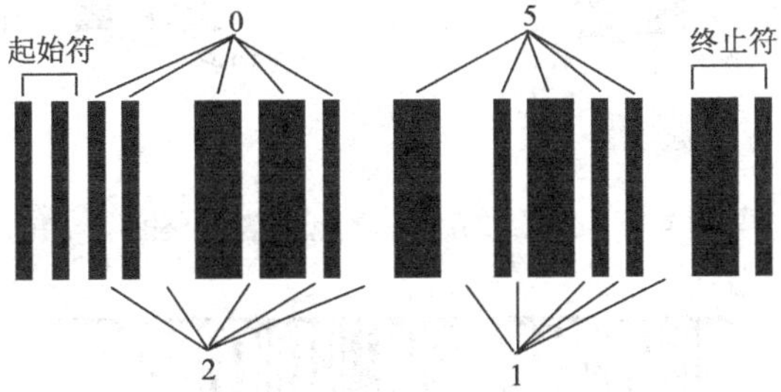

图 4-8　表示“0215”的交叉二五条码（字符个数是奇数，在左侧补 0）

（2）交叉二五条码的字符集包括数字 0 到 9。字符集的二进制表示如表 4-13 所示。

（3）交叉二五条码的条、空的二进制代码的表示方法相同，宽元素为“1”，窄元素为“0”。

（4）交叉二五条码的起始符为“0000”，终止符为“100”。如图 4-9 所示。

（5）为了防止扫描产生的误差，交叉二五条码的符号经常采用托架条，即在符号数据条的顶部和底部各加一个横条，其宽度和宽条相一致，图 4-10 所示为一带有托架的交叉二五条码。

表 4-13　交叉二五条码的字符集

字符	对应二进制及条码字符		字符	对应二进制及条码字符	
	二进制表示	条码字符		二进制表示	条码字符
0	00110		5	10100	
1	10001		6	01100	
2	01001		7	00011	
3	11000		8	10010	
4	00101		9	01010	

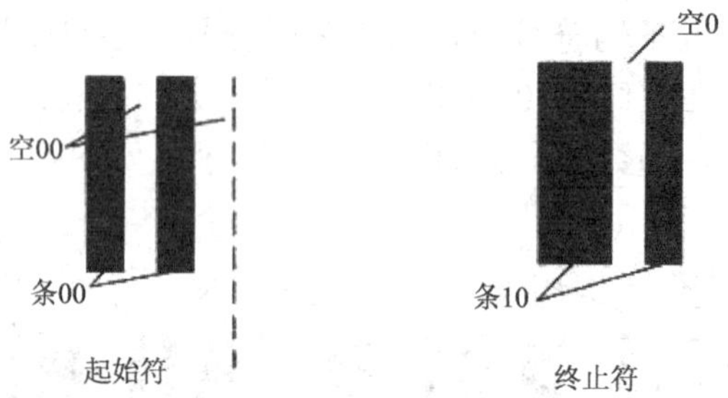

图 4-9　交叉二五条码的起始符和终止符

09771210107001

图 4-10　带有托架的交叉二五条码

2、交叉二五条码的校验符

为了提高交叉二五条码的识读可靠性，在需要的时候可以在数据字符的后面加上一个校验字符，校验字符的计算方法如下：

（1）从第一位开始对每一位数据字符自左至右赋以权数 3、1、3、1、3……。

（2）将相应的数据字符与权数相乘，然后将所得的积相加。

（3）所得的和与10进行模运算，结果就是校验字符的值。

例：某一交叉二五条码的数据字符为21237，其相应的权数为31313，求和的运算。

解：2×3＋1×1＋2×3＋3×1＋7×3＝37，将37与10进行模运算得到的结果为7，则7就是校验字符的值。

（四）ITF－14条码和ITF－6条码

ITF条码是一种连续型、定长、具有自校验功能，并且条、空都表示信息的双向条码。ITF－14条码和ITF－6条码的条码字符集、条码字符的组成与交叉二五条码相同。

ITF－14条码和ITF－6条码由矩形保护框、左侧空白区、条码字符、右侧空白区组成。

图4-11显示了ITF－14条码符号，图4-12显示了ITF－6条码符号。

149 01234 56789 1

图4-11　ITF－14条码符号

042178

图4-12　ITF－6条码符号

三、贸易单元128条码

商品条码与储运条码都属于不携带信息的标志码，在物流配送过程中，如果需要将生产日期、有效日期、运输包装序号、重量、尺寸、体积、送出地址、送达地址等重要信息条码化，以便扫描输入，这时就可应用贸易单元128条码（EAN－128）。

贸易单元128条码（以下简称128条码）是一种可变长度的连续型条码，可携带大量信息，所以其应用领域非常广泛，包括制造业的生产流程控制、批发物流业或运输业的仓储管理、车辆调配、货物追踪、医院血液样本的管理、政府对管制药品的控制追踪等。

贸易单元 128 条码是物流条码实施的关键，其样式如图 4-13 所示。

图 4-13　贸易单元 128 条码示意图

（一）128 条码的结构

128 条码从 1981 年开始推出，是一种长度可变的、连续型的字母数字条码。与其他一维条码相比，128 条码是较为复杂的条码系统，因此，它所能支持的字母数字也比其他的一维条码多，又可交互使用不同的编码方式，因此，应用范围较大。

128 条码的内容由左侧空白区、起始符、数据字符、校验符、终止符、右侧空白区组成，如图 4-14 所示，每个条码字符由 3 个条、3 个空共 11 个模块组成。每个条、空由 1～4 个模块构成。起始符标志 128 条码的开始，由两个条码字符组成；校验符用以校验 128 条码的正误，条码结构同数据符；校验符的值是根据起始符号及数据符号的值，按一定的计算方法得来的；校验符可有可无；终止符标志 128 条码的结束，由 13 个模块构成，其中有 4 个条、3 个空，左右侧空白区则分别由 10 个模块组成。128 条码的模块分配见表 4-14。

表 4-14　128 条码的模块分配

左侧空白区	起始符	数据字符	校验符	终止符	右侧空白区
10 模块	22 模块	11*N* 模块	11 模块	13 模块	10 模块

注：*N* 为数据字符与辅助字符数。

128 条码模块的宽度尺寸为 1.0 mm，条码总长度计算公式为：

$$W=(66+11N)\text{模块}\times 1.0\text{mm}$$

图 4-14 128 条码的构成

（二）128 条码的特性

128 条码具有下列特性：

（1）具有 A、B、C 三种不同的编码类型，可提供标准 ASCII 中 128 个字元的编码使用。

（2）允许双向扫描处理。

（3）可自行决定是否要加上校验码。

（4）条码长度可自由调整，但包括起始码和终止码在内，不可超过 232 个字元。

（5）同一个 128 条码，可以以 A、B、C 三种不同的编码方式加以编码，从而可以扩大字元的选择范围，也可缩短编码的长度。

（三）128 条码的编码方式

128 条码有 A、B、C 三种不同的编码方式，编码时选择何种编码方式，决定于起始码的内容，起始码与编码方式的对应关系见表 4-15。

表 4-15 128 条码的起始码与编码方式的对应关系

编 码 类 别	起始码的二进制表示	起始码的相对值
A	11010000100	103
B	11010010000	104
C	11010011100	105

对于 128 条码的终止码来说，无论 128 条码采用何种编码方式，终止码都只有一种形态，其二进制表示为“1100011101011”。

（四）EAN－128 条码

目前普遍使用的 128 条码是 EAN－128 条码，我国制定的《GB/T 15425－2002 贸易单元 128 条码》国家标准等效采用了 UCC/EAN－128 条码。UCC/EAN－128 条码是由国际物品编码协会、美国统一代码委员会和自动识别制造商协会共同设计而成的。

应用 EAN－128 条码的优越性在于：

（1）可使生产过程中一些经常变化的产品信息条码化。

（2）它是国际通用的协议标准。

（3）可使产品的运送过程得到更佳的品质管理。

（4）可更有效地控制生产及配销。

（5）提供更安全可靠的供给线。

在 EAN－128 条码中最重要且应用最广泛的编码内容是运输包装序号，用来识别不同的运输包装，如：瓦楞纸箱、物流箱、货柜等。EAN－128 条码的号码组成依据所要携带的信息而定，各种信息可以联结在一起，以应用识别码加以区隔，但以最长不超过 48 个字元为原则（含应用识别码及信息码）。EAN－128 条码的组成如图 4-15 所示，图 4-15 中的 EAN－128 条码的内容说明见表 4-16。

(00) 3 5412345 123456789 2 (420) 1000

A B C D E F G

图 4-15 EAN－128 条码的组成

表 4-16 EAN－128 条码的内容

代 号	条码内容	码长度	说 明
A	应用识别码	18	00 代表其后的资料内容为运输包装序号
B	包装形式码	1	3 代表无定义的包装指示码
C	EAN 前置码与公司码	7	代表 EAN 前置码与公司码
D	自行编定的序号	9	由公司指定的序号
E	校验码	1	校验码
F	应用识别码		420 代表其后的资料内容为配送邮政码
G	配送邮政码		代表配送邮政码

第三节 二维条码

一、二维条码概述

由于条码技术具有输入速度快、准确度高、成本低、可靠性强等优点，因此在各行业得到了广泛应用。但随着应用领域的不断扩展，传统的一维条码渐渐表现出了它的局限：首先，使用一维条码，必须通过连接数据库的方式提取信息才能明确条码所表达的信息含意，因此在没有数据库或者不便联网的地方，一维条码的使用就受到了限制；其次，一维条码表达的只能为字母和数字，而不能表达汉字和图像，在一些需要应用汉字的场合，一维条码便不能很好地满足要求；另外，在某些场合下，大信息容量的一维条码通常受到标签尺寸的限制，也给产品的包装和印刷带来了不便。

二维条码的诞生解决了一维条码不能解决的问题，它能够在横向和纵向两个方位同时表达信息，不仅能在很小的面积内表达大量的信息，而且能够表达汉字和存储图像。二维条码的出现拓展了条码的应用领域，因此被许多不同的行业所采用。

二维条码是用某种特定的几何图形按一定规律在平面（二维方向上）分布的黑白相间的图形记录数据符号信息的一种条码技术。简单地说，在水平和垂直方向的二维空间存储信息的条码，称为二维条码。图 4-16 显示了 PDF417 二维条码。

图 4-16　二维条码 ——PDF417 条码示意图

二维条码技术在代码编制上巧妙地利用构成计算机内部逻辑基础的“0”、“1”比特流的概念，使用若干个与二进制相对应的几何形体来表示文字数值信息，通过图像输入设备或光电扫描设备自动识读以实现信息自动处理。它具有条码技术的一些共性：每种码制有其特定的字符集；每个字符占有一定的宽度；具有一定的校验功能等。同时还具有对不同行业的信息自动识别功能及处理图形旋转变化等特点。

二、二维条码的特点和分类

（一）二维条码的分类

与一维条码一样，二维条码也有许多不同的编码方法或码制。就这些码制的编码原理而言，通常可分为以下三种类型：

1、线性堆叠式二维条码

线性堆叠式二维条码是在一维条码编码原理的基础上，将多个一维条码在纵向堆叠而产生的。典型的码制如：Code 16K、Code 49、PDF417 等。

线性堆叠式二维条码中包含附加的格式信息，信息容量可以达到 1K。例如：PDF417 码可用来为运输/收货标签的信息编码，它作为 ANSI MH10.8 标准的一部分为“纸上 EDI”的送货标签内容编码，这种编码方法被许多工业组织和机构采用。

2、矩阵式二维码

矩阵式二维码是在一个矩形空间通过黑、白像素在矩阵中的不同分布进行编码。典型的码制如：Aztec、Maxi Code、QR Code、Data Matrix 等。

矩阵式二维条码带有更高的信息密度（如：Data Matrix、Maxicode、Aztec、QR 码），可以作为包装箱的信息表达符号，在电子半导体工业中，将 Data Matrix 用于标志小型的零部件。矩阵式二维条码只能被二维的 CCD 图像式阅读器识读，并能以全向的方式扫描。

3、邮政码

邮政码通过不同长度的条进行编码，主要用于邮件编码，如：Postnet、BPO 4－State。

新的二维条码能够将任何语言（包括汉字）和二进制信息（如签字、照片）编码，并可以由用户选择的不同程度的纠错级别和在符号残损的情况下恢复所有信息的能力。

（二）二维条码的特性和特点

下面，我们以 PDF417 码为例，介绍二维条码的特性和特点。

1、PDF417 码简介

PDF417 码是一种堆叠式二维条码，目前应用最为广泛。PDF417 码是由美国 YMBOL 公司的留美华人王寅敬（音）博士发明的。PDF 是取英文 Portable Data File 三个单词的首字母的缩写，意为“便携数据文件”。因为组成条码的每一个条码字符由 4 个条和 4 个空共 17 个模块构成，简称 417 码。

PDF417 码可表示数字、字母或二进制数据，也可表示汉字，表 4-17 列

表 4-17 PDF417 码符号的基本特性

项　目	特　征
可编码字符集	全 ASCII 字符或 8 位二进制数据，可表示汉字
类型	连续、多行
字符自校验功能	有
符号尺寸	可变，高度 3～90 行，宽度 90～583 个模块宽度
双向可读	是
错误纠正码字数	2～512 个
最大数据容量 （错误纠正级别为 0 时）	每个符号表示 1 850 个大写字母或 2 710 个数字或 1 108 个字节
附加属性	可选择错误纠正等级、可跨行扫描、宏 417 条码、全球标记标志符等

出了 PDF417 码的基本特性。一个 PDF417 码最多可容纳 1 850 个字符或 1 108 个字节的二进制数据，如果只表示数字则可容纳 2 710 个数字。PDF417 码的纠错能力分为 9 级，级别越高，纠错能力越强。由于这种纠错功能，使得污损的 PDF417 码也可以正确读出。我国目前已制定了 PDF417 码的国家标准（GB/T 17172－1997）。

PDF417 码需要有 417 解码功能的条码阅读器才能识别，目前这种阅读器有 Symbol LS4804、Symbol LS4000P、WelchAllyn IT3800、CiphrLAB 1301 等。

2. PDF417 码的特点

（1）信息容量大。PDF417 码除可以表示字母、数字、ASCII 字符外，还能表达二进制数。根据不同的条空比例，PDF417 码 1in^2 可以容纳 250～1100 个字符。在国际标准的证卡有效面积上（相当于信息卡面积的 2/3，约为 76mm×25mm）PDF417 码可以容纳 1 848 个字母字符或 2 729 个数字字符，约 1 000 个汉字信息，比普通条码信息容量高出几十倍。

（2）错误纠正能力。一维条码通常具有校验功能以防止错读，一旦条码发生污损将被拒读。而码不仅能防止错误，而且能纠正错误，即使条码部分损坏，也能将正确的信息还原出来。

例如，PDF417 码采用了世界上最先进的数字纠错算法，在选择适当的纠错级别进行编码后，只要条码破损度（破损面积不超过整个条码符号所占面积）不超过 50%，就可完整地读出整个条码编码信息。

（3）印制要求不高。普通打印设备均可打印，传真件也能阅读。

（4）可用多种阅读设备阅读。PDF417 码可用带光栅的激光阅读器、线性及面扫描的图像式阅读器阅读。

（5）尺寸可调以适应不同的打印空间。

（6）码制公开已形成国际标准，我国也已制定了 PDF417 码的国家标准。

3. PDF417 码的纠错功能

二维条码的纠错功能是通过将部分信息重复表示（冗余）来实现的。比如在 PDF417 码中，某一行除了包含本行的信息外，还有一些反映其他位置上的字符（错误纠正码）的信息。这样，即使当条码的某部分遭到损坏，也可以通过存在于其他位置的错误纠正码将其信息还原出来。

PDF417 码的纠错能力依错误纠正码字数的不同分为 0～8 共 9 级，级别越高，纠正码字数越多，纠正能力越强，条码也越大。当纠正等级为 8 时，即使条码污损 50%也能被正确读出。

4、PDF417码的几种变形

PDF417码还有几种变形的码制形式：

（1）PDF417截短码。在相对“干净”的环境中，条码损坏的可能性很小，则可将右边的行指示符省略并减少终止符。

（2）PDF417微码。进一步缩减的PDF码。

（3）宏PDF417码。当文件内容太长，无法用一个PDF417码表示时，可用包含多个（1～99999个）条码分块的宏PDF417码来表示。

（三）二维条码的优势

从以上的介绍可以看出，与一维条码相比二维条码有着明显的优势，归纳起来主要有以下几个方面：

（1）数据容量更大。图4-17所示的PDF417码包含如下这段文字：

“一维条码所表示的数据量有限，且不具备纠错功能，而二维条码弥补了这一不足。二维条码近几年刚刚发展起来，正在应用于多种领域。我们在奔腾处理器外壳上见到的一个光刻的小方块就是 Data Matrix 二维条码。PDF417 码是一种堆叠式二维条码，目前应用最为广泛。PDF417 码是由美国YMBOL公司发明的，PDF（Portable Data File）意思是“便携数据文件”。组成条码的每一个条码字符由4个条和4个空共17个模块构成，故称为PDF417码。”

图4-17　纠错级别为3的PDF417码

（2）超越了字母数字的限制。

（3）条码相对尺寸小。

（4）具有抗损毁能力。

三、二维条码的应用

（一）二维条码在运输行业中的应用

一个典型的运输业务过程通常经历：供应商→货运代理，货运代理→货运公司，货运公司→客户等几个过程，在每个过程中都牵涉发货单据的处理。发货单据含有大量的信息，包括：发货人信息、收货人信息、货物清单、运输方式等等。单据处理的前提是数据的录入，人工键盘录入的方式存在着效率低、差错率高的问题，已不能适应现代运输业的要求。

二维条码在这方面提供了一个很好的解决方案，将单据的内容编成一个二维条码，打印在发货单据上，如图 4-18 所示，在运输业务的各个环节使用二维条码阅读器扫描条码，信息便录入到计算机管理系统中，既快速又准确。

在美国，虽然 EDI 应用革新了业务流程的核心部分，但不巧的是，它忽略了流程中的关键角色——货运公司。许多 EDI 报文对于货运商来说总是迟到，以至于因不能及时确认准确的装运单信息而影响了货物运输和客户单据的生成。

美国货运协会（ATA）因此提出了纸上 EDI 系统。发送方将 EDI 信息编成一张 PDF417 码标签提交给货运商，通过扫描条码，信息立即传入货运商的计算机系统。这一切都发生在恰当的时间和恰当的地点，使得整个运输过程的效率大大提高。

图 4-18　二维条码在货票上的应用

（二）身份识别卡的应用

美国国防部已经在军人身份卡上印制 PDF417 码。持卡人的姓名、军衔、照片和其他个人信息被编成一个 PDF417 码印在卡上。卡被用来进行重要场所的进出管理及医院就诊管理。

该项应用的优点在于数据采集的实时性，低实施成本，卡片损坏（比如枪击）也能阅读，以及防伪性。

我国香港特别行政区的居民身份证也采用了 PDF417 码。其他的应用，如营业执照、驾驶执照、护照、我国城市的流动人口暂住证、医疗保险卡等也都是很好的应用方向。图 4-19 显示了应用二维条码的驾驶执照的正反面。

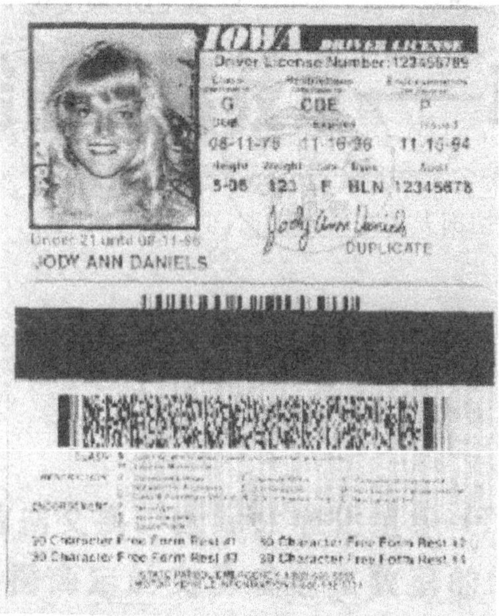

图 4-19　应用二维条码的驾驶执照正反面

（三）文件和表格应用

日本 Seimei 保险公司的每个经纪人在会见客户时都带着笔记本电脑。每张保单和协议都在计算机中制作并打印出来。当他们回到办公室后需要将保单数据手工输入到公司的主机中。

为了提高数据录入的准确性和速度，他们在制作保单的同时，将保单内容编成一个 PDF417 码，打印在单据上，这样他们就可以使用二维条码阅读器扫描条码将数据录入主机。

其他类似的应用还有：海关报关单、税务申报单、政府部门的各类申请表等。

（四）资产跟踪

美国钢管公司在各地拥有不同种类的管道需要维护。为了跟踪每根管子，他们将管子的编号、位置编号、制造厂商、长度、等级、尺寸、厚度以及其他信息编成一个 PDF417 码，制成标签后贴在管子上。当管子移走或安装时，操作员扫描条码标签，数据库信息可以得到及时更新。

工厂可以采用二维条码跟踪生产设备，医院和诊所也可以采用二维条码标签跟踪设备、计算机及手术器械。

第四节 物流条码识别技术

一、物流标志技术概述

所谓物流标志就是对在供应链中运转的物品进行标志，是为实现供应链管理目标所需的信息通过合理的标志能够迅速、准确地采集。

为了实现物流标志信息迅速、准确地采集，对物流的标志主要采用了自动识别技术中的条码技术。其特点是数据采集快速、准确，成本低廉，易于实现，并有全球通用的标准，使所标志的信息能够适应供应链的特点。物流标志技术的应用关系到物流现代化的成败，因为是否在物流过程中应用物流标志技术，决定了是否实现了对物流的实时控制与管理。

物流标志技术主要由物流编码技术、物流条码符号技术以及符号印制与自动识读技术等构成。

二、物流编码技术

（一）物流编码的特点

1、商品以及货运单元的唯一标志

物流编码通常包括商品单元和货运单元的标志，商品单元的编码是消费单元的唯一标志，它常常是单个商品的唯一标志，用于零售业现代化的管理；货运单元的编码常常是多个商品的集合，也可以是多种商品的集合的标志，用于物流现代化的管理。

2、用于供应链全过程

在供应链的全部过程中，包括了从生产厂家生产出产品、包装、运输、仓储、分拣、配送，一直到零售业的各个环节，在这些环节中，随时随地都要用到物流的标志，在零售业中通常是需要对商品单元进行标志，而在其他环节中则需要对货运单元进行标志，因此物流编码涉及面很广，包括生产业、运输业、仓储业、配销以及零售业等，是多种行业共享的通用数据。

3、信息多

物流编码所表示的信息较多，它是可变的，可表示多种含义、多种信息的编码，它可以是无含义的商品及其货运单元的唯一标志，也可以表示货物的体积、重量、生产日期、批号等等信息，它是根据贸易伙伴在贸易过程中的共同需求，经过协商，共同制定的。

4、可变性

对于供应链中单个商品的标志基本是一个国际化、通用化、标准化的唯一标志，是零售业的共同语言。而在供应链中其他环节的标志则是随着国际贸易的不断发展，贸易伙伴对各种信息的需求不断增加，物流标志的应用在不断扩大，标志内容也在不断丰富，物流编码的新增和删除时有发生。

5、维护性

由于具有可变性的特点，物流编码的标准是需要经常维护的，因此，及时沟通用户需求和及时传达标准化机构编码应用的变更内容是十分必要的，是确保国际贸易中物流现代化、信息化的重要保障。

（二）物流编码的内容

物流编码的内容可分为以下几个方面：项目标志、动态项目标志、日期、度量、参考项目、位置码、特殊应用以及内部使用等。

1、项目标志

项目标志及对商品项目及货运单元项目的标志，相同的项目的编码是相同的，它的内容是无含义的，但其对项目的标志是唯一的。其主要编码方式有 13 位和 14 位两种。13 位编码由三段组成，分别为厂商识别代码、商品项目代码及校验码。14 位编码通常是在 13 位编码的基础上，在 13 位编码前面加一位数字组成。

2、动态项目标志

动态项目标志是对商品项目中每一个具体单元的标志，它是对系列货运包装箱的标志，其本身为系列号，每一个货运包装箱具有不同的编码，其编码为 18 位。

3、日期

对日期的标志为六位编码，依次表示年、月、日，主要有生产日期、包装日期、保质期、有效期等，相信会随着应用的需要不断增加。

4、度量

度量的内容比较多，不同度量的编码位数也不同，主要包括数量、重量、长、宽、高以及面积体积等内容，相同的度量有不同的计量单位的分别。

5、参考项目

参考项目的内容也较多，包括客户购货订单代码、收货方邮政编码、卷状产品的长、宽、内径、方向、叠压层数等各种信息，其编码位数也各不相同。

6、位置码

位置码是对法律实体、功能实体、物理实体进行标志的代码。其中：法律实体是指合法存在的机构；功能实体是指法律实体内的具体部门；物理实体是指具体的地址，例如：建筑物的某个房间，仓库或仓库的某个门，交货地等。详见《GB/T 16828－1997》。

7、特殊应用及内部使用

特殊应用是指在特殊行业（如：医疗保健业）的应用，内部使用是指在公司内部使用，由于其编码不与外界发生联系，编码方式及标志内容由公司自己制定。

（三）应用标志符

应用标志符是标志编码应用含义和格式的字符，详见《GB/T 16986－1997》。其作用是指明跟随在应用标志符后面的数字所表示的含义。应用标志符由 2～4 位数字组成。应用标志符后面的数据部分由一组字符组成，其具体含义见表 4-18。

表 4-18　条码应用标志符（部分）的含义

应用标志符	含　义	格　式
00	系列货运包装箱代码 SSCC－18	n2+n18
01	货运包装箱代码 SCC－14	n2+n14
10	批号或组号	n2+an..20
11	生产日期	n2+n6
13	包装日期	n2+n6
15	保质期	n2+n6
17	有效期	n2+n6
20	产品变体	n2+n2
21	连续号	n2+an..20
22	数量、日期、批号（医疗保健业用）	n2+an..29
30	数量	n2+n..8
400	客户购货订单号码	n3+an..30
410	以 EAN－13 表示的交货地点的（运抵）位置码	n3+n13
411	以 EAN－13 表示的受票（发票）方位置码	n3+n13
412	以 EAN－13 表示的供货方的位置码	n3+n13
414	表示贸易实体的 EAN 位置码	n3+n13
420	收货方与供货方在同一国家（或地区）收货方的邮政编码	n3+an..9
421	前置三位 ISO 国家（或地区）代码收货方的邮政编码	n3+n3+an..9

三、条码识读

（一）条码识读原理

条码的阅读与识别涉及光学、电子学、数据处理等多学科技术，就阅读条码信息而言，一般都要经过以下几个环节。

首先，要求建立一个光学系统，该光学系统能够产生一个光点，该光点能够在自动或手工控制下在条码信息上沿某一轨迹作直线运动，同时，要求该光点直径与待扫描条码中最窄条符的宽度基本相同。

其次，要求一个接收系统能够采集到光点运动时打在条码条符上反射回来的反射光，光点打在着色条符上的反射光弱，而光点打在白色条符及左右空白区的反射光强，通过对接收到反射光的强弱及延续时间的测定，就可以分辨出扫描到的是着色条符还是白色条符以及条符的宽窄。

再次，要求一个电子电路将接收到的光信号不失真地转换成电脉冲。

最后，要求建立某种算法，并利用这一算法对已经获取的电脉冲信号进行译解，从而得到所需信息。

总之，条码阅读器是用于读取条码所包含的信息的设备，条码阅读器的结构通常为以下几部分：光源、接收装置、光电转换部件、译码电路、计算机接口。它们的基本工作原理为：由光源发出的光线经过光学系统照射到条码符号上面，被反射回来的光经过光学系统成像在光电转换器上，使之产生电信号，信号经过电路放大后产生一模拟电压，它与照射到条码符号上被反射回来的光成正比，再经过滤波、整形，形成与模拟信号对应的方波信号，经译码器解释为计算机可以直接接受的数字信号。

普通的条码阅读器通常采用以下三种技术：光笔、CCD、激光，它们都有各自的优缺点，没有一种阅读器能够在所有方面都具有优势，下面讨论每一种阅读器的工作原理和优缺点。

（二）常用条码扫描器的工作方式及性能分析

1、光笔条码扫描器

光笔条码扫描器是一种轻便的条码读入装置。在光笔内部有扫描光束发生器及反射光接收器。目前，市场上出售的这类扫描器有很多种，它们主要在发光的波长、光学系统结构、电子电路结构、分辨率、操作方式等方面存在不同。光笔类条码扫描器不论采用何种工作方式，从使用上都存在一个共同点，即阅读条码信息时，要求扫描器与待识读的条码接触或离开一个极短的距离（一般仅 0.2～1mm 左右）。

光笔条码扫描器必须与被扫描阅读的条码接触，才能达到读取数据的目的，因此在使用过程中对条码有一定的破坏性，目前已逐渐被CCD所取代。

2．手持式条码扫描器

手持式条码扫描器（如图4-20所示）内一般都装有控制扫描光束的自动扫描装置。阅读条码时不需与条码符号接触，因此，对条码标签没有损伤。扫描头与条码标签的距离短的在0～20mm范围内，而长的可达到500mm左右。

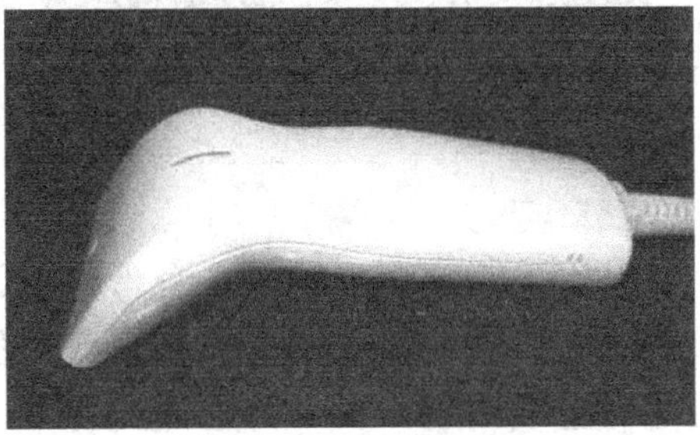

图4-20　手持式CCD条码扫描器

枪型条码扫描器具有扫描光点匀速扫描的优点，因此，阅读效果比光笔扫描器要好。扫描速度快，每秒可对同一标签的内容扫描几十次至上百次。

3．台式条码自动扫描器

台式条码自动扫描器（如图4-21所示）适合于不便使用手持式扫描方式阅读条码信息的场合。如果工作环境不允许操作者一只手处理标附有条码信息的物体，而另一只手操纵手持条码扫描器进行操作，就可以选用台式条码扫描器自动扫描。这种扫描器也可以安装在生产流水线传送带旁的某一固定位置，等待标附有条码标签的待测物体以平稳、缓慢的速度进入扫描范围，对自动化生产流水线进行控制。

图4-21　台式条码自动扫描器

4．激光自动扫描器

激光自动扫描器（如图4-22所示）的最大优点是扫描光照强，可以远距离扫描且扫描景深长，而且激光扫描器的扫描速度高，有的产品扫描速度可以达到1 200次/s，这种扫描器可以在百分之一秒时间内对某一条码标签扫描阅读多次，而且可以做到每一次扫描不重复上一次扫描的轨迹。扫描器内部光学系统可以单束光转变成十字光或米字光，从而保证被测条码从各个不同角度进入扫描范围时都可以被识读。

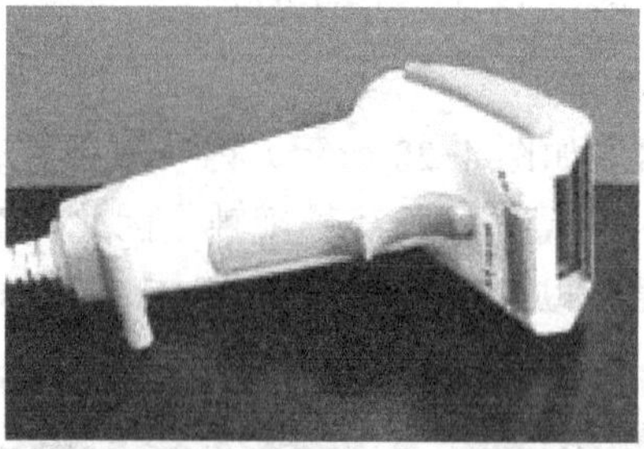

图 4-22 手持式激光自动扫描器

5、卡式条码阅读器

卡式条码阅读器可以用于医院病案管理、身份验证、考勤和生产管理等领域。这种阅读器内部的机械结构能保证标有条形代码的卡式证件或文件在插入滑槽后自动沿轨道做直线运动，在卡片前进过程中，扫描光点将条码信息读入。卡式条码阅读器一般都具有与计算机传送数据的能力，同时具有声光提示以证明识别正确与否。

6、便携式条码阅读器

便携式条码阅读器（如图 4-23 所示）一般配接光笔式或轻便的枪型条码扫描器，有的也配接激光扫描器。便携式条码阅读器本身就是一台专用计算机，有的甚至就是一台通用微型计算机。这种阅读器本身具有对条码信号的译解能力。条码译解后，可直接存入机器内存或机内磁带存储器的磁带中。阅读器具有与计算机主机通信的能力。通常，它本身带有显示屏、键盘、条码识别结果声响指示及用户编程功能。使用时，这种阅读器可以与计算机主机分别安装在两个地点，通过线路连成网络，也可以脱机使用，利用电池供电。这种设备特别适用于流动性数据采集环境。收集到的数据可以定时送到主机内存储。有些场合，标有条码信息或代号的载体体积大，比较笨重，不适合搬运到同一数据采集中心处理，这种情况下，使用便携式条码阅读处理器十分方便。

图 4-23 CIPHERLAB 711 便携式条码阅读器（数据采集器）

（三）条码阅读设备选择

选择条码阅读设备前，要了解扫描设备的几个主要技术参数，然后根据应用的要求，对照这些参数选取适用的设备。

1、分辨率

对于条码扫描系统而言，分辨率为正确检测读入的最窄条符的宽度，英文是 Minimal Bar Width，缩写为 MBW。选择设备时，并不是设备的分辨率越高越好，而是应根据具体应用中使用的条码密度来选取具有相应分辨率的阅读设备。使用中，如果所选设备的分辨率过高，则条符上的污点、脱墨等对系统的影响将更为严重。

2、扫描景深

扫描景深指的是在确保可靠阅读的前提下，扫描头允许离开条码表面的最远距离与扫描器可以接近条码表面的最近点距离之差，也就是条码扫描器的有效工作范围。有的条码扫描设备在技术指标中未给出扫描景深指标，而是给出扫描距离，即扫描头允许离开条码表面的最短距离。

3、扫描宽度

扫描宽度（Scan Speed）指标指的是在给定扫描距离上扫描光束可以阅读的条码信息物理长度值。

4、扫描速度

扫描速度（Scan Speed）是指单位时间内扫描光束在扫描轨迹上的扫描频率。

5、一次识别率

一次识别率表示的是首次扫描读入的标签数与扫描标签总数的比值。例如，如果每读入一只条码标签的信息需要扫描两次，则一次识别率为 50%。从实际应用角度考虑，当然希望每次扫描都能通过，但遗憾的是，由于受多种因素的影响，要求一次识别率达到 100%是不可能的。

应该说明的是：一次识别率这一测试指标只适用于手持式光笔扫描识别方式。如果采用激光扫描方式，光束对条码标签的扫描频率高达每秒钟数百次，通过扫描获取的信号是重复的。

6、误码率

误码率是反映一个机器可识别标签系统错误识别情况的极其重要的测试指标。误码率等于错误识别次数与识别总次数的比值。对于一个条码系统来说，误码率是比一次识别率低更为严重的问题。

第五节 射频识别技术

一、射频技术概述

1、无线射频的概念

射频技术（Radio Frequency，简称 RF），也称无线射频或无线电射频技术，是一种无线电通信技术，其基本原理是电磁理论，利用无线电波对记录媒体进行读写。目前，RF 用得较多的是 IEEE 802.11b 标准，且 2.4GHz 的高频道使服务器与终端之间的通讯速度可达 12Mbps，这段频道干扰小，在绝大部分国家都不受无线管制。

RF 技术以无线信道作为传输媒体，建网迅速，通信灵活，可以为用户提供快捷、方便、实时的网络连接，也是实现移动通信的关键技术之一。

RF 技术的应用已经渗透到商业、工业、运输业、物流管理、医疗保险、金融和教学等众多领域。

2、无线射频识别技术

RFID 是英文 Radio Frequency Identification（无线射频识别技术）的缩写，即射频识别。射频识别技术是一项利用射频信号通过空间耦合（交变磁场或电磁场）实现无接触信息传递并通过所传递的信息达到识别目的的技术。简单地说，RFID 是利用无线电波进行数据信息读写的一种自动识别技术或无线电技术在自动识别领域中的应用。

RFID 是 20 世纪 90 年代开始兴起的一种非接触式自动识别技术，它通过射频信号自动识别目标对象并获取相关数据，识别工作无需人工干预，可工作于各种恶劣环境（如油渍、灰尘污染等）。RFID 系统不局限于视线、识别距离比光学系统远，可达几十米以上（如用于自动收费或识别车辆身份等）。RFID 技术可识别高速运动物体并可同时识别多个标签，操作快捷方便。RFID 识别卡具有读写能力；可携带大量数据；具有难以伪造和智能化等特性；具有极高的保密性。

射频技术是对条码及扫描技术的补充和发展。它规避了条码技术的一些局限性，为大量信息的存储、改写和远距离的识别奠定了基础。如我国香港的车辆自动识别系统——驾易通，采用的主要技术就是射频技术。装有电子标签的车辆通过装有射频扫描器的专用隧道、停车场或高速公路路口时，无需停车缴费，大大提高了行车速度，提高了效率。

二、RFID 系统组成

RFID 系统一般都由信号发射机（射频标签）、信号接收机（阅读器）、编程器发射接收天线等部分组成。

1．信号发射机

在射频识别系统中，信号发射机为了不同的应用目的，会以不同的形式存在，典型的最常用的形式是标签（Tag）。标签相当于条码技术中的条码符号，用来存储需要识别传输的信息，但与条码不同的是，标签必须能够自动或在外力的作用下，把存储的信息主动发射出去。标签一般是带有线圈、天线、存储器与控制系统的低电集成电路。标签有许多不同的分类：

（1）主动式标签、被动式标签和半被动式标签。主动式标签内含有电源，用自身的射频能量主动地发射数据给阅读器，其工作可靠性高，信号传送距离远。主动式标签还可通过设计电池的不同寿命对标签的使用时间或使用次数进行限制。主动式标签用在需要限制数据传输量或者使用数据有限制的地方，如一年内，标签只允许读写有限次。主动式标签的缺点主要是标签的使用寿命受到限制，而且随着标签内电池电力的消耗，数据传输的距离会越来越小，因而影响系统的正常工作。

被动式标签的通信能量，要靠外界的提供（即从阅读器发射的电磁波中获得）才能正常工作。被动式标签既有不含电源的标签，也有含电源的标签。含有电源的标签，电源只为芯片运转提供能量，这种标签称为半主动标签。被动式标签具有永久的使用期，常常用在标签信息需要每天读写或频繁读写多次的地方，而且被动式标签支持长时间的数据传输和永久性的数据存储。被动式标签的缺点主要是数据传输的距离要比主动式标签短。因为被动式标签依靠外部的电磁感应而供电，它的电能就比较弱，数据传输的距离和信号强度就受到限制，需要敏感性比较高的信号接收器（阅读器）才能可靠识读。

（2）只读型标签与读写型标签。这是根据射频标签的读写方式来划分的。在识别过程中，内容只能读出，不可写入的标签是只读型标签。只读型标签所具有的存储器是只读型存储器。只读型标签又可分以下三种。

只读型标签：只读标签的内容在标签出厂时已被写入，识别时只可读出，不可再改写，其存储器一般由 ROM 组成。一次性编程只读标签：标签的内容只可在应用前一次性编程写入，识别过程中标签内容不可改写，其存储器一般由 PROM、PAL 组成。可重复编程只读标签：标签内容经擦除后可重新编程写入，识别过程中标签内容不可改写。其存储器一般是由 EPROM 或 GAL 组成。

读写型标签既可以被阅读器读出，又可由阅读器写入，其具有读写型存储器（如 RAM 或 EEROM），也可以同时具有读写型存储器和只读型存储器。

读写型标签应用过程中数据是双向传输的。

（3）标志标签与便携式数据文件。标识标签中存储的只是标志号码，用于对特定的标志项目，如人、物、地点进行标志，而关于被标志项目的详细的特定的信息，只能在与系统相连接的数据库中进行查找。

便携式数据文件就是说标签中存储的数据非常大，足可以看做是一个数据文件。这种标签一般都是用户可编程的，标签中除了存储标志码外，还存储有大量的被标志项目其他的相关信息，如包装说明、工艺过程说明等。在实际应用中，关于被标志项目的所有信息都是存储在标签中的，读标签就可以得到关于被标志项目的所有信息，而不用再连接到数据库进行信息读取。

（4）其他分类。工作频率在 500kHz 以下的，称为低频标签，如动物识别标签、行李识别标签等；工作频率在 500kHz 到 1GHz 的，称为高频标签，如电子门票、门禁控制标签等；工作频率在 1GHz 以上的标签称为微波标签，如集装箱自动识别用标签、高速公路不停车收费标签等。

工作距离在 100cm 以上的称为远程标签；工作距离在 10～100cm 的称为近程标签；工作距离在 0.2～10cm 的称为超近程标签。

2、信号接收机

在射频识别系统中，信号接收机一般称为阅读器（Reader）。根据支持的标签类型不同与完成的功能不同，阅读器的复杂程度是显著不同的。射频识读器一般由天线、射频模块、读写模块组成，阅读器基本的功能就是利用射频技术读取标签信息，或将信息写入标签，然后通过计算机及网络系统进行管理和信息传输。另外，阅读器还提供相当复杂的信号状态控制、奇偶错误校验与更正功能等。

3、编程器

只有可读写标签系统才需要编程器。编程器是向标签写入数据的装置。编程器写入数据一般来说是离线（off-line）完成的，也就是预先在标签中写入数据，等到开始应用时直接把标签附在被标志项目上．也有一些 RFID 应用系统，写数据是在线（on-line）完成的，尤其是在生产环境中作为交互式便携数据文件来处理时。

4、天线

天线（Antenna）是标签与阅读器之间传输数据的发射、接收装置。在实际应用中除了系统功率，天线的形状和相对位置也会影响数据的发射和接收，需要专业人员对系统的天线进行设计。

三、RFID 工作原理与流程

射频识别系统工作过程中，通常由阅读器在一个区域内发射射频能量形成电磁场，作用距离的大小取决于发射功率。标签通过这一区域时被触发，发送存储在标签中的数据，或根据阅读器的指令改写存储在标签中的数据。阅读器可接收标签发送的数据或向标签发送数据，并能通过标准接口与计算机网络进行通信。具体流程如下：

（1）编程器预先将数据信息写入标签中。

（2）阅读器经过发射天线向外发射无线电载波信号。

（3）当射频标签进入发射天线的工作区时，射频标签被激活后即将自身信息经标签天线发射出去。

（4）系统的接收天线接收到射频标签发出的载波信号，经天线的调节器传给阅读器，阅读器对接到的信号进行解调解码，送后台计算机。

（5）计算机控制器根据逻辑运算判断射频标签的合法性，针对不同的设定做出相应的处理和控制，发出指令信号控制执行机构的动作。

（6）执行机构按计算机的指令动作。

（7）通过计算机通信网络将各个监控点连接起来，构成总控信息平台。

四、RFID 系统分类

根据射频系统完成的功能不同，可将 RFID 系统划分为 4 类：即 EAS 系统、便携式数据采集系统、RFID 网络控制系统和 RFID 定位系统。

1. EAS 系统

EAS（Electronic Article Surveillance，电子物品监视技术）系统由附着在物品上的电子标签、电子传感器和在出入口形成一定监视区域的监视器组成。一般设置在需要对物品出入进行控制的门口。例如，商店、仓库、数据中心、图书馆等出入口处。

EAS 工作原理：发射器在监视区以一定的频率发射无线电波，当携带有一定特征的电子标签的物品进入该监视区时，会对发射器发出的信号产生干扰，这种干扰信号也会被接收器所接收，微处理器对此信号做出分析判断，控制警报器的响鸣，从而完成对通过监视区的物品的监视。

在应用 EAS 系统时，首先在物品上黏附 EAS 标签，当物品被正常购买或者合法移出时，在结算处通过一定的装置使 EAS 标签失活，物品就可以取走。物品经过装有 EAS 系统的门口时，EAS 装置能自动检测标签的活动性，一旦发现活动性标签，EAS 系统会立即发出警告。EAS 技术的应用可以有效防止物品的被盗，不管是大件的商品，还是很小的物品。

2、便携式数据采集系统

便携式数据采集系统是使用带有 RFID 阅读器的手持式数据采集器采集 RFID 标签上的数据。这种系统具有比较大的灵活性，适用于不宜安装固定式 RFID 系统的应用环境。手持式阅读器（数据输入终端）可以在读取数据的同时，通过无线电波数据传输方式实时向主计算机系统传输数据，也可以暂时将数据存储在阅读器中，成批地向主计算机系统传输数据。

3、物流控制系统

在物流控制系统（也称 RFID 网络控制系统）中，RFID 阅读器分散布置在给定的区域，并且阅读器直接与数据管理信息系统相连，信号发射机是移动的，一般安装在移动的物体、人体上面。当物体、人流经阅读器时，阅读器会自动扫描标签上的信息并把数据信息输入数据管理信息系统存储、分析处理，达到控制物流的目的。

4、RFID 定位系统

在 RFID 定位系统中，阅读器安装在移动的车辆、轮船上，或自动化流水线上移动原材料、半成品、成品上，通过无线或有线方式与计算机信息系统相连；信号发射机则嵌入到操作环境的地表下面或其他位置，存储有位置识别信息。通过阅读器和发射器的配合工作，可用于自动化加工系统中定位以及提供对车辆、轮船等的运行定位支持。

五、RFID 技术的特点

RFID 凭借其自动数据采集、高度的数据集成、支持可读写工作模式等优势，已成为新一代的自动识别技术。RFID 技术有如下的特点：

（1）不需要光源，甚至可以透过外部材料（如包装的箱子或容器等）读取数据。

（2）信息容量大，RFID 能容纳上百亿的字符（一维 EAN / UCC 条码，容量不过几十个字符，二维条码 PDF417，最多也只能存储 2 725 个数字），可对产品进行详细的描述。

（3）可重复使用，使用寿命长（最高可以达到 10 年以上），能在恶劣环境下工作。

（4）能够轻易嵌入或附着在不同形状、类型的产品上。

（5）穿透性强，读取距离远（可达数十米远），且能无屏障阅读。

（6）可以写入及存取数据，写入时间比打印条码短。

（7）标签的内容可以动态改变。

（8）能够同时处理多个标签（可同时处理 200 个以上的标签）。

（9）标签的数据存取有密码保护，安全性高。

（10）可以对 RFID 标签所附着的物体进行追踪定位。

六、射频技术在物流中的应用

1、高速公路的自动收费系统

高速公路上的人工收费站由于效率低下而成为交通瓶颈。RFID 技术应用在高速公路自动收费上，能够充分体现它非接触识别的优势，让车辆在高速通过收费站的同时自动完成收费。据测试，采用这种自动收费方式，车辆通过自动收费卡口车速可保持在 40km／h，与停车领卡交费相比，行车可节省时间 30%～70%。

2、交通督导和电子地图

利用 RFID 技术可以进行车辆的实时跟踪，通过交通控制中心的网络在各个路段向司机报告交通状况，指挥车辆绕开堵塞路段，并用电子地图实时显示交通状况，能够使得交通流量均匀，大大提高道路利用率。通过实时跟踪，还可以自动查处违章车辆，记录违章情况。另外，公共汽车站实时跟踪显示公共汽车到站时间及自动显示乘客信息，可以带给乘客方便。

3、停车智能化管理系统

出入无需停车，系统自动识别车辆的合法性，完成放行（禁止）、记录等管理功能，节约进出场的时间，提高工作效率，杜绝管理费的流失。

4、邮政包裹管理系统

在邮政领域，如果在邮票和包裹标签中贴上 RFID 芯片，不仅可以实现分拣过程的全自动化，而且邮件包裹到达某个地方，标签信息就会被自动读入管理系统，并融入“物联网”供顾客和企业查询。

5、铁路货运编组调度系统

火车按既定路线运行，读写器安装在铁路沿线，就可得到火车的实时信息及车厢内装的物品信息。通过读到的数据，能够得到火车的身份，监控火车的完整性，以防止遗留在铁轨上的车厢发生撞车事故，同时在车站能将车厢重新编组。

6、集装箱识别系统

将记录有集装箱位置、物品类别、数量等数据的标签安装在集装箱上，借助射频识别技术，就可以确定集装箱在货场内的确切位置，在移动时可以将更新的数据写入射频卡。系统还可以识别未被允许的集装箱移动，有利于管理和安全。

7、RFID 库存跟踪系统

将 RFID 标签贴在托盘、包装箱或元器件上，无需打开产品的外包装，系统就可以对其成箱成包地进行识别，实现对商品从原料、半成品、成品、运输、仓储、配送、上架、最终销售，甚至退货处理等所有环节的实时监控，极大地提高自动化程度，大幅降低差错率，提高供应链的透明度和管理效率。

8、生产物流的自动化及过程控制

用 RFID 技术在生产流水线上实现自动控制、监视，可提高生产率，改进生产方式，节约成本。如德国宝马汽车公司在装配流水线上应用射频卡以尽可能大量地生产用户定制的汽车。宝马汽车的生产是基于用户提出的要求式样而生产的，用户可以从上万种内部和外部选项中选定自己所需车的颜色、引擎型号及轮胎式样等。这样一来，汽车装配流水线上就得装配上百种式样的宝马汽车，如果没有一个有高度组织的、复杂的控制系统，是很难完成这样复杂的任务的。宝马公司就在其装配流水线上配有 RFID 系统，他们使用可重复使用的射频卡，该射频卡带有详细的装配汽车的所有要求，在每个工作点处都有读写器，这样可以保证汽车在各个流水线位置处能毫不出错地完成装配任务。

第六节　物流条码技术的应用

一、物流条码应用标准

物流业是一个综合性的行业，它涉及运输、包装、仓储、装卸搬运、流通加工、配送和信息等各个方面，我国的现代物流业是在传统行业的基础上发展起来的，由于传统的物流被人为地割裂为很多阶段，而各个阶段不能很好地衔接和协调，加上信息不能共享，造成物流的效率不高，这在很多小的物流企业表现得尤为明显。目前我国共有物流企业两千多家，然而企业物流非标准化装备、非标准化设施和非标准化行为却相当普遍。可用一个“散”字概括我国物流规划不一的状况：物流企业的主管部门相互割裂，铁路运输由铁道部主管，公路运输由交通部主管，航空运输由民航局主管，这是行政管理分散；运输、仓储、包装等物流作业环节不能构成一个有序的连续动作，这是物流资源在操作环节上的分散；铁路的车站、公路的货场与各企业的仓库还有一段距离，完成一次物流要经过多次中转，这是地域上的分散。

解决“散”的一个重要途径就是加强物流标准化建设。

物流标准化是以物流作为一个大系统，制定系统内部设施、机械设备、专用工具等各个分系统的技术标准；制定系统内各个分领域如包装、装卸、运输等方面的工作标准；以系统为出发点，研究各分系统与分领域中技术标准与工作标准的配合性，统一整个物流系统的标准；研究物流系统与相关其他系统的配合性，进一步谋求物流大系统的标准统一。

由于物流标准的具体条款是要通过我国国内物流行业的具体运作和实践进行检验的，因而制定标准时，不能简单照搬国外先进、成熟的物流标准，要建立适合自己国情和特点的物流标准系列。物流标准体系中很重要的一部分标准是物流的统一性通用标准，这类标准包括与物流相关的专业术语标准、物流的计量单位标准、物流基础模数尺寸标准等等。去年《物流术语》国家标准正式实施。这是我国物流领域第一个基础性的标准。它的出台对于规范当前我国物流业发展中的基本概念，促进物流业迅速发展并与国际接轨将起到重要作用。物流专业计量单位的标准化，是物流作业定量化的基础，目前还没有制定出统一的标准。它的制定要在国家的统一计量标准的基础上，考虑到许多专业的计量问题和与国际计量标准的接轨问题。物流基础模数尺寸标准是物流系统中各种设施建设和设备制造的尺寸依据，在此基础上可以确定出集装基础模数尺寸，进而确定物流的模数体系。物流标准体系中除了通用性标准，还包括其相关行业的分系统的标准，其中分系统的技术标准和作业标准规范是最重要的内容。我国运输行业的国家标准中，对集装箱、货运车船以及危险品运输都制定了不同的标准，可以说也相对完备，但还需要进一步制定出适应现代物流运输需要的专业标准。装卸搬运业目前也拥有一系列的装卸设备、搬运车辆和传输机具的标准，但是多以港口作业为主。在仓储中已有托盘、叉车等国家标准，但对于仓库、站台、货架、储罐等专业技术标准，以及与仓储相关的作业标准还很欠缺，物流中的流通加工目前没有国家标准，但是可以与流通加工的各种商品的深加工和精加工标准一同设立。现代物流强烈依赖现代信息网络技术，因此数据传输格式、接口的标准化非常重要，比如 RF 标准等。由于电子商务与物流日益融合，并常常较多地依赖于 EDI 来完成，因此，制定统一的 EDI 标准至关重要。EDI 标准主要分为以下几个方面：基础标准、代码标准、报文标准、单证标准、管理标准、应用标准、通信标准、安全保密标准。在这些标准中最首要的是实现单证标准化，包括单证格式的标准化、所记载信息标准化以及信息描述的标准化。

信息技术推动了人类从工业社会过渡到信息社会。随着信息社会的到来，信息资源的开发，信息的生产处理和分配，已经成为世界经济增长最快的产业之一，与信息产业不可分割的信息技术标准化，尤其是作为信息处理基础的信息分类编码标准化工作，越来越受到人们的重视。物流活动是改变商品/产品的时间和空间效能的活动，它是国民经济正常运转的保障，是人类赖以生存的基础。

随着电子商务的发展，物流系统的信息化要求日益迫切，与电子商务相配套的物流信息系统建设必须加大力度。在物流信息系统建设中，通过标准化来实现系统间的数据交换与共享已经成为电子商务的必然要求。

因此，用现代化的信息技术来支撑现代物流活动具有重要意义。

物流信息分类编码标准化是信息分类标准化工作的一个专业领域和分支，其核心是将信息分类编码标准化技术应用到现代物流系统中，实现物流信息系统的自动数据采集和系统间的数据交换与资源共享，促进物流活动的社会化、现代化和合理化，在实践中做到“货畅其流”。

所谓信息分类编码就是对大量的信息进行合理分类，然后用代码加以表示。将信息分类编码以标准的形式发布，就构成了标准信息分类编码，或称标准信息分类代码。人们通常借助代码进行手工方式或计算机方式的信息检索和查询，特别是在用计算机方式进行信息处理时，标准信息分类编码显得尤为重要。统一的信息分类编码是信息系统正常运转的前提。美国从 1945 年起就开始研究标准信息分类编码问题，1952 年起正式着手物资编码标准化工作，经过 6 年的时间完成了国家物资分类编码。我国从 1979 年起着手制定有关标准，到现在已经发布了几十个信息分类编码标准，特别是干部、人事管理信息系统指标体系分类与代码，基本做到了数据元与分类代码齐备，构筑了一个较为完整的代码体系。

物流信息分类编码标准体系旨在汇集与物流信息系统相关的现有国家标准，提出待制定的相关国家标准，一方面明确标准制定工作的需求，另一方面反映现有标准化状况，为物流信息系统设计人员提供参考，为进一步采用国际标准和国外先进标准提供支撑。

物流信息分类编码标准体系总表分三个层次，第一层次为门类，第二层次为类别，第三层次为项目。整个标准体系分为三个门类。第一门类为基础标准，这些标准是制定标准时所必须遵循的、全国统一的标准，是全国所有标准的技术基础和方法指南，具有较长时期的稳定性和指导性；第二门类为业务标准，它是针对物流活动（装卸、搬运、仓储、运输、包装和流通加工）的技术标准，对物流信息系统建设具有指导意义；第三门类为相关标准，它是伴随人类社会技术进步（特别是通信和信息处理技术进步）而产生的专门领域标准，其中 EDI（电子数据交换）应用于商业贸易和政府审批（如报关等），它与物流活动密切相关，而 GPS（全球定位系统）则是提供对运输工具（含运输物品）的动态实时跟踪和导航的工具系统，也与物流活动密切相关。物流信息分类编码标准体系如下。

（一）基础标准

基础标准主要包括：

《标准体系表编制原则和要求》GB13016－1991

《信息分类编码的维护方法和规定》，建议尽快制定国家标准

《信息分类编码标准的管理规定》，建议尽快制定国家标准

《信息分类编码标准的注册规定》，建议尽快制定国家标准

《标准化工作导则 信息分类编码的基本原则和方法》GB/T7027－2002

《文件格式分类与代码编制方法》GB/T13959－1992

《国家标准制定程序的阶段划分及代码》GB/T16733－1997

《事务特性表定义和原理》GB/T10091－1989

《数据处理校验码系统》GB/T17710－1999 和 ISO7064－1983

《信息分类编码通用术语》GB/T10113－1988

（二）业务标准

业务标准分为六个类别：201 物品分类编码标准是描述和表征物品的分类代码，其中不同的分类代码标准适用于不同的场合；202 参与方分类代码标准用来标志物流活动参与各方（如发货人、收货人和保险人等）；203 位置分类编码标准可实现对物理位置和地理位置的唯一标志，如位置码可标志出仓库、货位等具体详细物理位置；204 运输分类编码标准主要针对车辆、船舶和集装箱等进行标志；205 单证分类编码标准规定标准单证，包括单证格式、单证指标和编码等；206 时间和计量分类编码标准规定时间表示法和标准计量单位系统，是物流的基础。具体应用如下：

物品分类编码标准主要包括：

《全国工农业产品（商品、物资）分类与代码》GB/T7635－1987

《全国产品分类与代码 可运输产品部分》将替代 GB7635－1987

《全国产品分类与代码 不可运输产品部分》将替代 GB7635－1987

《中华人民共和国进出口商品分类和代码》正在制定国家标准

《通用商品条码》GB12904－1998

《储运单元条码》GB/T16830－1997

《货物类型、包装类型和包装材料代码》GB/T16472－1996

《危险货物品名表》GB12268－1990

《危险货物分类与品名编号》GB6944－1986

《中国煤炭编码系统》GB/T16772－1997

《瓶装压缩气体分类》GB16163－1996 等。

参与方分类编码标准主要包括：

《全国组织机构代码编制规则》GB11714－1997 并采用国际标准 ISO6523

《全国组织机构代码信息数据库（基本库）机读格式规范》GB/T16987－2002

《公民身份证号码》GB11643－1999 等。

位置分类编码标准主要包括：

《中华人民共和国行政区划代码》GB/T2260－2002

《县以下行政区划代码编制规则》GB/T10114－1988

《中华人民共和国口岸及有关地点代码》GB/T15514－1998

《中国及世界主要海运贸易港口代码》GB/T7407－1997

《中华人民共和国铁路车站站名代码》GB/T13016－1991

《世界各国和地区名称代码》GB/T2659－2002并采用国际标准 ISO3166－1993

《城市道路交叉口、街坊、市政工程管线编码规则》GB/T14395－1993

《位置码》GB/T16828－1997 等。

建议制定以下国家标准：《中国机场名称代码》和《仓储货位分类代码编码规则》等。

运输分类编码标准主要包括：

《国际集装箱货运交接方式代码》GB/T15419－1994

《集装箱代码、识别和标记》GB/T1836－1997

《集装箱常用残损代码》GB/T15119－1994

《货物运输常用残损代码》GB/T14946－2002

《道路车辆分类与代码 ——机动车》GB/T918.1－1989

《道路车辆分类与代码 ——非机动车》GB/T918.2－1989

《国际航行船舶识别代码》GB/T12410－1990

《内河船舶分类与代码》GB/T16158－1996

《民用航空业信息分类与代码》GB/T16300－1996

《道路车辆 识别代号（WIN）位置与固定》GB/T16735－1997 等。

单证分类编码标准主要包括：

《贸易单证样式》GB/T14392－1993

《国际贸易交货条款代码》GB/T15423－1994

《国际贸易合同代码规范》GB/T16963－1997

建议制定国家标准《物流单证数据元、指标体系分类编码》等。

时间和计量分类编码标准主要包括：

《数据元交换格式 信息交换 日期和时间表示法》GB/T7408－1994 和 ISO8601－88

《国际单位制代码》GB/T9648－1988 和 ISO2955－1983

《表示货币和资金的代码》GB/T12406－1996 和 ISO4217－1995

《国际贸易用计量单位代码》GB/T17295－1998 等。

（三）相关标准

EDI 相关代码标准主要包括：

EDI 基础标准（主要包括 EDIFACT 基础标准和开放式 EDI 基础标准）

EDI 代码标准（主要包括管理、贸易、运输、海关、银行、保险和检验等各行业的代码标准）

EDI 报文标准（主要包括海关报文标准、账户报文标准、退休金、卫生、社会保障、统计、通用运输、集装箱运输、危险品、转运以及各种商业报文标准等）

EDI 单证标准（主要包括各式各样的贸易单证标准，如：管理、贸易、运输、海关、银行、保险、检验等单证标准）

EDI 网络通信标准（主要包括用于 EDI 的各种通信规程和网络协议）

除以上标准外，还有 EDI 管理标准、EDI 应用标准以及 EDI 安全保密标准等。

具体应用较多的有：

《贸易数据元目录 标准数据元》GB/T15191－1997

《用于行政、商业和运输业的电子数据交换代码表》GB/T16833－2002

《用于行政、商业和运输业的电子数据交换的语法实施指南》GB/T16703－1996 等。

GPS 相关代码标准主要由以下几部分构成：

《地理格网代码》GB12409－1990

《地理点位置的纬度、经度和高程的标准表示法》GB/T16831－1997

《1:500 1:1000 1:2000 地形图要素分类与代码》GB14804－1993

《1:5000 1:10000 1:50000 1:100000 地形图要素分类与代码》GB/T15660－1995 等。

二、物流条码技术的具体应用

（一）分拣运输

铁路运输、航空运输、邮政通信等许多行业都存在货物的分拣搬运问题，大批量的货物需要在很短的时间内准确无误地装到指定的车厢或航班；一个生产厂家如果生产上百个品种的产品，并需要将其分门别类，以送到不同的目的地，那么就必须扩大场地，增加人员，还常常会出现人工错误。解决这些问题的办法就是应用物流标志技术，使包裹或产品自动分拣到不同的运输机上。我们所要做的只是将预先打印好的条码标签贴在发送的物品上，并在每个分拣点装一台条码扫描器。

为了实现物流现代化，出现了很多配送中心。这些配送中心为了提高吞吐能力，采用自动分拣技术更是十分必要的。

典型的配送中心的作业从收货开始。送货卡车到达后，叉车司机在卸车的时候用手持式扫描器识别所卸的货物，条码信息通过无线数据通信技术传给计算机，计算机向叉车司机发出作业指令，显示在叉车的移动式终端上，或者把货物送到某个库位存放，或者直接把货物送到拣货区或出库站台。在收货站台和仓库之间一般都有运输机系统，叉车把货物放到输送机上后，输送机上的固定式扫描器识别货物上的条码，计算机确定该货物的存放位置。输送机沿线的转载装置根据计算机的指令把货物转载到指定的巷道内。随即，巷道堆垛机把货物送到指定的库位。出库时，巷道堆垛机取出指定的托盘，由运输机系统送到出库台，叉车到出库台取货。首先用手持式扫描器识别货物上的条码，计算机随即向叉车司机提出作业指令，或者把货物直接送到出库站台，或者为拣货区补充货源。拣货区有多种布置形式，如普通重力式货架，水平循环式货架，垂直循环货架等。拣货员在手持式终端上输入订单号，计算机通过货架上的指示灯指出需要拣货的位置，拣货员用手持式扫描器识别货品上的条码，计算机确认无误后，在货架上显示出拣货的数量。捡出的货品放入货盘内，连同订单一起运到包装区。包装工人进行检验和包装后，将实时打印的包含发运信息的条码贴在包装箱上。包装箱在通过分拣机时，根据扫描器识别的条码信息被自动拨到相应的发运线上。

（二）仓储配送

仓储配送是产品流通的重要环节。

以美国最大的百货公司 Wal Mart 为例，该公司在全美有 25 个规模很大的配送中心，一个配送中心要为 100 多家零售店服务，日处理量约为 20 多万个纸箱。每个配送中心分三个区域：收货区、拣货区、发货区。在收货区，一般用叉车卸货。先把货堆放到暂存区，工人用手持式扫描器分别识别运单上和货物上的条码，确认匹配无误才能进一步处理，有的要入库，有的则要直接送到发货区，我们将其称为直通作业，它可以节省时间和空间。在拣货区，计算机在夜班打印出隔天需要向零售店发运的纸箱的条码标签。白天，拣货员拿一叠标签打开一只只空箱，在空箱上贴上条码标签，然后用手持式扫描器识读。根据标签上的信息，计算机随即发出拣货指令。在货架的每个货位上都有指示灯，表示哪里需要拣货以及拣货的数量。当拣货员完成该货位的拣货作业后，按一下“完成”按钮，计算机就可以更新其数据库。装满货品的纸箱经封箱后运到自动分拣机，在全方位扫描器识别纸箱上的条码后，计算机指令拨叉机构把纸箱拨入相应的装车线，以便集中装车运往指定的零售店。

在国内，条码在加工制造和仓储配送业中的应用也已有了良好的开端。红河烟厂就是一例。成箱的纸烟从生产线下来，汇总到一条运输线。在送往仓库之前，先要用一台扫描器识别其条码，登记完成生产的情况，纸箱随即进入仓库，运到自动分拣机。另一台扫描器识读纸箱上的条码。如果这种品牌的烟正要发运，则该纸箱被拨入相应的装车线。如果需要入库，则由第三台扫描器识别其品牌。然后拨入相应的自动码托盘机，码成整托盘后通过运输机系统入库储存。条码的功能在于极大地提高了成品流通的效率，而且提高了库存管理的及时性和准确性。

物流标志技术给仓储现代化带来了更多的方便，它不仅使保管者提高效率、减少劳动，也为客户带来了间接的经济效益。

（三）机场通道

当机场的规模达到一个终端要在 2h 内处理品 10 个以上的航班时，就必须实现自动化，否则会因为来不及处理行李导致误机。当 1h 必须处理 40 个航班时，实现自动化就是必不可少的了。

在自动化系统中，物流标识技术的优势充分体现出来，人们将条码标签按需要打印出来，系在每件行李上。条码标签是一个纸牌，系在行李的手把上。根据国际航空运输协会（IAIA）标准的要求，条码应包含航班号和目的地等信息。当运输系统把行李从登记处运到分拣系统时，一组通道式扫描器（通常由 8 个扫描器组成）包围了运输机的各个侧面：上下、前后、左右。

扫描器对准每一个可能放标签的位置，甚至是行李的底部。为了提高首读率，通常会印制两个相同的条码，条码贴在位置互相垂直标签上。

当扫描器读到条码时，会将数据传输到分拣控制器中，然后根据对照表，行李被自动分拣到目的航班的传送带上。

在大的机场，每小时可能要处理 80～100 个航班，这使得首读率特别重要。任何未被子扫描器读出的行李都将被分拣到人工编码点，由人工输入数据，速度是每分钟 10～20 件。对于印刷清晰、装载有序的自动分拣系统，首读率应该大于 90%。

（四）货物通道

在美国有三个最大的邮包投递公司，即联邦快递、联合包裹服务和 RPS，每天要处理大约 1 700 万件包裹，其中 700 万件是要在 1～3 天内送达的快件。这些包裹的处理量之大令人难以置信，而且数量还在不断增长，运输机系统变得更复杂，速度比以往更快。

包裹运输公司不能像制造厂家那样决定条码位置，它可以指定一种码制，但不能规定条码的位置，因为包裹在传送带上的方向是随机的，且以 3m/s 的速度运动。为了保证快件及时送达，不可能采用降低处理速度的办法。我们面临的问题不是如何保持包裹的方向，使条码对着扫描器，而是如何准确地阅读这些随机摆放的包裹上的条码，解决的办法就是扫描通道。

几乎和机场的通道一样，货物通道也是由一组扫描器组成的。全方位扫描器能够从所有的方向上识读条码，上下、前后和左右。这些扫描器可以识读任意方向、任意面上的条码，无论包裹有多大，无论运输机的速度有多快，无论包裹间的距离有多小。所有的扫描器一起运作，决定当前哪些条码需要识读，然后把一个个信息传送给主计算机或控制系统。

货物扫描通道为进一步采集包裹数据提供了极好的机会。新一代的货物通道可以以很高的速度同时采集包裹上的条码标志符、实际的包裹尺寸和包裹的重量信息，且这个过程不需要人工干预。因为包裹投递服务是按尺寸和重量收费的，这些信息对计算营业额十分重要。现在可以准确高效地获取这些信息，以满足用户的需要。

（五）运动中称量

物流标志技术与其他自动化技术相结合，可以大大提高物流现代化水平。如在运动中称量与条码自动识别相结合。把电子秤放在输送机上可以得到包裹的重量而不需中断运输作业或人工处理。

运动中称量使系统能保持很高的通过能力，同时实时提供重量信息，计算净重，检验重量误差，验证重量范围。在高效的物料搬运系统中，运动中称量可以与其他自动化过程，如条码扫描、标签打印及粘贴、包裹分拣、码托盘、库存管理、发运和其他功能集成在一起。

就数据采集和信息管理而言，运动中称量系统所提供的数据可用于生产总结、效率报告、质量控制、发运单的生成，以及为 UPS、联邦快递、美国邮政等发运公司制定专用单。

作为自动化物料搬运和数据采集的组成部分，运动中称量系统已广泛应用于制造业、食品加工业以及包裹配送和零售配送业中。

【本章小结】

条码技术是在计算机的应用实践中产生和发展起来的一种自动识别技术。它是为实现对商品信息的自动扫描而设计的，是实现快速、准确采集数据的有效手段。条码技术的应用解决了数据采集和数据录入的“瓶颈”问题，被广泛应用于商业、邮政、图书管理、仓储、工业生产过程控制、交通等领域。本章详细地介绍了条码的基本概念和发展历史，着重介绍了物流领域常用的码制：即 EAN－13 码、储运单元条码、贸易单元 128 条码和 PDF417 二维条码，及这些条码的结构和编码规则等，同时，介绍了条码扫描技术、条码扫描设备、物流条码应用标准及条码技术在物流领域的具体应用。

【案例 1】

条码技术在物料搬运系统中的应用

一、物料搬运系统的特点

条码技术在工业生产、商品流通和社会服务领域中得到了日益广泛的应用。在物料搬运系统中的应用则有很多突出的特点。其主要特点如下：

（一）货品种类繁多，信息量大

物料搬运系统所涉及的货品是多种多样的。以商品流通环节的配送中心为例，进入系统的货品品种可以多达几千种，每种货品需要识别的信息也多，除了货品品名、供货厂商等信息外，有时还需要识别生产批号、生产日期、保质期等信息，以确保实现先入先出的配送原则。

（二）包装规格不一

以邮包为例，通常只对邮包的最大尺寸有所限制，邮包规格参差不齐。邮包与固定式扫描器的距离会有较大的差异。

（三）经常不能确定条码标签的方向和位置

以机场的旅客行李为例，行李有长有短，有大有小，有的竖立，有的平躺。行李标签在行李上的位置是不确定的，而行李在运输机上的位置也是不确定的。

（四）货品通过扫描器的速度比较快

随着流通量的不断增大，运输机的速度不断提高，货品通过扫描器时的相对速度比较高，可达 2.5m/s。

二、物料搬运系统条码扫描技术要点

物料搬运系统的特点决定其应用的条码扫描技术，与常用的技术有所不

同，为了适应物料搬运系统的特点，条码扫描技术也有鲜明的特点。

（一）一般采用氦氖激光器

条码识别用的激光一般都由氦氖激光器产生。这种激光的波长为633nm，其强度符合劳动安全规范的要求。

（二）一般每秒扫描500次以上

一般来说，激光二极管发出的光点经过光学系统呈线形图案横扫条码。如果条码高度是25mm，运输机的速度是2.5m/s，则激光束能扫到条码的时间只有0.01s。如果激光束每秒能扫描500次，则在货品运行通过扫描器的过程中，扫描器只能完整地扫描条码5次。为了保证识读的准确性，至少要求3次。

（三）DRX技术的使用

由于条码标签可能与激光束成一个角度，一条激光束不能扫描到完整的条码，为此，Accu-Sort公司开发了数据重组技术，也称DRX（Data Reconstruction）。由于货物是不断移动的，激光束的每次扫描都会有新增的数据，DRX技术的核心是把每次扫描所得到的数据与上一次扫描的数据进行比较，找到相同的中间部分，然后添加新的内容。虽然每次扫描所得到的信息是不完整的，但是通过DRX，仍然可以得到完整的信息。

（四）各种全方位扫描器（X、双X、四X图案）

采用单线条激光束时，即使采用DRX技术，激光束和条码的偏角仍不能大于45°。因为随着偏角的增大，数据重组时的重合部分减少，使识读率降低。极限的情况下，偏角达90°时，重合部分为零，已不可能识读。为此，研究人员开发了激光束呈X图案的扫描器。这种扫描器可以识读任何方向的条码标签，因为总有一条激光束可以以较小的偏角扫描条码，得到较高的识读率。如果不仅条码的方向偏差较大，而且条码的位置偏差也较大，则可采用激光束呈双X或四X图案的扫描器，以提高识读率。

（五）双景深、三景深、动态调焦等技术

激光扫描器基本上由两大部分组成。光学系统把激光束射向条码，然后收集从条码反射回来的光信号。电子系统则把光信号转换成电信号，再按规定的码制译码而得到字符信息。

既然是光学系统，就有焦距问题。在一定的距离内可以收集到比较清晰的反射光。这就是扫描器的景深。但是在有些物料搬运系统中，由于货物的大小差距悬殊，要求的景深太大，具有固定焦距的扫描器已不能适应。为此，Accu-Sort公司开发了双景深及三景深的扫描器。在系统中要设置一些光电传感器。当货物通过扫描器时，光电传感器测定货物表面离开扫描器的距离。这个距离信号使扫描器的光学系统调整到要求的景深区域。最新的技术则是像照相机的缩放镜头一样，可以无级调整，即动态调焦而不需要设置光电传感器。

（六）采用热电冷却的激光二极管，提高寿命

激光二极管是扫描器的主要部件，它的寿命与温度有关。当扫描器要在较高的温度环境下长时间工作时，如何降低温度是一个至关重要的问题。目前，已开发了热电冷却技术，可以使激光二极管的温度控制在 25℃左右，从而提高了扫描器的使用寿命。

（七）用多路器传递多台扫描器的信息，提高可靠性

在有些物料搬运系统中，例如机场行李搬运系统，条码标签的方向是随机的，可以在上下左右前后的任何方向。为了自动识别，需要安置 8～12 个扫描器，组成一个通道。只要这个通道组中有一个扫描器能识读出条码标签，就可以有效地通过 PLC（Programmable Logic Controller）进行分拣。关键在于如何保证这些扫描器与 PLC 通信的可靠性。如果每台扫描器各自与 PLC 相连，万一通信线路中断，整个行李分拣系统就会陷于瘫痪。为了提高系统的可靠性，可以采用多路器来传递信息。多台扫描器可以连到一台或两台多路器上，由多路器汇总识读的信息后再连到 PLC 上。这种配置已经成为机场行李系统的规范性要求。

（八）自诊断软件包成为提高扫描器性能和可靠性的重要手段

在物料搬运系统中采用条码自动识别技术以后，扫描器的可靠性直接影响整个系统的可靠性，为此研究人员开发了自诊断软件包。它在 Windows 环境下运行，随时采集各扫描器工作情况的统计信息和维护数据，包括识读率、激光二极管、电动机、译码线路、光电管等的工作情况以及条码在扫描器视野内的位置、货品之间的间距等。一旦发现与正常值有较大的偏离，则会发出警示，需要对扫描器或条码标签的质量作更细致的检查，以免系统的可靠性出问题。

（九）矩阵扫描技术

在物料搬运系统中有时不仅需要对整个包装箱进行识别，而且还需要识别包装箱内的货品。例如，在鞋类配送作业中，一件包装箱内可以装不同规格尺寸的鞋子。每双鞋子的鞋盒上都有各自的条码标签。当包装箱通过扫描器时，排成矩阵的条码逐个被识读，从而达到检验发运的包装箱是否符合订单的要求。

（十）二维码的应用

在有些应用场合，要求在识别标签上保存大量的信息，譬如美国联合邮包快递公司（UPS）要在标签上为客户保存如下信息：国家码、邮政编码、服务等级、跟踪号、发运单位识别号、发运日期、邮购订单号、客户识别号、货品识别号、货品数量以及客户所要求的其他信息等。这么多信息用普通条

码是无法表示的，只能用 PDF417 码、MAXICODE 码等二维码。在一张邮票大小的标签上可以存放约 100 个字符的信息。

三、保证条码扫描技术取得成功的要素

条码技术是一项能极大地改善管理、提高效率的新技术。但如同所有新技术一样，预期的效果不是自然而然就得到的，而必须在一开始就注意一些主要问题。

（一）要明确条码所应包含的信息量

条码技术是信息技术的一部分。货品的信息极多，除了品名、规格、数量、生产厂名等信息外，还可能有生产批号、流水号、生产日期、保质期、发运地点、到达地点、收货单位，承运单位、包装类型、运单号等信息。前一类信息可称为静态信息，后一类信息可称为动态信息。所有的信息都应保存在数据库内，而有一部分信息则应由条码来表示以便随时提取。条码所表示的信息越多，越能随时获得这些信息，但是条码标签的尺寸随之增大，识读所需的处理时间也随之增加。因此，在应用条码技术之前，必须合理地确定条码所应包含的信息量。

（二）要明确货品包装所能允许的条码尺寸，选择合适的码制

条码尺寸是影响识读率的主要因素之一。条码由宽窄不一的条和空组成。条码尺寸中最主要的是窄条的宽度，通常以密耳（mil，$1\text{mil} = 25.4 \times 10^{-6}\text{m}$，下同。）值表示。如果包装尺寸较大，可以粘贴比较大的条码标签，则可以采用 40mil 的条码。反之，如果包装尺寸很小，可能只允许 10mil 的条码。mil 值越小，要求印刷的分辨率越高，远距离识读越困难。另一个因素是整个条码的长高比。长高比越大，识读越困难。因此在包装尺寸允许的情况下，应尽量增大条码的高度。

码制的选择取决于行业规范。如果没有行业规范，则主要考虑条码的内容。有些码制只能表示数字，如交叉二五码；有些码制则既能表示数字，又能表示字母，如三九码。近年来推广应用的 EAN－128 码可以表示全部 ASCII 字符集，功能很强，而且在表示数字时，一个条码字符可以表示两位数字，从而大大缩小了条码的尺寸，是值得优选的码制。

（三）要明确货品通过扫描器时的位置偏差和相对速度

根据应用条件的不同，货品通过扫描器时的相对位置可以比较确定，也可以有很大的差别。就条码标签而言，可以有三个方向的偏角。

平面偏角指的是条码绕垂直于标签平面的轴线回转的偏角。

纵向偏角指的是条码绕垂直于条的纵向轴线回转的偏角。

横向偏角指的是条码绕平行于条的横向轴线回转的偏角。

当激光束扫描条码时，平面偏角相当于降低了条码的高度，纵向偏角也产生相同的效果，程度稍轻，横向偏角则相当于减小了窄条的宽度，都会在不同程度上影响扫描效果。相对速度则影响扫描次数。在选用扫描器时，这些参数都是需要予以确定的，因为每种型号的扫描器都有各自的适用范围。选用不当会降低识读率，影响系统的可靠性。

（四）要从整个信息管理系统的角度来考虑条码的应用

条码技术是信息管理系统的一部分。应用条码的目的主要是为了实时而准确地获取信息。在当今信息社会中，及时掌握准确的库存信息后能对客户的需求做出快速响应，从而最大限度地占有市场份额。通过条码获取货品的信息比人工抄写或键盘输入要快得多，而且准确，可以极大地加快货品的流通，减少配送过程中的差错。根据货品上的条码可以追踪产品的生产日期、生产班组以至所用的原材料。它有利于找到质量问题的根源，从而加以改进，总之，不能单纯地从条码本身来衡量其应用的必要性和经济性，而必须从总体目的考虑条码所应包含的信息及其对占有市场的意义。

【案例 2】

条码在仓库管理中的应用

成功企业的重要特点是客户驱动的程度，通过提供优质产品与服务、准时交货、低成本和高质量来赢得客户的完全满意。除此之外，还必须重视优化库存，重视设备、各种资源及空间的利用，从而达到对物流作业的有效管理。

今天的仓库作业和库存控制作业已十分多样化、复杂化，靠人工去记忆处理已十分困难。如果不能保证正确的进货、验收、质量保证及发货，就会导致浪费时间，产生库存，延迟交货，增加成本，以致失去为客户服务的机会。采用条码技术，并与信息处理技术结合，可确保库存量的准确性，保证必要的库存水平及仓库中物料的移动与进货协调一致，保证产品的最优流入、保存和流出仓库。

一、实际用途

今天在仓库中最普遍的技术话题是条码化，不论物流流向哪里，我们都可以自动地记录下物流的流动。条码技术与信息处理技术的结合帮助我们合理地、有效地利用仓库空间，以最快速、最正确、最低成本的方式为客户提供最好的服务。

条码方案可对仓库中的每一种货物、每一个库位做出书面报告，可定期对库区进行周期性盘存，并在最大限度减少手工录入的基础上，确保将差错率降至零，且高速采集大量数据。

二、操作实例

仓库员用手持式条码终端对货位进行扫描（条码终端内有简单的软件，提供数据采集功能和统计功能），扫入货位号后，对其上的货物相应的物品号（如零件号）进行扫描，并键入该物品的数量，如此重复上述步骤，直到把仓库中货物全部点清。然后将条码终端中采集到的数据通过通信接口传给计算机。计算机中亦装有可进行数据系统和仓库管理的软件。一台计算机可同时为多台条码终端采集器服务。

系统中需配置条码打印机，以便打印各种标签：货位、货架用的标签；物品标识用的标签，并标明批号、数量。

三、应用优势

条码技术像一条纽带，把产品生命期中各阶段发生的信息连接在一起，可跟踪产品从生产到销售的全过程，使企业在激烈的市场竞争中处于有利地位。条码化可以保证数据的准确性，使用条码设备既方便又快捷，自动识别技术的效率与键盘是无法比拟的。

日本夏普电子公司多年来采用条码化的仓库管理系统。过去以纸为基础的作业方式，在发货和入库方面，每月约有 200 个错误发生，错误发生后，往往需要几个月来跟踪这些差异，以免扩大其影响。现在每一件货物出入库时，操作员马上把货物上的条码用手持式激光数据采集器识读，通过数据采集器把数据及时地送入计算机进行统计和管理。仓库作业数呈两位数字增加，人员数却没有增加，且库存精度达到百分之百；发货和进货作业的差异率降为零，而且一些劳动量大的工作也压缩了。

仓库管理实现现代化管理手段，条码技术是保证仓库作业优化，充分利用仓库空间，快速便捷为客户提供优质服务，创汇增值的优先手段。

【复习思考题】

1. 什么是条码？什么是条码技术？
2. 什么是码制？目前国际上公认的码制有哪几种？
3. 什么是交叉二五条码？
4. 什么是 EAN /VCC－128 条码？
5. 二维条码中的 PDF417 有什么特点？二维码在货物运输中是如何应用的？
6. 一维码和二维码有哪些区别？
7. 目前常用的条码扫描器有哪几种？
8. 条码技术在物流领域的应用将使物流领域获得怎样的效益？

第五章　物流 EDI 技术

【学习目的】

通过本章的学习，要求熟练掌握物流 EDI 的概念、构成要素及特点，EDI 系统的构成，EDI 的工作原理；掌握 EDI 的应用标准及标准内容；掌握 Internet 环境下 EDI 的使用方式；了解在 Internet 环境下 EDI 系统在物流公司、制造商、批发商、运输商等物流行业是如何处理订货、进货、接单、出货、配送、对账及转账等业务的。

电子数据交换 EDI（Electronic Data Interchange）是现代计算机技术和远程通信技术相结合的产物，进入 20 世纪 90 年代以来，EDI 已成为世界性的热门话题。为竞争国际贸易的主动权，各国的企业界和商业界人士都积极采用 EDI 来改善生产和流通领域的环境，以获得最佳的经济效益。

本章主要介绍 EDI 的概念、特点和优势，EDI 的标准和实现基础，EDI 的发展状态及 EDI 在物流行业的应用。

第一节　物流 EDI 概述

一、物流 EDI 的概念

（一）EDI 的定义

EDI（Electronic Data Interchange）的中文意思是“电子数据交换”，是 20 世纪 80 年代发展起来的、融现代计算机技术和远程通信技术为一体的产物。国际标准化组织（ISO）于 1994 年确认了 EDI 的技术定义：根据商定的交易或电子数据的结构标准实施商业或行政交易，从计算机到计算机的电子数据传输。

EDI 用于电子计算机之间商业信息的传递，包括日常咨询、计划、采购、到货通知、询价、付款、财政报告等，还用于安全、行政、贸易伙伴、规格、合同、生产分销等信息交换，目前人们正在开发适用于政府、保险、教育、娱乐、司法、保健和银行抵押业务等领域的 EDI 标准。由此可见，EDI 的应用远不止贸易事务，它可以广泛地应用到各个经济、行政等部门，仅仅把 EDI 认为是“无纸贸易”是一种片面的理解。

近年来，EDI 在物流中被广泛应用，称为物流 EDI。所谓的物流 EDI 是指货主、承运业主以及其他相关的单位之间，通过EDI系统进行物流数据交换，并以此为基础实施物流作业活动的方法。物流 EDI 的参与对象有货主（如生产厂家、贸易商、批发商、零售商等），承运业主（如独立的物流承运企业等），实际运送货物的交通运输企业，协助单位（政府有关部门、金融企业等）和其他的物流相关单位（如仓库业者、配送中心等）。

从以上概念可知，EDI是一套报文通信工具，它利用计算机的数据处理和通信功能，将交易双方彼此往来的文档（如询价单或订货单等）转成标准格式，并通过通信网络传输给对方。因此，EDI只是一个电子平台，无论是物流领域还是其他领域，都只是EDI的一个具体的应用对象或应用实例。

（二）EDI的形成和发展

传统的商业往来是通过印在纸上的文字进行信息交换的，随着经济和科技的迅速发展，交换信息量剧增，许多组织开始寻求更便利的方式来交流和处理商业往来业务。电子计算机的广泛应用和先进通信技术的使用导致了EDI的出现和发展。早期的电子信息交换只限于以双方认可的格式进行，编制大量不同的程序以满足不同的客户需求，从而削弱了这种交换方式。20世纪60年代，一些工业集团开始合作，开发用于采购、运输和财务应用的工业 EDI 标准，这些标准仅限于工业界内的贸易。

1987年，联合国公布了EDI运作标准UN/EDIFACT（United Nations Rules for Electronic Data Interchange for Administration，Commerce and Transport），并且每年进行修订。1990年3月正式推出了UN/EDIFACT标准，并被国际标准化组织正式接受为国际标准ISO9735。联合国为此成立了联合国贸易网络组织。1996年12月18日，联合国贸易网络组织中国发展中心（CNTPDC）在北京成立，同年12月24日，北京海关与中国银行北京分行在我国首次开通EDI通关电子划款业务，并成为联合国贸易网络组织的成员。

标准化 EDI 已成为全世界电子商务的关键技术，实现了世界范围内电子商务文件的传递。先进的EDI技术具有开放性和包容性，在开发EDI网络应用中，无需改变现行标准，而只需扩充标准。EDI技术包括三个部分：硬件系统、翻译软件和传输系统。

在电子商务采用的各种传递方式中，如图像、自动传真等，使用 EDI 可以保证真实数据的传递。EDI特别适用于大量信息传递，由于在传递过程中无需再输入，使出错率几乎降为零，大大节省了时间和经费。某公司过去处理一份购物订单成本为70美元，而现在处理一份EDI购物订单开销不足1美元。

美国现有较多的企业使用EDI，主要集中在大企业。据估计，EDI软件市场将由1996年的9亿美元增加到20世纪末的19亿美元。应用Internet实现

EDI 可大大降低使用费用，随着联网范围扩大到全球，更多的中小企业在商业活动中开始使用 EDI。

EDI 正迅速应用于 WWW，使得众多的中小企业可以利用 EDI 从事商务活动，必将大大地促进商业界和工业界的发展。

通过开发新一代的标准，EDI 的应用将扩大到服务性行业，即政府、司法、金融、保险、教育、卫生等部门和行业。

EDI 技术现今还在不断发展和完善中，EDI 的推广应用的确大幅度提高了商贸和相关行业（如报关、商检、税务、运输等）的运作效率。20 世纪 90 年代以来，美、日、西欧、澳大利亚及新加坡等许多国家已陆续宣布，对不采用 EDI 进行交易的商户，不予或推迟其贸易文件的处理。这就给非 EDI 商户造成了巨大的压力，甚至会给其造成巨大的贸易损失。

由此可见，在未来的世界经贸格局中，不使用 EDI 者，只能受制于人，甚至可能被排斥在世界市场之外。

我国 EDI 起步较晚，于 20 世纪 90 年代初才开始，但因有了借鉴，故起点较高。为促进我国市场经济的发展，为提升我国企业在世界上的竞争力，必须在我国大力推广 EDI 的应用。EDI 的推广应用依托计算机技术和网络通信技术的发展。改革开放以来，我国的计算机技术和网络通信技术已有了飞速的发展，国内不少大型企业已建立起了自己内部的计算机管理信息系统（MIS）。作为信息高速公路的计算机通信网络在我国已初具规模，邮电部的中国互联网 （ChinaNet）和信息产业部的金桥网（ChinaGBN）作为计算机通信网络，已覆盖了全国大部分大中城市，并作为商业网投入了运营，这为我国 EDI 的推广应用提供了坚实的物质基础。邮电部的 EDI 增值网络 ChinaEDI 更给推广 EDI 应用创造了良好的条件。

20 世纪 80 年代末，我国已开始跟踪研究 EDI 技术的应用和发展。海关总署和中国抽纱山东进出口公司中国化工进出口公司率先使用 EDI 技术进行管理和贸易，使国内的 EDI 技术和应用方面有了一定的经验积累。

在当今 EDI 这个软硬件洋货一统天下的领域里，华运 EDI 系统是具有中国自主知识产权，根据我国本地化的特点，依靠国内自己的技术力量自行设计、开发完成的。华运 EDI 软件系统是建立在国际通用标准 UN/EDIFACT 的基础上的，具备通用性，并具备中英文兼容性，可为用户提供从 EDI 的方案制定、硬件集成、报文开发和单证制作软件及服务、报文翻译及通信等全套 EDI 技术服务。

（三）EDI 的构成要素和特点

1．EDI 的构成要素

数据标准化、EDI 软件及硬件、通信网络是构成 EDI 系统的三要素。

（1）数据标准。EDI 标准是由各企业、各地区代表共同讨论、制定的电子数据交换共同标准，可以使各组织之间的不同文件格式，通过共同的标准，获得彼此之间文件交换的目的。

（2）EDI 软件及硬件。实现 EDI，需要配备相应的 EDI 软件和硬件。EDI 软件具有将用户数据库系统中的信息，译成 EDI 的标准格式，以供传输交换的能力。由于 EDI 标准具有足够的灵活性，可以适应不同行业的众多需求，然而，每个公司有其自己规定的信息格式，因此，当需要发送 EDI 电文时，必须用某些方法从公司的专有数据库中提取信息，并把它翻译成 EDI 标准格式，进行传输，这就需要 EDI 相关软件的帮助。

EDI 所需的硬件设备大致有：计算机、调制解调器（Modem）及电话线。

（3）通信网络。通信网络是实现 EDI 的手段。EDI 通信方式有多种，如图 5-1 所示。

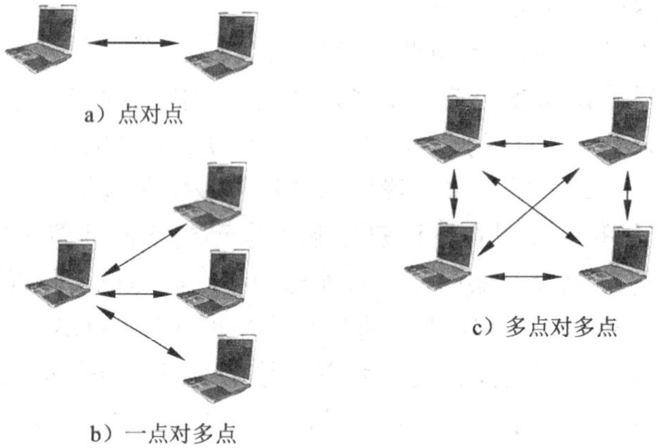

方式一：直接途径

方式二：增值网络（VAN）

图 5-1　EDI 的通信方式

从图中不难看出，前一种方式只有在贸易伙伴数量较少的情况下使用。但随着贸易伙伴数目的增多，当多家企业直接计算机通信时，会出现由于计算机厂家不同、通信协议相异以及工作时间不易配合等问题，造成相当大的困难。为了克服这些问题，许多应用 EDI 的公司逐渐采用第三方网络与贸易伙伴进行通信，即增值网络（VAN）方式。它类似于邮局，为发送者与接收者维护邮箱，并提供存储转送、记忆保管、通信协议转换、格式转换、安全管制等功能。因此，通过增值网络传送 EDI 文件，可以大幅度降低相互传送资料的复杂度和困难度，大大提高 EDI 的效率。

2、EDI 的特点

（1）EDI 的使用对象是具有固定格式的业务信息和具有经常性业务联系的单位。

（2）EDI 所传送的资料是一般业务资料，如发票、订单等，而不是指一般性的通知。

（3）采用共同标准化的格式，这也是与一般 E-mail 的区别，例如联合国 EDIFACT 标准。

（4）尽量避免人工的介入操作，由收送双方的计算机系统直接传送，交换资料。

（5）EDI 与其他通信手段的区别。EDI 与现有的一些通信手段，如传真、用户电报（Telex）、电子信箱（E-mail）等，有着很大的区别，主要表现在以下几个方面。

1）EDI 传输的是格式化的标准文件，并具有格式校验功能。而传真、用户电报和电子信箱等传送的是自由格式的文件。

2）EDI 是实现计算机到计算机的自动传输和自动处理，其对象是计算机系统。而传真、用户电报和电子信箱等的用户是人，接收到的报文必须人为干预或人工处理。

3）EDI 对于传送的文件具有跟踪、确认、防篡改、防冒领、电子签名等一系列安全保密功能。而传真、用户电报没有这些功能。虽然电子信箱具有一些安全保密功能，但它比 EDI 的层次低。

4）EDI 文本具有法律效力，而传真和电子信箱则没有。

5）传真是建立在电话上，用户电报是建立在电报网上，而 EDI 和电子信箱都是建立在分组数据通信网上。

6）EDI 和电子信箱都建立在计算机通信网开放式系统互联模型（OSI）的第七层上，而且都是建立在 MHS（消息处理系统）通信平台之上，但 EDI 比电子信箱要求的层次更高。

7）传真目前大多为实时通信，EDI 和电子信箱都是非实时的，具有存储转发功能。因此，不需用户双方联机操作，解决了计算机网络同步处理的困难和低效率。如果利用信箱系统，也可实现传真的存储转发。

（四）物流 EDI 的优势

物流信息由有关公司作业的实时数据组成，包括进口物料流程、生产状态、产品库存、顾客装运以及新来的订货等，从外界的角度看，公司需要与卖主或供应商、金融机构、运输承运人和顾客交流有关订货、装运和开单的信息，而内部功能则可用于交换有关生产计划和控制等数据。

图 5-2 表现的是手工条件下贸易单证的传递方式。操作人员首先使用打印机将企业 MIS 的数据库中存放的数据打印出来，形成贸易单证。然后通过邮件或传真的方式发给贸易伙伴。贸易伙伴收到单证后，再由录入人员手工录入到数据库中，以便各个部门共享。

图 5-3（使用 EDI 时贸易单证的处理）反映的是使用 EDI 的情况。数据库中的数据通过一个翻译器转换成字符型的标准贸易单证，然后通过网络传递给贸易伙伴的计算机。该计算机再通过翻译器将标准贸易单证转化成本企业内部的数据格式，存入数据库。

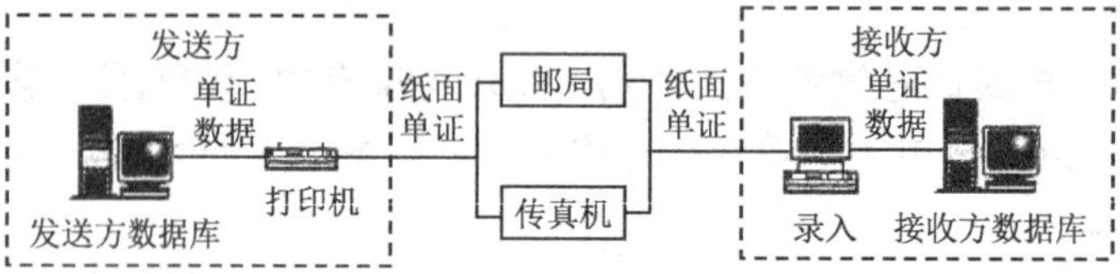

图 5-2 手工条件下贸易单证的传递方式

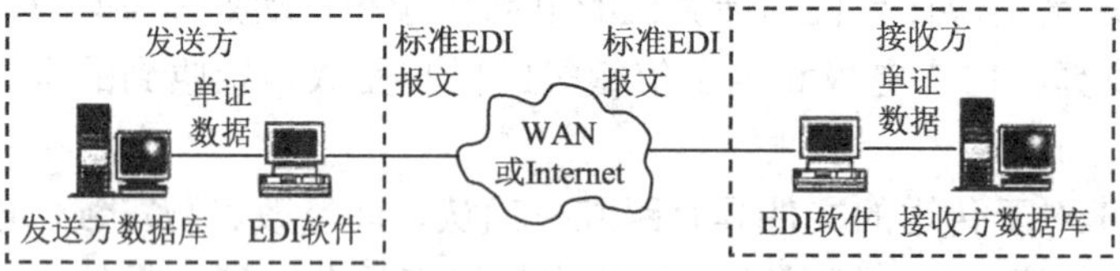

图 5-3 EDI 条件下贸易单证的传递方式

由此比较，不难看出使用 EDI 的好处。EDI 的直接利益包括：

（1）提高内部生产率。

（2）改善渠道关系。

（3）提高外部生产率。

（4）提高国际竞争能力。

（5）降低作业成本。

EDI 通过更快的信息传输及减少信息登录的冗杂工作来改善生产率。通过减少数据登录的次数和个体数来提高精确性。EDI 是通过以下几个方面对物流作业的成本产生影响的：

（1）降低与印刷、邮寄以及处理书面交易有关的劳动和物料成本。

（2）减少电话、传真以及电传通信费用。

（3）减少抄写成本。

（4）可及时利用运输资源，降低运输成本和减少时间浪费。

（五）实现 EDI 的环境和条件

要实现 EDI 的全部功能，需要具备以下 4 个方面的条件，其中包括 EDI 通信标准和 EDI 语义语法标准。

1、数据通信网是实现 EDI 的技术基础

为了传递文件，必须有一个覆盖面广、高效安全的数据通信网作为其技术支撑环境。由于 EDI 传输的是具有标准格式的商业或行政有价文件，因此，除了要求通信网具有一般的数据传输和交换功能之外，还必须具有格式校验、确认、跟踪、防篡改、防被窃、电子签名、文件归档等一系列安全保密功能，并且在用户间出现法律纠纷时，能够提供法律证据。

消息处理系统（MHS）为实现 EDI 提供了最理想的通信环境。为了在 MHS 中实现 EDI，ITU－T 根据 EDI 国际标准 EDIFACT 的要求，于 1990 年提出了 EDI 的通信标准 X.435，使 EDI 成为 MHS 通信平台的一项业务。

2、计算机应用是实现 EDI 的内部条件

EDI 不是简单地通过计算机网络传送标准数据文件，它还要求对接受和发送的文件进行自动识别和处理。因此，EDI 的用户必须具有完善的计算机处理系统。

从 EDI 的角度看，一个用户的计算机系统可以划分为两大部分：一部分是与 EDI 密切相关的 EDI 子系统，包括报文处理、通信接口等功能；另一部分则是企业内部的计算机信息处理系统，一般称之为 EDP（Electronic Data Processing）。

一个企业的 EDP 搞得越好，使用 EDI 的效益就越高。同样，只有在广泛使用 EDI 之后，各单位内部的 EDP 的功能才能充分发挥。因此，只有将 EDI 和 EDP 全面有效地结合起来，才能得到最大的经济效益。

3、标准化是实现 EDI 的关键

EDI 是为了实现商业文件、单证的互通和自动处理，这不同于人一机对话方式的交互式处理，而是计算机之间的自动应答和自动处理。因此，文件结构、

格式、语法规则等方面的标准化是实现EDI的关键。

EDI的国际标准发展情况如前所述，即UN/EDI－FACT标准已经成为EDI标准的主流。但是仅有国际标准是不够的，为了适应国内情况，各国还需制定本国的EDI标准。因此，实现EDI标准化是一项十分繁重和复杂的工作。同时，采用EDI之后，一些公章和纸面单证将会被取消，管理方式将从计划管理型向进程管理型转变。所有这些都将引起一系列社会变革，故人们又把EDI称为“一场结构性的商业革命”。

4．EDI立法是保障EDI顺利运行的社会环境

EDI的使用必将引起贸易方式和行政方式的变革，也必将产生一系列的法律问题。例如：电子单证和电子签名的法律效力问题，发生纠纷时的法律证据和仲裁问题等。因此，为了全面推行EDI，必须制定相关的法律法规。只有如此，才能为EDI的全面使用创造良好的社会环境和法律保障。

然而，制定法律常常是一个漫长的过程。在EDI法律正式颁布之前如何处理法律纠纷？国外先进发达国家一般的做法是，在使用EDI之前，EDI贸易伙伴各方共同签订一个协议，以保证EDI的使用。如美国律师协会的“贸易伙伴EDI协议等”。

二、EDI的工作原理及应用

（一）EDI的工作原理

在EDI应用推广近二十年来，使用EDI较多的产业可划分为以下四类：

（1）制造业。即时响应（JIT，Just In Time），以减少库存量及生产线待料时间，降低生产成本。

（2）贸易运输业。快速通关报检，经济使用运输资源，减少贸易运输空间、成本与时间的浪费。

（3）流通业。OR快速响应，减少商场库存量与空架率，以加速商品资金周转，降低成本。建立物资配送体系，以完成产、存、运、销一体化的供应线管理。

（4）金融业。EFT电子转账支付，减少金融单位与其用户间交通往返的时间与现金流动风险，并缩短资金流动所需的处理时间，提高用户资金调度的弹性，在跨行业服务方面，更可使用户享受到不同金融单位所提供的服务，以提高金融业的服务品质与项目。

为了理解EDI如何工作，我们不妨来跟踪一下一个简单的EDI应用过程。这里，我们以订单与订单回复为例作简单介绍。

第一步：制作订单

购买方根据自己的需求在计算机上操作，在订单处理系统上制作出一份

订单来，并将所有必要的信息以电子传输的格式存储下来，同时产生一份电子订单。

第二步：发送订单

购买方将此电子订单通过 EDI 系统传送给供货商，此订单实际上是发向供货商的电子信箱的，它先存放在 EDI 交换中心上，等待来自供货商的接收指令。

第三步：接收订单

供货商使用邮箱接收指令，从 EDI 交换中心自己的电子信箱中收取全部邮件，其中包括来自购买方的订单。

第四步：签发回执

供货商在收妥订单后，使用自己计算机上的订单处理系统，为来自购买方的电子订单自动产生一份回执，经供货商确认后，此电子订单回执被发送到网络，再经由 EDI 交换中心存放到购买方的电子信箱中。

第五步：接收回执

购买方使用邮箱接收指令，从 EDI 交换中心自己的电子信箱中收取全部邮件，其中包括供货商发来的订单回执。整个订货过程至此完成，供货商收到订单，客户（购买方）则收到了订单回执。

EDI 的实现过程就是用户将相关数据从自己的计算机信息系统传送到有关交易方的计算机信息系统的过程，该过程因用户应用系统以及外部通信环境的差异而不同。

在有 EDI 增值服务的条件下，这个过程分为以下几个步骤：

发送方将要发送的数据从信息系统数据库提出，转换成平面文件（亦称中间文件）。

将平面文件翻译为标准 EDI 报文，并组成 EDI 信件。接收方从 EDI 信箱收取信件。

将 EDI 信件拆开并翻译成为平面文件。

将平面文件转换并送到接收方信息系统中进行处理。

由于 EDI 服务方式不同，平面转换和 EDI 翻译可在不同位置（用户端、EDI 增值中心或其他网络服务点）进行，但基本步骤应是上述几步。

（二）EDI 的应用

现在我们来看一个应用物流 EDI 系统的实例。

物流 EDI 的框架结构如图 5-4 所示。

下面是一个由发送货物业主、物流运输业主和接收货物业主组成的物流模型。这个物流模型的动作步骤如下：

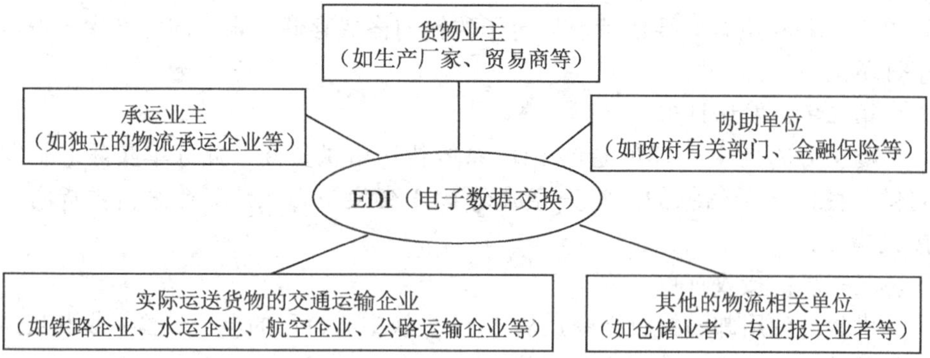

图 5-4 物流 EDI 的框架结构

（1）发送货物业主（如生产厂家）在接到订货后制订货物运送计划，并把运送货物的清单及运送时间安排等信息通过 EDI 发送给物流运输业主和接收货物业主（如零售商），以便物流运输业主预先制订车辆调配计划和接收货物业主制订货物接收计划。

（2）发送货物业主依据顾客订货的要求和货物运送计划下达发货指令、分拣配货、打印出物流条码的货物标签（即 SCM 标签，Shipping Carton Marking）并贴在货物包装箱上，同时把运送货物品种、数量、包装等信息通过 EDI 发送给物流运输业主和接收货物业主，依据请示下达车辆调配指令。

（3）物流运输业主在向发货货物业主取运货物时，利用车载扫描读数仪读取货物标签的物流条码，并与先前收到的货物运输数据进行核对，确认运送货物。

（4）物流运输业主在物流中心对货物进行整理、集装，做成送货清单并通过 EDI 向收货业主发送发货信息。在货物运送的同时进行货物跟踪管理，并在货物交纳给收货业主之后，通过 EDI 向发货物业主发送完成运送业务信息和运费请示信息。

（5）收货业主在货物到达时，利用扫描读数仪读取货物标签的物流条码，并与先前收到的货物运输数据进行核对确认，开出收货发票，货物入库。同时通过 EDI 向物流运输业主和发送货物业主发送收货确认信息。

物流 EDI 的优点在于供应链组成各方基于标准化的信息格式和处理方法，通过 EDI 共同分享信息，提高流通效率，降低物流成本。例如，对零售商来说，应用 EDI 系统可以大大降低进货作业的出错率，节省进货商品检验的时间和成本，能迅速核对订货与到货的数据，易于发现差错。

应用传统的 EDI 成本较高，一是因为通过 VAN 进行通信的成本高，二是制定和满足 EDI 标准较为困难，因此，过去仅仅大企业因得益于规模经济能从利用 EDI 中得到利益。近年来，互联网的迅速普及，为物流信息活动提供了快速、简便、廉价的通信方式，从这个意义上说，互联网将为企业进行有效的物流活动提供坚实的基础。

第二节 EDI 系统结构

一、EDI 标准

（一）EDI 标准概述

EDI 一产生，其标准的国际化就成为人们日益关注的焦点之一。

早期的 EDI 使用的大都是各处的行业标准，不能进行跨行业 EDI 互联，严重影响了 EDI 的效益，阻碍了全球 EDI 的发展。例如，美国就存在汽车工业的 AIAG 标准、零售业的 UCS 标准、货栈和冷冻食品贮存业的 WINS 标准等。日本有连锁店协会的 JCQ 行业标准、全国银行协会的 Aengin 标准和电子工业协会的 EIAT 标准等。

为促进 EDI 的发展，世界各国都在不遗余力地促进 EDI 标准的国际化，以求最大限度地发挥 EDI 的作用。目前，在 EDI 标准上，国际上最有名的是联合国欧洲经济委员会（UN/ECE）下属第四工作组（WP4）于 1986 年制定的《用于行政管理、商业和运输的电子数据互换标准》——EDIFACT（Electronic Data Interchange For Administration，Commerce and Trans-Port）标准。EDIFACT 已被国际标准化组织 ISO 接收为国际标准，编号为 ISO9735。同时还有广泛应用于北美地区的，由美国国家标准化协会（ANSI）X.12 鉴定委员会（AXCS.12）于 1985 年制定的 ANSI X.12 标准。

目前的情况是，欧洲使用 EDIFACT 标准。1991 年，欧洲汽车业、化工业、电子业和石油天然气业已全部采用 EDIFACT。此外建筑、保险等行业也宣布将放弃其行业标准，转而采用 EDIFACT。北美则使用 ANSI X.12，X.12 已遍及北美各行业，已有 100 多个数据交易集。亚太地区使用 EDI 标准的情况见表 5-1，主要是 EDIFACT。

表 5-1 亚太地区 EDI 标准使用情况

国家或地区	使用标准	运营公司
澳大利亚	EDIFACT	Paxus
新西兰	EDIFACT	GEIS，Netway
新加坡	EDIFACT	SNS
中国香港	EDIFACT	HKT-CSL，INET，Gazatlenet
日本	N/A	NTT Data，NEC，IBM，AT&T 等
韩国	ANSI X.12	Dacom，KT-Net
中国台湾	N/A	DGT，TTN

（二）EDIFACT 和 ANSI X.12 标准的区别

EDIFACT 和 ANSI X.12 标准在语义、语法等许多方面都有很大区别。另外，ANSI X.12 标准目前只可用英语，而 EDIFACT 标准则可用英语、法语、西班牙语、俄语，即日耳曼语系或拉丁语系均可使用该标准的语义、数据字典等。所谓拉丁语系，是指可用 26 个字母和 10 个数字表示的语言系统。日耳曼语系可以认为是拉丁语系的一个派系。

当然，世界上大部分人不用拉丁语作为母语，如汉语、日语等，他们使用象形文字。如何对这些文字进行翻译处理，从全球性的贸易和贸易文件的交流来看，这是一个十分困难而又必须解决的问题。

EDI 的迅猛发展，其影响已波及全球。但目前存在的 EDIFACT 和 ANSI X.12 两大标准在某种程度上制约了 EDI 全球互通的发展。例如，当一个美国的公司要与它在欧洲或亚洲的子公司或贸易伙伴联系时，因双方所采用的 EDI 标准不同，就要进行复杂的技术转换才能达到目的。虽然绝大多数翻译软件的制造厂商都支持这两个标准，但仍会给用户或厂商造成一些不必要的麻烦。

为了在国际贸易中更快、更省、更好地使用 EDI，世界各国特别是欧、美等工业发达国家，都在强烈要求统一 EDI 国际标准，即“讲一种语言，用一种标准（In speaking of the application of EDI，we must speak one language and use one standard）”。

在 EDIFACT 被 ISO 接受为国际标准之后，国际 EDI 标准就逐渐向 EDIFACT 靠拢。ANSI X.12 和 EDIFACT 两家已一致同意全力发展 EDIFACT，使之成为全世界范围内能接受的 EDI 标准。1992 年 11 月，美国 ANSI X.12 鉴定委员会又投票决定，1997 年美国将全部采用 EDIFACT 来代替现有的 X.12 标准。ANSI 官员说：“1997 年之后，现在所有的 X.12 标准仍将保留，但新上项目将全部采用 EDIFACT 标准。”美国国家标准化协会欧共体事务主席 John Rusell 先生指出：“X.12 向 EDIFACT 转变意味着美国的公司今后可在欧洲的市场上加快资金流动，改善用户服务。同时，从用户的角度来看，今后面对的将是唯一的国际标准。”

总之，EDIFACT 成为统一的 EDI 国际标准已是大势所趋。到 20 世纪 90 年代中期，EDIFACT 有 1 000 多种信息类别，并覆盖国际贸易的 80%。我国有关部门和专家也一致认为，我国 EDI 标准应积极向国际标准靠拢，采用 EDIFACT 标准。

（三）EDI 标准的内容

标准化的工作是实现 EDI 互通和互联的前提和基础。EDI 的标准包括 EDI 网络通信标准、EDI 处理标准、EDI 联系标准和 EDI 语义语法标准等。

EDI 网络通信标准是要解决 EDI 通信网络应该建立在何种通信网络协议之上，以保证各类 EDI 用户系统的互联。目前国际上主要采用 MHX（X.400）作为 EDI 通信网络协议，以解决 EDI 的支持环境。

EDI 处理标准是要研究那些不同地域不同行业的各种 EDI 报文相互共有的“公共元素报文”的处理标准。它与数据库、管理信息系统（如 MPRII）等接口有关。

EDI 联系标准解决 EDI 用户所属的其他信息管理系统或数据库与 EDI 系统之间的接口。

EDI 语义语法标准（又称 EDI 报文标准）是要解决各种报文类型格式、数据元编码、字符集和语法规则以及报表生成应用程序设计语言等。

这里的 EDI 语义语法标准又是 EDI 技术的核心。

二、EDIFACT 标准

目前国际上流行的 EDI 标准是由联合国欧洲经济委员会（UN/ECE）制定颁布的《行政、商业和运输用电子数据交换规则》（EDIFACT），以及美国国家标准化协会（ANSI）X.12 鉴定委员会（AXCS.12）制定的 ANSI X.12。这两个标准都包括了 EDI 标准的三要素：数据元、数据段和标准报文格式。

EDIFACT 标准包括一系列涉及的电子数据交换的标准、指南和规则。联合国推荐的 EDIFACT 标准由 UN/ECE 印刷为“联合国贸易数据交换指南”（UNEDID），它包括 10 个部分：

EDIFACT 语法规则（ISO9735）。

报文设计指南。

语法应用指南。

EDIFACT 数据元目录（EDED）。

EDIFACT 代码表（EDCL）。

EDIFACT 复合数据元目录（EDCD）。

EDIFACT 段目录（EDSD）。

EDIFACT 标准报文格式（EDMD）。

贸易数据交换格式构成总览（UNCID）。

适当的说明解释。

下面我们对 EDIFACT 国际标准作一简单介绍。

（一）EDIFACT 语法规则（ISO9735）

EDIFACT 语法规则于 1987 年 3 月制定完成，并于当年 9 月被 ISO 接受并成为国际标准，标准代号为 9735，此语法规则又称作 ISO9735。

ISO9735 包括 10 个部分和 3 个附录，它以简略形式表述“用户格式化的数据交换的应用实施”的语法规则。其中，第一部分说明了标准的适用范围；第二部分罗列了该标准的相关标准；第三部分说明在此标准中用到的名词的定义；第四部分说明了 EDIFACT 标准报文中用到字符的集合的级别划分；第五部分分级列出 EDIFACT 标准的字符集；第六部分定义了 EDIFACT 标准报文的结构；第七部分涉及把单证转换成 EDIFACT 标准报文过程中对 EDIFACT 标准报文数据元的压缩；第八部分说明了设计 EDIFACT 报文时段重复的可能性；第九部分是关于设计 EDIFACT 报文时段的嵌套；第十部分是数字型数据元使用的规定。附录 A 载录了标准中特有名词术语的定义；附录 B 是 EDIFACT 报文中服务段的描述；附录 C 是段的先后顺序的说明。附录 A 与 B 同正文一道构成了 ISO9735，其中附录 A、附录 B 与正文一样，都具有标准的约束力。

（二）报文设计指南

“报文设计指南”是在 1989 年 12 月被 UN/ECE 接受并认可的。该指南的使用对象是：联合国标准报文（UNSM）草案的设计者；“联合国标准报文”的修改者；区域性国际标准报文的设计者。

“报文设计指南”的制定是为了达到以下四个目的：

（1）介绍 EDIFACT 语法规则。

（2）为开发不同类型的报文提供一种统一的方法。

（3）为开发新报文，修订已有的报文提供一种持续性的方法。

（4）推荐使用一种 EDI 报文格式的标准层次结构和表示法。

这一指南分成 8 个部分，其中前三部分是对指南的说明介绍；第四部分是报文设计的总体规则，并按照报文的使用范围对报文类型进行划分；第五至第七部分从数据元选择入手，分层次地阐述了报文设计步骤——数据元分析；段结构设计，报文结构设计；第八部分规定了报文格式的修改步骤，以及得到最新国际报文格式的办法。

（三）语法应用指南

这一指南的目的是帮助 EDI 用户使用 EDIFACT 语法规则，指南分成 11 个部分。前两部分是对指南的总体介绍；第三至第七部分的内容是：交换协议，EDI 专用名词术语，交换字符集的定义，对电子数据交换的元素——数据元、段和报文的要求，以及对 UN/EDIFACT 报文标准版本的规定；第八、九部分是指南的主体部分，第八部分介绍了 EDIFACT 基本语法规则，规定了 EDIFACT 报文的结构、功能段组的结构和功能，第九部分介绍了段的构成、段的结构，并阐明了段压缩和嵌套的规则；第十、十一部分介绍了其他标准与 EDIFACT 标准相互转换的必要程序，以及 EDIFACT 标准的支持与维护的手段。

（四）EDIFACT 数据元目录（EDED）

EDIFACT 数据元目录是联合国贸易数据元目录（UNTDED）的一个子集，收录了近 640 个与设计 EDIFACT 报文相关的数据元，这些数据元通过数据元号与 UNTDED 相联系。这一目录对每个数据元的名称、定义、数据类型和长度都予以具体的描述。

（五）EDIFACT 代码表（EDCL）

代码表收录了 103 个数据元的代码，这些数据元选自 EDIFACT 数据元目录，并通过数据元号与数据元目录联系起来。

（六）EDIFACT 复合数据元目录（EDCD）

目录收录了在设计 EDIFACT 报文时涉及的 293 多个复合数据元。目录中对每个复合数据元的用途进行了描述，罗列出组成复合数据元的数据元，并在数据元后面注明其类型，注有字母“M”的表示该数据元在此复合数据元中是必写的；注有字母“C”表示该数据元在此复合数据元中的出现与否是根据具体条件而定的。复合数据元通过复合数据元号与段目录相联系，组成复合数据元的数据元通过数据元号与数据元目录、代码表相联系。

（七）EDIFACT 段目录（EDSD）

段目录定义了 229 多个 EDIFACT 报文中用到的段。目录中注明了组成段的简单数据元和复合数据元，并在数据元后面标明此数据元是“必写的”或是“条件的”。段目录中除有段名外，每个段前均标有段的“标志”，“段标志”一般由 3 个英文字母组成，它们是段名称的英文字母缩写。每个段通过“段标志”与 EDIFACT 标准报文相联系。简单数据元和复合数据元通过数据元号和复合数据元号与 EDIFACT 数据元目录与复合数据元目录相联系。

（八）EDIFACT 标准报文格式（EDMD）

EDIFACT 标准报文格式分成三级：0 级、1 级和 2 级。0 级是草案级，1 级是推荐草案级，2 级是推荐报文标准级。UN/ECE/WP.4 每年对标准报文都进行增订，并通过各大洲的报告人（Reporter）向世界各国散发。每个国家都有权向本地区的报告人索取有关 EDIFACT 标准的材料。亚太地区的报告人是日本的伊东健治。最初制定的标准报文是发票的报文格式，目前发票报文格式是 2 级报文，该标准分成 4 个部分。前三部分是发票报文格式的总体描述，规定了报文使用范围和报文中用到的专有名词的定义；第四部分是报文定义部分，规定了报文的结构，报文包含段的功能、段表和分支表。

（九）贸易数据交换格式构成总览（UNCID）

总览介绍了 EDIFACT 国际标准产生的背景，欲达到的目的和对用户的要求。

从以上可以看出，EDIFACT 标准的产生是国际上 EDI 的应用对 EDI 国际标准的迫切需求的结果。在世界变得越来越小的今天，企业实施 EDI 不得不考虑 EDI 的国际化，因此，掌握 EDI 的国际标准——EDIFACT 对实施 EDI 至关重要。

三、EDI 软件和硬件

EDI 系统的实现需要有软件系统和相应硬件的支撑，下面我们分别介绍。

（一）EDI 的软件构成

构成 EDI 软件系统的软件按其所实现的功能可分为：用户接口模块、内部接口模块、报文生成及处理模块、格式转换模块和通信模块共五个模块。

1、用户接口模块

EDI 系统能自动处理各种报文，但是和用户界面友好的人机接口仍是必不可少的。由于使用 EDI 系统的大多是非计算机专业的业务管理人员，不可能要求他们了解更多的计算机甚至网络的技术。这样，从用户的观点来看，操作起来越简单、越直观越好。

用户接口模块包括用户界面和查询统计。用户界面是 EDI 系统的外包装，它的设计是否美观，使用是否方便，直接关系到 EDI 系统产品的外在形象。查询统计模块可帮助管理人员了解本单位的情况，打印或显示各种统计报表，了解市场变化情况，及时调整经营方针策略等。

2、内部接口模块

使用 EDI 系统的用户，在某种程度上都有自己的计算机应用，也就是企业内部 MIS。内部接口模块是 EDI 系统和本单位内部其他信息系统及数据库的接口，一个单位信息系统应用程度越高，内部接口模块也就越复杂。一份来自外部的 EDI 报文，经过 EDI 系统处理之后，大部分相关内容都需要经过内部接口模块送往其他的信息系统，或查询其他的信息系统才能给对方 EDI 报文以确定的答复。

例如，一份到货通知到达后，EDI 系统可以通过内部接口模块修改财务、库存等 MIS 系统的记录，使新数据立刻在这些系统中得到反映。

3、报文生成及处理模块

该模块的作用有两大方面，第一是接受来自用户接口模块和内部接口模块的命令和信息，按照 EDI 标准生成订单、发票、合同以及其他各种 EDI 报文和单证，经格式转换模块处理之后，由通信模块经 EDI 网络转发给其他 EDI 用户。在生成 EDI 单证的过程中，要把用户常见的单证格式转换成有序的、标准的格式化数据，以便格式转换模块能够处理。

模块的另一个作用，也是更复杂的工作就是自动处理由其他 EDI 系统发来的 EDI 报文。按照不同的 EDI 的报文类型，应用不同的过程进行处理，例如，订单处理、发票处理等。在处理过程中要与本单位其他信息系统相互作用。一方面从信息系统中取出必要的信息回复给发来单证的 EDI 系统，同时将单证中的有关信息送给本单位其他信息系统，例如，将顾客加工特殊图形式样传送给 CAD/CAM 等。

4、格式转换模块

由于 EDI 要在不同国家和地区、不同行业内开展，EDI 通信双方应用的信息系统、通信手段、操作系统、文件格式等都有可能不同，因此，按照统一的国际标准和行业标准是必不可少的。所以，所有 EDI 单证都必须转换成标准的交换格式，例如，加上 UNB、UNE 等。同时经过通信模块接收到的来自其他 EDI 系统的 EDI 报文，也要经过相反过程的处理才能交给其他模块处理。在格式转换过程中要进行语法检查，对于语法出错的 EDI 应该拒收，通知对方重发，因为语法错误的 EDI 报文可能会导致语义出错，从而把商业文件的原意弄错，这在 EDI 系统是不允许的，也是危险的。

目前，EDI 标准体系还没有完全统一，同时不同的行业 EDI，其标准也有所不同，格式转换模块必须能够适应和识别不同的 EDI 标准，做出相应的转换处理，还必须能够将一种标准的 EDI 报文转换成另一种标准格式，以便和国际上广泛存在的 EDI 系统互通。

5、通信模块

该模块是 EDI 系统与 EDI 通信网络的接口。根据 EDI 通信网络的结构不同，该模块功能也有所不同。但是有些基本的通信功能，如执行呼叫、自动重发、合法性和完整性检查、出错报警、自动应答、通信记录、报文拼装和拆卸等都是必备的，有些还需要地址转换等工作。在某种程度上，通信模块与通信网络是一体的，它们的作用就是使 EDI 系统能够在一个安全、可靠、方便的通信平台上顺利地运行起来。如今，越来越多的 EDI 系统使用 Internet 作为通信网络，因此，如何实现 EDI 系统与 Internet 的通信接口，并且保证安全性成为一个重要的课题。

从以上的介绍中可以发现，这五个模块也是一个层次结构。其中用户接口模块离用户最近，通信模块离网络系统最近。从网络上收到的标准报文是通过层层解析最终到达用户那里，变成用户熟悉的样式。

另外，在上述所有模块中，都应包含安全功能，它们分别执行不同的数据安全和加密/解密的工作。例如，在用户接口模块中，必须具备用户身份识别功能，防止非授权用户任意操作或使用 EDI 系统，以免受到意外的破坏或损失。在报文生成和处理模块与金融系统交换 EDI 报文时，必须使用电子签名的加密方法保证传送的数据不会被篡改、抵赖或窃取。另外，所有模块都可以具备身份验证和终端确认等功能。事实上，由于信息技术的发展，利用 EDI 交换商业金融数据，要比用人工传递有形凭证更为安全可靠。

6. 功能模块应用举例

上述五个模块构成了 EDI 的软件支持，它们之间相互协调共同完成 EDI 的系统功能。下面从一个例子中来分析五个功能模块的运转过程。假定一个国家的零售商和另一个国家的生产厂家建立了 EDI 网络，零售商每卖出一件商品，通过条码阅读器传给商店库存订货信息系统，当商品库存到达下限时，订货系统自动启动本单位 EDI 系统向生产厂家发出订单。这一过程用到了两个模块，内部接口模块和用户接口模块。内部接口模块同本单位的库存订货信息系统连接在一起，以库存数据的下限为触发启动条件，再通过用户接口模块产生订单。生产厂家接到 EDI 订单后，EDI 系统自动处理该订单，检查其合法性和完备性，回复确认订单，通知本单位的生产管理系统或 CIM 系统，以便安排生产，并同时向供应商发出 EDI 订单订购原材料或零件，向交通运输单位发出预订货物运输集装箱 EDI 订单，向海关、商检等有关部门申请出口的 EDI 证书，向收货方（即零售商）开出 EDI 交货通知和发票，通知银行结算等，以上单证都是由报文生成及处理模块完成的。对于不同国家的制造商和零售商，以及不同行业之间 EDI 单证的传递，通信双方所用的通信网络及计算机的文件格式不尽相同，需要通过格式转换模块将各自的 EDI 报文转换成统一的标准格式。在报文传输的过程中，自然离不开通信模块与网络系统打交道。在上述例子中，零售商和生产厂家都是计算机应用程度比较高的单位，很多工作都可以自动处理，这更能使用 EDI 的优点。在实际使用中，EDI 系统不一定都是高度的自动化，允许存在不同程度的人工干预。所以，用户接口模块的作用显得尤为重要，它不仅要有一个漂亮的界面，还要有强大的和灵活的与用户交互的能力。

（二）构成 EDI 系统所需的硬件设备

构成 EDI 系统所需的硬件设备大致有：计算机、调制解调器（Modem）及电话线。

Modem：由于使用 EDI 来进行电子数据交换，需通过通信网络，目前采用电话网络进行通信是很普遍的方法，因此 Modem 是必备硬件设备。Modem 的功能与传输速度，应根据实际需求而决定选择。

通信线路：一般最常用的是电话线路，如果传输时效及资料传输量上有较高要求，可以考虑租用专线（Leased Line）。

计算机：有四种基本类型的计算机平台可以用来实行 EDI，它们是：

1、只使用一台主机或中型机

此种方法将所有的 EDI 软件放到主机或中型机上去，使其执行全部的 EDI 功能。这种方法的优点是：首先，它能对大量交易进行迅速处理。其次，因为所有的数据处理活动都在主机或中型机中完成，并不存在处理过程中对数据装载和卸载（Uploading and Downloading）的问题，也不需要把数据重新键入，这就提高了数据处理速度，同时又消除了因数据重新键入而可能带来的误差。最后，使用主机或中型机，就可以较容易地在公司内部各个部门的计算机系统之间搭桥连接，数据可以自由地在各个部门的应用系统之间传输、被使用，从而大大提高公司的计算机管理水平。这种方法的缺点：一是成本高，二是在主机或中型机上建立 EDI 系统由于一般没有现成的软件，故需要花费大量的时间来编制，通常要做许多测试和调试工作。

2、只使用一台 PC 机

也可以将所有的 EDI 软件放到 PC 机上去，使其执行全部的 EDI 功能。这台 PC 机和公司的其他机器一般并没有密切的联系，EDI 活动只是在这台微机里单独地进行。这种方法的优点：一是成本低，二是系统的安装调试容易。这种方法存在某些缺点：首先，数据需要重复输入，容易出错。其次，其处理速度低，处理数据的容量、能力也比较小。最后，这种方法不容易在公司内部各部门的计算机系统之间搭桥连接，不能大幅度地减少办公室工作量。

3、使用 PC 机作为主机的前端处理器

把 PC 机作为主机的前端处理器，也可以作为实行 EDI 的一种平台。在这种情况下，PC 机与主机相连，存储在主机中的数据可以传输到 PC 机中（即，Downloading 卸载），同样，存储在 PC 机中的数据也可以传输到主机中（即 Uploading，装载）。在这种安排下，如果要向外发送一份 EDI 报文，先从主机里取出所需的数据，将这些数据传向 PC 机，在 PC 机上将这些数据翻译成符合 EDI 标准的格式，并生产电子单证。这种方式，可以同时具有某些只使用一台主机和只使用一台 PC 机时所具有的优点。比如，把 PC 机作为主机的前端处理器，费用要比只使用一台主机来实行 EDI 少得多，但它与只使用一台 PC 机时相比，却有更大的容量和处理速度。此外，这种方式的 EDI 平台容易买到现成的软件，容易安装，并且由于这种方式的处理过程用不着手工重新输入，因而可以减少误差。这种方式的主要缺点是费用比只使用一台 PC 机时大，而处理速度又比只使用一台主机的情况下来得慢。

4、专用的 EDI 操作系统

这种系统通常采用一台中型机平台，以及专门化的 EDI 软件，这个 EDI 软件把 EDI 活动和公司的计算机应用系统进行一体化。在许多情况下，这种操作系统被用来对组织内部 EDI 网络的所有 EDI 活动和功能进行总的管理。例如，某连锁商店系统，有一个总的配货中心，各个商店通过条码的光笔扫描，对各种货物的存货和销售进行计算机管理。当商店里某些货物的存货水平降到某一事先设定的水平时，计算机就能自动产生一份配货通知送往配货中心，而配货中心的计算机系统又会自动安排这种货物的发送，并和商店进行电子化的结算。

四、物流 EDI 系统

物流 EDI 系统的构成要素是标准、系统和通信。从系统结构上来看，系统基本上是属于存取系统，文件传输管理是将报文实时传输到收件者的邮箱，无需人工干预。图 5-5 显示了物流 EDI 系统的整体结构。

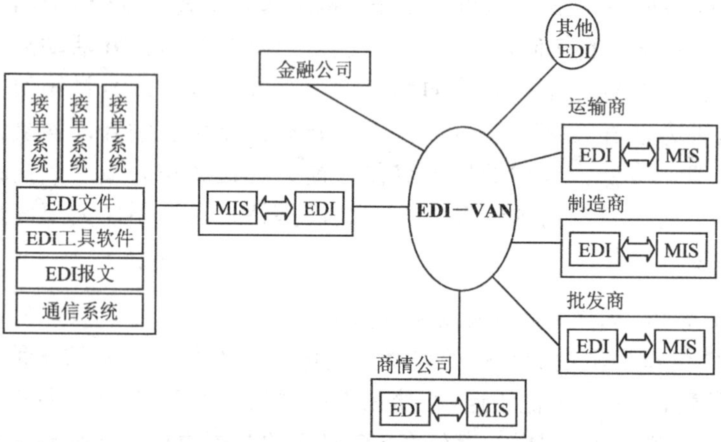

图 5-5　物流 EDI 系统结构

（一）物流 EDI 系统的功能

物流 EDI 系统的主要功能是提供报文转换。不同类型的企业对报文的要求是不一样的。

1、物流公司

（1）生成并将采购进货单传给供应商。

（2）生成并将退货单传给供应商。

（3）生成并将询价单传给供应商。

（4）接受并打印供应商传来的报价单。

2、供应商

（1）接受并使用客户传来的采购进货单。

（2）接受并使用客户传来的退货单。

（3）接受并打印客户传来的询价单。

（4）生成报价并传送给客户。

（5）生成出货单并传送给物流公司。

3、运输商

（1）生成托运单并传送给运输商。

（2）接收并使用托运人传来的托运单。

（3）生成出货单并传给物流公司。

（4）接收并使用客户传来的出货单。

（二）物流 EDI 系统业务流程

在开始规划计算机系统时，应该重新考虑企业的作业流程，利用信息系统分析方法对流程进行重组。图 5-6、图 5-7 为引入 EDI 后内部信息系统与 EDI 的关联、EDI 作业流程图。

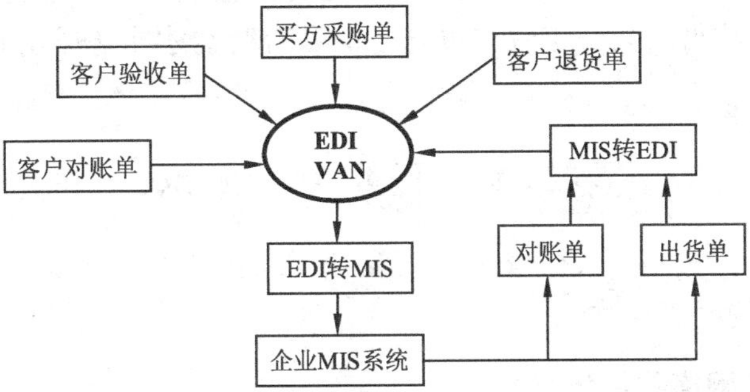

图 5-6　EDI 与 MIS 关联图

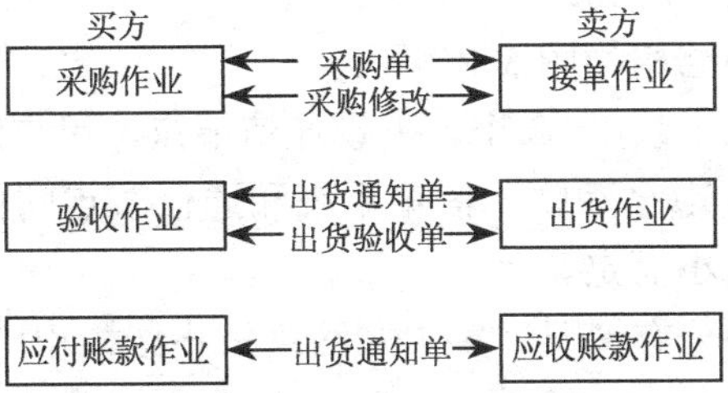

图 5-7　EDI 作业流程图

（三）物流 EDI 的安全问题

由于电子文件在处理、储存及传输过程中容易被更改或伪造，而且不法分子可能侵入或盗听网络，并对数据内容进行拦截、篡改、复制、重送、删除及插入假数据等，因此，EDI 系统需要提供以下端对端的安全服务功能：

（1）报文内容完整。

（2）报文顺序完整。

（3）报文来源识别。

（4）不可否认发送。

（5）不可否认接收。

（6）报文的内容保密性。

为了解决这些安全问题，UN/EDIFACT 提供了安全防护功能，如数字签名，加入数据识别码、顺序码、时间等。用非对称加密算法（如 RSA）所产生的数字签名是目前 EDI 领域最广泛使用的安全保护法。采用 RSA 算法，每位 EDI 用户都有一对私有密钥与公开密钥，私有密钥只有用户本人掌握，而公开密钥可公布给其他 EDI 用户。数字签名是 EDI 用户以自己的私有密钥对要传送的文件内容进行加密，接收方以发送者的公开密钥来验证该文件内容是否被篡改过。EDI 报文内容加密则是发送方以接收方的公开密钥将所要发送的文件加密成乱码，只有接收方以自己的私有密钥才能解成明码。

第三节　EDI 与 Internet

一、EDI 的网络技术

（一）EDI 网络的拓扑结构

EDI 网络的拓扑结构分为集中式、分布式和分布集中式。

1．集中式网络拓扑结构

集中式网络拓扑结构如图 5-8 所示。

信箱系统可设 1 个或 1～3 个，下设通信节点，用户通过节点访问信箱系统。信箱系统之间实现全互联。信箱系统和通信节点间的数据传输通路的选择，根据业务量的大小而定。

根据信箱系统的分布情况，集中式网络拓扑结构相应地划分为 1～3 个通信管理域。一个管理域由一个服务中心、一个信箱系统、若干个节点和多个用户组成。一个节点可同时接至两个不同管理域的信箱系统。

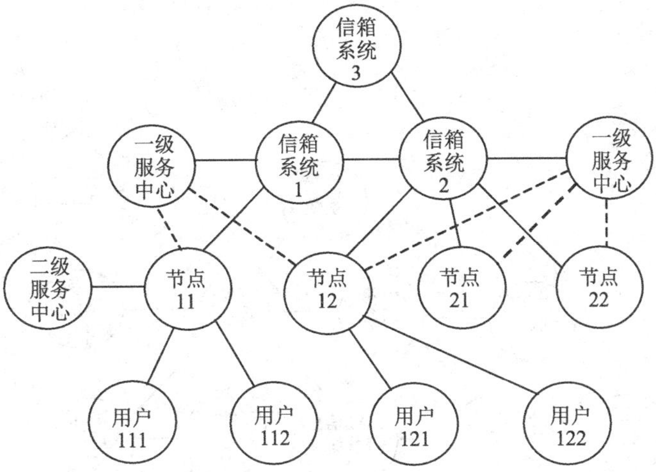

图 5-8　EDI 集中式网络拓扑结构

集中式的特点是信箱系统数量少，信箱存储容量大。其具有以下优点：

（1）由于信箱系统数量少，信箱系统间互联相对简单。

（2）由于 EDI 报文标准不断推出新版本及 EDI 标准通信软件尚不成熟，集中式信箱系统容易实现系统软件的升级和开发。

（3）集中式信箱系统运行、维护方便，开销较小。

（4）容易集中控制用户信息和所处理的报文，便于使用电子号码簿更新、查询和组织管理。

（5）便于实施全网的网络管理。

（6）当通信网络比较发达时，便于利用原有的网络资源。

集中式 EDI 网络结构的缺点是：

（1）信箱存储容量大，EDI 服务器运行速度要求高，造成信箱系统初期投资大。

（2）难于控制和维护远程节点。

（3）在 EDI 报文批处理时，由于传输时间长、输入集中，会造成同一地区用户的系统响应时间过长及传输距离长造成的线路利用率低，同时易产生输入瓶颈。

（4）集中式信箱系统难于满足实时 EDI 的要求。

2．分布式网络拓扑结构

分布式网络拓扑结构的一级信箱系统为 1～3 个。一级信箱系统之间实现全互联。一级信箱系统下设二级信箱系统。二级信箱系统之间是不完全互联。二级信箱系统下设通信节点，用户通过节点，访问二级信箱系统。二级信箱系统和通信节点之间的数据传输通路的选择是根据业务量的大小而定的。如

图 5-9 所示。

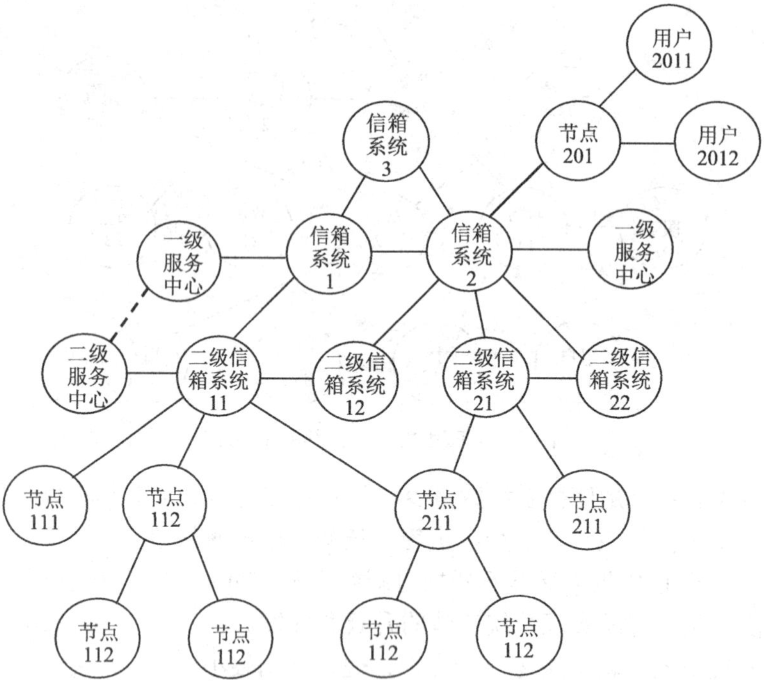

图 5-9 分布式网络拓扑结构

分布式 EDI 网络结构具有以下优点：

（1）用户线和传输线短。

（2）分级式分布网吞吐能力强，系统响应时间短。

（3）可利用二级信箱处理本地 EDI 业务，跨地区、跨部门和国际业务才使用一级信箱系统，从而减少长距离传输，提高了网络的性能。

（4）分布式网络结构由于用户线短，可以很好地完成地区内实时 EDI 业务。

分布式 EDI 网络结构的缺点是：

（1）信箱系统数量多，投资总额大。

（2）不同网络用户所使用的标准、标准层次各不相同，造成信箱系统互联复杂。

（3）为克服报文顺序混乱、报文丢失抵赖等进行的审计跟踪、安全登录等非常复杂。

（4）系统软件升级不易同步。

服务中心可分为与信箱系统合一的结构和分离式的两种方式。服务中心以管理域来划分，与一级管理域相对应的为一级服务中心，与二级管理域相对应的为二级服务中心。

早期的 EDI 网络结构中的信箱系统大多数是集中式的。随着 EDI 业务和计算机通信技术的发展逐渐向分布式网络结构发展。在分布式网络拓扑结构中，根据 EDI 服务的特点，可构建分布集中服务式网络拓扑结构。一级管理域设置一个 EDI 服务中心，管理它所在信箱系统管理域所管理的二级信箱系统和相应的节点及用户。1～3 个一级管理域也可只设一个 EDI 服务中心。

（二）VAN

EDI 涉及各部门和各行业，它并非只是简单地在两个贸易伙伴之间的通信，也不只是自己业务部门之间的通信，必须把相应的业务，例如海关、商检、金融、保险、交通运输部门联在一个 EDI 网络之内，如图 5-10 所示。因此，如果采用点对点的通信方式，就存在异种机之间联网困难、文件处理复杂、数据转换耗时以及专线连接成本高等问题。在 Internet 普遍投入使用之前，EDI 通信采用的是专用的增值网络（VAN）。

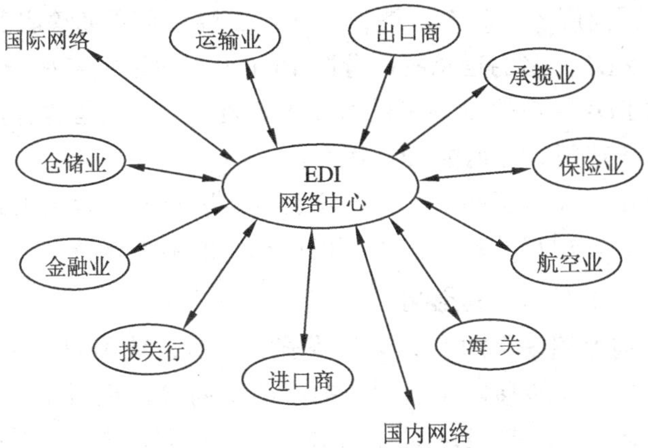

图 5-10　经过 VAN 的电子数据交换

EDI 增值网络（VAN）是利用现有的通信网络，增加 EDI 服务功能而实现的计算机网络。可使用的各种通信网包括：分组交换数据网（PSDN）、电话交换网（PSTN）、数字数据网（DDN）、综合业务数字网（ISDN）、卫星数据网（VAST）和移动数据通信网等。因此，VAN 不是一种新型的通信网，而是在现有通信网络的基础上，增加 EDI 服务功能的计算机网络。这倒有点像我们常说的经济信息网、教育科研网等。增值网络的构建一般是由增值数据业务（VADS）公司租用信箱及进行协议和报文格式的转换。此种网络建网快，可以节省经费。但由于各增值网的 EDI 服务功能不尽相同，对全球 EDI 通信而言，EDI 报文格式目前也有多种，系统必须支持不同标准的 EDI 报文交换，同时，由于各种网络的协议和报文格式的差异，多个 EDI 用户组织之间的信息交换必须采用相当的网关和网桥，这些因素增加了网际交换的复杂性和技术难度。

（三）EDI 服务中心

EDI 是综合系统工程，它涉及各部门，因而需要大量的协调和服务工作。而这些大量的、经常性的工作需要由 EDI 服务中心承担。在前面的 EDI 网络拓扑结构的图示中可以看到服务中心所处的位置。在这里，主要介绍服务中心的任务及功能。

EDI 服务中心承担的最重要的任务是网络管理功能。网络管理包括 EDI 业务资源的监视、控制和协调，并为这些资源的有关通信信息提供协议标准。它适用于集中与分布两种网络拓扑结构。其功能包括：故障管理、配置管理、计费管理、性能管理和安全管理。

此外，EDI 服务中心应提供的功能还包括：

（1）提供 EDI 服务，如信箱管理、格式管理、安全管理、数据库管理、审计和计费管理和增值等功能，并具备高性能和高效率的信息交换能力。

（2）EDI 顾问服务、教育、培训、技术支持和号码簿等服务。

（3）提供 EDI 命名的信息树，分配 EDI 用户的标志符和口令等。

（4）提供 EDI 用户的设备配置和设备安装，支持远程操作服务。

（5）协调各部门、各地区 EDI 用户。

（6）与国际 EDI 增值网的连接，实现与国际贸易伙伴间的报文传递。

（7）可按 EDI 用户的特殊要求，提供相应的增值服务。

二、Internet 对 EDI 的影响

VAN 是目前普遍采用的 EDI 应用模式。它可以使不同的计算机之间实现数据传输、数据文件转移以及远程数据库的访问等，克服了“点对点”应用方式的弊端。但是传统的 VAN 本身存在很大的缺陷。如贸易伙伴可能选择了不同的 VAN，但 VAN 之间可能会因为竞争等原因而不愿意互联。同时传统的 VAN 本身有一个致命的问题，即它只实现了计算机网络的下层，相当于 OSI 参考模型的下三层。而 EDI 往往是发生在异种计算机的应用软件之间，所以，EDI 软件与 VAN 的联系比较松散，效率低。

VAN 的中心业务只不过是把信息从一个地方传送到另一个地方，仅能进行数据变换，所以，单纯的 EDI 是远远不够的，必须制作带有多媒体信息的电子样本，只有这样才能使批发商随时获得最新的商品信息，有效地向零售商进行推销。对 VAN 来说，进行多媒体信息的传输和处理，无论是从技术方面，还是从成本方面都几乎是不可能的。

Internet 的应用模式正好满足了 EDI 的这种发展趋势，并大有取代 VAN

之趋势。Internet 是世界上最大的计算机网络，近年来得到迅速发展，它对 EDI 的影响可概括为：

（1）Internet 是全球网络结构，可以大大扩大参与交易的范围。

（2）一般来讲，通过私有网络和传统的增值网（VAN）建立全球的 EDI 系统只有那些列入“Fortune 1000”的大型企业才具备条件。但通过 Internet，中小企业也能方便地建立自己的全球 EDI 系统，花费很少。

（3）Internet 对数据交换提供了许多简单而且易于实现的方法，用户可以使用 Web 完成交易。

（4）ISP 提供了多种服务方式，这些服务方式过去都必须从传统的 VAN 那里购买，费用很大。

Internet 和 EDI 的联系，为 EDI 发展带来了生机，基于 Internet 的 EDI（简称 Internet EDI）成为新一代的 EDI，前景诱人。虽然有些用户对 Internet 上的安全性有一些疑虑，但已经可以通过加密技术使用户更安全地在公用网络上传输自己的私有数据。因此，预计使用 Internet EDI 的比例将越来越高。据 Forrester 研究公司调查显示，近半数的企业打算使用 Internet EDI。用 VAN 进行网络传输、交易和将 EDI 信息输入传统处理系统 EDI 用户，正在转向使用基于 Internet 的系统，以取代昂贵的 VAN。

三、Internet EDI

EDI 与 Internet 的结合有四种方式：Internet Mail，Standard IC，Web－EDI，XML/EDI。其中 Web－EDI 方式是目前最流行的方式。

（一）Internet Mail 方式

Internet Mail 最早把 EDI 带入 Internet，用 ISP（Internet Service Providers）代替了传统 EDI 依赖的 VAN，解决了信道的廉价问题。但是，简单电子邮件协议（STMP）缺少：

（1）保密性：E-mail 在 Internet 上传送明文。

（2）不可抵赖性：E-mail 很容易伪造，并且发送者可以否认自己是 E-mail 的作者。

（3）确认交付：STMP 不能保证你正确交付了 E-mail，无法知道是否丢失。

电文加密、电子认证和应用级的确认部分地解决了这些问题。

（二）Standard IC（Implementation Conventions）

在实现 EDI 的方案中，不同的企业根据他们自己的需要选择一定的标准，去掉一些他们根本不使用的部分。IC 就是指那些经裁剪后的标准信息版本。

为解决 IC 问题，出现了标准 IC 方式的 EDI。针对 EDI 标准在许多应用中过于复杂的情况，标准化组织对一些特定的应用制定了简单标准，它既不同于过去的行业、国家标准，是一种特殊的跨行业的国际标准，也不同于过去制定的国际标准，相对比较简单，并考虑了IC的一些需求。例如OBI（Open Buying on the Internet）就是一个成功的例子，OBI针对大量的、低价格的交易定义了一组简洁的消息，这些交易占所有交易的80%以上，实现了EDI节省费用的目标。

（三）Web－EDI方式

Web－EDI方式被认为是目前Internet EDI中最好的方式。标准IC方式的EDI不能减少那些仅有很少贸易单证的中小企业的费用，Web－EDI的目标是允许中小企业只需通过浏览器和Internet连接去执行EDI交换。Web是EDI消息的接口，典型情况下，其中一个参与者一般是较大的公司，针对每个EDI信息开发或购买相应的Web表单，改造成适合自己的IC，然后把它们放在Web站点上，此时，表单就成为EDI系统的接口。另一个参与者一般为较小的公司，登录到Web站点上，选择他们所感兴趣的表单，然后填写它，结果提交给Web服务器后，通过服务器端程序进行合法性检查，把它变成通常的EDI消息，此后消息处理就与传统的EDI消息处理一样了。很明显，这种解决方案对中小企业来说是负担得起的，只需一个浏览器和Internet连接就可完成，EDI软件和映射的费用则花在服务器端。Web－EDI方式对现有企业应用只需做很小改动，就可以方便快速地扩展成为EDI系统应用。

各种Internet EDI的方式，尤其Web－EDI方式的使用，一方面使传统EDI走出了困惑，特别是使中小企业能够接受。但另一方面，目前HTML标志语言过于简单也给应用带来了限制。

（四）XML/EDI方式

1、SGML标识语言

20世纪60年代，IBM便着手研究通用标志语言（GML，Generalized Markup Language）来描述文件及其格式。1978年，美国国家标准局（ANSI）将GML规范成SGML（Standard Generalized Markup Language）标准。1986年，国际标准化组织（ISO）发布了SGML的正式文本——SGML ISO8879:1986，使SGML成为通用的描述各种电子文件的结构及内容的国际标准，为创建结构化、可交换的电子文件提供了依据。利用SGML可以将来源不同的原始资料，如SGML片断、字处理文件、数据库查询结果、图形文件、视频文件等各方面的资料，组装在同一个文件中，利用文件格式定义（DTD，Document Type Definition）自由定义文件结构、添加标记或验证电子文件是否遵循DTD所定义的结构。

2、HTML标志语言

SGML过于繁复，许多可选特性Web开发不必要，难以应用。Internet的广泛应用，需要人人都易上手的描述语言。作为SGML的子集，超文本标志语言

（HTML，Hyper Text Markup Language）应运而生。

HTML 语言简单易用，它提供了一种文本结构和格式，使其能够在浏览器上呈现给访问它的用户。HTML 不同于一般的 ASCII 文件，是对 ASCII 文件的一种增强版本。它在文件中加入标签，使其可以显示各种各样的字体、图形及闪烁，还增加了结构的标记，如头元素、列表和段落等，并且提供了到 Internet 上其他文档的超文本链接。HTML 成为 Web 上的通用语言，用它可以方便地制作网页、建立链接，很快它便成为 Web 蓬勃发展的基石。

但是，HTML 过于简单，随着 Web 文件内容的增多和形式多样化，越来越显得不适应，原因是 HTML 定义了唯一的文件类型，并且标记集不能被改动，简单易用却牺牲了语言性能。

3、XML 标志语言

1996 年 11 月，波士顿 SGML 年会上，新的数据描述语言 XML 可扩展标志语言（Extensible Markup Language）公布于世，并向 W3C（World Wide Web Consortium）正式提案。相对于 HTML 只是 SGML 衍生出来的一种文件格式，XML 则免除了 SGML 的繁复但仍保持其威力，这使 SGML 的优秀品质能方便而直接地被用在 Web 开发上。

XML 继承了 SGML 具有的可扩展性、结构性及可校验性，与 HTML 语言相比，区别主要在以下三方面：

可扩展性方面：HTML 不允许用户自行定义他们自己的标志或属性；而在 XML 中，用户能够根据需要，自行定义新的标志及属性名，以便更好地从语义上修饰数据。

结构性方面：HTML 不支持深层的结构描述，XML 的文件结构嵌套可以复杂到任意程度，能表示面向对象的等级层次。

可校验性方面：HTML 没有提供规范文件以支持应用软件对 HTML 文件进行结构校验；而 XML 文件可以包括一个语法描述，使应用程序可以对此文件进行结构确认。

表面上看，XML 文件与 HTML 文件比较相似，都以一对相互匹配的起始和结束标记符来标记信息，但两者功能不同，HTML 用来显示数据，XML 则是描述数据对角，后者可以多种方式显示，也可以由其他应用软件进行深入的处理。在超链接方面，HTML 虽然可以链接本机或其他主机上的文件，但只能指定单向且固定的链接位置，XML 可以建立多重链接，除目标网页位置外，同时可提供如何从其他网址链接的信息，可以进一步指定目标网址找到后的动作，是否自动显示或搬运到原有的文件内。

XML 是一个开放式的标准，它包括三个相互联系的标准：XML（可扩展的标记语言，Extensible Markup Language）；XSL（可扩展的式样语言，Extensible Style Language）；XLL（可扩展的链接语言，Extensible Linking Language）。

这三个标准相辅相成，使 XML 语言在数据标记、显示风格和超文本链接方面功能强大，对数据交换十分便利，被称为 Web 风格的 EDI（电子数据交换）。

4、XML 对 Internet EDI 的影响

（1）Web 风格的 EDI。XML 所采用的标准技术已被证明最适合 Web 开发，应用于 Internet EDI，则可以得到真正 Web 风格的 EDI ——XML/EDI。XML 支持结构化的数据，可以更详细地定义某个数据对象的数据结构，如描述产品，详细定义该产品的生产厂、产品名、产品号、产地等信息，不仅为标记该产品提供方便，而且这种 XML 数据很容易按生产厂、产品名等排序，查询更方便。如果出现商业规则的例外，例如，填写一个订购单，销售商可能想增加注释，反映一定的商业操作，XML 编写的 Web，指定的数据放入文档中后，便可以加入一些注释，解决了以前固定格式 EDI 的困难。

XML/EDI 引进模板（Template）的概念，解决了 EDI 的主要问题 ——映射。模板描述的不是消息的数据，而是消息的结构以及如何解释消息，能做到无须编程就可实现消息的映射。在用户计算机上，软件代理用最佳方式解释模板和处理消息，如果用户应用程序实现了 XML/EDI，那么代理可以自动完成映射，并产生正确的消息，同时，代理可以为用户生成一个 Web 表单。与 Web —EDI 不同，XML/EDI 可以在客户端处理消息，自动完成映射，花费很小。通过模板，用户可以得到对其环境的最佳集成，模板可以存储在别处，动态结合到本地应用程序中，这些使 XML/EDI 成为名副其实的 Web 风格的 EDI。

（2）Web 革命。XML 描述数据本身，不像 HTML 仅描述数据的显示，这使 XML 可以支持灵活多变的 Web 应用。XML 可以从不同的来源集成数据，将多个应用程序所生成的数据纳入同一个 XML 文件并传送到客户机上，被解析出来的 XML 数据可以在本地被编辑或操纵，即本地用户非常容易实现对 XML 数据的有效利用。

Web 开发者经过大量努力发明了针对各种应用的格式，支持这些格式需要做大量传统的工作：读取、分析、注释并存储该数据，还要把它们格式化以便显示。使用 XML 及支持工具，可以不要做这么多程序性的工作，SGML 风格的 DTD（文件格式定义）可以使数据定义变为说明方式，数据的分析和确认也不需要程序性逻辑，显示的格式化理论上只要 XML 在对象模型和浏览器对象模型间进行映射。

Microsoft 正在建议 XML Data 方案，使用 XML 写 XML 元数据，快速开发 XML 应用，并使结构和内容两者的确认简化。XML 为 Web 数据带来了结构化、

智能化和互操作性，将会引发 Web 查询技术、Web 数据库技术乃至 Web 数据交换技术的全面革新。

（3）对称的 EDI。Web EDI 允许中小企业只需通过浏览器和 Internet 连接去执行 EDI 交换，但它是不对称的。一方实现 EDI 交换，承担所有实现 EDI 的费用，一般是较大的公司，它对 EDI 消息开发或购买相应的 Web 表格，改造成适合自己的 IC，然后放在 Web 站点上，成为 EDI 的接口，于是，它可以享受 EDI 带来的全部好处；另一方只参与 EDI 交换，但不能从 EDI 中得到好处；因此，Web EDI 只能让中小企业负担得起上 EDI 的费用，但在得到 EDI 的好处方面，与实现 EDI 方（较大公司）是不均等的。

XML/EDI 则不同，它能让所有的参与者都从 EDI 中得到好处，它是对称的 EDI。这一方面由 XML 的结构化和文件格式定义（DTD）特点所致；另一方面则由于 XML 的超链接，可以进一步指定目标找到后的动作。XML 本身的互操作性，使 XML/EDI 的参与者都能从中获得好处，无论是大企业，还是中小企业。

Internet 将传统 EDI 带出了困惑，进入新一代 Internet EDI，HTML 带来了 Internet、WWW 及至 Internet EDI 的发展，但因其过于简化，逐渐为 Web 的发展所不容。XML 顺应需要，其优秀性能带来了新一代 Web，更带来了真正 Web 风格的 EDI。

四、Internet 中 EDI 电子邮件的扩展

现有的 Internet 电子邮件系统是基于简单的邮件传送协议（SMTP）提供信息的传输功能，但是仅支持七位 ASCII 码的传输，不能适应多媒体邮件的要求。因此，要将 SMTP 运用于电子商务和 EDI 时必须加以修改。多功能 Internet 邮件扩展 MIME 是一种模块化的、可扩展的信息格式，可以表示多部分/多媒体信息。

MIME 定义了邮件体结构和内容类型，提供一种与 SMTP 兼容的方式，支持的多媒体类型有正文、声音、图像、视频和应用数据。MIME 还提供多种传输内容编码方式，它可以使得 8 位二进制数据变为 7 位 ASCII 数据。它可以对信息进行传送编码和转换，不会丢失信息的结构或丢失信息。MIME 的出现使“活动”邮件和交互式邮件成为可能，使用户能利用 SMTP/MIME 邮件实现 EDI 与电子商务等增值业务。它具有投资少、见效快等特点。

将 EDI 对象封装到 MIME 中，允许 EDI 事务通过 Internet 网络邮件传输，同时支持 EDIFACT 和美国国家标准委员会 ANSI X.12 EDI 标准，可保证 EDI 对象能够在传输中保持其语法和语义不变。

在 Internet EDI 系统中，企业贸易中仅能传输单证，企业如果想利用计算机来提高管理效率，就必须建立专用的 EDI 应用系统。但 Internet EDI 解决方

案的确为没有EDI应用系统的中小企业带来了生机。

第四节 EDI在物流行业中的应用

企业应用EDI有三种不同的目的。目的不同，EDI的功能、所需的人力、时间与成本也不一样，如表5-2所示。

表5-2 EDI的应用方式

目的	数据传输	改善作业	企业再造
功能	维持订单 减少人工输入 降低错误	与业务系统集成 缩短作业时间 及早发现错误 提高传输可靠性	提高竞争力
参与人员	作业人员	业务主管	决策主管
初期成本	小	较小	
引入时间	1个月	2～4个月	一年
条件	计算机	管理信息系统	管理信息系统

一、物流公司的EDI应用

物流公司是供应商与客户之间的桥梁，它对调节产品供需、缩短流通渠道、解决不经济的流通规模及降低流通成本有极大的作用。图5-11为物流公司的交易流程。

（1）如果配送中心引入EDI是为了传输数据，则可以低成本引入出货单的接收。

（2）如果希望引入EDI改善作业流程，可依次引入各单证，并与企业内部信息系统集成，逐步改善接单、配送、催款的作业流程。

1）引入出货单。对物流公司来说，出货单是客户发出的出货指示。物流公司引入EDI出货单后可与自己的拣货系统集成，生成拣货单，这样就可以加快内部作业速度，缩短配货时间；在出货完成后，可将出货结果用EDI通知客户，使客户及时知道出货情况，也可尽快处理缺货情况。

2）引入催款对账单。对于每月的出货配送业务，物流公司可引入EDI催款对账单，同时开发对账系统，并与EDI出货配送系统集成来生成对账单，从而减轻财务部门每月的对账工作量，降低对账的错误率，以及业务部门的催款人力。

（3）除数据传输及改善作业流程外，企业可以以EDI为工具进行企业再造。

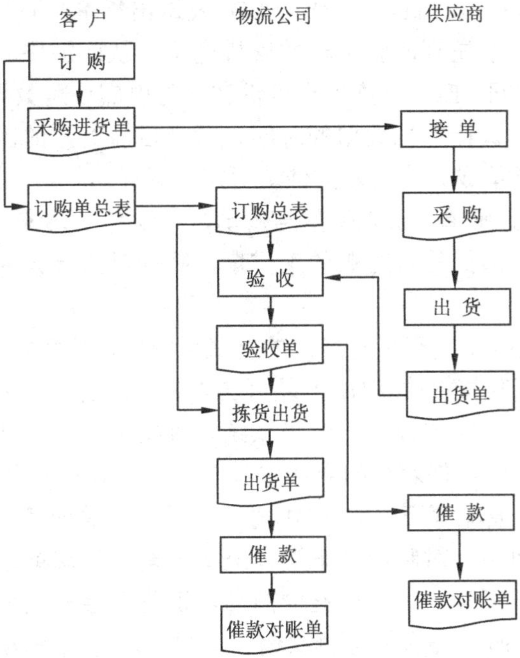

图 5-11　物流公司的交易流程图

二、制造商的 EDI 应用

制造商与其交易伙伴间的商业行为大致可分为接单、出货、催款及收款作业，其间往来的单据包括采购进货单、出货单、催款对账单及付款凭证等。

（1）企业引入 EDI 是为数据传输时，可选择低成本的方式，引入采购进货单，接收客户传来的 EDI 订购单报文，将其转换成企业内部的订单形式，其优点是：

1）不需要为配合不同供应商而使用不同的电子订货系统。

2）不需重新输入订单数据，节省人力和时间，同时减少人为错误。

（2）如果应用 EDI 的目的是为改善作业，可以同客户合作，依次引入采购进货单、出货单及催款对账单，并与企业内部的信息系统集成，逐渐改善接单、出货、对账及收款作业。

1）引入采购进货单。采购进货单是整个交易流程的开始，接到 EDI 订单就不需要重新输入，从而节省订单输入人力，同时保证了数据的正确；开发核查程序，核查收到订单是否与客户的交易条件相符，从而节省核查订单的人力，同时减低核查的错误率；与库存系统、拣货系统集成，自动生成拣货单，加快拣货与出货速度，提高服务质量。

2）引入出货单。在出货前事先用 EDI 发送出货单，通知客户出货的货品及数量，以便客户事先打印验货单并安排仓位，从而加快验收速度，节省双方交货、收货的时间；EDI 出货单也可供客户与内部订购数据进行比较，缩短客户验收后人工确认计算机数据的时间，减少日后对账的困难；客户可用出货单验货，使出货单成为日后双方催款对账的凭证。

3）引入催款对账单。引入催款结账单，开发对账系统，并与出货系统集成，从而减轻财务部门每月对账的工作量，降低对账错误率以及业务部门催款的人力和时间。

4）引入转账系统。实现了与客户的对账系统后，可考虑引入与银行的 EDI 转账系统，由银行直接接收 EDI 汇款再转入制造商的账户内，这样可加快收款作业，提高资金运用的效率。转账系统与对账系统、会计系统集成后，除实现自动转账外，还可将后续的会计作业自动化，节省人力。

企业为改善作业流程而引入 EDI 时，必须有相关业务主管积极参与，才可能获得成果。例如，对制造商来说，退货处理非常麻烦，退货原因可能是因商品瑕疵或商品下架。对有瑕疵的商品，退货只会增加处理成本；对下架商品，如果处理及时，还有机会再次销售。因此，引入 EDI 退货单并与客户重新拟定退货策略，对双方都有好处。

三、批发商的 EDI 应用

批发商因其交易特性，其相关业务包括向客户提供产品以及向厂商采购商品。

（1）批发商如果是为了数据传输而引入 EDI，可选择低成本方式。可根据交易对象的性质，决定引入 EDI 采购进货单。

若是厂商，可引入 EDI 采购进货单的传送，将采购进货单转换成 EDI 报文传给供应商，其优点是：

1）不需要为配合不同厂商而使用不同的电子订货系统。

2）使厂商提早收到订单，及时处理，加快送货速度。

若是客户，可引入 EDI 采购进货单的接收，接收传送过来的 EDI 采购进货单报文，将其转换成企业内部用的订单，其优点是：

1）需要为配合不同客户而使用不同的电子订货系统。

2）不需重新输入订单数据，节省人力和时间，同时减少人为错误。

（2）若为改善作业流程而引入 EDI，可逐步引入各项单证，并与企业内部信息系统集成，逐步改善接单、出货、催款的作业流程，或订购、验收、对账、付款的作业流程。

1）对旨在改善订购、验收、对账、付款流程的企业来说，可依次引入采购进货单、验收单、催款对账单及付款明细表，并与企业内部的订购、验收、对账及转账系统集成。其做法与零售商的做法类似。

2）对旨在改善接单、出货、催款流程的企业来说，可依次引入采购进货单、出货单及催款对账单，并与企业内部的接单、出货及催款系统集成。其做法与制造商的做法类似。

四、运输商的 EDI 应用

运输商以其强大的运输工具和遍布各地的营业点而在流通业中扮演了重要的角色。图 5-12 为运输商的交易流程。

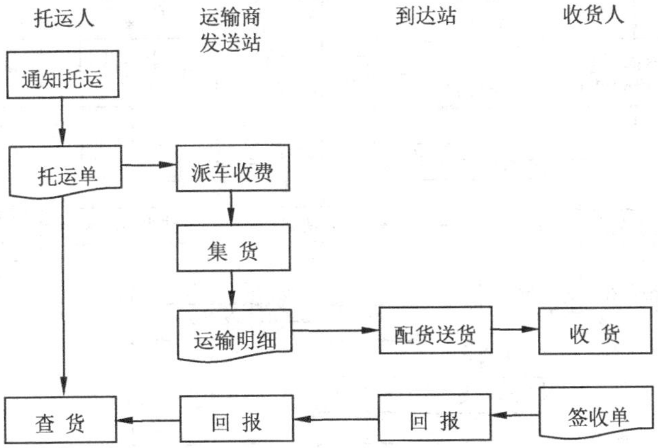

图 5-12　运输商的交易流程

（1）企业若为数据传输而引入 EDI，可选择低成本方式。可先引入托运单，接收托运人传来的 EDI 托运单报文，将其转换成企业内部的托运单格式，其优点是：

1）事先得知托运货物的详情，包括箱数、重量等，以便调配车辆。

2）不需重新输入托运单数据，节省人力和时间，减少人为错误。

（2）若引入 EDI 是为改善作业流程，可逐步引入各项单证，且企业内部信息系统集成，逐步改善托运、收货、送货、回报、对账、收款等作业流程。

1）托运收货作业。事先得知托运货物的详情，可调配车辆前往收货。托运人传来的 EDI 托运数据可与发送系统集成，自动生成发送明细单。

2）送货回报作业。托运数据可与送货的回报作业集成，将送货结果及早回报给托运人，提高客户服务质量。此外，对已完成送货的交易，也可回报运费，供客户提早核对。

3）对账作业。可用回报作业通知每笔托运交易的运费，同时运用 EDI 催款对账单向客户催款。

4）收款作业。对托运量大且频繁的托运客户，可与其建立 EDI 转账作业，通过银行进行 EDI 转账。

五、EDI 与 MIS 的集成

图 5-13 是物流公司的 EDI 与 MIS 集成的案例。

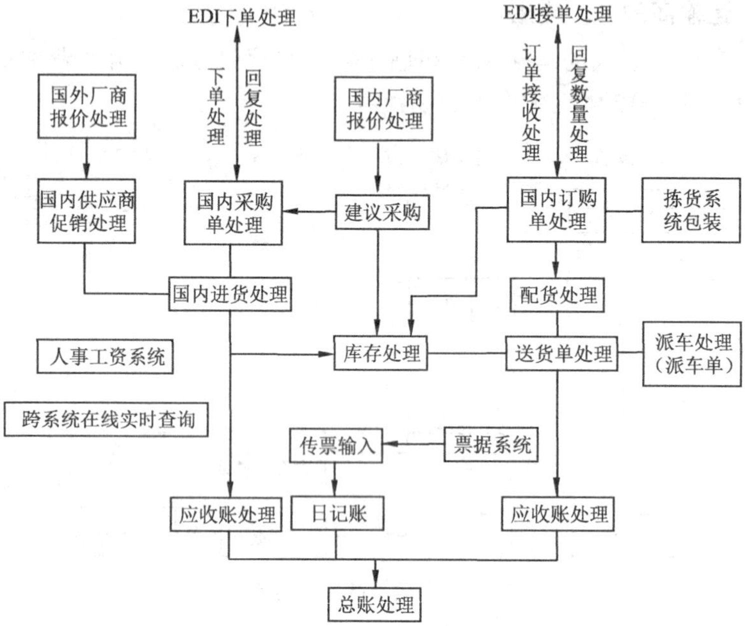

图 5-13 物流公司的 EDI 与 MIS 集成

企业成功引入 EDI 的关键因素取决于使用 EDI 的目的。若只为数据传输而引入 EDI，所需的软硬件成本较低，需要参与的业务部门的人员也较少，因此对企业内部的影响也较小，所以比较容易成功。随着引入程度的深入，需要改善的作业流程越多，对企业各部门的影响越大，所费的人力与时间越多，取得成功就比较困难。企业分为两类，即有信息部门的企业与无信息部门的企业。

（1）对于有信息部门的企业，引入 EDI 的关键因素分述如下：

1）为数据传输而引入。信息部门及相关业务部门人员要沟通协调，达成共识。

2）为改善作业流程而引入。高层主管必须强有力地支持，除信息部门外，相关员工必须了解作业流程的变化及 EDI 的效益，以便完全配合。

3）作为企业再造的工具。企业领导必须强有力并亲自领导，只有亲自参与才能了解问题所在并及时决策；要组成流程改造小组来推动工作；事先的宣传也是必需的。

（2）对于没有信息部门的中小企业来说，引入 EDI 的关键因素为：

1）慎重选择信息公司。选择的原则是：是否有 EDI 实施经验，公司规模及经营管理能力是否能满足项目要求，是否了解企业的状态，在本地是否有服务机构或能提供及时服务等。如果企业除数据传输外，还希望能改善作业流程或进行企业再造，则需考察信息厂商的沟通、协调能力及企业管理知识。

2）高层主管的支持和参与。即使选择了很好的信息公司，如果高层主管不支持，信息公司也很难发挥作用，因为许多跨部门的业务及经营策略方面的决策无人可取代，必须高层主管亲自参与才能推动 EDI 的实施。

3）不断进行管理观念的教育。进行管理观念的教育，使企业上下达成共识，辅之以激励系统，引导员工支持 EDI 的实施。

4）以目前的需求为重点，再逐步深入。引入 EDI 系统的程度越深，需要改变的作业流程越多，因此，引入 EDI 不能急于求成，要有中长期投资的眼光，且引入策略和实施要前后一致。

【本章小结】

本章主要介绍了物流 EDI 的概念；EDI 系统的构成；EDI 与 Internet 以及 EDI 在物流行业中的应用；强调了 EDI 在应用中的标准；在 Internet 环境下的应用及 EDI 系统在物流公司、制造商、批发商、运输商等物流行业是如何处理订货、进货、接单、出货、配送、对账及转账等业务的。

【案例】

中远公司 EDI 系统应用情况

一、公司简介

上海中远国际货运有限公司是中远集团（COSCO）下属的从事货物运输代理的公司，是上海最大的货运一级代理公司之一。该公司主要负责中远集团长江内支线集装箱的货运代理，通过中转枢纽上海港，使长江内支线与中远遍布全球的干线运输网络相联结，可真正体现其运输优势，各种进出口货物可直接抵达全球各地，做到一票到底，内地交货，为货主提供了极大的便利。公司有员工 400 多人，其中计算机部共 10 人。计算机部的员工不仅负责本公司信息系统的开发和维护工作，还要负责客户的信息系统维护工作，因此工作量是非常大的。公司的计算机和其他部门如市场部、出口部等平行，归总经理直接管理。

二、公司的计算机应用现状

上海中远国际货运有限公司作为一家国有企业，应该说具有较高的计算机应用水平。这一方面跟其所在的行业有关，因为货物运输要涉及大量的数据，如果没有良好的计算机应用水平，就需要大量的人力来处理相关数据，这是一个很大的工作量；另一方面该公司领导层能够认识到计算机应用所带来的好处，所以能够大力推进计算机在公司内部的应用。中远集团是国内较早引进 IBMRS6000、AS/400 的企业，因此具有良好的计算机应用基础。在公司内部，其业务全部利用计算机来处理，也就是说，从客户提交数据到公司签发提单给客户，全部采用了计算机处理技术。

客户传统的订舱方式往往是采用传真和信件的方式来传递双方需要的大量数据，但是传统的传真和信件方式有如下几个特点：首先，货代公司收到传真或信件后，需要对如此大量的数据输入公司的内部信息系统，这样就带来了很大的工作量，公司必须投入大量的人力来处理这些数据；其次，重新输入这些数据难免会出现差错，而这样的差错会引起公司与客户之间业务上的纠纷，给公司带来不必要的麻烦和经济上的损失。

因此，从 1997 年初开始，上海中远开始采用电子订舱的方式逐步来取代传统的传真和信件方式。公司采用两种电子订舱的方式：首先是开发应用系统。公司计算机部开发出应用程序，安装在客户端，客户只要使用该程序，通过 Modem 和电话线，将大量的数据传送给公司。这种应用程序的界面类似于 Internet 和 Web 形式，只是在功能上根据客户的要求和业务的实际需要进行了加强，其实际上是 EDI 的一种形式。

其次是在 Internet 上建立公司的网址（www.cosfresh.com），开发基于 Internet 的 Web 页。在 Internet 上，Web 主要提供以下四个功能。

（1）信息发布。公司在网上公布公司的各个航线、各航线的航期、运价等等。

（2）网上查询。根据公司在网上所发布的信息，客户就可以通过 Internet 来进行查询，从而可以比较不同货代公司的运价和航期。

（3）网上订舱。客户可以通过 Internet 来实现订舱，从而取代传统的订舱方式。

（4）订舱反馈。不管客户是通过何种途径进行订舱的，都可以通过 Internet 查询到货物的现状，跟踪其货物；通过电子订舱的客户还可以通过 Internet 得到公司的反馈，既快捷又方便。

如客户需要运输一批货物，出发地是苏州，目的地为 Chicago，则货物可以走以下的路线：苏州－上海－Longbeach－Chicago。客户可先将这批货物的有关数据告诉货代，如日期、目的地、品种、重量等，货代就为客户办理单证，包括订舱、运输、报关、收费等等，然后给客户签发提单。提单相当于收据，具有法律效力。客户将提单寄到Chicago，收货人可凭提单在Chicago提货。

电子订舱的两种不同的方式往往适用于两种不同的客户。应用系统往往适用于比较固定或者业务量比较多的客户。公司要负责将应用系统安装在客户处而且往往还要负责该系统的维护工作；而对于Internet方式主要用于一些非固定的或者远距离的客户，因为对公司来说，对非固定的客户安装维护应用系统是一笔很大的开支。

三、系统内容简述

中远国际货运有限公司电子信息服务系统的内容与特点如下：

（1）货运公报。船期更改等与货运有关的信息发布。

（2）船期表。查询和下载自上海港出发的船期，其他地点船舶连接到中远集运网站船期表页。

（3）运价。查询上海中远公布的从上海到世界各地的海运费、中转费、附加费和上海中货内陆运输人民币包干费用。

（4）订舱。可直接输入/更改货运订舱委托内容，并查询委托的受理信息（船名、航次、提单号等）及运费、流转情况等信息。

（5）货物跟踪。目前提供按月提单号或箱号查询中远集装箱承运上海港进、出港信息（包括中转）委托货物。

四、系统特点

（1）采用三层C/S结构，多平台，多种数据库集成。应用服务器（Web Server）一端，使用同一接口连接数据库，简化了应用的复杂度，便于系统维护。

（2）与业务数据库直接相连。既保证用户查询得到的结果信息与上海中远业务数据同步，以避免了由于维护不及时产生的信息发布之后的网站老大难问题，还节省了人力和资源的投入。

（3）用户操作尽可能简化。“货物跟踪”中系统自动判断委托所属航线，来自/到达北美的货物，可继续连接至中远北美公司网站的“Cargo Tracing”查询结果页，“运价查询”结果列出全名称均为运价表中存在的地名，提高了查询命中率。

（4）应用服务面广。除订舱部分采用登录方式外，其他功能对全社会开放，保证直接货主、货代公司、上下港代理等不同用户的需要。订舱查询不限制委托的方式，不论是点对点数据传输、网上订舱还是纸面订舱，均可查询。船期表下载按交通部格式，并附平台文件格式说明，用户可以得到格式化数据，方便有业务应用的用户使用。

（5）安全机制完善。Web 服务器置于防火墙外，由应用系统访问内部数据库，保证内部网络安全；订舱应用的修改和查询同时校验用户和委托运编号，防止用户委托资料泄密。

上海中远从 1997 年开始采用电子订舱后，对于大部分固定客户都安装了应用系统，从而巩固了与客户的业务联系。这些客户基本上都采用了利用 EDI 方式实现了电子订舱。客户的反映都非常好，它们认为使用 EDI 电子订舱后方便快捷、安全可靠，大大提高了工作效率。

公司于 1998 年建立网址、提供网上信息服务后，客户反映也比较好，他们认为网上查询信息方便快捷，及时准确，而且节省通信费用。然而公司提供的网上订舱服务现在还没有一笔业务。对于大的、固定的客户基本上都采用 EDI 的方式，而小的客户还是采用传统的订舱方式——传真。

五、中远公司电子信息服务系统的应用所带来的影响

（1）企业形象的提升和企业竞争力的加强。国际航运市场由于世界经济的不景气和载运能力相对过剩而出现了低迷状态，使各家航运公司之间争夺市场份额的竞争更加激烈。仅仅使用价格手段取得竞争优势的传统做法已没有多少余地，且越来越难以奏效。

通过采用新的信息技术，完善对客户的信息服务质量将成为取得竞争优势的必然选择。电子信息服务系统的应用，一方面使企业紧跟信息技术发展的时代潮流，从而不断地完善信息服务。取得竞争手段上的不断领先；另一方面提高了企业在客户中的形象，从而取得竞争优势。

（2）工作量的减少和工作效率的提高。首先，电子信息服务系统的数据来源于客户的输入，既大大减少了本企业的数据输入量，又大大减少了数据的差错率，提高信息处理的准确性。其次，客户对于业务上的信息查询、货物跟踪等都可通过 Internet 来进行的，客户在和计算机打交道，而不是同市场人员打交道，这大大减少了企业市场部人员的工作量。因为企业和客户之间 80%的业务都是正常的，而只有 20%的业务是需要人工干预的，这样正常的业务就交由计算机来处理，业务人员只处理少量必要的事情。

（3）费用的减少。一方面电子信息服务系统采用电子单证和电子函件代替了大量的纸张单证，从而降低了传统的单证费用；另一方面，电子信息服务系统的应用深入到企业的订舱、查询、广告等环节，从而减少了这些方面的费用。

（4）客户满意度的提高。客户认为电子信息服务系统的使用，提高了全心全意的工作效率，减少了工作量，使他们能更快捷、更方便地了解货物的动态。

【复习思考题】

1．什么是 EDI？什么是物流 EDI？

2．在物流 EDI 中信息是如何进行流动的？

3．EDI 应用于物流业有何优点？

4．物流 EDI 的连接方式有哪几种？请具体叙述。

5．为什么要制订统一的 EDI 标准？目前国际上公认的 EDI 标准有哪些？

6．EDIFACT 标准具体由哪些内容构成？

7．EDI 软件由哪些模块构成？各模块是如何工作的？

8．物流 EDI 系统的构成要素有哪些？其系统结构如何？

9．Internet 与 EDI 系统是如何结合的？

10．EDI 技术在物流行业中是如何应用的？

第六章　GPS 与 GIS 技术

【学习目的】

通过本章的学习，要求熟练掌握 GPS 的概念、特点、系统构成；掌握 GPS 的定位和工作原理；熟练掌握 GIS 的基本概念，GIS 系统的组成、功能；了解 GPS 在物流领域中的应用，如物流过程的跟踪监控、运载工具的动态调度等，了解地理信息系统即 GIS 在物流系统中的应用。

第一节　GPS 概述

一、GPS 的概念

GPS 是英文 Global Positioning System 的缩写，意即全球定位系统，它是利用卫星星座（通信卫星）、地面控制部分和信号接收机对对象进行动态定位的系统。GPS 能对静态、动态对象进行动态空间信息的获取，快速、精度均匀、不受天气和时间的限制反馈空间信息。

最初，卫星定位技术是利用人造地球卫星（仅作为一种空间的观测目标）进行点位测量的技术，由地面观测站对它进行摄影观测，建立卫星三角网。也可以用激光技术对卫星的几何观测解决用常规大地测量技术难以实现的远距离陆地海岛联测定位的问题。20 世纪 60～70 年代，美国国家大地测量局在英国和德国有关部门的协助下，用卫星三角测量的方法花了几年时间测试了有 45 个测站的全球三角网，定位精度 5m。但是这种观测方法受卫星可见条件及天气的影响，费时费力，不仅定位精度低，而且不能测得点位的地心坐标。因此，卫星三角测量很快就被卫星多普勒定位所取代，使卫星定位技术从仅仅把卫星作为空间观测目标的低级阶段，发展到了把卫星作为动态已知点的高级阶段。

20 世纪 50 年代末期，美国开始研制用多普勒卫星定位技术进行测速、定位的卫星导航系统（子午卫星导航系统：NNSS），用于海空导航，多普勒定位具有经济快速、精度均匀、不受天气和时间的限制等优点。只要在测点上能收到从子午卫星上发来的无线电信号，便可在地球表面的任何地方进行单点定位或联测定位，获得测站点的三维地心坐标。在 NNSS 建立的同时，前苏联也于 1965 年开始建立了一个卫星导航系统，称为 CICADA。该系统有 12

颗所谓的宇宙卫星。NNSS 和 CICADA 卫星导航系统虽然将导航和定位推向一个新的发展阶段，但是它们仍然存在着缺点：比如卫星少、不能实时定位。NNSS 采用 6 颗卫星，并都通过地球的南北极运行，地面上同一点上空子午卫星通过的间隔时间长，而且低纬度地区每天的卫星通过次数远低于高纬度地区。对于同一地点，两次子午卫星通过的间隔时间为 0.8～1.6h，而对于同一子午卫星，每天通过次数最多为 13 次，间隔时间更长。由于一台多普勒接收机一般需观测 15 次合格的卫星通过，才能使单点定位精度达 10m 左右，而各个测站在共同观测了 17 次合格的卫星通过时，联测定位的精度才能达到 0.5m 左右。间隔时间和观测时间长，不能为用户提供实时定位和导航服务，而精度较低限制了它的应用领域。子午卫星轨道低（平均高度 1 070km），难以精密定轨，以及子午卫星射电频率低（400MHz 和 150MHz），难以补偿电离层效应的影响，致使卫星多普勒定位精度局限在米级水平（精度极限 0.5～1m）。总之，用子午卫星信号进行多普勒定位时，不仅观测时间长（需要一两天的观测时间），而且既不能进行连续、定时定位，又不能达到厘米级的定位精度，因此其应用受到了较大的限制。为了实现全天候、全球性和高精度的连续导航与定位，第二代的卫星导航系统 ——GPS 卫星全球定位系统便应运而生。

1973 年 12 月，美国国防部批准它的陆海空三军联合研制新的卫星导航系统（NavSTAR/GPS：Navigation Satellite Timing And Rangin / Global Positioning System），简称 GPS 系统。该系统是以卫星为基础的无线电导航定位系统，具有全能性（陆地、海洋、航空和航天），全球性，全天候，连续性和实时性的导航、定位和定时的功能，能为各类用户提供精密的三维坐标、速度和时间。自 1974 年以来，GPS 计划已经历了方案论证（1974～1978 年）、系统论证（1979～1987 年）、生产实验（1988～1993 年）三个阶段，总投资超过 200 亿美元。整个系统分为卫星星座、地面控制和监测站、用户设备三大部分。论证阶段共发射了 11 颗称为 BLOCKI 的试验卫星，生产实验阶段发射 BLOCK ⅡR 型第三代 GPS 卫星，GPS 系统由此为基础改建而成。

GLONASS 的起步晚于 GPS 9 年时间。从前苏联于 1982 年 10 月 12 日发射第一颗 GLONASS 卫星开始，到 1996 年，13 年时间内历经周折，将 9 颗卫星送入轨道，完成了 24 颗工作卫星加 1 颗备用卫星的布局。经过数据加载、调整和检验，于 1996 年 1 月 18 日，整个系统正常运行。GLONASS 系统在系统组成和工作原理上与 GPS 类似，也是由空间卫星星座、地面控制和用户设备三大部分组成。GLONASS 接收机接收其卫星信号，并测量其伪距和速度，同时从卫星信号中选出并处理导航电文。接收机中的计算机对所有输入数据处理，并算出位置坐标的三个分量、速度矢量的三个分量和时间。GLONASS 系统进展较快，运行正常，但生产用户设备的厂家较少，生产的接收机多为专用型。由于可见卫星数目增加，在一些遮挡墙较多的城市、森林等地区进行测量定位和建立运动目标的监控制控管理比较容易开展；利用两个独立的卫星定位系统进行导航和定位测量，可有效地削弱美俄两国对各自定位系统的可能控制，提高定位的可靠性和安全性。俄罗斯联邦政府对 GLONASS 系统的使用政策，早在 1991 年首先宣称：GLONASS 系统可供国防民间使用，不带任何限制，也不计划对用户收费，该系统将在完全布满星座后遵照已公布的性能运行至少 15 年。俄罗斯空间部队的合作科学信息中心已作为 GLONASS 状态信息的用户接口，正式向用户公布 GLONASS 咨询通告。1995 年 3 月 7 日，俄罗斯联邦政府签了一项法令《有关 GLONASS 面向民用的行动指导》。此法令确认了 GLONASS 系统由民间用户使用的早期启用的可能性。

NAVSAT 导航卫星系统：GPS 和 GLONASS 系统主要是为军事应用建立的卫星导航系统。欧洲空间局（ESA）正在筹建的 NAVSAT 导航卫星系统，则是一种民用卫星导航系统。NAVSAT 系统采用 6 颗地球同步卫星（GEO）和 12 颗高椭圆轨道卫星，6 颗 GEO 卫星同处于一个轨道平面内。地面上任何一点任何时间至少可以见到 4 颗 NAVSAT 卫星星座。

INMARSAT 系统：INMARSAT 系统由国际移动卫星组织（原名国际海事卫星组织，简称 INMARSAT）筹建。最初，该系统仅具有卫星通信能力，在其 4 颗 INMARSAT－2 型卫星于 1992 年全部投入全球覆盖、进行通信运营之后，公司便着手改进 4 颗 INMARSAT－3 型卫星的设计，即在其上加装卫星导航舱。1996 年初，这 4 颗新星入轨之后，在向全球提供通信服务的同时，已具备了导航定位能力。国际移动卫星组织成立于 1979 年，总部设在伦敦，是提供全球卫星移动通信的政府间国际合作团体。成员国政府指定一企业实体作为该国的签字者，代表本国政府参与 INMARSAT 的商业活动。中国是 INMARSAT 的创始国之一，代表中国政府签字的实体是交通部北京船舶通信导航公司（MCN）。从体制上说，INMARSAT 是一个国际民间航运社团能够放心使用的卫星导航系统。

GNSS 系统：1992 年 5 月，国际民航组织（OCAO）在未来的航行系统（FANS）会议上审议通过了计划方案“GNSS 系统”。该系统是一个全球性的位置和时间的测定系统，包括一个或几个卫星星座、机载接收机和系统完好性监视系统设备。GNSS 系统在 2000 年之前，将建立与完善 GPS+GLONASS+XRAIM 混合系统。其中，CGAIT 为地面增强和完好性监视系统，RAIM 为机载独立完善临近系统。该混合系统建立后，ICAO 将允许在某些特定空域内，将 GNSS 作为单一导航手段运行。2000 年之后，将建设纯民间 GNSS 系统。建成后，GNSS 将拥有 30 颗中高圆轨道卫星（ICO）+6～8 颗双用静止卫星。具体方案为：工作卫星星座由分布在 8 个高度为 11.5 万 km 的圆形轨道平面上的 30 颗中高度卫星和分布在一个椭圆轨道平面上 6～8 颗静止卫星组成。该系统建成后，不仅能提供与 GPS 和 GLONASS 系统类似的导航定位功能，还能同时具有全球卫星移动通信的能力。国际民航组织为了打破一两个国家独霸卫星全球导航系统的被动局面，组建一个类似于 INMARSAT 公司的国际性卫星导航工程公司，让民间用户摆脱受制于人的不安心理，将 GNSS 系统的所有权、控制权和运营权实行国际化，贯彻“集资共建，资源共享”的方针。

1995 年，中国成立了 GPS 协会，协会下设四个专业委员会。中国的航天科技事业跻身于世界先进水平的行列，成为世界空间强国之一。从 1970 年 4 月把第一颗人造卫星送入轨道以来，中国已成功地发射了 30 多颗不同类型的人造卫星，为空间大地测量工作的开展创造了有利条件。20 世纪 70 年代后期，有关单位在从事多年理论研究的同时，引进并试制成功了各种人造卫星观测仪器，其中有人卫摄影仪、卫星激光测距仪和多普勒接收机。20 世纪 80 年代中期，中国引进 GPS 接收机，并应用于各个领域。同时着手研究建立中国自己的卫星导航系统。据有关人士估计，目前中国的 GPS 接收机拥有量约为 4 万台。近几年，中国已建成了北京、武汉、上海、西安、拉萨、乌鲁木齐等永久 GPS 跟踪站，进行对 GPS 卫星的精密定轨，为高精度的 GPS 定位测量提供观测数据和精密星历服务，致力于中国自主的广域差分 GPS（WADGPS）方案的建立，参与全球导航卫星系统（GNSS）和 GPS 增强系统（WAAS）的筹建。同时，中国已着手建立自己的卫星导航系统（双星定位系统），能够生产导航型和测地型 GPS 接收机。

二、GPS 系统特点

1、全球、全天候工作

能为用户提供连续、实时的三维位置、三维速度和精密时间，不受天气的影响。

2、定位精度高

单机定位精度优于 10m，采用差分定位，精度可达厘米级和毫米级。

3、功能多，应用广

随着人们对 GPS 认识的加深，GPS 不仅在测量、导航、测速、测时等方面得到更广泛的应用，而且应用领域还将不断扩大。例如：汽车自定位、跟踪调度、陆地救援、内河及远洋船最佳航程和安全航线的实时调度，还有大地测量、工程测量、航空摄影测量、地壳运动监测、工程变形监测、资源勘察、地球动力学等等。

三、GPS系统组成

GPS 系统利用无线电传输特性来定位，和过去地面无线导航系统所不同的是，它由卫星来发射定时信号、卫星位置和健康状况信息，故具有发射信号覆盖全球和定位精度高的优点。系统中所有卫星构成 GPS 系统的空间部分；卫星由地面站（地面监控部分）监测和控制，它监测卫星健康状况和空中定位精度，定时向卫星发送控制指令、轨道参数和时间改正数据；用户装有 GPS 接收机，用来接收卫星发来的信号。GPS 接收机中装有专用芯片，用来根据卫星信号计算出定位数据。用户并不需要给卫星发射任何信号，卫星也不必理会用户的存在，故系统中用户数量没有限制。具有 GPS 接收机的用户就构成系统的用户部分。

GPS 系统包括以下三大部分：GPS 卫星（空间部分）、GPS 地面支撑系统（地面监控部分）、GPS 信号接收机（用户部分）。

1. GPS 卫星（空间部分）

GPS 工作卫星及散会星座由 21 颗工作卫星和 3 颗在轨备用卫星组成 GPS 卫星星座，记做（21+3）GPS 星座，卫星高度为 2 万 km，运行周期 12h。24 颗卫星均匀分布在 6 条升交点相隔 60° 的轨道面上，轨道倾角为 55°；每个轨道平面内各颗卫星之间的升交角距相差 90°，轨道平面的卫星数随着时间和地点的不同而不同，最少可见到 4 颗，最多可以见到 11 颗。具有这样轨道参数的卫星，其发射信号能覆盖地球面积 38%。卫星运行到轨道的任何位置上，它对地面的距离和波束覆盖面积基本不变。同时在波束覆盖区域内，用户接收到的卫星信号强度近似相等。这对提高定位精度十分有利。这样在全球任何地方、任何恶劣的气候条件下，都能为用户提供 24h 不间断的免费服务。

在用 GPS 信号导航定位时，为了解算测站的三维坐标，必须观测 4 颗 GPS 卫星，称为定位星座。这 4 颗卫星在观测过程中的几何位置分布对定位精度有一定的影响。对于某地某时，甚至不能测得精确的点位坐标，这种时间段称为“间隙段”。但这种时间间隙段是很短暂的，并不影响全球绝大多数地方的全天候、高精度、连续实时的导航定位测量。GPS 工作卫星的编号和试验卫星基本相同。其编号方法有：按发射先后次序编号；按 PRN（卫星所采用的伪随机噪声码）的不同编号；NASA 编号（美航空航天局对 GPS 卫星的编号）；国际编号（第一部分为该星发射年代，第二部分表示该年中发射卫星的序号，字母 A 代表发射的有效负荷）；按轨道位置顺序编号等。在导航定位测量中，一般采用 PRN 编号。

在 GPS 系统中，GPS 卫星的作用如下：

（1）用 L 波段的两个无线载波（19cm 和 24cm）向广大用户连续不断地

发送导航定位信号。每个载波用导航信息 D（t）和伪随机码（PRN）测距信号进行双相调制。用于捕获信号及粗略定位的伪随机码称为 C/A（又称为 S 码），精密测距码（用于精密定位）称为 P 码。由导航电文可以知道该卫星当前的位置和卫星的工作情况。

（2）在卫星飞越注入站上空时，接收由地面注入站用 S 波段（10cm 波段）发送到卫星的导航电文和其他有关信息，并通过 GPS 信号电路，适时发送给广大用户。

（3）接收地面主控站通过注入站发送到卫星的高度命令，适时地改正运行偏差或启用备用时钟等。

GPS 卫星的核心部件是高精度的时钟、导航电文存储器、双频发射和接收机以及微处理机。而对于 GPS 定位成功的关键在于高稳定度的频率标准，这种高稳定度的频率标准由高精确的时钟提供。因为 10^{-9} 秒误差将会引起 30cm 的站星距离误差。为此，每颗 GPS 工作卫星一般安设两台铷原子钟和两台铯原子钟，并计划未来采用更稳定的氢原子钟（其频率稳定度优于 10^{-14}）。GPS 卫星虽然发送几种不同频率的信号，但是它们均源于一个基准信号（其频率为 10.23GHz），所以只需启用一台原子钟，其余作为备用。卫星钟由地面站检验，其钟差、钟速连同其他信息由地面站注入卫星后，再转发给用户设备。

2、GPS 地面支撑系统（地面监控部分）

对于导航定位来说，GPS 卫星是一动态已知点。星的位置是依据卫星发射的星历——描述卫星运动及其轨道的参数算得的。每颗 GPS 卫星所播发的星历，是由地面监控系统提供的。卫星上的各种设备是否正常工作，以及卫星是否一直沿着预定轨道运行，都要由地面设备进行监测和控制。地面监控系统另一重要作用是保持各颗卫星处于同一时间标准——GPS 时间系统。这就需要地面站监测各颗卫星的时间，求出钟差，然后由地面注入站发给卫星，卫星再由导航电文发给用户设备。

地面监控部分由分布在全球的若干个跟踪站所组成的监控系统构成。根据其作用的不同，这些跟踪站又被分为主控站、监控站和注入站，如图 6-1 所示。主控站 1 个，位于美国科罗拉多的斯平士（Colorado Springs）的联合空间执行中心（CSOC）。它的任务是根据各监控站对 GPS 的观测数据，计算出卫星的星历和卫星钟的改正参数等，并将这些数据通过注入站注入到卫星中去。主控站还对卫星进行控制，向卫星发布指令，纠正卫星的轨道偏离，当工作卫星出现故障时，调度备用卫星，替代失效的工作卫星工作。另外，主控站还负责监测整个地面监测系统的工作，检验注入给卫星的导航电文，监测卫星是否将导航电文发送给用户。三个注入站分别设在大西洋、印度洋和太平洋的三个美国军事基地上，即大西洋的阿松森（Ascension）岛、印度洋的迪戈加西亚（Diego Garcia）和太平洋的卡瓦加兰（Kwajalein）。注入站的任务是将主控站计算出的卫星星历和卫星钟的改正数等注入卫星中去，每天注入三次，每次注入 14 天的星历。此外，注入站能自动向主控站发射信号，每分钟报告一次自己的工作状态。五个监测站设在主控站和三个注入站点以及夏威夷岛。监控站的作用是接收卫星信号，监测卫星的工作状态。

GPS 卫星地面监控站示意图如图 6-1 所示。

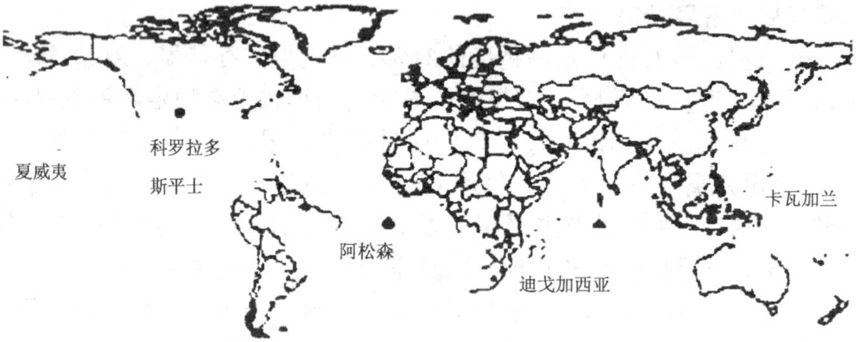

图 6-1 GPS 卫星地面监控站示意图

监测站的主要任务是对每颗卫星进行观测，精确测定卫星在空间的位置，向主控站提供观测数据；每个监测站还配有 GPS 接收机，对每颗卫星连续不断地进行观测，每 6min 进行一次伪距测量和积分多普勒观测，并采集与气象有关的数据。在主控站的遥控下自动采集定轨数据并进行各项改正，每 15min 平滑一次观测数据，依此推算出每 2min 间隔的观测值，然后将数据发送给主控站。

主控站的主要功能如下：

（1）采集数据。主控站采集各个监测站所测得的伪距和积分多普勒观测值、气象要素、卫星时钟和工作状态数据，监测站自身的状态数据，以及海军水面兵器中心发来的参考星历。

（2）编辑导航电文。根据采集到的全部数据计算出每颗卫星的星历、时钟改正数、状态数据以及大气改正数，并按一定格式编辑为导航电文，传送到注入站。

（3）诊断功能。对整个地面支撑系统的协调工作进行诊断；对卫星的健康状况进行诊断，并加以编码，向用户发布指示。

（4）调整卫星。根据所测的卫星轨道参数，及时将卫星调整到预定轨道，使其发挥正常作用。而且还可以进行卫星调度，用备份卫星取代失效的工作卫星。

主控站将编辑的卫星电文传送到位于三大洋的三个注入站，而注入站通过 s 波段微波链路定时地将有关信息注入各个卫星，然后由 GPS 卫星发送给广大用户，这就是所用的广播星历。

3、GPS 信号接收机（用户部分）

用户部分包括用户组织系统和根据要求安装相应的设备，但其中心设备是 GPS 接收机。GPS 接收机是一种特制的无线电接收机，用来接收导航卫星发射的信号，并以此计算出定位数据。GPS 信号接收机能够捕获到按一定卫星高度截止角所选择的待测卫星的信号，并跟踪这些卫星的运行，对所接收到的 GPS 信号进行变换、放大和处理，以便测量出 GPS 信号从卫星到接收机天线的传播时间，解译出 GPS 卫星所发送的导航电文，实时地计算出测站的三维位置，甚至三维速度和时间。接收机硬件和机内软件以及 GPS 数据的后处理软件包，构成完整的 GPS 用户设备。

根据不同性质的用户和功能要求，要配置不同的 GPS 接收机，其结构、尺寸、形状和价格也大相径庭。例如：航海和航空用的接收机，要具有与存有导航图等资料的存储卡相接的能力；测地用的接收机要求具有很高的精度，并能快速采集数据；军事上用的，要附加密码模块，并要求能高精度定位。

GPS 接收机种类虽然很多，但它的结构基本一致，分为天线单元和接收单元两部分，天线单元由接收天线和前置放大器组成。对测地型接收机来说，天线单元和接收单元被分成两个独立的部件，观测时将天线单元安置在测站上，接收单元置于测站附近的适当地方，用电缆线将两者连接成一个整机。也有的将天线单元和接收单元制作成一个整体，观测时将其安置在测站点上。GPS 接收机一般用蓄电池作电源。同时采用机内外两种直流电源。设置机内电池的目的在于更换外电池时不中断连续观测。在用机外电源的过程中，机内电池自动充电。关机后，机内电池为 RAM 存储器供电，防止丢失数据。

GPS 卫星发送的导航定位信号，是一种可供无数用户共享的信息资源。对于陆地、海洋和空间的广大用户，只要用户拥有能够接收、跟踪、变换和测量 GPS 信号的接收设备，即 GPS 信号接收机，就可以在任何时候用 GPS 信号进行导航定位测量。根据使用目的的不同，用户要求的 GPS 信号接收机也各有差异。GPS 接收机有多种分类方法。

（1）按接收机的用途分类

1）导航型接收机。此类接收机主要用于运动载体的导航，它可以实时给出载体的位置和速度。这类接收机一般采用 C/A 码伪距测量，单点实时定位精度较低，一般为±25m，有 SA（美国在 1992 年起实行了所谓的 SA 政策，即降低广播卫星星历中卫星位置的精度，降低卫星星钟改正数的精度，对卫星基准频率加上高频的抖动，使伪距和相位的量测精度降低，后又实行了 A－S 政策，即将 P 码改变为 Y 码，即对精密伪距测量进一步限制）影响时为±100m。这类接收机价格便宜，应用广泛。根据应用领域的不同，此类接收机还可以进一步分为：

车载型 —— 用于车辆导航定位。

航海型 —— 用于船舶导航定位。

航空型 —— 用于飞机导航定位。由于飞机运行速度快，因此在航空上用的接收机要能适应高速运动。

星载型 —— 用于卫星的导航定位。由于卫星的运动速度达 7km/s 以上，因此对接收机的要求更高。

2）测地型接收机。测地型接收机主要用于精密大地测量和精密工程测量。这类仪器主要采用载波相位观测值进行相对定位，定位精度高。仪器结构复杂，价格较贵。

3）授时型接收机。这类接收机主要利用 GPS 卫星提供的高精度时间标准进行授时，常用于天文台及无线电通信中时间同步。

（2）按接收机的载波频率分类

1）单频接收机。单频接收机只能接收 L_1 载波信号，测定载波相位观测值进行定位。由于不能有效地消除电离层延迟影响，单频接收机只适用于短基线（<15km）的精密定位。

2）双频接收机。双频接收机可以同时接收 L_1、L_2 载波信号。利用双频对电离层延迟的不一样，可以消除电离层对电磁波信号延迟的影响，因此双频接收机可用于长达几千公里的精密定位。

（3）按接收机通道数分类

GPS 接收机能同时接收多颗 GPS 卫星的信号，为了分离接收到的不同卫星信号，以实现对卫星信号的跟踪、处理和量测，具有这样功能的器件称为天线信号通道。根据接收机所具有的通道种类可分为：多通道接收机、序贯通道接收机、多路多用通道接收机。

（4）按接收机工作原理分类

1）码相关型接收机。码相关型接收机利用码相关技术得到伪距观测值。

2）平方型接收机。平方型接收机利用载波信号的平方技术去掉调制信号，来恢复完整的载波信号，通过相位计测定接收机内产生的载波信号与接收到的载波信号之间的相位差，测定伪距观测值。

3）混合型接收机。这种仪器是综合上述两种接收机的优点，既可以得到码相位伪距，也可以得到载波相位观测值。

4）干涉型接收机。这种接收机是将 GPS 卫星作为射电源，采用干涉测量方法，测定两个测站间距离。

第二节　GPS 的工作原理

一、GPS 常用术语

1、**坐标**（Coordinate）

GPS 坐标有二维、三维两种表示方式。当 GPS 收到 4 颗及以上卫星的信号时，它能计算出本地的三维坐标：经度、纬度、高度；若只能收到 3 颗卫星的信号，它只能计算出二维坐标：经度和纬度，这时它可能还会显示高度数据，但这数据是无效的。大部分 GPS 不仅能以经/纬度（Lat/Long）的方式显示坐标，而且还可以用 UTM（Universal Transverse Mercator）等坐标系统显示坐标，但我们一般还是使用 Lat/Long 系统，这主要是由你所使用的地图的坐标系统决定的。在 Selective Availability（美国国防部为减小 GPS 精确度而实施的一种措施）打开时，GPS 的水平精度在 50～100m 之间，视接收到卫星信号的多少和强弱而定。

2、**路标**（Landmark or Waypoint）

路标是 GPS 数据核心，它是构成“路线”的基础。GPS 内存中保存有一个点的坐标值，在有 GPS 信号时，可以将当前点记成一个路标。你也可以从地图上读出一个点的坐标，手工或通过计算机接口输入 GPS，成为一个路标。一个路标可以将来用于 GOTO 功能的目标，也可以选择一条路线 Route 作为一个支点。一般 GPS 能记录 500 个以上的路标。

3、**路线**（Route）

路线是 GPS 内存中存储的一组数据，包括一个起点和一个终点的坐标，还可以包括若干中间点的坐标，每两个坐标点之间的线段称为一条“腿”（Leg）。常见 GPS 能存储 20 条线路，每条线路 30 条“腿”。各坐标点可以从现有路标中选择，或是手工 / 计算机输入数值，输入的点同时作为一个路标（Waypoint/ Landmark）保存。实际上一条路线的所有点都是对某个路标的引用，比如在路标菜单下改变一个路标的名字或坐标，如果某条路线使用了它，这条线路也发生了同样的变化。可以有一条路线是“活跃”（Activity）的。“活跃”路线的路点是导向功能的目标。

4、**前进方向**（Heading）

GPS 没有指南针的功能，静止不动时它是不知道方向的。但是一旦动了起来，它就能知道自己的运动方向。GPS 每隔一秒更新一次当前地点信息，每一点的坐标和上一点的坐标一比较，就可以知道前进的方向。请注意这并不是 GPS 头指的方向，它是不知道自己和运动路线是成多少度角的。不同 GPS 关于前进方向的算法是不同的，基本上是最近若干秒的前进方向，所以除非已经走了一段并仍然在走直线，否则前进方向是不准确的，尤其是在拐弯的时候你会看到数值在变个不停。方向是以多少度显示的，这个度数是手表表盘朝上 12 点指向北方，顺时针转的角度。有很多 GPS 还可以用指向罗盘和标尺的方式来显示这个角度。一般同时还显示前进的平均速度，也是根据最近一段的位移和时间计算的。

5、**导向**（Bearing）

导向功能在以下条件下起作用：

（1）已设定“走向”（GOTO）目标。“走向”目标的设定可以按“GOTO”键，然后从列表中选择一个路标。以后“导向”功能将导向此路标。

（2）目前有活跃路线（Activity Route）。活跃路线一般在“设置”→“路线”菜单下设定。如果目前有活动路线，那么“导向”的点是路线中第一个路点，每到达一个路点后自动指到下一个路点。

在“导向”页面上都会标有当前导向路点名称（“Route”里的点也是有名称的）。它是根据当前位置，计算出导向目标的方向角，以与“前进方向”相同的角度值显示，同时显示离目标的距离等信息。读出导向方向，按此方向前进即可走到目的地。有些 GPS 把前进方向和导向功能结合起来，只要用 GPS 的头指向前进方向，就会有一个指针箭头指向前进方向和目标方向的偏角，跟着这个箭头就能找到目标。

6、**日出日落时间**（Sun Set / Raise Time）

大多数 GPS 能够显示当地的日出、日落时间，这在计划出发/宿营时间时是有用的。这个时间是 GPS 根据当地经度和日期计算得到的，是指平原地区的日出、日落时间。在山区因为有山脊遮挡，日照时间根据情况要早晚各少半个小时以上。GPS 的时间是从卫星信号得到的格林尼治时间。在“设置”（Setup）菜单里可以设置本地的时间偏移，对中国来说应设＋8h，此值只与时间的显示有关。

7、**足迹线**（Plot Trail）

GPS 每秒更新一次坐标信息，所以可以记载自己的运动轨迹。一般 GPS 能记录 1 024 个以上足迹点，在一个专用页面上，以可调比例尺显示移动轨迹。足迹点的采样有自动和定时两种方式。自动采样由 GPS 自动决定足迹点的采样方式，一般是只记录方向转折点，长距离直线行走时不记点；定时采样可以规定采样时间间隔，比如 30s、1min、5min 或其他时间，每隔这么长时间记一个足迹点。在足迹线页面上可以清楚地看到自己足迹的水平投影。你可以开始记录、停止记录、设置方式或清空足迹线。“足迹”线上的点都没有名字，不能单独引用，查看其坐标，主要用来画路线图和“回溯”。很多GPS有一种称为“回溯”（Trace Back）的功能。使用此功能时，它会把足迹线转化为一条“路线”（Route），路点的选择是由GPS内部程序完成的，一般是选用足迹线上大的转折点。同时，把此路线激活为活动路线，用户即可按导向功能原路返回。要注意的是“回溯”功能一般会把回溯路线放进某一默认路线（比如route0）中，使用前要先检查此线路是否已有数据，若有，要先用复制功能复制到另一条空线路中去，以免覆盖。回溯路线上的各路点用系统默认的临时名字如“T001”之类，有的GPS定第二条回溯路线时会重用这些名字，这时即使你已经把旧的路线做了复制，由于路点引用的名字被重用了，所以路线也会改变，不是原来那条回溯路线了。

二、GPS的基本工作原理

GPS 的工作原理，简单地说，是利用了我们熟知的几何与物理上一些基本原理，首先我们假定卫星的位置为已知，而我们又能准确测定我们所在地点A至卫星之间的距离，那么A点一定是位于以卫星为中心、所测得距离为半径的圆球上。进一步，我们又测得点A至另一卫星的距离，则A点一定处在前后两个圆球相交的圆环上。我们还可测得与第三个卫星的距离，就可以确定 A 点只能是在三个圆球相交的两个点上。根据一些地理知识，可以很容易排除其中一个不合理的位置。当然也可以再测量A点至另一个卫星的距离，也能精确进行定位。以上所说，要实现精确定位，要解决两个问题：

其一是要确知卫星的准确位置；

其二是要准确测定卫星至地球上我们所在地点的距离。

1、怎样确知卫星的准确位置

要确知卫星所处的准确位置，首先要通过深思熟虑，优化设计卫星运行轨道，而且要由监测站通过各种手段连续不断监测卫星的运行状态，适时发送控制指令，使卫星保持在正确的运行轨道。将正确的运行轨迹编成星历，注入卫星，且经由卫星发送给 GPS 接收机。正确接收每个卫星的星历，就可确知卫星的准确位置。

2、如何测定卫星至用户的距离

我们过去都学过这样的公式：时间×速度=距离。我们也从物理学中知道，电波传播的速度是每秒 30 万 km，所以，我们只要知道卫星信号传到我们这里的时间，就能利用速度乘时间等于距离这个公式来求得距离。所以，问题就归结为测定信号传播的时间。

要准确测定信号传播时间，须解决两方面的问题。一个是时间基准问题，就是说要有一个精确的时钟；另一个就是要解决测量的方法问题。

3、时间基准问题

GPS 系统在每颗卫星上装置有十分精密的原子钟，并由监测站经常进行校准。卫星发送导航信息，同时也发送精确时间信息。GPS 接收机接收此信息，使与自身的时钟同步，就可获得准确的时间。所以，GPS 接收机除了能准确定位之外，还可产生精确的时间信息。

4、测定卫星信号传输时间的方法

为了避免采用过多的技术术语，我们先作一个不太恰当的比喻。我们在所处的地点和卫星上同时启动录音机来播放“东方红”乐曲，那么我们会听到一先一后两支“东方红”的曲子（实际上卫星上播放的曲子我们不可能听见，只是假想能够听到），但一定是不合拍的。为了使两者合拍，我们延迟启动地上录音机的时间。当我们听到两支曲子合拍时，启动录音机所延迟的时间就等于曲子从卫星传送到地上的时间。当然，电波比声波速度快得多，电波也不能用耳朵来接收。实际上我们播送的不是“东方红”乐曲，而是一段称为伪随机码的二进制电码。延迟 GPS 接收机产生的伪随机码，与接收到卫星传来的码字同步，测得的延迟时间就是卫星信号传到 GPS 接收机的时间。至此，我们也就解决了测定卫星至用户的距离问题。当然，上面说的都还是十分理想的情况。实际情况比上面说的要复杂得多，所以我们还要采取一些对策。例如：电波传播的速度并不总是一个常数，在通过电离层中电离子和对流层中水气的时候，会产生一定的延迟。一般我们可以根据监测站收集的气象数据，再利用典型的电离层和对流层模型来进行修正。还有，在电波传送到接收机天线之前，还会由于各种障碍物与地面折射和反射产生多径效应。这在设计 GPS 接收机时，要采取相应措施。当然，这要以提高 GPS 接收机的成本为代价。原子钟虽然十分精确，但也不是一点误差也没有。GPS 接收机中的时钟，不可能像卫星上那样设置昂贵的原子钟，所以就利用测定第四颗卫星来校准 GPS 接收机的时钟。我们前面提到，每测量 3 颗卫星可以定位一个点，利用第四颗卫星和前面三颗卫星的组合，可以测得另一些点。理想情况下，所有测得的点都应该重合，但实际上，并不完全重合。利用这一点，反过来可以校准 GPS 接收机的时钟。测定距离时选用卫星的相互几何位置对测定的误差也有一定的影响。为了精确的定位，可以多测一些卫星，选取几何位置相距较远的卫星组合，测得误差要小。在我们提到测量误差时，还有一点要提到，就是美国的SA政策。美国政府在GPS设计中，计划提供两种服务。一种为标准定位服务（SPS），利用粗码（C/A）定位，精度约为100m，提供给民用。另一种为精密定位服务（PPS），利用精码（P码）定位，精度达到10m，提供给军方和特许民间用户使用。多次试验表明，SPS的定位精度已高于原设计。美国政府出于对自身安全的考虑，对民用码进行了一种称为“选择可用性SA（Selective Availability）”的干扰，以确保其军用系统具有最佳的有效性。由于SA通过卫星在导航电文中随机加入了误差信息，使得民用信号C/A码的定位精度降至二维均方根误差在100m左右。

采用差分GPS技术（DGPS）可消除以上所提到大部分误差，以及由于SA所造成的干扰，从而提高卫星导航定位的总体精度，使系统误差达到10～15m之内。

5、GPS技术的误差

在GPS定位过程中，存在三部分误差。第一部分是每一个用户接收机所共有的，例如卫星钟误差、星历误差、电离层误差、对流层误差等；第二部分为不能由用户测量或由校正模型来计算的传播延迟误差；第三部分为各用户接收机所固有的误差，例如内部噪声、通道延迟、多径效应等。利用差分技术第一部分误差可完全消除；第二部分误差大部分可以消除，这和基准接收机至用户接收机的距离有关；第三部分误差则无法消除，只能靠提高GPS接收机本身的技术指标。对美国SA政策带来的误差，实质上它是人为地增大前两部分误差，所以差分技术也能相应克服SA政策带来的影响。

6、差分GPS技术消除公共误差原理

假如在距离用户500km之内设置一部基准接收机，和用户接收机同时接收某一卫星的信号，那么我们可以认为，信号传至两部接收机所途经电离层和对流层的情况基本相同，故所产生的延迟也相同。由于接收同一颗卫星，故星历误差、卫星时钟误差也相同。若我们通过其他方法确知所处的三维坐标（也可以用精度很高的GPS接收机来实现，其价格比一般GPS接收机高得多），那就可从测得伪距中推算其中的误差。将此误差数据传送给用户，用户就可从测量所得的伪距中扣除误差，达到更精确的定位。

三、GPS定位方式

（一）根据定位的模式

1、绝对定位

绝对定位也称为单点定位，通常是指在协议地球坐标系中，直接确定观测站相对于坐标系原点（地球质心）绝对坐标的一种定位方法。利用GPS进行绝对定位的基本原理，是以 GPS 卫星和用户接收机天线之间的距离（或距离差）观测量为基础，并根据已知的卫星瞬时坐标，来确定用户接收机天线所对应的点位，即观测站的位置。

这种定位模式的特点是作业方式简单，可以单机作业，一般用于导航和精度要求不高的应用中。

2、相对定位

在两个或若干个测量站上，设置 GPS 接收机，同步跟踪观测相同的 GPS 卫星，测定它们之间的相对位置，称为相对定位。在相对定位中，至少其中一点或几个点的位置是已知的，即其在 WGS84 坐标系的坐标为已知，称之为基准点。

由于相对定位是用几点同步观测 GPS 卫星的数据进行定位，因此可以有效地消除或减弱许多相同的或基本相同的误差，如卫星钟的误差、卫星星历误差、卫星信号在大气中的传播延迟误差和 SA 的影响等，从而获得很高的相对定位精度。但相对定位要求各站接收机必须同步跟踪观测相同的卫星，因而其作业组织和实施较为复杂，且两点间的距离受到限制，一般在 1 000km 以内。

相对定位是高精度定位的基本方法，广泛应用于高精度大地控制网、精密工程测量、地球动力学、地震监测网和导弹火箭等外弹道测量等方面。

（二）根据定位时接收机的运动状态

1、静态定位

GPS 接收机在捕获和跟踪 GPS 卫星的过程中固定不变，接收机高精度地测量 GPS 信号的传播时间，利用 GPS 卫星在轨的已知位置，解算出接收机天线所在位置的三维坐标。

2、动态定位

所谓动态定位，就是在进行 GPS 定位时，认为接收机的天线在整个观测过程中的位置是变化的，是 GPS 接收机对物体运动轨迹的测定。GPS 信号接收机所位于的运动物体称为载体（如航行中的船舰、空中的飞机、行驶的车辆等），载体上的 GPS 信号接收机可以实时地测得运动载体的状态参数（瞬间三维位置和三维速度）。

四、GPS 接收机的组成及工作原理

GPS 卫星发送的导航定位信号，是一种可供无数用户共享的信息资源。对于陆地、海洋和空间的广大用户，只要用户拥有能够接收、跟踪、变换和测量 GPS 信号的接收设备，即 GPS 信号接收机，可以在任何时候用 GPS 信

号进行导航定位测量。根据使用目的不同，用户要求的 GPS 信号接收机也各有差异。

GPS 接收机主要由 GPS 接收机天线单元、GPS 接收机主机单元和电源三部分组成。接收机主机由变频器、信号通道、微处理器、存储器及显示器组成。

（一）GPS 接收机天线单元

天线由接收机天线和前置放大器两部分组成。天线的作用是将 GPS 卫星信号的极微弱的电磁波能转化为相应的电流，而前置放大器则是将 GPS 信号电流予以放大。为便于接收机对信号进行跟踪、处理和测量，对天线部分有以下要求：

（1）天线与前置放大器应密封一体，以保障其正常工作，减少信号损失。

（2）能够接收来自任何方向的卫星信号，不产生死角。

（3）有防护与屏蔽多路径效应的措施。

（4）天线的相位中心保持高度的稳定，并与其几何中心尽量一致。

GPS 接收机天线有下列几种类型：

（1）单板天线。单板天线结构简单、体积较小，需要安装在一块基板上，属单频天线。

（2）四螺旋形天线。四螺旋形天线是由四条金属管线绕制而成的，底部有一块金属单频天线。这种天线频带宽，全圆极化性能好，可捕捉低高底角卫星。缺点是不能进行双频接收，抗震性差，常用作导航型接收机天线。

（3）微带天线。微带天线是在厚度为 h（$h \leqslant \lambda$）的介质板两边贴以金属片，一边为金属底板，一边做成矩形或圆形等规则形状。这种天线也称为贴片天线。微带天线的特点是重量轻、结构简单并且坚固、易于制造，既可用于单频机，又可用于双频机。缺点是增益较低。目前大部分测地天线都是微带天线。这种天线更适合于飞机、火箭等高速飞行物上。

（4）锥形天线。锥形天线是在介质锥体上，利用印刷电路技术制成导电圆锥螺旋表面，也称盘旋螺线型天线。这种天线可以同时在两个频率上工作。锥形天线的特点是增益好。但是由于其天线较高，并且在水平方向上不对称，天线相位中心与几何中心不完全一致。因此，在安置天线时要仔细定向并且给予补偿。

GPS 天线接收来自 2 000km 高空的卫星信号很弱，信号电平只有−50～180dB；输入功率噪比为 S/N=−30dB，即信号源淹没在噪声中。为了提高信号强度，一般在天线后端设有前置放大器。前置放大器直接影响接收信号的信噪比，要求噪声系数小、增益高和动态范围大，一般都采用 FET 放大器。对于双频接收机设有两路前置放大器以减少宽带，控制外来信号干扰。

（二）GPS接收机主机单位

主机单元包括信号通道、存储、计算与显示控制及电源等部件。

（1）变频器及中频放大器。经过GPS前置放大器的信号仍然很微弱，为了使接收机通道得到稳定的高增益，并且使L频段的射频信号变成低频信号，必须采用变频器。

（2）信号通道。信号通道是接收机的核心部分，GPS信号通道是硬软件结合的电路。不同类型的接收机其通道是不同的。GPS信号通道的作用有三个：搜索卫星，牵引并跟踪卫星；对广播电文数据信号实行解扩，解调出广播电文；进行伪距测量、载波相位测量及多普勒频移测量。从卫星接收的信号是扩频的调制信号，所以要经过解扩、解调才能得到导航电文。为了达到此目的，在相关通道电路中设有伪相位跟踪环和载波相位跟踪环。

（3）存储器。接收机内设有存储器或存储卡以存储卫星星历、接收机采集到的码相位伪距观测值、载波相位观测值及多普勒频移。目前，GPS接收机都装有半导体存储器（简称内存），接收机内存数据可以通过数据口传到微机上，以便进行数据处理和数据保存。在存储器内还装有多种工作软件，如：自测试软件；卫星预报软件；导航电文解码软件；GPS单点定位软件等。

（4）微处理器。微处理器是GPS接收机工作的灵魂，GPS接收机工作都是在微机指令统一协同下进行的，其主要工作步骤为：

步骤1：接收机开机后首先对整个接收机工作状况进行自检，并测定、校正、存储各通道的时延值。

步骤2：接收机对卫星进行搜索，捕捉卫星。当捕捉到卫星后即对信号进行牵引和跟踪，并将基准信号译码。当同时锁定4颗卫星时，将C/A码伪距观测值连同星历一起计算测站的三维坐标，并按预置位置更新率计算新的位置。

步骤3：根据机内存储的卫星历书和测站近位置，计算所有在轨卫星升降时间、方位和高度角。

步骤4：根据预先设置的航路点坐标和单点定位测站位置计算导航的参数、航偏距、航偏角、航行速度等。

（5）显示器。GPS接收机都有液晶显示屏以提供GPS接收机作信息，并配有一个控制键盘。对于导航接收机，有的还配有大显示屏，在屏幕上直接显示导航信息甚至显示数字地图。

（三）电源

GPS接收机电源有两种，一种为内电源，一般采用锂电池，主要用于RAM存储器供电，以防止数据丢失。另一种为外接电源，这种电源常用可充电的12V

直流镉镍电池组，或采用汽车蓄电池。当用交流电时，要经过稳压电源交换器。

第三节 GPS在货物运输系统中的应用

一、GPS的主要使用方法

GPS比较费电池，多数GPS使用4节碱性电池，一直开机可用20～30h，长时间使用时要注意携带备用电池。大部分GPS有永久的备用电池，它可以保证内存中的各种数据不会丢失。由于GPS在静止时没有方向指示功能，所以同时带上一个小巧的指南针是有用的。标记路标时，GPS提供一个默认的路标名，比如LMK001之类，难于记忆。路标名虽可改成一个比较好记一些的名字，但是输入不便，用上下箭头选字母很费劲，且一般只能起很短的英文名字，比如6或9个字母，仍然不好记。带上一个小的录音机/采访机随时记录，是个不错的主意。

（一）有地图使用

GPS与详细地图配合使用时有最好的效果。但由于国内大比例尺地图十分难得，GPS使用效果受到一定的限制。如果你有目的地附近的精确地图，则可以预先规划线路，先做地图上规划，制订行程计划，按照线路的复杂情况和里程建立一条或多条线路（Route），读出路线特征点的坐标，输入GPS建立线路的各条“腿”（legs），并把一些单独的标志点作为路标（Landmark/Waypoint）输入GPS。GPS手工输入数据是一项相当烦琐的事情，如每个路标都要输入名字、坐标等20多个字母数字，每个字母数字要按最多到十几次箭头才能出来，可用计算机来上载/下载数据。行进时带上地图，一是利用GPS确定自己在地图上的位置，二是按照导向功能指示的目标方向，配合地图找前进目标。同时一定要记录各规划点的实际坐标，最好再针对每条规划线路建立另一条实际线路，即可作为原路返回时使用，又可回来后作为实际路线资料保存，供他人使用。

（二）无图使用

（1）使用路点定点。常用于确定岩壁坐标、探洞口坐标或其他如线路起点、转折、宿营点的坐标。其用法简单，MARK一个坐标就行了。所要找的地点坐标必须已经以路标（Landmark/Waypoint）的形式存在于GPS的内存中，可以是你以前MARK的点或者是从以前去过的朋友那里得到的数据，或是手工输入、计算机上的路标数据。按GOTO键，从列表中选择你的目的路标，然后转到“导向”页面，上面会显示你离目标的距离、速度、目标方向角等数据。

（2）使用路线导向。输入路线：若能找到以前记录的路线信息，把它们输入 GPS 形成线路，或者（常见于原路返回）把以前记录的路标编辑成一条线路。路线导向：把某条路线激活，按照和“找点”相同的方式，“导向”页会引导你走向路线的第一个点。一旦到达，目标点会自动更换为下一路点，“导向”页引导你走向路线的第二个点。若你偏离了路线，越过了某些中间点，一旦你再回到路线上来，“导向目标”会跳过你所绕过的那些点，定为线路上你当前位置对应的下一个点。

（3）回溯。回溯功能实际是输入线路（Route）的一种特殊方法，它在原路返回时十分好使。

（三）GPS 的使用实例

首先把坐标显示格式设为“hddd. ddddd”形式，这样经度最低位数字变1，对应东西方向移动了 0.85m，纬度最低数字变 1，对应南北方向移动了 1.1m。另外对于携带一个采访机，标记路标后可不改变其默认名字，而是录音记录这个路点名字、时间和地点描述。在一条路线的起始处标记一个路点，清空以前标记的“足迹点”，设置“足迹线”记录方式为自动，一直开机，在路线转折处、有明显地面标志处及其他需要标记处标记（Mark）路标（Waypoint）作录音说明。到达营地，标记营地，用“回溯”功能把当日“足迹线”存成一条线路，并把此线路做一备份，更名（Rename）所涉及的各路点，以免此路线被下次“回溯”冲掉。如果不从原路往回返，取消“回溯”路线的被激活状态（回溯路线自动被激活），再把“足迹点”的形状抄到纸上，关机。第二天出发时，仍然按前一天出发时一样操作。如果是沿原路返回，那么激活前一天设置的回溯路线，并结合沿途定的路标点，使用导向功能返回。行程结束后，根据录音，把 GPS 记载的数据整理成线路描述文件保存，以后别人就可以使用这组数据走这条线路了。

二、GPS 在货物运输系统中的具体应用

1．概述

随着我国物流业的发展，货物运输量日益增多，对车辆和货物的经营管理和合理调度就成为物流运输管理系统中的一个重要问题。过去，用于交通管理系统的设备主要是无线电通信设备，由调度中心向车辆驾驶员发出调度命令，驾驶员只能根据自己的判断说出车辆所在的大概位置，而在生疏地带或在夜间则无法确认自己的方位，甚至会迷路，因此，从调度管理和安全管理方面，其应用受到限制。GPS 定位技术的出现，给车辆、轮船等交通工具的导航定位提供了具体的实时的定位能力。通过车载 GPS 接收机，驾驶员能

够随时知道自己的具体位置。通过车载电台将 GPS 定位信息发送给调度指挥中心，调度指挥中心便可及时掌握各车辆的具体位置，并在大屏幕电子地图上显示出来。目前，用于公安、交通系统的主要有：车辆 GPS 定位与无线通信系统相结合的指挥管理系统；应用 GPS 差分技术的车辆指挥管理系统。下面介绍这两种管理系统的工作原理与设备构成。

2. 车辆 GPS 定位管理系统

车辆 GPS 定位管理系统主要是由车载 GPS 自主定位，结合无线通信系统，对车辆进行调度管理和跟踪。已经研制成功的如车辆全球定位报警系统、警用 GPS 指挥系统等，分别用于城市公共汽车调度管理，风景旅游区车船报警与调度，海关、公安、海防等部门对车船的调度与监控。

监控中心部分的主要功能有：

（1）数据跟踪功能。将移动车辆的实时位置以帧列表的方式显示出来。如车号、经度、速度、航向、时间、日期等。

（2）图上跟踪功能。将移动车辆的定位信息在相应的电子地（海）图背景上复合显示出来。电子地（海）图可任意放大、缩小、还原、切换。有正常接收与随意点名接收两种接收方式。还可提供是否要车辆运行轨迹的选择功能。

（3）模拟显示功能。可将已知的目标位置信息输入计算机并显示出来。

（4）决策指挥功能。决策指挥命令以通信方式与移动车辆进行通信。通信方式可用文本、代码或语音等，实现调度指挥。

车载部分的主要功能有：

（1）定位信息的发送功能。GPS 接收机实时定位并将定位信息通过电台发向监控中心。

（2）数据显示功能。将自身车辆的实时位置在显示单元上显示出来。如经度、纬度、速度、航向等。

（3）调度命令的接收功能。接收监控中心发来的调度指挥命令，在显示单元上显示或发出语音。

（4）报警功能。一旦出现紧急情况，驾驶人员启动报警装置，监控中心立即显示出车辆情况、出事地点、车辆人员等信息。

车辆 GPS 定位属于单点动态导航定位，其定位精度约为 100m 量级。为了提高定位精度，可采用差分 GPS 技术。

3. 应用差分 GPS 技术的车辆指挥管理系统

若采用一般差分 GPS 技术，每辆车上都应接收差分改正数，这样会造成系统过于复杂，所以，实际应用中多采用集中差分技术。

在车辆管理系统中，每一辆车都装有 GPS 接收机和通信电台，监控中心设在基准站位置，坐标精确已知。基准点上安置 GPS 接收机，同时安装通信电台、计算机、电子地图、大屏幕显示器等设备。工作时，各车辆上的 GPS 接收机将其位置、时间和车辆编号等信息一同发送到监控中心。监控中心将车辆位置与基准站 GPS 定位结果进行差分求出差分改正数，对车辆位置进行改正，计算出精确坐标，经过坐标转换后显示在大屏幕上。

这种集中差分技术可以简化车辆上的设备。车载部分只接收 GPS 信号，不必考虑差分信号的接收。而监控中心集中进行差分处理，显示、记录和存储。数据通信可采用原有的车辆通信设备，只要增加通信转换接口即可。

由于差分 GPS 设备能够实时地提供精确的位置、速度、航向等信息，故车载 GPS 差分设备还可以对车辆上的各种传感器（如计程仪、车速仪、磁罗盘等）进行校准。

4．应用前景

汽车是现代文明社会中与每个人关系最密切的一种交通工具。据统计，仅几个发达国家的汽车保有量已有数千万辆。因此，车辆导航将成为未来 20 年中全球卫星定位系统应用最大的潜在市场之一。

在我国，特种车辆约有几十万辆。有关部门要求首先对运钞车、急救车、救火车、巡警车、迎宾车等特种专用车辆实现全程监控、引导和指挥。目前使用车载 GPS 接收机进行自主定位的车辆很少，大量的开发应用热点在监控调度系统上。

车载 GPS 导航设备在应用上的发展方向，应当着重多卫星系统、远距离监控以及多功能显示等几个方面。

使用多卫星系统，如 GNSS 系统（该系统在 2000 年后将成为综合导航定位系统）进行导航定位时，由于卫星多，可以保证车辆实时定位的精度与可靠性。

对于用于调度指挥的监控系统来说，监控中心与其管辖的车辆之间由于通信电台的功率有限，其作用距离仅几十公里。增大监控作用距离，应当解决远距离通信的问题。例如增加通信中继站，延长作用距离，利用广播或卫星通信方式使监控范围覆盖更大的地域。

监控系统的功能应当是多方面的，例如语音传输、视觉图像传输以及各种命令和车辆周围环境的情况录入存储等。

可以说，GPS 导航定位在公交、交通系统中的应用前景是非常广阔的。在开发车辆导航应用的同时，也将带动相关的通信技术、信息技术、控制技术、多媒体技术和计算机应用技术的发展。

第四节 网络GPS在物流业中的应用

网络GPS就是指在互联网上建立起来的一个公共GPS监控平台，它同时融合了卫星定位技术、GSM数字移动通信技术以及国际互联网技术等多种目前世界上先进的科技成果。在公共GPS监控平台上，各物流运输企业可以充分运用自己的权限，进入网络GPS监控界面对车辆进行监控、调度、即时定位等多项操作，既实现了车辆实时动态信息的全程管理，又能够省却自己建设GPS系统监控中心/基站所需的大量经费、时间、人力。

一、网络GPS的概念与特点

网络GPS是把Internet技术与GPS技术相结合，在互联网界面上显示GPS动态跟踪信息，以实现实时监控动态调度的功能。

网络GPS综合了Internet与GPS的优势与特色，取长补短，解决了原来使用GPS所无法克服的障碍：首先，可降低投资费用。网络GPS免除了物流运输公司自身设置监控中心的大量费用，不仅包括各种硬件配置，还包括各种管理软件。其次，网络GPS一方面利用互联网实现无地域限制的跟踪信息显示，另一方面又可通过设置不同权限做到信息的保密。网络GPS的特点大致如下：

（1）功能多、精度高、覆盖面广，在全球任何位置均可进行车辆的位置监控工作，充分保障网络GPS所有用户的要求都能够得到满足。

（2）定位速度快，有力地保障了物流运输企业能够在业务运作上提高反应速度，降低车辆空驶率，降低运作成本，满足客户需要。

（3）信息传输采用GSM公用数字移动通信网，具有保密性高、系统容量大、抗干扰能力强、漫游性能好、移动业务数据可靠等优点。

（4）构筑在国际互联网这一最大的网上公共平台上，具有开放度高、资源共享程度高等优点。

二、网络GPS系统工作流程

车载单元即GPS接收机在接收到GPS卫星定位数据后，自动计算出自身所处的地理位置的坐标，后经GSM通信机发送到GSM公用数字移动通信网，并通过与物流信息系统连接的DDN专线将数据送到物流信息系统监控平台上。中心处理器将收到的坐标数据及其他数据还原后，与GIS系统的电子地图相匹配，并在电子地图上直观地显示车辆实时坐标的准确位置。各网络GPS用户可用自己的权限上网进行自有车辆信息的收发、查询等工作，在电子地图上清楚而直观地掌握车辆的动态信息（位置、状态、行驶速度等）。同时还可以在车辆遇险或出现意外事故时进行种种必要的遥控操作。如图 6-2 所示。

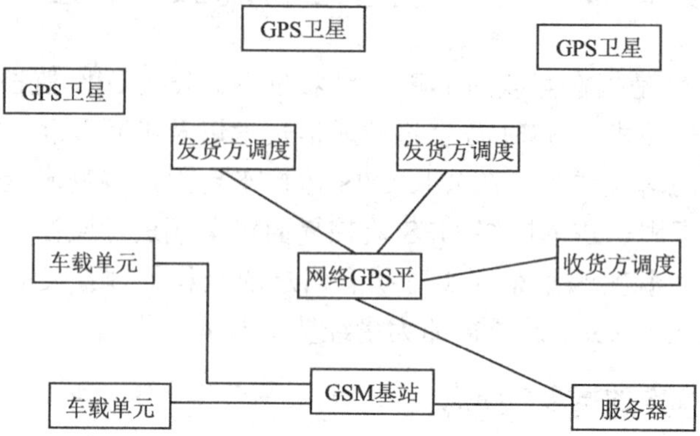

图 6-2 网络 GPS 系统

三、网络 GPS 系统的功能

1、实时监控功能

在任意时刻通过发出指令查询运输工具所在的地理位置（经度、纬度、速度等信息），并在电子地图上直观地显示出来。

2、双向通信功能

网络 GPS 的用户可使用 GSM 的语音功能与驾驶人员进行通话，或使用本系统安装在运输工具上的移动设备的汉字液晶显示终端进行汉字消息收发对话。

驾驶人员通过按下相应的服务、动作键，将该信息反馈到网络 GPS。质量监督员可在网络 GPS 工作站的显示屏上确认其工作的正确性，了解并控制整个运输作业的准确性（发车时间、到货时间、卸货时间、返回时间等）。

3、动态调度功能

调度人员能在任意时刻通过调度中心发出文字调度指令，并得到确认信息。

（1）可进行运输工具待命计划管理。操作人员通过在途信息的反馈，在运输工具未返回车队前即做好待命计划，提前下达运输任务，减少等待时间，加快运输工具周转速度。

（2）运能管理。将运输工具的运能信息、维修记录信息、运行状况登记、驾驶人员信息、运输工具的在途信息等的多种信息提供调度部门决策，以提高重车率，尽量减少空车时间和空车距离，充分利用运输工具的运输能力。

4、数据存储、分析功能

（1）实现路线规划及路线优化。事先规划车辆的运行路线、运行区域，并将该信息记录在数据库中，以备以后查询、分析使用。

（2）可靠性分析。汇报运输工具的运行状态，了解运输工具是否需要大修，预先做好修理计划，计算运输工具平均每天差错时间，动态衡量该型号车辆的性能价格比。

（3）服务质量跟踪。在中心设立服务器，让有该权限的用户能异地方便地获取车辆的有关信息（运行状况、在途信息、运能信息、位置信息等用户关心的信息）。同时还可对客户索取的位置信息用相对应的地图传送过去，并将运输工具的历史轨迹印在上面，使该信息更加形象化。

（4）依据资料库储存的信息，可随时调阅每台运输工具以前的工作资料，并根据各管理部门的不同要求制作各种不同形式的报表，使各管理部门能更快速、更准确地做出判断和提出新的指示。

网络 GPS 的出现无论是对 GPS 供应商还是对物流运输企业来讲都是一个真正的好消息，因为它直接导致的是投资费用的降低与信息显现的无地域性限制，最终的结果则是 GPS 门槛的降低及普及率的提高，从而使更多的物流企业从中受益。

第五节 GIS 技术概述

地理信息系统（G1S）是近十年来发展起来的一门综合应用系统，它能把各种信息与地理位置和有关的视图结合起来，并把地理学、几何学、计算机科学及各种应用对象、CAD 技术、遥感、GPS 技术、Internet、多媒体技术及虚拟现实技术等融为一体，利用计算机图形与数据库技术来采集、存储、编辑、显示、转换、分析和输出地理图形及其属性数据。这样，可根据用户需要将这些信息图文并茂地输送给用户，便于分析及决策使用。GIS 应用遍及金融、电信、交通、国土资源、电力、水利、农林、环境保护、地矿等国民经济各领域。

这里着重介绍地理信息系统的基本概念、基本功能及 GIS 系统在物流中的应用。

一、地理信息系统的基本概念

（一）信息

信息是近代科学的一个专门术语，已广泛应用于社会各个领域，信息概念已渗入到信息论、控制论、生物学、管理科学等许多领域。关于信息有各种不同的定义，狭义信息论将信息定义为“两次不定性之差”，即指人们获得信息前后对事物认识的差别。广义信息论认为：信息是主体与外部客体之间相互联系的一种形式，是主体和客体之间的一切有用的消息和知识，是表征事物特征的一种普遍形式。在信息系统中，信息是向人们或机器提供关于现实世界各种事实的知识，是经过加工后的数据，是数据、消息中所包含的意义，它不随载体的物理设备形式的改变而改变。

（二）地理信息

地理信息是指空间地理分布的有关信息，它表示地表物体和环境固有的数量、质量、分布特征、联系和规律的数字、文字、图形、图像等的总称。

地理信息属于空间信息。它与一般信息的区别在于它具有区域性、多维性和动态性。区域性是指地理信息的定位特征，且这种定位特征是通过公共的地理基础来体现的。例如，用经纬网或公里网坐标来识别空间位置，并指定特定的区域。多维性是指在二维空间的基础上实现多个专题第三维结构。例如，在一个地面点上，可取得高程、污染、交通等多种信息。动态性是指地理信息的动态变化特征，即时序特征，从而使地理信息能够以时间尺度划分成不同时间段的信息。这就要求及时采集和更新地理信息，并根据多时相数据和信息来寻找时间分布规律，从而对未来做出预测和预报。

（三）信息系统

信息系统是具有采集、处理、管理和分析功能的系统，它能为企业部门或组织的决策过程提供有用的信息，在信息社会中，我们所说的信息系统大部分都由计算机系统支持，信息系统不只是单纯的计算机系统而是辅助企业管理的人机系统。随着计算技术的发展，不同领域的各种信息系统相继出现，如图书情报信息系统、商业服务管理系统、财务管理信息系统、学籍管理信息系统等。

（四）地理信息系统

地理信息系统（Geographic Information System，简称 GIS）这一术语是 1963 年由 Roger F.Tomlinson 提出的，20 世纪 80 年代开始走向成熟，但对 GIS 没有统一的定义。不同的研究方向，不同的应用领域，不同的 GIS 专家，对它理解是不一样的。有人认为 GIS 是以计算机为工具，具有地理图形和空间定位功能的空间型数据管理系统。有人认为 GIS 是在计算机硬件和软件支持下，运用系统工程和信息科学理论，科学管理和综合分析具有空间内涵的地理数据，以提供对规划、管理、决策和研究所需信息的空间信息系统。中国地质大学吴信才教授认为，GIS 是处理地理数据的输入、输出、管理、查询、分析和辅助决策的计算机系统。虽然这些定义不同，但基本内容大同小异，仔细分析一下，所有定义都是从以下三方面考虑的：

（1）GIS 使用的工具：计算机软、硬件系统。

（2）GIS 研究对象：空间物体的地理分布数据及属性。

（3）GIS 数据建立过程：采集、存储、管理、处理、检索、分析和显示。

地理信息系统的主要特征是存储、管理、分析与位置有关的信息。因此也可以这样定义：GIS（地理信息系统）是多种学科交叉的产物，它以地理空间数据为基础，采用地理模型分析方法，适时地提供多种空间的和动态的地理信息，是一种为地理研究和地理决策服务的计算机技术系统。

地理信息系统的主要作用是将表格型数据（无论它来自数据库、电子表格文件或直接在程序中输入）转换为地理图形显示，然后对显示结果浏览、操作和分析。其显示范围可以从洲际地图到非常详细的街区地图，显示对象包括人口、销售情况、运输线路以及其他内容。

二、地理信息系统的类型

地理信息系统按内容、功能和作用可分为两类：工具型地理信息系统和应用型地理信息系统。

（一）工具型地理信息系统

工具型地理信息系统也称为地理信息系统开发平台或外壳，它是具有地理信息系统基本功能，供其他系统调用或用户进行二次开发的操作平台。

地理信息系统是一个复杂庞大的粮食产量管理信息系统。用地理信息系统技术解决实际问题时，有大量软件开发任务，如各用户重复开发对人力、财力是很大的浪费。工具型地理信息系统为地理信息系统的使用者提供一种技术支持，使用户能借助地理信息系统工具中的功能直接完成应用任务，或者利用工具型地理信息系统加上专题模型完成应用任务。目前，国外已有很多商品化的工具型地理信息系统，如 ARC/INFO、GENAMAP、MAPINFO、MGE 等。国内近几年正在迅速开发工具型地理信息系统，并取得了很大的成绩，已开发出 MAPGIS、Geostar、Citystar 等。

（二）应用型地理信息系统

应用型地理信息系统是根据用户的需求和应用目的而设计的一种解决一类或多类实际应用问题的地理信息系统，除了具有地理信息系统基本功能外，还具有解决地理空间实体及空间信息的分布规律、分布特性及相互依赖关系的应用模型和方法。它可以在比较成熟的工具型地理信息系统基础上进行二次开发完成，工具型地理信息系统是建立应用型地理信息系统的一条捷径；应用型地理信息系统也可以是为某专业部门专门设计研制的，此系统针对性明确，专业性强，系统开销小。应用型地理信息系统按研究对象性质和内容又可分为专题地理信息系统和区域地理信息系统。

1、专题地理信息系统

专题地理信息系统（Thematic GIS）是具有有限目标和专业特点的地理信息系统，为特定专门目的服务。如水资源管理信息系统、矿产资源信息系统、农作物估产信息系统、水土流失信息系统和中地公司研制的地籍管理地理信息系统、土地利用信息系统、环境保护和监测系统、城市管网系统、通信网络管理系统、配电网管理系统、城市规划系统、供水管网系统等都属于应用型地理信息系统。

2、区域地理信息系统

区域地理信息系统（Regional GIS）主要以区域综合研究和全面信息服务为目标。可以有不同的规模，如国家级、地区或省级、市级和县级等为各不同级别行政区服务的区域信息系统，也可以有以自然分区或流域为单位的区域信息系统。如加拿大国家地理信息系统、日本国土信息系统等面向全国，属于国家级的系统；黄河流域地理信息系统、黄土高原重点产沙区信息系统等面向一个地区或一个流域，属于区域级的系统；北京水土流失信息系统、铜山县土地管理信息系统等面向地方，属于地方一级的系统。

三、地理信息系统的组成和功能

（一）地理信息系统的组成

GIS 的应用系统由五个主要部分构成，即硬件、软件、数据、人员和方法。

1、硬件

硬件是指操作 GIS 所需的一切计算机资源。目前的 GIS 软件可以在很多类型的硬件上运行，从中央计算机服务器到桌面计算机，从单机到网络环境。一个典型的 GIS 硬件系统除计算机外，还包括数字化仪、扫描仪、绘图仪、磁带机等外部设备。根据硬件配置规模的不同可分为简单型、基本型、网络型。图 6-3 是典型的网络型 GIS 硬件配置，图 6-4 是一个典型的基本型 GIS 硬件配置，它是一般用户最常用的配置。

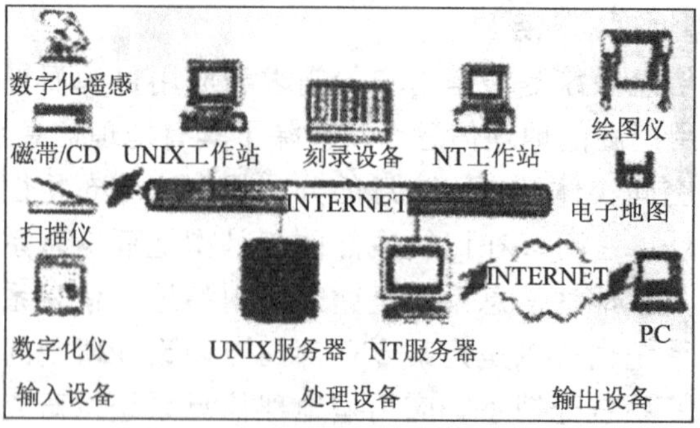

图 6-3　网络型 GIS 硬件系统

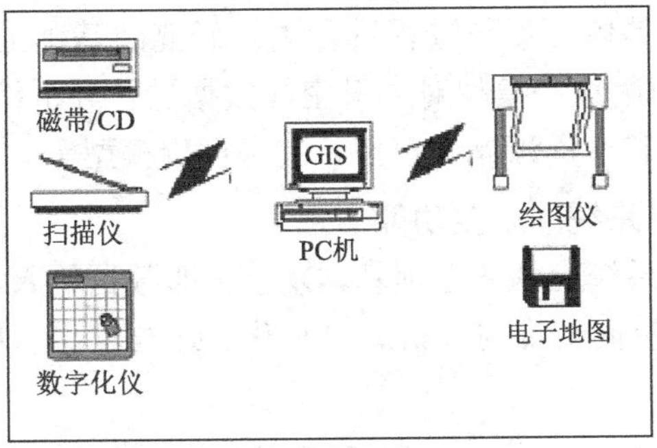

图 6-4 基本型 GIS 硬件系统

2、软件

软件是指 GIS 运行所必需的各种程序，主要包括计算机系统软件和地理信息系统软件两部分。地理信息系统软件提供存储、分析和显示地理信息的功能和工具。主要的软件部件有：输入和处理地理信息的工具；数据库管理系统工具；支持地理查询、分析和可视化显示的工具；容易使用这些工具的图形用户界面（GUI）。

3、数据

数据是一个 GIS 应用系统最基础的组成部分。空间数据是 GIS 的操作对象，是现实世界经过模型抽象的实质性内容。

一个 GIS 应用系统必须建立在准确合理的地理数据基础上。数据来源包括室内数字化和野外采集，以及从其他数据的转换。数据包括空间数据和属性数据，空间数据的表达可以采用栅格和矢量两种形式。空间数据表现了地理空间实体的位置、大小、形状、方向以及几何拓扑关系。

4、人员

人是地理信息系统中重要的构成要素，GIS 不同于一幅地图，它是一个动态的地理模型，仅有系统软硬件和数据还不能构成完整的地理信息系统，需要人进行系统组织、管理、维护和数据更新、系统扩充完善以及应用程序开发，并采用空间分析模型提取多种信息。因此，GIS 应用的关键是掌握实施 GIS 来解决现实问题的人员素质。这些人员既包括从事设计、开发和维护 GIS 系统的技术专家，也包括那些使用该系统并解决专业领域任务的领域专家。一个 GIS 系统的运行班子应由项目负责人、信息技术专家、应用专业领域技术专家、若干程序员和操作员组成。

5、方法

这里的方法主要是指空间信息的综合分析方法，即常说的应用模型。它是在对专业领域的具体对象与过程进行大量研究的基础上总结出的规律的表示。GIS应用就是利用这些模型对大量空间数据进行分析综合来解决实际问题的。如基于GIS的矿产资源评价模型、灾害评价模型等。

（二）地理信息系统的主要功能

一个GIS软件系统应具备五项基本功能，即数据输入、数据编辑与处理、数据存储与管理、空间查询与分析、可视化表达与输出。图6-5是一个典型的GIS功能框图。

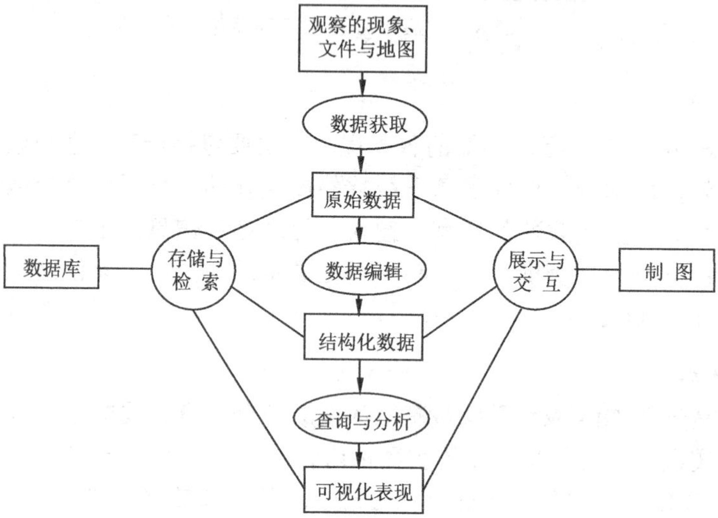

图6-5 一个典型的GIS功能框图

1、数据输入

数据输入是建立地理数据库必需的过程。数据输入功能指将地图数据、物化遥感数据、统计数据和文字报告等输入、转换成计算机可处理的数字形式的各种功能。对多种形式、多种来源的信息，可实现多种方式的数据输入，如图形数据输入、栅格数据输入、GPS测量数据输入、属性数据输入等。用于地理信息系统空间数据采集的主要技术有两类，即使用数字化仪的手扶跟踪数字化技术和使用扫描仪的扫描技术。手扶跟踪数字化曾在相当长的时间内是空间数据采集的主要方式。扫描数据的自动化编辑与处理是空间数据采集技术研究的重点，随着扫描仪技术性能的提高及扫描处理软件的完善，扫描数字化技术的使用越来越普遍。

2、数据编辑与处理

数据编辑主要包括图形编辑和属性编辑。属性编辑主要与数据库管理结合在一起完成，图形编辑主要包括拓扑关系建立、图形编辑、图形整饰、图幅拼接、图形变换、投影变换、误差校正等功能。

3、数据存储与管理

数据的有效组织与管理，是 GIS 系统应用成功与否的关键。它主要提供空间与非空间数据的存储、查询检索、修改和更新的能力。矢量数据结构、光栅数据结构、矢栅一体化数据结构是存储 GIS 的主要数据结构。数据结构的选择在相当程度上决定了系统所能执行的功能。

数据结构确定后，在空间数据的存储与管理中，关键是确定应用系统空间与属性数据库的结构以及空间与属性数据的连接。目前广泛使用的 GIS 软件大多数采用空间分区、专题分层的数据组织方法，用 GIS 管理空间数据，用关系数据库管理属性数据。图 6-6 是一个典型的地学数据分层管理概念模型，其中展示了空间图层及其属性的连接。

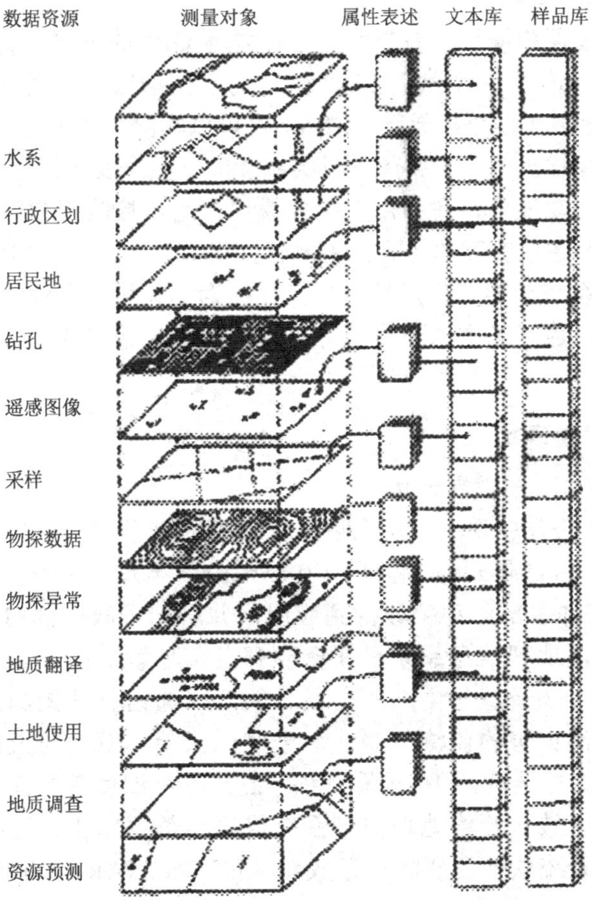

图 6-6　典型的地学数据分层管理概念模型

4. 空间查询与分析

空间查询与分析是 GIS 的核心，是 GIS 最重要的和最具有魅力的功能，也是 GIS 有别于其他信息系统的本质特征。地理信息系统的空间分析可分为三个层次的内容：

（1）空间检索：包括从空间位置检索空间物体及其属性、从属性条件检索空间物体。

（2）空间拓扑叠加分析：实现空间特征（点、线、面或图像）的相交、相减、合并等，以及特征属性在空间上的连接。

（3）空间模型分析：如数字地形高程分析、BUFFER 分析、网络分析、图像分析、三维模型分析、多要素综合分析及面向专业应用的各种特殊模型分析等。

5. 可视化表达与输出

中间处理过程和最终结果的可视化表达是 GIS 的重要功能之一。通常以人机交互方式来选择显示的对象与形式，对于图形数据，根据要素的信息密集程度，可选择放大或缩小显示。GIS 不仅可以输出全要素地图，也可以根据用户需要，分层输出各种专题图、各类统计图、图表及数据等。

除上述五大功能外，还有用户接口模块，用于接收用户的指令、程序或数据，是用户和系统交互的工具，主要包括用户界面、程序接口与数据接口。由于地理信息系统功能复杂，且用户又往往为非计算机专业人员，用户界面是地理信息系统应用的重要组成部分，使地理信息系统成为人机交互的开放式系统。

四、GIS 发展现状

（一）国内 GIS 的发展现状

我国 GIS 的发展较晚，经历了四个阶段，即起步阶段（1970～1980 年）、准备阶段（1980～1985 年）、发展阶段（1985～1995 年）、产业化阶段（1996 年以后）。GIS 已在许多部门和领域得到应用，并引起了政府部门的高度重视。从应用方面看，地理信息系统已在资源开发、环境保护、城市规划建设、土地管理、农作物调查与生产、交通、能源、通信、地图测绘、林业、房地产开发、自然灾害的监测与评估、金融、保险、石油与天然气、军事、犯罪分析、运输与导航、110 报警系统、公共汽车调度等方面得到了具体应用。国内外已有城市测绘地理信息系统或测绘数据库正在运行或建设中。一批地理信息系统软件已研制开发成功（如 GeoSTAR、CityStar、MapGIS 等），一批高等院校已设立了一些与 GIS 有关的专业或学科，一批专门从事 GIS 产业活动的高新技术产业相继成立。此外，还成立了“中国 GIS 协会”

和“中国 GPS 技术应用协会”等。

我国地理信息系统方面的工作自 20 世纪 80 年代初开始。以 1980 年中国科学院遥感应用研究所成立全国第一个地理信息系统研究室为标志，在几年的起步发展阶段中，我国地理信息系统在理论探索、硬件配制、软件研制、规范制订、区域试验研究、局部系统建立、初步应用试验和技术队伍培养等方面都取得了进步，积累了经验，为在全国范围内展开地理信息系统的研究和应用奠定了基础。

地理信息系统进入发展阶段的标志是第七个五年计划开始。地理信息系统研究作为政府行为，正式列入国家科技攻关计划，开始了有计划、有组织、有目标的科学研究、应用实验和工程建设工作。自 20 世纪 90 年代起，地理信息系统步入快速发展阶段。执行地理信息系统和遥感联合科技攻关计划，强调地理信息系统的实用化、集成化和工程化，力图使地理信息系统从初步发展时期的研究实验、局部实用走向实用化和生产化，为国民经济重大问题提供分析和决策依据。努力实现基础环境数据库的建设，推进国产软件系统的实用化、遥感和地理信息系统技术一体化。在地理信息系统的区域工作重心上，出现了“东移”和“进城”的趋向，促进了地理信息系统在经济相对发达、技术力量比较雄厚、用户需求更为急迫的地区和城市首先实用化。同时经营地理信息系统业务的公司逐渐增多。

总之，中国地理信息系统事业经过十年的发展，取得了重大的进展。地理信息系统的研究和应用正逐步形成行业，具备了走向产业化的条件。

（二）国外 GIS 的发展现状

GIS 是 20 世纪 60 年代中期开始发展起来的新技术。它最初为解决地理问题而起，至今已成为一门涉及测绘学科、环境科学、计算机技术等多学科的交叉学科。1963 年，加拿大测量学家 RF Tomlinson 首先提出了地理信息系统这一术语，并建成世界上第一个 GIS（加拿大地理信息系统 CGIS），并用于自然资源的管理和规划。不久，美国哈佛大学提出了较完整的系统软件 SYMAP。这可算是 GIS 的起步。进入 20 世纪 70 年代以后，由于计算机软硬件水平的提高，促使 GIS 朝着实用方向迅速发展，一些经济发达国家先后建立了许多专业性的 GIS，在自然资源管理和规划方面发挥了重大的作用。如从 1970～1976 年，美国国家地质调查局就建成 50 多个信息系统。其他国家如加拿大、德国、瑞典和日本等国相继发展了自己的 GIS。20 世纪 80 年代后兴起的计算机网络技术使地理信息的传输时效得到了极大的提高，它的应用从基础信息管理与规划转向更复杂的实际应用，成为辅助决策的工具，并促进了地理信息产业的形成。到 1995 年，市场上有报价的软件已达上千种，并且涌现出了一些有代表性的 GIS 软件。

地理信息系统的存在与发展已历经 30 余年。用户的需要、技术的进步、应用方法论的提高，以及有关组织机构的建立等因素，深深地影响着地理信息系统的发展。

第六节 GIS 在物流系统中的应用

（一）地理信息系统应用特点

1、GIS 应用领域不断扩大

地理信息系统已在许多领域得到广泛应用，目前应用领域已发展到 60 多个。主要应用领域涉及地质、地理、测绘、石油、煤炭、冶金、土地、城建、建材、旅游、交通、铁路、水利、农业、林业、环保、教育、文化、军事等。

2、GIS 应用研究不断深入

GIS 早期应用制图和空间数据库管理，这些应用逐渐地发展为制图现象间相互关系的模拟，大多数应用都包括了制图模拟，如地图再分类、叠加和简单缓冲区的建立等。新的应用集中体现在空间模拟上，即利用空间统计和先进的分析方法进行应用模型的分析和模拟。

3、GIS 应用社会化

由于重视对 GIS 人才的培养，GIS 的用户数量每年以 2～6 倍的速度增长，呈现社会化应用趋向，成为人们科研、生产、生活、学习和工作中不可缺少的工具和手段。

4、GIS 应用全球化

继美国之后，日、英、德、澳等国以及亚洲、非洲的许多国家相继宣布了自己在信息领域的发展规划和蓝图，地理信息系统技术的应用正席卷全球，在美国、西欧和日本等发达国家，已建立了国家级、洲际之间以及各种专题性的 GIS，GIS 应用国际化、全球化已成为一种趋势。

5、GIS 应用环境网络化、集成化

在地理信息系统中，有很多基础数据，它们是社会共享资源，如基础地形库，人口、资源库、经济数据库。因此，必须建立国家及省、市地区级基础数据库。在发达国家，常由政府投资建立实用基础数据库，由应用部门投资建立专业数据库。用户可通过网络及时地获取正确的基础数据。在中国已建立了 1∶1 000 000 国家基础空间数据库，1∶250 000 地形数据库，显然网络化能提高这些数据的利用率，这是发展的必然趋势。

此外，由于各行各业中信息数量的日益增长，信息种类及其表达的多样化，各种集成环境对地理信息系统的推广应用十分重要，如3S集成系统等。

6. GIS应用模型多样化

GIS在专业领域中的应用，需开发本专业模型，随着专业生产不断发展，GIS应用模型越来越多，既有定量模型；又有定性模型，既有结构化模型，又有非结构化模型。GIS在专业中的应用能否成功与模型开发的成败息息相关。

（二）地理信息系统应用领域

地理信息系统又名空间信息系统，因此，与空间位置有关的领域都是地理信息系统的重要应用领域。

（1）GIS应用在环境评价和监测系统方面，主要用于环境影响评价，污染评价，灌溉适宜性评价，灾害监测（森林火灾、洪水灾情、救灾抢险等），生态系统的研究，生物圈遗迹管理，自然资源管理等。

（2）GIS在土地和资源评价管理方面，广泛应用于土地管理，水资源清查，矿产资源评价（矿产预测、矿产评价、工程地质、地质灾害）中。

（3）GIS在市政工程建设方面，应用于公共供应网络（电、气、水、废水），电信网络，交通领域，区域和城市规划，道路工程中。

（4）GIS可为政府和企业提供极为有力的管理、规划和决策工具。它可用于企业生产经营管理、税收、地籍管理、宏观规划、开发评价管理、交通工程、公共设施使用、道路维护、市区设计、公共卫生管理、经济发展、赈灾服务等。

（5）由于GIS强有力的数据管理、处理、显示和制图功能，测绘制图部门可利用GIS技术实现计算机制图设计、数据存储、编辑加工及自动化生产，采用GIS技术便于地图修改、更新，缩短成图周期，大大提高劳动部门生产率。

（6）一个新的趋势是将具体的模型与GIS方法结合起来用于规划管理，如噪声分析、环境污染、公共供应网络模型、旅游规划模型、航空、生态生物学模型等。

（三）GIS在物流分析中的应用

GIS应用于物流分析，主要是指利用GIS强大的地理数据功能来完善物流分析技术。国外公司已经利用GIS为物流分析提供专门的分析工具软件。

完整的GIS物流分析软件集成了车辆路线模型、网络物流模型、分配集合模型和设施定位模型。

1. 车辆路线模型

用于解决一个起始点、多个终点的货物运输中，如何降低物流作业费用，并保证服务质量的问题。它包括决定使用多少车辆，每辆车的行驶路线等。

2、网络物流模型

用于解决寻求最有效的分配货物路径问题，也就是物流网点布局问题。如将货物从 N 个仓库运往到 M 个商店都有固定的需求量，因此需要研究由哪个仓库提货送给哪个商店运输代价小。

3、分配集合模型

可以根据各个要素的相似性把同一层上的所有或部分要素分为几个组，用以解决服务范围和销售市场范围的问题。如某一公司要设立 x 个分销点，要求这些分销点要覆盖某一地区，而且要使每个分销点的顾客数目大致相同。

4、设施定位模型

用于研究一个或多个设施的位置。在物流系统中，仓库和运输线共同组成了物流网络，仓库处于网络的节点上，节点决定着路线。如何根据供求的实际需要并结合经济效益等原则，在既定区域内设立多少个仓库，每个仓库的位置，每个仓库的规模，以及仓库之间的物流关系等，运用此模型均能很容易地得到解决。

迄今为止，我国将 GIS 应用于物流分析和物流研究中还处于起步阶段。

【本章小结】

全球定位系统（GPS）是 20 世纪 70 年代由美国陆海空三军联合研制的新一代空间卫星导航定位系统。其主要特点是提供实时、全天候、全球性和高精度的导航定位服务。全球定位系统由三部分构成：地面控制部分、空间部分、用户装置部分。它不仅在测量、导航、测速、测时等方面得到更广泛的应用，而且应用领域还将不断扩大。如汽车自定位、跟踪调度、陆地救援、内河及远洋船最佳航程和安全航线的实时调度，还有大地测量、工程测量、地壳运动监测、工程变形监测、资源勘察、地球动力学等。20 世纪 90 年代以来，全球卫星定位系统在物流领域得到越来越广泛的应用。本章主要介绍了 GPS 的概念、系统构成、GPS 的定位和工作原理，并重点介绍了 GPS 在物流领域中的应用，如物流过程的跟踪监控、运载工具的动态调度等。

此外，本章还从地理信息系统即 GIS 的基本概念出发，主要介绍了信息与信息系统的概念，GIS 的基本概念，GIS 系统的组成、功能及其在物流系统中的应用。

【案例 1】

神目 2000 行程记录分析与管理系统解决方案

一、概述

本方案将先进的 GPS 定位技术与计算机信息处理技术结合在一起，为国家机构、企事业单位、军队等的车辆管理自动化提供了优秀的解决办法。与现有的车辆实时定位监控系统不同，本方案充分考虑了国内绝大多数用户的实际需要和经费，强调对车辆行踪数据的记录、分析和任务管理。同价格昂贵的 GPS 实时监控系统相比，本方案最大的优点在于注重实效、节约开支、安装使用简便。

二、本方案的突出特点

（1）方案设计先进。

（2）系统运行可靠。

（3）地图数据详细，来源稳定可靠。

（4）系统使用方便。

（5）经济有效。

三、系统配置与组成

本系统由两部分组成：车载行踪记录器（简称记录器）和车场管理计算机（简称管理系统、管理计算机）。记录器配置在每台车上，记录器本身包含 GPS 接收模块，接收 GPS 定位数据，记录器采集并临时存储行踪数据，是整个系统的数据采集前端；管理系统配置在车场，用于对数据进行处理分析和管理，是整个系统的事务处理后台。整个系统的配置框图如图 6-7 所示。

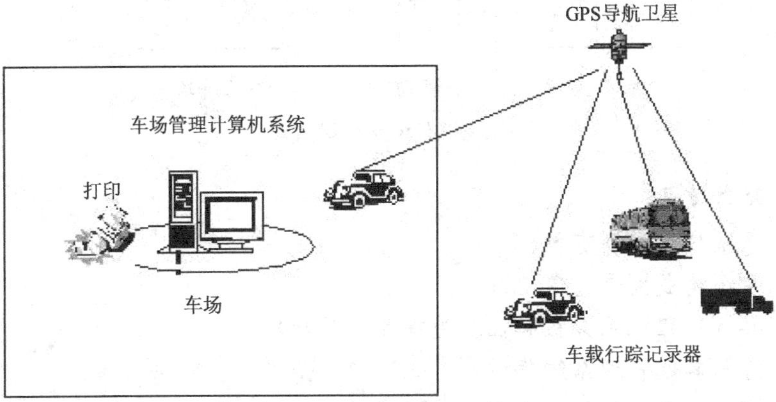

图 6-7 GPS 系统组成与配置

四、系统功能

（1）车辆行踪数据获取功能：车辆行踪数据的采集、记录、传输和保存。

（2）车辆行踪数据处理功能：由管理计算机对行踪数据、任务记录等进行分析处理，得到各种统计数据，并形成报表供显示和打印。

（3）车场调度任务管理功能：任务规划、保存任务、任务派遣、任务查询。

（4）车辆人员管理功能：将人员车辆的信息录入计算机可以加强对人员和车辆的管理，提高管理工作的自动化程度，提高管理效率，避免人工管理的差错。

（5）地图操作功能：地图查阅、地图信息查询、距离测量、地图打印。

（6）系统管理功能：为了系统使用和维护的方便，提供了丰富的系统管理功能，包括用户管理、数据库管理、地图管理、系统配置管理等功能。

五、工作模式

系统有 3 种工作模式：系统建设、日常管理、任务运作

（1）系统建设模式。系统安装后，真正开始使用之前，进行一些系统建设工作，主要包括录入车辆基本信息、驾驶员基本信息、用户信息、行踪记录器信息等。

（2）日常管理模式。日常工作中，车场管理员可以在管理计算机上进行一些工作，主要包括：地图操作、数据查询、人员车辆查询、统计报表、系统管理、任务规划等；

（3）任务运作模式。它包含从任务规划到车辆行驶、车辆回场、最后到任务处理的全过程，如图 6-8 所示。

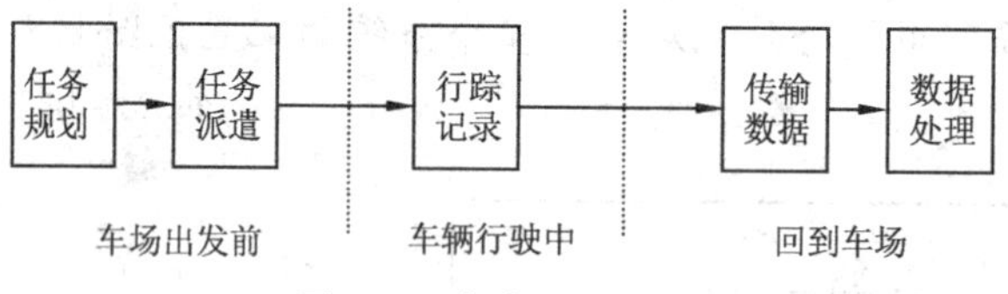

图 6-8 任务运作模式

六、突出特点

（1）系统应用经济有效。

（2）系统构成快速、使用方便。

（3）具有行程记录分析和任务管理等丰富功能。

（4）可与其他管理系统集成。

（5）可对行车记录仪（终端）扩增 GSM 等通信模块，从而将系统扩展为监控系统。

【案例2】

GIS在长距离输油气管道中的开发应用

一、长距离输油气管道概况

管道运输是国民经济综合运输的重要组成部分之一，也是衡量一个国家的能源与运输业是否发达的特征之一。管道运输多用来输送流体（货物），如原油、成品油、天然气及固体煤浆等。它与其他运输方式（铁路、公路、海运、河运）相比，主要区别在于驱动流体的输送工具是静止不动的泵机组、压缩机组和管道。泵机组和压缩机组给流体以压能，使其沿管道连续不断地向前流动，直至输到指定地点。我国的长距离输油气管道始于1958年建成的新疆克拉玛依至独山子原油输送管道和1963年建成的四川巴县到重庆的巴渝输气管道。

随着我国石油工业的发展，管道运输业也得到了相应的发展。从20世纪70年代初开始，我国展开了大规模的长距离输油气管道的建设，逐步实现了原油运输由铁路为主转向以管输为主。目前，我国已建成的原油长输管道总长达1万多公里，各油田所产原油的80%均由管道外输。天然气长输管道总长近万公里，承担着全国各油（气）田100%的天然气运输任务。目前的管道运输业已成为继铁路、公路、水运、航空之后的第五大运输行业。

长距离输油气管道的特点是点多线长，且大多数为地下铺设管道，其地理信息、图形信息和数字信息并存。人工管理特别是信息更新工作极其困难，它非常适合且需要地理信息系统的开发应用。

近年建设的一些管道引进了一些国外先进的技术，部分老管道进行了更新改造，有的管道已接近或达到国际先进水平。但是，目前我国还有部分长距离输油气管道的技术水平还比较落后，与国外相比在规划设计、管线施工、运营管理等方面还有一定的差距。长距离输油气管道的整体水平还有待提高，单就我国长距离输油气管道的运行管理现状来看，还存在以下不足之处。

目前我国国民经济快速发展，城市、经济开发区、道路、水利等基础建设规模空前，造成管道改线工程量加大。另外，随着管道工业技术水平的提高，管道的附属设备、站内流程及自控部分的更新改造日趋频繁。图纸修改更新难度大，时效性越来越差，实际管理工作中往往采取增补新图或局部增补新图的方法。这样虽然解决了暂时的问题，但是从长远来看造成图纸量的激增，内容重复，更加大了图纸的管理难度，使得生产管理更加不便。管理人员为了获得一个简单的数据也需要查阅大量的图纸，效率很低。

种类繁多、数量巨大的管线信息及相关设施信息全部标注在图纸上，不仅装订存放不便，而且经过多次翻阅折叠以后，图纸破损，极易造成数据丢失。

数据的可交换性和通用性差，不易发挥其应有的作用。

为了提高管道管理的科学性和准确性，实时掌握管道的动态状况，虽然监控技术已经在相当一部分管道运行管理中应用，但是由于监控数据与图纸没有有效的联系手段，造成了图归图、数归数的局面。管道运行状况主要依靠调度人员凭经验从枯燥的数据中获得，没有真正达到科学性和准确性。

紧急情况下的应变能力差。如管线发生事故或重大险情时，需要迅速提供最新的全面、准确、详尽的管线及相关信息。这些如使用传统的管理方式显然是难以做到的。

基于上述情况，采用新的技术和手段改变现有管理模式，提高长距离输油气管道的管理水平，是管道行业当前十分迫切的任务。开发长距离输油气管道地理信息系统是提高我国长距离输油气管道技术水平的有效途径。该系统的开发应用将使我国长距离输油气管道的运行管理进入一个全新的信息可视化阶段。

二、系统开发平台简介

长距离输油气管道地理信息系统是一个较为综合复杂的系统。选择一个功能灵活强大、价格理想的系统开发平台进行增值开发是重要的。为此进行了多方调研和比较，选择了由美国 Caliper 公司开发的 Maptitude GIS 及其开发语言 GISDK 作为开发平台。它是建立在 Client-Srtbrt 上的 GIS 软件。它除了具有一般地理信息软件外，它的拓扑结构和编辑功能为管网拓扑分析带来极大的方便；它可将多条输油气管道集成为一个整体；其全球定位系统 GPS 功能使得长距离输油气管线实时报警有了可能，并为系统的拓展及深层次开发奠定了基础；它可提供 BMP 位图、幻灯片、声音和录像等全部多媒体功能，结合生成的管道平面走向图及管道纵断面图大大增强了系统的直观性；其丰富的专题图、专题分析功能特别适合于长输管道管理的需要；该软件可随业务的发展而随时方便地予以更新和升级。Maptitude GIS 虽为国外商品软件，但其全部中文化克服了由于语言带来的不便。

三、系统的数据结构

根据长距离输油气管道运行管理工作的内容，并结合 Maptitude 的特点，将各种数据以层为基本单位来进行组织，形成层中含表，以图为主，数据从属的图表结合的数据方式。按数据的不同属性将系统数据分为：地理信息数据、管线数据、站场数据、穿跨越数据、多媒体数据、远程实时数据六大部分。各部分数据均由相关比较密切的层数据组成。

（1）地理信息数据：该类数据主要表示出中国石油管道公司所属的管线，站场，穿跨越位置的全国地图，各条管线的平面走向图（包括站场、穿跨越位置），各条管线的纵断面图（包括站场、穿跨越位置），省市县界地图，公路网，铁路线，水系图等。

（2）管线数据：该类数据主要表示出管线概况、管线工艺设定值、管道沿线地温、管输介质物性、历年输油气量及能耗等。

（3）站场数据：该类数据主要表示出输油气站概况、工艺流程图、站工艺设定值、设备概况及主要设备参数等。

（4）穿跨越数据：该类数据主要表示出穿跨越形式、穿跨越对象、穿跨越长度、穿跨越结构示意图等。

（5）多媒体数据：该类数据主要表示出输油气管线的综合概况的声音、图像、图片和动画等。

（6）远程实时数据：该类数据主要表示出输油气管线的实时运行参数，主要包括输油气设备运行情况、进出站压力、进出站温度、管线输量、库存、能耗等。

四、系统的功能描述

长距离输油气管道的特点是点多、线长、面广、地形十分复杂。管理长距离输油气管道所涉及的数据信息种类繁多，管理内容丰富多彩，形式多样。本系统充分考虑长距离输油气管道的特点、数据形式、管理内容等因素，它较好地实现了长输管道管理所需求的各种功能。

（一）地理图形的处理

输油气管道具有鲜明的空间地理特征。为此本系统提供了强大和灵活的地图数据处理能力，主要包括：

1. 图形数据录入与编辑

系统提供多种图形获取的能力：可通过手扶数字化方式将地图、管道相关专题图采集并转化为系统可接受的数字化地图数据；可与其他格式地图数据进行交换。

其编辑修改功能可对系统所涉及的图形数据进行增、删、更改等操作。系统功能最具特色的是，系统具有拓扑编辑功能，因此为地图的修改提供了极大的方便。

2. 地图分层处理

地图要素在分层的基础上可进行层隐含、显示、排序、叠加等多种处理。在合理组织层与比例尺的关系上，做到随着地图缩放而改变显示内容的功效。

图形显示操作可做到灵活地对图形放大、缩小、平滑漫游；可做到多窗口显示和属性窗口并列等功能。

3. 符号、线型和注记

系统可通过设置，修改用于点状要素的专题符号、线状要素的线型和面状要素颜色的功能，对点、线以及面状要素进行不同的描述。

（二）统计属性数据处理

系统提供了丰富的属性数据或台账数据处理功能。

1. 数据库操作

提供数据的多种排序方式，数据列的隐含与显示；数据列、记录的移动，列的锁定与解锁等。此外，数据库的编辑也十分简便易行，诸如列的增加与删除，记录的增加与删除等等。

2. 统计分析

可对管线长度、油气输量及能耗、主要输油气设备及有关参数等按照区域、管线、站场等不同情况进行统计分析，其中采取了饼状图、直方图、曲线图等多种直观的统计分析方法。

（三）多功能检索与显示

系统提供了按地理图形及传统的菜单方式进行检索。按地理图形方式检索直观、简便、迅速，可用鼠标点击地图要素而显示出相应的属性数据。按菜单方式检索简单实用、条理清晰、功能完善，可按不同的检索功能逐级检索出所需信息。上述各种检索方式均提供了多种检索途径，可满足多种不同的检索需求。

（四）多媒体功能

本系统提供了多媒体功能，主要通过图像、声音、图片和动画等表示出输油气管线的综合概况。可将站场、穿跨越、主要输油气设备等制成录像、数码照片、BMP 图像、可翻转的幻灯片形式并配合语音、字幕等提示，更直观与生动地对与管道相关的属性进行描述。

（五）排版与输出

系统可灵活地进行排版设计，可将地图、数据库文件、报表、图片、图例等任意排放。既可手工排版，也可做到左对齐、右对齐等方式的自动排版。输出格式可做到所见即所得的效果。

（六）专业管理功能

系统可对输油气管道、站场、穿跨越的概况及相关数据的录入、数据维护，并可进行各种查询。例如输油气站工艺流程图管理功能，系统不但可以方便、快捷、准确地检索到各站的工艺流程图，更为方便灵活的是，当现场的工艺管网进行改造后，可直接对数据库中的工艺流程图进行修改和补充，保持各工艺流程图的完整性和准确性。管线管理功能也方便实用，如管道平面走向图及纵断面图的方便、及时更新，在其他管理方式下也是很难实现的。此外，系统还可以实现设备、输量、能耗管理及有关基础数据的综合管理等多项专业管理功能。

五、系统的特点描述

本系统由于是建立在拓扑结构基础之上，因此对于以线状要素为主要处理对象的应用领域是十分方便的。在地理信息系统中，输油气管线（线状要素）和输油气站场、管线穿跨越（点状要素）是两类不同的要素，所采用的编辑处理方法是不同的。但在实际应用中，三者又是密不可分的一个整体，当管线、站场或穿跨越的位置发生变化需要更改，这在没有拓扑关系的系统中是一件十分令人头疼的工作。但是在本系统中站场、穿跨越和相关的管线虽然分放在不同层中，但有连通的拓扑关系。因此，对上述情况的编辑修改工作处理起来十分方便。

另外，本系统还具有界面美观、操作简单、易学易用、安全性较为可靠、易于管理、易于维护等特点。

六、系统的开发方向及应用前景

现代油气管道日趋向大型化、系统化、连续化发展。因此，长距离输油气管道的地理信息系统应从管线的规划阶段开始，贯穿勘察设计阶段、管道施工建设阶段、投产后的运行管理阶段的全过程，达到逐级建立、逐步完善，提高系统数据的通用性、可转换性，进一步提高我国油气管道的规划设计水平，为投产后的管道运行管理提供强大的技术支持，实现管道的规划设计及运营管理的系统化和连续化。

因此，长距离输油气管道地理信息系统的开发方向应从以下几个方面逐步开展工作。

（1）管线规划设计。在进行新的输油气管道规划设计中，可利用遥感数据和地理信息系统（GIS）等建立管道线路的最小费用模型。模型可根据管道长度并充分考虑地表特征、地理状况、地面覆盖等因素，进行管线的最少费用分析，优化规划设计方案。同时在新管网规划设计和现有管网规划调整设计中，可模拟各种管线分布，进行虚拟管线与实有管线的空间叠置分析，实现计算机辅助设计和决策。

（2）管线风险管理。管线风险管理是关系到管道的生存与发展的重要环节。近十几年来，西方发达国家的长距离输油气管道都已逐步开展了风险管理。我国的长距离输油气管道也应结合自己的特点逐步建立适合我国管道实际的风险数据库，为在我国尽快开展管道的风险管理奠定坚实基础。

（3）管道沿线地形的实时更新和细化。管道沿线的地形不仅关系到管线设计施工的成败，对管线的运行状况也有很大影响，更重要的是可对紧急状态下的事故抢险提供决策依据。

（4）输油气管网的运行优化分析。输油气管网的运行优化分析是管道运行管理的根本问题。可利用管道的地理信息及管道的相关属性数据建立起管网的数学模型。结合管道的实际运行状况，通过必要的技术手段可对管内的压力、流速、温度等技术参数进行计算分析，为优化管道的运行方案提供科学依据。

总之，随着科学技术的发展，计算机技术的进步，地理信息系统在长距离输油气管道中的开发应用将更加广泛。

【复习思考题】

1．GPS 系统具有哪些特点？

2．GPS 包括哪几个部分？各部分的作用如何？

3．什么是绝对定位？什么是相对定位？

4．GPS 是如何应用在货物运输系统中的？

5．简述网络 GPS 物流系统的工作流程。

6．什么是信息系统？什么是地理信息系统？

7．地理信息系统包括哪几种类型?各有何特点?

8．GIS 系统能解决什么样的问题?

9．地理信息系统主要应用于哪些领域?

第七章　智能运输系统

【学习目的】

通过本章的学习，要求熟练掌握智能运输系统（ITS）的基本概念和基本组成，理解 ITS 的主要内容，了解我国 ITS 的发展现状和特点，以及 ITS 在现代物流中的应用。

第一节　智能运输系统概述

一、智能运输系统的发展背景

20 世纪 80 年代以来，世界各发达国家虽然已经基本建成了四通八达的现代化国家道路网，但随着社会经济的发展，路网通行能力已满足不了交通量日益增长的需要，交通拥挤和阻塞现象也日趋严重，交通污染与事故的发生率也明显上升并越来越引起社会的普遍关注。为了解决这些问题，经过长期和广泛的研究，许多国家把注意力从主要依靠修建更多道路、扩大路网规模来解决日益增长的交通需求，逐步转移到采用高新技术来改造现有道路运输系统及其管理体系，从而大幅度地提高了路网的通行能力和服务质量。

日本、美国和西欧等发达国家为了解决共同面临的交通问题，竞相投入大量资金和人力，开始大规模地进行道路交通运输智能化的研究试验。起初，这种研究被称为“智能车辆道路系统”（IVHS），主要进行道路功能和车辆智能化的研究。随着研究的不断深入，系统功能扩展到道路交通运输的全过程及其有关服务部门，成为带动整个道路交通运输现代化的“智能运输系统”（Intelligent Transportation System，简称 ITS）。经过多年的不懈努力，许多比较成功的系统被研发出来，这方面有不少的例子。如日本通产省和科技厅早期开发的一种试验性综合交通管理系统，这个系统实际上是最佳路径诱导系统，即在道路上设有车辆监测器，控制中心设有计算机，车辆监测器将检测到的交通信息通过计算机处理后给出驾驶员行驶的最佳路径。这种综合交通管制系统，使驾驶员具有在基于当前路况的基础上主动选择最佳路线的主动权。另一个比较成功的例子是：20 世纪 80 年代末期，由美国运输部和汽车制造商出资在洛杉矶和佛罗里达州实验的“寻路”系统。这种“寻路”系统使用附加在城市交通控制系统上的无线通信和数据传输系统保持与车辆的联系，这个系统可以把系统所检测到的交通信息加在地图上，这样驾驶员可以一目了然地知道前面道路上的交通状况，感到自己有主动权，可以主动、灵活选择自己想走的路径。

随着各学科技术的发展，各国又相继研发出了诸如车辆导航系统、路侧通信系统、公共交通优先系统、不停车收费系统、停车诱导系统及美国新近研制成功的自动驾驶系统等，极大地推动了 ITS 的发展与应用。

二、智能运输系统的基本概念及运作流程

关于 ITS 的定义和理解是各种各样的，以欧洲和日本为代表的观点是将 ITS 作为整个社会和经济信息化的一部分，目前在欧洲将 ITS 称为“信息通信业务在交通运输中的应用”（Telematics Application for Transportation），这些国家是从道路交通信息化的角度来推动 ITS 的；而美国则是将 ITS 分成了由政府主导和提供的智能运输基础设施和民间厂商提供的应用产品两部分。但是无论怎样的分法，出发点是一样的，即设想道路交通应该能使每一个交通的参与者和交通基础设施的潜能得以充分的发挥，同时又保持高度秩序化。要做到这一点，必须是在高度信息化的条件下才能实现，当前信息技术的高度发展为实现这一理想提供了条件。

因此，我们可以说 ITS 是当前世界上交通运输科技的前言，它是在较完善的道路基础设施（包括道路、港口、机场和通信等）上，将先进的信息技术、数据通信技术、电子控制技术、传感器技术、全球定位技术、地理信息系统技术、计算机处理技术以及系统工程技术等有机地集成，并运用于整个地面交通管理体系，从而建立起的一种在大范围内、全方位发挥作用的实时、准确、高效、智能的交通运输管理系统。实质上就是利用高新技术对传统的运输系统进行改造而形成的一种信息化、智能化、社会化的新型运输系统。它使交通基础设施能发挥出最大的效能，提高服务质量，使社会能够高效地使用交通设施和能源，从而获得巨大的社会经济效益。这主要表现在：提高交通的安全水平；减少堵塞，增加交通的机动性；降低汽车运输对环境的影响；提高道路网的通行能力以及提高汽车运输生产率和经济效益。

这个系统一般的运作流程为：将采集到的各种道路交通及服务信息经交通管理调度中心集中处理后，传输到公路运输系统的各个用户，出行者可实时选择交通方式和交通路线；交通管理部门可利用它进行交通疏导和事故处理；运输部门可随时掌握车辆的运行状况，进行合理调度，从而使交通基础设施能发挥出巨大的效能，提高服务质量，使社会能够高效地使用交通设施和能源，从而获得巨大的社会经济效益。

第二节 智能运输系统的主要内容

目前世界各国都在积极进行 ITS 的研究，其中，美国、欧洲和日本处于领先地位。在 20 世纪 60 年代末期，美国就开始了 ITS 方面的研究，之后，欧洲、日本等也相继加入这一行列。经过了 40 年的发展，形成了目前美国、日本和欧洲世界 ITS 研究的三大基地。另外，一些国家和地区的 ITS 研究也有相当规模，如澳大利亚、韩国、新加坡、中国香港等。可以说，全球正在形成一个新的 ITS 产业，难以计数的大小项目在开展，发展规模和速度惊人，以“保障安全、提高效率、改善环境、节约能源”为目标的 ITS 概念正在逐步形成。

一、美国 ITS 的主要内容

从 20 世纪 60 年代末到 70 年代，美国致力于发展电子道路导航系统（EGRS），运用道路与车辆间的双向通信来提供道路导航。而在此后的一段时间里，一直没有实施类似的项目。1988 年，美国成立了一个被称为“Mobility2000”的非正式组织，提出了一个新的计划，同时，为了引起全国的关注并且扩大计划，1990 年又成立了美国智能车辆和道路协会（IVHS America）。1991 年 12 月，《综合地面运输效率法案》（ISTEA）获得通过。从此，ITS 成为道路运输政策的中心项目。

1992 年 5 月，IVHS 战略计划构建了今后 20 年 ITS 的发展蓝图。1994 年 9 月，美国交通部将 IVHS America 更名为 ITS America（美国智能交通协会），该协会在 1995 年 3 月制订了美国 ITS 项目计划，深入探讨了发展和应用 ITS 的规划及其最终目标。这个计划由美国交通部正式出版，定名为《国家智能运输系统项目规划》，明确规定了智能运输系统的 7 大领域（即基本系统）和 29 个用户服务功能（即子系统）。其构成如下：

1、出行与运输管理系统

该系统包括了城市道路信号控制、高速公路交通监控、交通事故处理等公路交通管理的各种功能，以及用来研究和评价交通控制系统运行功能与效果的三维交通模拟系统。系统能够对路网中交通流的实时变化做出及时、准确的反应，帮助交通管理部门对车辆进行有效的实时疏导、控制和事故处理，减少交通阻塞和延误，从而最大限度地发挥路网的通行能力，减少环境污染，节约旅行时间和运输费用，提高运输系统的效率和效益。该系统有 6 个子系统：

（1）在途驾驶员信息系统。

（2）线路引导系统。

（3）出行人员服务系统。

（4）交通控制系统。

（5）突发事件管理系统。

（6）排放测试与污染防护系统。

2、出行需求管理系统

该系统向用户提供有关出行信息，改善交通需求管理。若将该系统和出行与运输管理系统结合起来，驾驶员就可以通过车载或处所计算机和无线通信获得各种交通信息（道路条件、交通状况、服务设施位置以及导游信息等），合理选择出行方式、时间和路线。驾驶员还可利用车载定位导航仪，在车载计算机上给出出发地点和目的地，计算机便可根据实时交通信息自动选择出最佳行驶路线，避开交通拥挤和阻塞，并促进高乘载率车辆的使用，从而提高运输效率。这个系统包括3个子系统：

（1）出发前的出行信息系统。

（2）合乘配载和预约系统。

（3）需求管理与运营系统。

3、公共交通运营系统

该系统用以提高公共交通的可靠性、安全性及其生产效率，使公共交通对潜在的用户更具有吸引力。系统包括有交通标志占先权（高乘载率车辆专用车道的设置）、车辆定位和跟踪系统、语音和数据传输系统。该系统将公共交通管理部门同驾驶员直接联结起来，进行实时调度和行驶路线的调整，帮助运输部门增加客运率，降低运营成本，提高运输效益。该系统有4个子系统：

（1）公共运输管理系统。

（2）途中换乘信息系统。

（3）满足个人需求的非定线公共交通系统。

（4）出行安全系统。

4、商用车辆运营系统

该系统能在洲际运输管理中自动询问和接受各种交通信息，进行合理调度，包括为驾驶员提供一些特殊的公路信息，如桥梁净高、急弯陡坡路段的限速等，对运送危险品等特种车辆的跟踪以及车辆和驾驶员的状况进行安全监视与自动报警。在特种车辆自动报警系统中，还装有探测靠近障碍物的电子装置，可保证在道路可见度很低情况下的行车安全。通过这一系统，可使营运车辆的运行管理更加合理化，车辆的安全性和生产效率得到提高，使公路系统的所有用户都能获益于一个更为安全可靠的公路环境。该系统有6个子系统：

（1）商用车辆电子通关系统。

（2）自动化路侧安全检测系统。

（3）商用车辆管理程序系统。

（4）车载安全监控系统。

（5）商用车辆交通信息系统。

（6）危险品应急反应系统。

5．电子收费系统

该系统通过电子卡或电子标签由计算机实现自动收费，可使所有地面交通收费包括道路通行费、运输费和停车费等实现自动化，实现收费车道上无人管理、不停车、不用票据的自动收费，以减少用现金收费所产生的延误，提高道路的通行能力和运行效率，并可为系统管理提供准确的交通数据。这种电子收费系统可以使道路的通行能力提高3～5倍。该系统只有电子收费1个子系统。

6．应急管理系统

该系统用以提高对突发交通事故的报警和反应能力，改善应急反应的资源配置。该系统有2个子系统：

（1）紧急告警与人员安全系统。

（2）应急车辆管理系统。

7．先进的车辆控制和安全系统

该系统应用先进的传感、通信和自动控制技术，给驾驶员提供各种形式的避撞和安全保障措施。系统具有对障碍物的自动识别和报警，自动转向、制动、保持安全间距等避撞功能。系统的这些功能在很大程度上改善和代替了驾驶员对行车环境的感应和控制能力，从而可以提高行车安全性，减少交通阻塞，进一步提高了道路的通行能力和运输效益。该系统包括7个子系统：

（1）纵向避撞系统。

（2）侧向避撞系统。

（3）交叉口避撞系统。

（4）视觉强化避撞系统。

（5）事故前乘员安全保护系统。

（6）危险预警系统。

（7）自动公路系统。

除此以外，美国的智能运输系统正在开发一个新的领域，即先进的乡村运输系统。该系统是把为城市地区开发的交通管理技术和系统功能推广应用到乡村道路网络中去，主要是应用先进的电子通信技术，提高行车的安全性，方便外国游客出行，促进乡村地区的经济发展。系统包括为驾驶员和事故受害者提供援助的无线紧急呼救系统，恶劣道路和交通环境的实时警告系统，以及有关服务设施和旅游路线、景点等信息系统（如图 7-1 所示）。

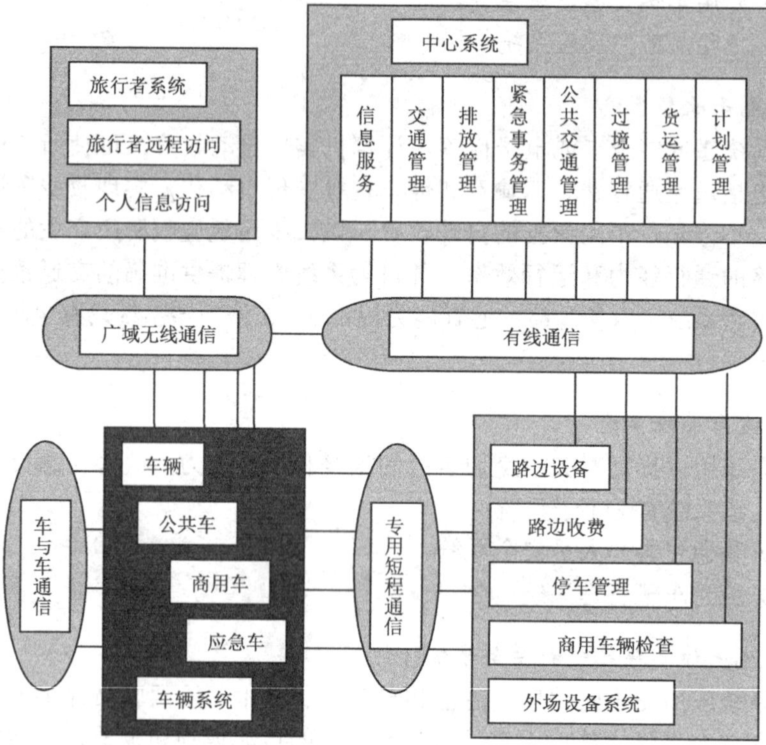

图 7-1　美国 ITS 的基本框架示意图

二、日本 ITS 的基本组成

日本其实比其他许多国家都更早地开展了 ITS 方面的研究。1973 年，通产省提出了“综合汽车交通控制系统”，研制出一套道路导航系统并进行了试验。这个阶段被称为 ITS 发展的第一阶段。

20 世纪 80 年代，建设省实施了“道路/汽车通信系统”，警察厅实施了“先进机动车交通信息和通信系统”。这些项目经过改进，被合并为“车辆信息和通信系统”。从 20 世纪 80 年代末期到 90 年代，建设省建立了“先进道路运输系统”，在该项目的建设中形成了以道路车辆一体化来改善道路交通的概念。伴随着该项目还有许多其他项目，包括超级智能车辆系统、先进安全车辆系统、通用交通管理系统等。1993 年 7 月，由工业界和学术界的代表组成的“车辆、道路与智能交通协会”（VERTIS）成立，并进行了一系列与 ITS

有关的活动。经过不懈的努力，ITS 已经逐渐在私营领域形成了市场，基于由企业和政府部门共同开发的数字地图的 GPS 汽车导航系统以及其他技术已经实现了商业化。至 1995 年，安装导航系统的汽车总量已经超过了 100 万辆。很明显，一个富有活力的新兴市场已经产生了。从 1980 年到 1995 年初的这个阶段可以被称为 ITS 发展的第二个阶段。

1995 年 2 月，由日本首相直接领导的“具有先进通信与信息的社会筹划组”提出了“促进先进通信与信息社会的基本指导方案”；1995 年 8 月，建设省、通产省、邮政省、运输省和警视厅五个政府部门联合提出“在道路、交通、车辆领域实现先进通信与信息技术的政府指导方针”，并开始共同进行 ITS 的研究与实际应用。从此开始了 ITS 发展的第三个阶段，这一阶段的特征是统一与协调一致的行动。根据此方针，ITS 由导航系统、电子收费系统、安全驾驶援助系统等 9 个开发领域和 20 个用户服务功能构成。

1、导航系统

它主要包括卫星导航系统和公路交通信息通信系统。卫星导航系统是指以全球定位系统 GPS 的方式接收卫星电波，进行位置计算，并在地图上显示出目前汽车所在位置，标示出抵达目的地的距离和方位，以帮助驾驶者抵达目的地的系统。公路交通信息通信系统是指为方便驾驶人员，减少和缓和堵塞等，通过公路上设置的信标和 FM 多路播放，向导航系统等车载装置实时提供堵塞情况、所需时间、施工、交通限制等有关公路交通信息的系统。其主要服务对象为驾驶人员，包括两个服务功能：

（1）路途引导交通信息提供系统。

（2）与目的地相关的信息提供系统。

2、电子收费系统

电子收费系统是指为了解除收费公路收费站上的堵塞，实现无现金化，提高便利性，利用收费站处设置的天线和通行车辆车载装置之间的无线通信自动付费的收费系统，它使收费公路收费站非停车通行成为可能。其主要服务对象为驾驶人员、运输企业、管理部门，它只有电子收费一个功能。

3、安全驾驶辅助系统

安全驾驶辅助系统是指为防止事故，确保安全驾驶，通过公路上设置的传感器等收集路面情况等信息，并使其在公路与车辆之间传播，向驾驶人员发出“前方发生危险”等警告，另外，配合高度的车辆控制技术，以实现“自动回避冲撞”，进而实现“自动驾驶”的系统。其主要服务对象为驾驶人员，包括 4 个服务功能：

（1）驾驶和道路信息提供系统。

（2）危险警告系统。

（3）驾驶辅助系统。

（4）自动驾驶公路系统。

4、交通管理的最佳化系统

即通过路途诱导、信号控制等实现交通管理的最佳化。其主要服务对象为管理部门、驾驶人员，包括两个服务功能：

（1）先进的交通流控制系统。

（2）交通事故通报系统。

5、公路管理的效率化系统

即通过提供特殊车辆管理、通行限制状况等来提高公路管理的效率。其主要服务对象为管理部门、运输企业和驾驶人员，包括3个服务功能：

（1）管理事务的高效化。

（2）特殊车辆管理系统。

（3）道路危险信息通报系统。

6、公共交通援助系统

即通过提供公共交通运行状况等措施来提高公共交通的运营效率。其主要服务对象为公共交通使用者、运输企业，包括2个服务功能：

（1）公共交通信息提供系统。

（2）公共交通运行援助系统。

7、业务用车的效率化

即业务用车的运行管理援助系统，该系统是指为了提高业务用车的运输效率，减少业务交通量，提高运输安全，实时收集载货汽车、旅游车等的运行情况等，作为基础数据向运输事业公司等提供，从而援助运行管理的系统。主要服务对象为运输企业，包括两个服务功能：

（1）商用车运行管理支援系统。

（2）商用车连续自动运行系统。

8、步行者援助系统

步行者援助系统是指为了形成使步行者，特别是高龄者、残疾人等行走不便的人们能够安心利用的、安全、舒适的道路环境，利用携带的终端机等装置就现在所处位置、设施和路线等，为步行者提供援助的系统。其主要服务对象为步行者，包括两个服务功能：

（1）步行路线指引系统。

（2）车辆—步行者事故规避系统。

9、紧急车辆运行援助系统

即灾害或事故发生以及发生情况的自动通报和救援系统。其主要服务对象为驾驶人员，包括两个服务功能：

（1）紧急情况自动通报系统。

（2）紧急车辆线路诱导/救援活动支援系统。

三、欧洲 ITS 的主要内容

欧洲早在 1986 年就开始了大规模的 ITS 研究，其组织和协调主要是由官方（主要是欧盟）与民间并行进行的。同时，由于欧洲的国家大部分很小，因此，ITS 的开发与应用是与欧盟的交通运输一体化建设进程紧密联系在一起的。1969 年，欧共体委员会就提出要在成员国之间开展交通控制电子技术的演示。自 1986 年以来，西欧国家主要是在“欧洲高效安全交通系统计划（PROMETHEUS）”和“保障车辆安全的欧洲道路基础设施计划（DRIVE）”两大计划指导下开展交通运输信息化领域的研究、开发与应用。

1、欧洲高效安全交通系统计划

“欧洲高效安全交通系统计划”是欧洲研究协调局领导下，主要由汽车制造企业和供应商联合组织的研究计划。它是私营企业间组织的计划，并且主要是从车辆方面研究智能运输系统的建设。该计划于 1987 年正式起动，为期 7 年，研究试验项目分为以下几个领域：

（1）视觉增强技术。

（2）摩擦力监视和车辆动力学控制系统。

（3）车道跟踪保持技术。

（4）视野范围内的监视技术。

（5）驾驶员状况监视技术。

（6）避撞系统。

（7）协同驾驶系统。

（8）自动化智能行驶控制系统。

（9）自动紧急呼救系统。

（10）车队管理系统。

（11）双向通信路线诱导系统。

（12）出行与交通信息系统。

1994 年，欧洲高效安全交通系统计划进入结束期，各成员单位经协商后同意建立新一轮的研究计划，即“欧洲运输机动化计划（PROMOTE）”。该计划将涉及更广泛的综合交通运输系统问题，而不再只是集中于车辆系统，同时，还向公共部门开放，不再限于企业范围。

2、保障车辆安全的欧洲道路基础设施计划

“保障车辆安全的欧洲道路基础设施计划”是欧盟根据其“研究与发展框架计划”分阶段组织的大型研究开发计划，旨在通过改善道路交通基础设施来提高安全性、运输效率以及减少环境污染等。该计划于1988年发出第一阶段的项目申请，其主要研究内容有：

（1）交通需求管理。

（2）出行与交通信息。

（3）综合城市交通管理。

（4）综合城间交通管理。

（5）驾驶服务与辅助驾驶。

（6）货运与车队管理。

（7）公共运输管理。

（8）网络管理、运行与控制。

（9）车辆控制。

（10）集成与评价。

（11）支持问题。

1991年，在成功实现了DRIVE计划之后，欧盟成立了ERTICO。它是在欧洲范围内非营利性的官方和私人企业的合作组织。目前的优先研究方向主要有交通、旅游和旅行者信息服务系统，交互服务和顾客漫游，多方式的移动乘客信息和数据交换，汽车系统（数字地图、辅助开车），商用车辆（数字记速器、机载计算机）、伽利略计划（卫星导航）等。

从研究结果来看，欧洲的研究领域和系统功能与美、日大致相同，但它不是以一整套统一的用户服务为起点和依据，而是在不同系统结构研究项目成果基础上进行分类和集成的。这种自下而上的建立结构方式与美国和日本相比有所不同，其效果和质量也将有所不同，在国际标准化的过程中，它们之间将发生竞争并相互影响。

由美、日、欧的ITS开发领域可以看出，未来的智能运输系统将使目前道路交通系统存在的种种问题得以解决或大大缓解。而且，ITS的开发也将以诸多信息通信、汽车方面的新技术开发为支柱，创造出众多的新兴产业，进而形成巨大的市场。根据日本道路交通车辆智能化推进协议会的试算，仅就导航系统的开发，到目前就已创造出20亿美元规模的市场。随着今后ITS的推进，以车载装置为主，在信息收集机器、信息发送机器等电子、通信、汽车等领域，今后20年预计ITS整体将创造出5 000亿美元的巨大市场。因此，对于企业来说，这也是很有希望的事业领域。目前，成为推进ITS支柱的主要项目包括自动公路系统（AHS）、不停车自动收费系统（ETC）、公路交通信息通信系统（VICS）等。

四、中国ITS的主要内容

我国从20世纪70年代开始注意电子信息技术的研究及在公路交通领域的应用工作，相应建立了电子信息技术、科技情报信息、交通工程、自动控制等方面的研究机构。迄今为止已取得了以道路桥梁自动化检测、道路桥梁数据库、高速公路通信监控系统、高速公路收费系统、交通与气象数据采集自动化系统等为代表的一批成果。

我国的智能交通研究起步较晚，如何更好地系统规划、组织研究及产业开发，是交通管理部门的重要工作。近年来，ITS发展越来越引起社会各界的关注，许多大学和研究机构纷纷组建ITS研究中心，从事ITS的理论研究和产品研发，ITS的发展时机渐趋成熟。

1999年11月，科技部批准成立了国家智能交通系统工程研究中心。中心的主要任务是以国民经济、行业和市场需求为导向，针对智能交通系统存在的重大技术问题，对有市场价值的重要应用科技成果进行共性技术、关键技术研究，并开展应用技术的工程化、产业化以及系统集成的研究开发。2000年3月又组织全国交通运输领域专家组成ITS专家组，针对“九五”国家科技攻关项目“中国ITS体系框架研究”，采用了面向过程的方法，起草了“中国智能交通系统体系框架”。我国ITS体系框架共分为8个服务领域、34个服务内容和138项子服务。

2002年6月正式确定首批全国ITS应用示范工程试点城市，确定了试点和示范内容，并根据我国国情提出的综合交通信息平台概念和方案，在进行ITS试点的10个城市中，有9个将综合交通信息平台列入建设内容。

2002年，有关部门组织了一系列国家攻关项目，其中“跨省市国道主干线联网电子收费技术开发和应用”在京沈和沪宁高速公路示范应用；“高等级公路综合管理系统的开发和示范应用”在京津塘高速公路和廊坊地区实施；“跨省市快速客运系统示范应用”在杭州至合肥高速公路及成都市示范应用。

2008年，由科技部、公安部、交通运输部、住房和城乡建设部、铁道部、中国民航局共同发起，经民政部批准成立的中国智能交通协会（简称ITS China）在北京正式宣布成立，标志着中国智能交通新的发展阶段的到来。

1、我国ITS研究开发的重点

全国ITS协调指导小组确定的“十五”期间ITS发展的指导思想是：结合国情，突出重点，攻克关键，培育市场，支持产业，促进发展；切入点是：交通管理、运营智能化、系统集成和人车路协调整合；关键技术难点有：交通智能控制、集成信息服务、专用短程通信、标准规范和智能车路。研发重点有以下几个方面：

（1）ITS示范工程应用中开展包括ITS评估方法和技术、快速道路通行能力的研究、交通信息采集与融合技术、道路交通优化技术、车载装置与汽车的集成匹配技术、海量交通数据管理和挖掘技术等ITS共用基础技术和关键技术的开发。

（2）国道主干线ETC（电子收费系统）示范工程。统一联网收费技术标准，结合高速公路监控系统，建立相应的自动化服务水平考核体系；开发公路联网收费、自动车辆识别和专用短程通信技术，确立收费方式，解决联网安全，开发安全收费管理系统。研发自由流条件下计费试验平台。

（3）系统建设。这包括城市交通监控和信号系统、城市公共交通智能调度和电子支付系统、出租汽车定位和调度系统、货物运输主枢纽和网络、集装箱和大宗货物过境运输管理系统、城市交通换乘和联运信息服务系统等。

（4）ITS产业化。车路信息交换技术和车载移动信息设备、智能交通控制和智能化运营软件、车辆安全辅助驾驶装置实现产业化，包括研究车载设备在车辆上的应用和集成技术，以汽车生产企业和信息设备生产企业为主形成车载设备产业；开发双模式ECT系统并实现产业化；开发智能交通控制和智能化运营软件、智能交通控制器等并实现产业化；开发实用的车载诱导单元和具有自主知识产权的路径诱导软件并实现产业化。

（5）高速公路紧急事件管理系统。制定高速公路紧急事件处理和服务系统指标体系；实现高速公路紧急事件处理流程规范化和计算机化；结合GIS和专家系统技术，形成标准统一的紧急事件处理方法。

（6）集成交通信息服务技术和应用。以综合信息服务中心为龙头，集成各种交通信息资源，形成交通信息服务中心；以中心城市交通枢纽为主，应用信息技术使各种运输方式有效衔接，为旅客和客户提供服务。

（7）智能化交通控制、运营技术开发和示范应用。它包括实时智能化交通指挥控制系统和基于Internet的交通管理信息服务系统；市区广播式交通诱导和集成车载定位、导航和交通信息服务的交通诱导服务系统；城市停车诱导和动态管理系统；智能化大城市旅客运输系统和城市间旅客运输系统；高等级公路紧急事件管理系统和高等级公路综合管理系统。

（8）科技队伍。培养一支高水平的科研队伍；推动科技与经济结合，扶持若干具有良好产业发展前景的 ITS 高科技企业；建立多个智能交通人才培训中心；积极开展与各国政府和企业的合作。

ITS发展战略研究是在国家ITS体系框架和标准体系的基础上进行全面战略研究，明确战略总目标和战略方针，提出各阶段的发展目标。

表 7-1 为我国智能交通体系框架中的服务领域与服务体系。

表 7-1 我国智能交通体系框架中的服务领域与服务体系

服务领域	服务内容	服务领域	服务内容
1. 交通管理与规划	（1）交通法规监督与执行 （2）交通运输规划支持 （3）基础设施维护与管理 （4）交通控制 （5）需求管理 （6）紧急事件管理	5. 紧急事件和安全	（20）紧急情况的确认及个人安全 （21）紧急车辆管理 （22）危险品及事故通告 （23）公共出行安全 （24）易受伤害道路使用者的安全措施 （25）交汇处的安全服务
2. 电子收费	（7）电子收费	6. 运营管理	（26）公交规则 （27）车辆检视 （28）公交运营管理 （29）一般货物运输管理 （30）特殊运输的管理
3. 出行者信息	（8）出行前信息服务 （9）行驶中驾驶员信息服务 （10）在途公共交通信息服务 （11）个性化信息服务 （12）路径诱导及导航服务	7. 综合运输	（31）交换客货运信息资源 （32）提供旅客联运服务 （33）提供货物联运服务
4. 车辆安全和辅助驾驶	（13）视野范围的扩展 （14）纵向防撞 （15）横向防撞 （16）交叉路口防撞 （17）安全状况（检测） （18）碰撞前的乘员保护 （19）自动车辆驾驶	8. 自动道路	（34）自动道路

2、电子收费系统（ETC）

电子收费系统即车辆不停车地通过收费站点而实现收取过路费的收费方式。实施不停车收费，可以允许车辆高速通过，故可大大提高公路的通行能力；公路收费走向电子化，可降低收费管理的成本，有利于提高车辆的营运效益；同时也可以大大降低收费口的噪声水平和废气排放。由于通行能力得到大幅度的提高，所以，可以缩小收费站的规模，节约基建费用和管理费用，有效提高这些交通市政设施的资金回收能力。

自20世纪90年代以来，我国已在全国十几个省市的范围内建立了近两百条ETC收费车道，发行了十几万张车载卡。从目前已开通的ETC系统的实际运行情况来看，它们是安全、可靠、稳定而准确的，但在实施和推广ETC系统的过程中也遇到了一些主要问题。一是高速公路管理公司各自引进了互不兼容的ETC收费系统。当用户所购买的ETC收费设备仅能在一条路上使用时，其社会效益和经济效益将会受到影响，不利于ETC系统的推广应用。二是由于ETC收费的优势在于联网收费，目前在很多省、市缺乏统一规划，各公司自行引进实施给后续的扩展和连接带来很大障碍，在进行ETC系统的联网和扩展时，需进行大量的技术协调工作。三是国内绝大多数ETC项目在如何提供较高的服务质量和获取较好的经济效益方面还处于探索期，大多数项目缺乏对ETC用户需求的客观分析，关于ETC的服务费定位和道路通行费的优惠措施也处于摸索之中，用户发展速度不够理想，导致ETC车道的通行量较低，通行能力强的优势没有得到体现。四是ETC车道投资较高，大部分设备及技术均须从国外引进，不但价格昂贵，而且也不利于我国建立一个独立自主的高速公路体系。

随着我国近几年移动通信事业的高速发展，我国移动通信市场的发展速度和规模令世人瞩目，移动通信用户、移动通信网络容量及覆盖范围均达世界第一。利用现有的移动通信网络对高速公路良好的覆盖和良好的网络质量，为ETC的联网收费系统提供必要的物质保障，节省大量的网络投资，同时还可以通过移动通信网络提供ETC的服务信息，使其社会效益和经济效益均获得较大的提高。而移动通信网络中融合了计算机技术与通信技术的移动计算技术则解决了ETC收费对移动性的最直接的需求，即信息的传递、接收、汇总乃至最终的分析都必须在移动中完成这一难题。

高速公路电子不停车收费系统可以分成两个部分，第一部分是前台系统，它的功能是利用自动车辆识别技术完成车辆信息的采集，将采集的车辆、车道等信息通过移动通信网络发送到应用服务器进行处理。数据的承载可以采用GPRS、短消息或CDMA承载；第二部分是后台系统，它的主要功能是根据传送的业务数据在应用服务器完成用户在高速公路上的业务费用的计算、对用户账号进行扣费操作等。

基于移动通信网络的ETC系统在移动网络覆盖全国网络的条件下能够完全实现联网收费功能，解决目前在推广ETC应用中出现的问题。依靠成熟丰富的移动网络资源和先进的移动计费收费系统，可以减少重复投资，大大地降低ETC项目初期过高的建设成本，有利于ETC系统应用的市场推广和运营维护。总之，在我国推广高速公路ETC工程应该考虑符合我国的国情，即我国是一个发展中国家，高速公路建设起步较晚，基础设施薄弱，区域经济发展与市场需求，还有车辆用户消费能力极不平衡，为了降低成本并避免我国的高速公路建设过分依赖国外厂商技术而引发的一系列弊端等诸多因素，应充分利用现有资源，使ETC能快速推广，真正解决高速公路的发展问题。

3、车辆安全保障系统

车辆安全保障系统可以具体分为车辆辅助安全驾驶系统和自动驾驶系统。车辆辅助安全驾驶系统的目标是将路网的交通状况信息实时地传递给行驶中的车辆驾驶员，核心技术是路侧通信。目前交通信息的采集已逐步成熟，关键是如何将路网信息传递到行驶的车辆中，这点在日本、北美、欧盟已解决。我国城市间的GIS还没有开发成功，通信传输设备的研制还不成熟。

自动驾驶系统是在车上安装一个GPS控制装置，当驾驶员在装置上输入自动驾驶请求及目的地时，该控制装置将请求信息通过卫星传送到自动导航中心的计算机，计算机根据卫星测定的车辆位置，再通过卫星向车辆发送所在区域的数字地图，并根据前方交叉口交通情况选择最佳路线，还能判别周围物体的运行速度及距离，从而实现自动驾驶。

紧急救援系统可以为道路使用者提供车辆故障现场紧急处置、拖车、现场救护、排除事故车辆等服务。我国新建高速公路上，部分安装了紧急电话系统，属于应急管理系统。

4、交通监控系统

交通监控系统包括交通监视和交通控制系统。监控中心的控制系统主要有中心计算机系统、CCTV监视控制系统。CCTV监控网络有模拟、数字、模数混合3种。模拟型应用最广，在国内高速公路市场上占有较大份额。数字型通常建立在高速公路通信系统平台上，与通信技术密切相关，优点明显。模拟型是一种高性价比的解决方案，而数字型代表未来的发展趋势。模拟和数字混合型网络是一种过渡方案。CCTV技术在城市道路监控中应用是最普遍的，如北京、广州等许多大中城市都建立了全城性的城市道路交通监控系统。

视频监控在我国已有20多年的发展历史，目前已进入高速发展时期。视频结合数据的监控真正引入到交通行业，对促进我国ITS的发展无疑会起到重要作用，因为交通领域有许多的图像和数据需要采集和处理。我国ITS的发展虽然比国外晚，但是视频识别技术水平目前已接近或达到世界先进水平。未来的数据不仅仅只是通信控制的数据，应该是数据加视频加音频，是一个数据流或信息流。

2002年，高速公路隧道火灾监控系统开始应用。高速公路隧道中车速较快，交通事故引发的火灾具有突发性，很难控制和预防，急切需要火灾的早期预警及消防援助。目前国内一般都安装了火灾监控、消防、通风、照明设备。典型配置的交通检测控制与诱导设施包括闭路电视监控系统、车辆检测器、可变情报板、可变限速标志、广播系统等。

第三节　中国智能运输系统的发展现状和特点

改革开放30年来，我国的交通运输业发生了深刻的变化。特别是进入新世纪以来，交通基础设施建设成效显著，截至2007年底，全国公路通车总里程达到357.3万km，其中高速公路里程达到5.36万km，位居世界第二。按照交通部门的规划，我国公路交通实现现代化将经历三个发展阶段：第一是缓解运输紧张的“瓶颈”阶段，目前基本上已达到；第二是到2020年，是道路交通基本适应国民经济和社会发展需要的阶段；第三是从2020年到2050年左右的30年期间，是我国交通运输实现现代化的阶段。现在我们面临的是第二发展阶段，在扩大路网建设的同时，在主要国道干线及东部沿海经济发达、运输繁忙地区，以及大中经济骨干城市周边道路，首先实施ITS工程。

一、我国ITS发展及现状

目前，我国已建立并开始使用的智能运输系统包括以下几个方面：

1. 交通控制系统

我国开发的交通控制系统具有对信号周期、绿信号比和相位差实时优化的功能，不仅能够适应不断变化的交通量，以取得尽可能小的交通延误，还具有智能化的自学习功能。如山东济南市在交通“绿波带”控制中能根据十字路口车流量的大小，自动调整绿色信号灯的开启长度，达到最优配置和车流量的协调控制。

2、电子收费系统（ETC）

利用电子技术、计算机技术以及信息通信技术，通过安装在汽车上的电子标志卡（存储与车辆收费有关的大量信息，如预缴金额、车型、车主等）与安装在收费车道旁的读写收发器，通过微波或红外线进行快速的数据寄托，实现车辆的不停车收费。这不仅可以解决收费站的排队问题，而且应用它可方便实现道路拥挤收费及交通需求管理，同时还可进行交通监视、驾驶员信息采集和其他各种费用的自动收取等。目前，我国许多城市和公路的收费站正在运行ETC技术，北京自2008年12月21日零时起，区域内所有高速公路开始实行电子刷卡收费，此项举措将大大提高北京高速公路收费站通行效率，有力缓解收费站站区拥堵的状况。

3、交通信息动态显示系统

利用交通控制系统和交通信息系统，以及122报警台采集突发交通事故信息，通过道路交通显示屏发放信息，引导道路使用者合理地使用道路。目前全国已经有一些城市和高速公路上安装了该系统，收到了很好的效益反响。

4、交通监视系统（CCTV）

我国目前已经有大约5 000多个城市建立了以电视摄像为主题的交通监视系统，管理人员通过该系统监视突发交通事故，及时处理交通事故、交通堵塞和记录交通违章。有些城市的监视系统还能够根据交通量的变化来控制摄像机镜头自动指向道路拥挤或发生突发交通事故的路段，具备了一定的智能化功能。

5、交通管理系统

利用网络技术实现车辆档案、驾驶员档案、交通事故及交通违章等方面的综合管理，建立盗抢机动车信息库、车辆与驾驶员信息库，并实现数据共享。目前全国已有500多个城市车辆管理机构实现了交通管理信息的数据共享。

6、交通疏导系统

利用交通广播电台或交通寻呼台，进行交通数据广播网试点。利用调频附加信道和广播信息交换网，实现跨地区长途运输的交通信息传送。

7、交通运输安全报警系统

利用GPS和GSM功能，实现交通运输的安全报警，监管长途客车安全运行，及时制止意外（犯罪、恐怖分子等）事件的发生，保护人民生命财产安全。

8、驾驶员考试系统

利用激光技术、摄像检测以及计算机信息技术自动记录驾驶学员的驾驶过程，实施场地考试自动监测；利用检测技术、信息技术自动记录驾驶学员的道路行驶过程，实施道路考试自动监测。

9、闯红灯违章监测系统

利用照相、摄像、视频检测等手段，记录闯红灯车辆所在路口、车牌号码、发生时间等信息。我国的主要城市基本上都实现了闯红灯自动监测。

10、交通事故快速勘查系统

利用立体摄影、计算机信息和数据传输等技术，对事故现场进行快速勘查、制图，以及事故现场图像的及时传送，使指挥控制中心对交通事故进行实时的处理和指挥。

我国的 ITS 事业拥有巨大的发展空间，实施交通智能化将有力地带动汽车制造业、通信业、信息业、计算机制造业等多部门多学科的发展，有非常巨大的市场发展前景，必将成为推动我国进步与发展的又一新的经济增长点。今后我国 ITS 研究和开发的重点将主要集中在以下几个领域：

（1）根据我国国情制定 ITS 的发展战略，以城市为中心、以交通干线为纽带，逐步将现有的 ITS 各个子系统集成联网，实现数据和信息共享。

（2）道路交通综合管理系统。关键技术为交通事故管理技术、机动车信息管理技术、驾驶员档案信息管理技术及应用软件。

（3）城市交通诱导系统。关键技术为城市快速环路及干道交通的诱导和监视、停车诱导技术和系统集成技术。

（4）高速公路联网收费和不停车收费系统。关键技术为自动车辆识别技术、专用短程通信技术和收费系统安全技术。

（5）智能控制和管理系统。关键技术为智能算法、交通事故自动识别和系统集成技术。

（6）交通信息服务与车载路径导航系统。关键技术为交通信息采集与处理技术、交通信息发布技术。

（7）货物运输信息化与提高商用车辆综合效率的管理系统。关键技术为货运信息系统、货物跟踪调度系统。

（8）安全和事故预防系统。

总之，通过政府、企业、科研机构的多年努力，我国在 ITS 领域各个方面取得了较大进展，培养了一批从事 ITS 研究开发的技术人才，一批 ITS 工程中心、研究中心、企业迅速成长起来，其产品已具有一定的市场竞争力。

今后，随着中国智能交通协会的成立，相信未来通过各有关部门、地方政府的积极配合，各相关企业、研究院所的积极参与，我国的 ITS 必将取得长足的发展，ITS 产业必将对促进国民经济可持续发展做出重大贡献。

二、我国发展 ITS 的特点

我国作为发展中的一个大国，其各个地区的地理、人文、经济及交通基础设施都存在着很大的差异，这造成了我国的智能运输系统具有许多与其他发达国家不同的特点，这些特殊性主要体现在以下几个方面：

1、ITS 与基础设施同步发展特点

发达国家与我国开发和应用 ITS 的条件不同。发达国家已经建成了四通八达的高速公路网，城市基础设施的建设基本完成，交通管理也比较完善。而我国的交通基础设施建设正在大规模的建设之中，人均占有的高速公路里程与发达国家相比还有很大差距，因此，我国的高速公路建设还将持续相当长的时间。我国的城市基础设施也正处在建设进程中，发达地区农村的城市化进程刚刚开始。这就提供了发展 ITS 的有利条件，即在我国道路基础设施建设的同时，将 ITS 的基础设施统一规划、同步建设。

2、ITS 的学习和创新特点

ITS 是由发达国家提出和率先实施的，并已积累了较丰富的实践经验。因此，我国 ITS 的发展应在国外已有成果和经验的基础上规划和发展，同时还应清楚地认识到我国交通状况的特点，坚持发展适应中国特点的 ITS 事业。只有经过有目的的、有规律的引进和改进国外的技术和产品，并且根据我国的国情进行再开发和创新，进而研制适合我国国情的智能交通系统及产品才是我国 ITS 发展的必由之路。

3、分地区、分阶段发展的特点

我国不同地区的社会和经济发展水平以及技术水平不平衡，东西部差距较大，交通基础设施差异也较大。这就决定了我国 ITS 的发展将是分地区、分阶段发展的。

4、ITS 产品近期的应用特点

正是由于我国 ITS 与基础设施建设同行，近期内使用 ITS 产品最大的用户将是基础设施建设的投资者。又由于我国的信息化水平和国民购买力相对较低，因此，在开发和推销用于出行者的个性化设备等 ITS 产品还需要一个发展阶段。

5、适应管理体制的特点

我国目前还没有类似于国外统管大交通的运输部，虽然 2008 年民航并入原交通部成立交通运输部，但是与交通运输相关的铁道、建设、公安等管理

部门 ITS 涉及的行业领域较多，只有与管理体制相适应，才能保证我国 ITS 通过交通运输系统与交通参与者的信息交互，达到人、车、设施、环境、服务的整体协调运作。

6．适合国情的ITS技术发展模式

我国ITS的技术发展模式必须从国情出发，借鉴欧美和日本的成功经验，而不是一味地照搬。因此，我国ITS的技术发展模式的原则在于：

（1）跟踪世界高新技术发展，及时掌握最新技术，慎重选择技术路线，大胆采用新技术。

（2）ITS的技术发展应采用综合集成模式，即政府组织专家制定ITS研究的目标与规范，根据技术的发展及不同地区市场需求，多层面地进行研究开发，走产、学、研相结合的道路。

（3）ITS的技术发展要有选择、有步骤地对有共性的关键技术进行攻关，并紧密与工程相结合。

（4）ITS 技术攻关成果用于示范工程，解决交通所面临的关键问题，同时考核攻关成果的实际应用水平，以利用更大规模的推广，推动我国ITS产业的发展。

（5）ITS 技术开发应在整体系统框架的指导下进行，注重各子系统的衔接。

第四节　智能运输系统在现代物流中的应用

随着信息技术的发展，人们对物流的要求越来越高，不仅要求货物的安全、准时运送，还要能够提供给各种货物的有关信息，并对货物的在途状态进行很好的控制。以顾客满意为目标的现代物流要想实现上述功能就必须做到两个方面。一方面，保证货物安全、准时、迅速、低成本地运达目的地；另一方面，要对货物进行有效的控制，及时获取货物的在途信息。智能运输系统的运用为现代物流的发展提供了技术支持和保障，在现代物流系统中引入ITS，将现代物流活动和智能运输系统技术紧密地联系在一起。

一、智能运输系统与物流运输

智能运输系统的主要目标就是比以往更广泛地上将信息技术运用到物流运输系统，以及利用最新的有用信息将驾驶者、车辆、道路设施集合成为一个广泛的综合系统。运输是物流的一个重要环节，智能运输是物流运输所追求的，有利于科学组织物流运输，实现实时运输跟踪，提高物流运输的准确性、及时性和安全性，智能运输的发展将大大促进现代物流业的发展。

在物流领域，多频度、小数量运送和及时（Just-In-Time）运送的顾客物流需求使得货物运送的频度大大增加，配送的时间规定也越来越严格。在这种环境下，目前一些发达国家的大型道路交通运输企业，利用通信卫星、GPS 和数字式电子交通地图建立最佳车辆调配系统。该车辆调配系统根据车辆所在位置、装载情况和运输货物的要求（运送目的地、到达时间、货物大小等）自动选择最佳的货物运送路线，并把最佳货物运送路线表示在数字式电子交通地图上。该系统对提高车辆的装载效率，对车辆驾驶的动态管理，对提高物流服务水平起着重要作用。然而，该系统成立的一个前提条件是最佳运送路线的道路交通是畅通的，如果在最佳运送路线上出现交通阻塞，则通过最佳车辆调配系统得到的最佳运送路线就不成为最佳运送路线了。因此，需要建立一个具有反映道路使用状况，向道路利用者提供道路信息，扩大现有道路通过容量等功能的 ITS 道路交通信息系统。ITS 是目前提高交通运输效率和安全性的主要手段，它集信息处理、通信、控制以及电子技术等最新的科技手段，应用于交通运输网络中，解决物流运输对地理空间信息和城市道路交通状况的依赖性，提高整个物流系统的效率、效益和安全。

二、ITS 技术对现代物流的重要影响

ITS 技术应用于现代物流中的运输和配送活动，可以大大提高物流服务水平，降低物流成本。ITS 作为物流信息平台可以在很多方面为物流提供服务，不仅可以提高运输的效率和安全性，也可实现对货物的有效控制，更好地满足顾客需求，最终实现物流的效率化和最优化，得到物尽其用、货畅其流的目的。具体体现在以下几个方面：

1．实现物流的畅通

在物流运输和配送过程中，往往由于物流车辆的驾驶员对路网中的交通拥挤、交通事故（如灾害、事故、重大事件的交通管制等）等信息不能及时获取，导致货物在途的时间延长以及道路的通行能力急剧下降，从而出现物流成本上升、效率下降、服务水平降低、环境污染加重等一系列问题。据统计，美国由于交通延误导致的经济损失每年可达 1 000 亿美元。随着我国经济的发展，每年由交通延误导致的经济损失也在逐渐增加，交通运输的瓶颈严重地制约着我国物流业的发展。通过对 ITS 技术的应用，可及时有效地为物流运输的驾驶员提供实时的交通信息，使他们避开拥挤的路段来尽快完成运输和配送任务，从而实现物流的畅通，同时也有助于提高路网的通行能力，减少交通阻塞的发生。

2、实现物流能耗的降低和物流快速化

当驾驶员在获取有关路段交通信息后，为避开拥挤路段，需要及时地调整其行驶路线以便在客户需要的时间内尽快完成任务，如果没有 ITS 技术的支撑，几乎不可能对物流车辆进行实时的配送路径规划和诱导，这样就不可避免地导致由于运输路线的不合理（例如配送中的迂回运输）而造成物流能耗的增加，更严重的是，有可能由于货物在途时间的增加而致使货物不能按期送达客户，由此产生物流服务信誉危机问题。通常，在同样的情况下，通过动态诱导的驾驶员平均比未被诱导的驾驶员要少用 10%的行驶时间。因此，在现代物流中应用 ITS 技术有利于降低物流的能耗和实现物流的快速化。

3、实现物流的安全性

物流安全性的实现对提高物流的效率和服务水平有着重要的作用。ITS 技术最大的贡献之一就是为车辆的安全行驶提供了保障，运输车辆的安全行驶是物流安全性的基础。利用 ITS 技术，物流管理者可以通过车辆跟踪和定位，从而实时地对在途的车辆和货物进行监控，及时了解车辆的运行状况，这样使物流管理者容易实现对物流的全程跟踪，利于保证运送货物的安全性，也利于对驾驶员进行监督。此外，当在途车辆或货物出现意外情况时，能使物流管理者根据监测到的信息迅速做出应对决策，使物流损失减到最低限度。

4、有利于提高物流效率

物流快速化和实时调度是提高物流效率的有效途径。随着消费者消费观念的变化，物流的需求呈现出个性化和多样化的趋势，要求实现多品种、多频次和零库存的物流服务，传统的物流技术很难实现，ITS 技术对这一要求的实现提供了新的思路。ITS 技术实现了安全、快速、高效的运输，这为物流“零库存”的管理模式准备了条件；物流管理者对运输车辆的实时调度能充分满足消费者对物流需求适时变化的需要，例如，物流中心根据货物配载系统提供的信息为在途车辆提供货源信息，以降低车辆的空返率；再如，当消费者对已发货物的需求有变动时，物流中心借助于 ITS 技术可对需要改变行程的车辆进行及时调度，以便在消耗最低的情况下尽可能提高物流效率等。因此，ITS 技术从根本上说有利于提高现代物流的效率。

三、ITS 在现代物流中的应用

综合运用 GPS、GIS、RS 技术等多种现代信息化技术的智能运输系统，在现代物流中得到了迅速发展。ITS 技术在现代物流系统中广泛应用，目前，

ITS 为现代物流提供的应用主要集中在物流配送管理和车货集中动态控制等方面。具体如下：

1、ITS 应用于信息的及时传递

ITS 技术中先进的交通管理系统和交通信息服务系统，能够实时收集、分析道路交通信息，并通过对相关交通信息的分析、传递和发布，使得现代物流系统能够根据变化的交通状况为物流业提供到达目的地的最佳路线信息系统。同时，能够为驾驶员提供各种查询信息，灵活、方便地选择车辆道路交通网上任何起迄间的最佳行车路线和行程时间，使物流过程方便、快捷。图 7-2 为天津某物流公司的 ITS 车辆管理信息系统。

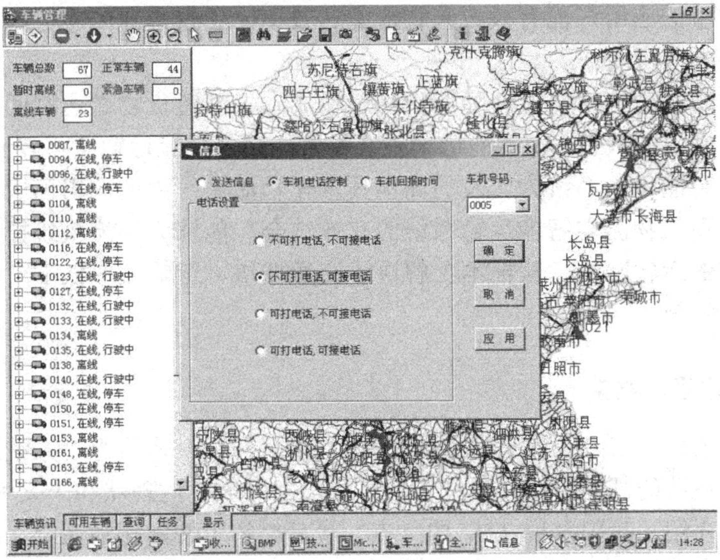

图 7-2 ITS 车辆管理信息系统信息发布

2、ITS 应用于车辆的动态控制

ITS 技术中的车载导航系统和车辆跟踪信息系统，可以对车辆位置状态进行实时跟踪，可向物流企业甚至客户提供车辆预计到达时间，为物流中心的配送计划、仓库存货战略的确定提供依据。车辆的实时定位，有助于物流控制中心在任意时刻查询车辆的地理位置并在电子地图上直观地显现出来，动态掌握车辆所在位置，可帮助物流企业优化车辆配载和调度，使得企业能够更好地对运输车辆进行管理。

3、ITS 应用于货物的实时监控

货主可以通过 ITS 物流信息平台中监控中心的信息，对货物的动态情况进行跟踪、调度管理。借助电子识别系统与网络技术，使运输中的货物可通

过一个号码或特别的信息加以区别，方便运输途中时间及地点的跟踪与监控，还可以与其他系统衔接，用于控制物流中运输、转运、代销和存储过程。通过对货物的实时跟踪，能够准确获取货物的在途信息，并对贵重物品的运送进行很好的监督与控制，有利于物流系统对货物的有效传送。

4、ITS 应用于物流配送

利用 ITS 新技术后，使物流配送与现代物流中心、生产、用货单位及交通监控中心的联系更加紧密，大大提高了信息反应速度，增强了供应链的透明度和控制能力，为物流过程中的信息流提供了通道，统一管理物流的配送可能性加大，提高了整个物流系统的效益、安全和客户服务水平。ITS 技术在物流配送中的应用，能有效改善物流配送效率，使得快速响应、准时配送的优秀服务成为可能。

现代物流运输需要能够降低货物运输成本，缩短货物送达时间，随时掌握货物在途中的状态。而智能运输系统恰恰能满足物流运输这些方面的需求。因此，以智能运输系统为代表的高新技术在物流系统中的应用已成为一个必然趋势。现代物流与智能运输系统的有效结合，能够为物流系统提供一个快捷、可靠的运输网络，从根本上解决了交通拥挤、运输效率低下、安全性不高等许多问题。

【本章小结】

本章主要介绍了智能运输系统（ITS）的兴起、基本概念，系统地介绍了智能运输系统的基本组成，详细介绍了我国发展 ITS 的现状和未来发展方向，同时重点介绍了我国发展 ITS 的特点，最后介绍了智能运输系统在现代物流中的应用。

【案例】

智能运输系统在我国的应用实例

一、北京的 ITS 建设

北京市智能交通系统建设一直处于国内城市智能交通系统发展的前列，但与国际先进水平相比还有一定的距离。尤其是承办 2007 年 ITS 世界大会和 2008 年奥运会，对北京市智能交通系统提出了更高的要求和更大的挑战，这促使北京进一步全面推进智能交通系统建设。近几年来，为适应城市可持续发展和高效服务北京奥运的需要，北京市投入巨资建立了智能交通十大应用系统，大幅度降低了交通拥堵和交通事故发生率，使交通管理达到了国际一流水平。

1. 交通综合信息平台与服务系统

交通综合信息平台是北京市智能交通系统的支撑层，是连接其他 9 个应用系统的枢纽，负责全市综合交通运输系统信息的存贮、处理和发布，是北京市智能交通系统的核心建设内容。该平台于 2007 年之前完成了一期工程建设，可以实现向政府交通管理部门提供决策支持，向社会公众提供多方式、全方位的交通信息服务，为 2008 年奥运会的成功举办创造了条件。

2. 交通流信息采集、处理/分析、发布系统

北京市实时动态交通流信息的采集、处理/分析、发布系统示范工程已经完成，系统按照使用对象的不同可分为对内显示子系统和对外发布子系统，对内显示子系统的用户为交通管理者，作为管理和决策依据。对外发布子系统的用户为出行者，系统将有关的交通信息通过交通广播电台、电视台、显示屏以及大型路侧可变情报信息板等形式发布，供出行者参考，实现对车辆的交通诱导。

3. 智能交通信号控制系统

系统通过埋设在路口的交通流检测器采集到的交通流信息，对路口交通信号进行实时优化，自动调整红灯和绿灯时间，可以实现单点的感应优化控制、干线绿波协调控制和区域优化协调控制。能够通过合理调整车辆通行时间来优化车辆在道路空间的分布，大大提高了路口、路段的放行效率，使得通过交叉口时间大大减少，路网综合通行能力提高了 15%。另外，在奥运中心区内的信号灯控路口，还首次增加了行人过街绿灯倒计时和盲人语音提示功能，最大限度地提供人性化服务。今后还将实现公交车、救援车辆以及特种勤务车辆的信号优先控制。

4. 停车诱导系统

北京市智能停车诱导系统主要包括两方面内容，一是通过电子设备实现对车辆的停车自动收费、自动计时等管理。二是通过停车诱导和停车信息发布，引导驾驶员寻找并抵达可提供停车服务的区域，避免车辆因为寻找停车位在道路上的空驶，减少因停车难而产生的拥堵、能源消耗和环境问题。目前，北京市第二套停车诱导系统已在西单商业街建成，未来将在金融街、中关村等首都繁华地区也将建设停车诱导系统。

5. 客运枢纽站运营调度管理与乘客信息服务系统

利用客运枢纽站运营调度管理与乘客信息服务系统，可实现公交车、地铁、出租车、长途车等多种运输方式的统一调度和换乘，为乘客提供购票和发车班次、换乘信息查询，实现高效率、高品质的交通运转。北京动物园公

共汽车枢纽站运营调度管理与乘客信息服务系统示范工程已于2004年7月正式启用，实现了枢纽站内运营车辆的实时优化调度，是国内公共交通行业第一个拥有智能调度系统的大型综合性枢纽站。它的启用，能实现乘客的集中、立体化换乘，有效缓解周围一带的交通拥堵状况。北京六里桥综合客运主枢纽建立的信息系统包括运营管理和综合信息服务两方面主要内容，实现各种运输方式的协调统一调度管理和换乘，通过信息引导、信息发布为乘客提供通过互联网、电话等方式的购票，到发班次、换乘信息查询。

6. 公交区域运营组织与调度系统

公交区域运营组织与调度系统从根本上改变“一线一调”的传统调度方式。通过对区域内公交车进行统一组织和调度，提高公交线路的调配和服务能力，实现区域人员集中管理、车辆集中停放、计划统一编制、调度统一指挥，人力、运力资源在更大范围内的动态优化配置，降低公交运营成本，提高调度应变能力和乘客服务水平。从2002年开始，北京市已经开展公共交通区域运营组织调度示范工程的研究和建设，选定十一条线路的调度实体，示范工程于2005年完成。

7. 南中轴路大容量快速公交智能调度系统

目前，大容量快速公交系统运量大、服务效率高，较之轨道交通建设周期短、投资省而受到了普遍关注。北京市南中轴大容量快速公交系统于2004年年底试运营。通过智能化的调度和信号优先手段保证车辆的快速、准点运行，通过方便的售检票系统和完善的乘客信息服务保证服务质量。

8. 公交车救援调度系统

2003年年底，北京市公交集团已经为50辆救援抢修车安装了GPS定位设备和GSM语音电台，在国内交通行业率先实现了抢修救援服务的流程自动化，初步实现公交救援的智能化。通过对事故车辆的快速抢修，可以减少因公交车事故给乘客带来的不便，并减少由此产生的交通拥堵。采用该智能调度系统，实现了从救援请求到救援车到达现场时间平均提高了30%以上，救援车的平均利用率提高了约15%，公交系统应对重大事故和重大事件的响应能力明显提高。

9. 出租车智能指挥调度系统

北京市出租车智能指挥调度系统是以GPS为基础，乘客可以通过电话或者网络叫车，通过智能调度平台实现预约服务和快速派车，实现出租行业的品牌竞争。由此乘客可以得到更加安全、舒适的乘车环境和高水平服务，空驶率的降低可以释放宝贵的道路资源，缓解交通拥堵。

10. 高速公路不停车收费（ETC）系统

通过安装在汽车上的电子标志卡与安装在收费道旁的读写收发器，进行快速数据交换，实现车辆的不停车收费，不仅可以解决收费站的排队问题，而且还可以进行交通需求管理，进行交通监视、事件检测、驾驶员信息采集和各种费用的自动收取等。自 2008 年 12 月 21 日零时起，北京市区域内所有高速公路开始实行电子刷卡收费，这是继高速公路不停车收费系统开通后的又一项重要举措，这项举措将大大提高高速公路收费站通行效率，有力缓解收费站站区拥堵。此次实施的高速公路联网电子收费系统是国内首次按照电子收费国家标准和相关规范建设的项目，也是京津冀高速公路联网电子收费示范工程中率先实施的试点工程。系统应用的是组合式联网电子收费技术，系统为用户提供了电子不停车收费和人工刷卡收费两种电子付费方式。北京市区域内 15 条高速将有 87 个电子不停车收费专用通道，还有 1 206 条收费通道可供人工刷卡和现金交费。

二、上海的 ITS 建设

1. 上海的智能运输建设

上海在客货运输、行业管理、交通信息服务、交通规划方面开发了一批在国内比较先进的信息应用系统，如交通地理智能查询系统，公交、出租、危险品运输车辆 GPS 调度系统，轨道交通运营管理系统，交通“一卡通”信息管理系统等。同时，智能交通网络化发展也十分迅速，“上海交通网”集市域交通与对外交通信息于一体，成为上海门户网站的重要组成部分，也受到广大市民和国内外旅客的欢迎，约有七成单位建立了局域网，一半以上单位实施办公自动化。

在“十五”期间，上海交通信息化通过有效利用现有资源，量力而行，适度开发，完成面向社会市民的服务信息系统、面向管理部门的行业管理信息系统和面向市场的企业经营信息系统。建设交通基础数据库、城市交通数字化 GIS、无线电通信平台和应急指挥 GPS 应用平台，有效提高了城市交通运营水平。

上海市在公路管理信息化建设中，加强协调，统一标准，公路地理信息系统的开发和应用硕果累累，在全国处于领先水平。上海公路地理信息系统是一个以 GIS 为平台，以上海市公路管理业务为信息来源，覆盖公路管理各方面业务的信息管理系统。该系统以上海公路设施数据库为核心，实现公路设施管理信息的采集、存储、分析与应用，为公路规划、建设、管理、养护、路政、规费征收等工作提供包括图文等各种信息在内的一体化信息与决策支持。整个系统包括 GIS 三级网、公路设施管理系统、路政管理系统、最佳路径选择及规划、建设、监管、征收等网上查询子系统。

系统已在该市公路管理处和全市各区县公路管理处实现远程信息联网，

并通过局域网实现内部办公自动化。为保证数据的准确性和数据更新的及时性，专门引进了路况检测车、落锤式弯沉车、路面雷达以及交通流量实时自动采集等快速检测设备，确保数据每年更新一次，并对所有公路进行使用后的评价，为设计、使用、养护维修对策及费用决策提供辅助决策功能。同时，利用这些先进的检测设备和公路地理信息系统来进行一年两次的公路养护检查，大大提高了检查评比的客观性和科学性。该系统还可通过互联网与上海门户网站连接，实现网上查询、政务公开。路政人员实行网上审批，提高了办事效率。市民也可通过网络直接在地图窗口上查询在时间最短、桥梁限载、施工路段等多种限制条件下的最佳路径，方便出行时参考。

目前，上海公路地理信息系统正在作进一步升级，以适应世博会的交通需要，增加地下管线、绿化管理系统、路政巡视车 GPS 定位等内容，未来系统将更为科学、灵活和实用。

2. 上海道路货运交易信息系统

该系统是交通部在上海的骨干枢纽站信息平台和上海物流信息平台的专业子平台，已完成与外省市道路运输信息网的连接，为全国各地车辆来沪运货进行分拨中转，并开发仓储、卫星定位、电子商务、泊车导引、汽车救援等延伸服务功能。

该系统以道路货运中心为主体，发挥 Internet 的数据传输优势，构筑网络下交易管理体系。系统的主要功能有：车源发布、货源发布、信息查询、配对查找、意向交流、确认成交、会员资格管理、车辆认证管理、统计决策支持、道路运输综合信息发布、系统网络支持管理等。2002 年初，系统在上海市道路货运北方交易市场试运行成功。

上海市物流园区、货运中心的相关道路货运信息全部与上海市道路货运交易信息平台联网，实现资源共享、网上交易，从而大幅度提高了上海市道路货运效率，推进物流发展。

上海市陆上货运交易中心设立了拥有 100 多个交易席位和大屏幕电子显示系统的交易大厅以及联合服务大厅，并通过上海市道路货运交易信息系统，和上海市西北、南方、西南等区域性交易市场联网运行。注册用户可通过上网、刷卡、触摸屏、呼叫电话 4 种方式发布和查询各类货源、运力信息，进行网上竞价交易和网下自由交易。

3. 上海公交智能 GPS 监控系统

为提高公交车尖峰时调度效率，上海公交行业内规模最大的巴士集团，引进功能最完善的大屏幕公交智能监控系统投入运用。目前这样的智能设备已覆盖了上海市内环线内的 230 条公交路线、5 000 多辆公交车。

智能公交系统中的公交路线采用的是 GPS 卫星定位系统技术，可对公交路线实施智能化调度。透过集团下属公交调度中心大屏幕显示的公交车运行状况，调度人员可即时监视所有受控公交车的具体运行位置、运行轨迹、行进速度及方向等有效信息。根据定时从 GPS 取到的定位数据，计算车辆位置和车辆到站时间。如果接近站点，并且开始减速，系统可自动报进站；当车离开站点，并且速度再增加时，自动播报离站信息。

透过大屏幕监控系统，调度中心在电子地图上若发现站点上乘客积压太多，马上就可加增派车辆疏运。尤其在大型活动或赛事时，对周边地区公交路线的调整、车辆增补等情况一目了然，极大地提高了公交车的营运效率。

三、青岛市交通信息化工程

青岛市在建设交通信息化工程中，重点围绕并贯彻“科技兴交”战略，把握信息化发展机遇，从交通事业腾飞大局出发，以信息化带动交通的跨越式发展，取得了重大进展。

1. 交通电子政务系统

系统为 B/S 三层架构，系统中心采用光纤宽带 IP 方式联入通信公司专用服务器及交换设备，外单位通过 ADSL 宽带与中心服务器相连，形成了全市交通系统布局合理、统一完整的政务宽带网络平台。系统采用先进的网络技术，结合 VOIP 技术，建立了交委对外进行电子政务示范工程，实现办公自动化、文档管理、领导辅助决策、政务信息发布、网上热线投诉服务、网络办公、业务审批等功能。

2. 交通投诉服务热线信息系统

应用呼叫中心技术，结合最新的计算机电话集成（CTI）技术和客户关系管理（CRM）最新理念搭建呼叫中心（Call Center）系统。为用户提供迅速、准确的咨询信息以及业务受理和投诉等服务。

3. 青岛市智能公交调度系统

该系统采用先进的 GPS 全球定位技术、GPRS 无线通信技术、GIS 地理信息系统技术、WAP/WEB 查询技术、嵌入式系统开发技术、大型数据库技术和公交优化调度数据模型等技术，使整个系统的实用性、信息交互的实时性、人性化都达到了很高的水平，大大提高了青岛市公交管理水平和服务水平。

4. 公交非接触式 IC 卡收费管理系统

以 IC 卡作为电子收费的货币形式，通过车载收费机对 IC 卡实现近距离操作完成对乘客的乘车消费结算。该系统在青岛公交集团成功运行 3 年半的时间内，建设 IC 卡数据处理中心 1 个，34 个售卡充值点，安装车载机 2 800 余台，发卡 120 万张，日刷卡 90 万次，成为全国最大的公交 IC 卡收费管理系统之一，并将在青岛市一卡通（如公交、轮渡、出租、地铁等）系统中发挥主导作用。

5. 青岛公交信息管理系统

该系统包括公交公司的网络系统和经营管理等诸多信息的管理软件，是国内公交企业首批开发、应用的信息管理系统之一，是在公交公司原有管理经验的基础上，将一些新的管理经营理念与计算机网络技术结合起来，应用到企业的经营管理事务中，实现了企业的全方位电子化管理。企业的各种经营管理数据都纳入了大型网络数据库中，各部门和公司领导对各种经济技术指标可进行快速查询，各种技术曲线和数据报表为领导进行决策提供了可靠的信息保障。

6. 运政管理、规费征收网络管理系统

这是针对运政管理、规费征收、票据管理、会计管理、报表管理及汇总查询等需求开发的一套软件系统。系统的应用极大地提高了运输管理部门的管理效率。

青岛市高速公路信息化管理系统由交通监控系统、通信系统和收费系统三部分组成，可以实现对高速公路路况、车流量、气候信息等的监控以及对通过车辆的收费。

"十一五"期间，青岛将陆续建成交通信息交互中心、城市公交智能信息系统、道路交通指挥系统、高速公路不停车收费系统、长途客运智能营运系统、港航信息系统、物流智能化系统共七大城市智能化交通调度系统，使市民出行和货物运输更加方便快捷。

四、广州市 ITS 的发展

近年来广州市政府为了改善交通拥挤状况，投资连年递增。地铁工程、内环路工程都是投资额以十亿元计的大工程。同时市政府还下大力气开展智能交通系统建设。

1. 交通控制与指挥系统

广州市建立了交通控制系统，大部分路口实现信号控制，还建立了设备先进的交通指挥中心，应用地理信息系统，以城市交通电子地图为基础，实时显示路网通行状况、设备工作状态、警力布置情况等各类交通管理信息，并通过人工决策、计算机辅助决策与专家系统智能决策相结合，实现区域交通的协调指挥及快速反应。

2. 交通管理信息网络

全市交管部门联网，并结合内环线和地铁建设，建成了城市主干光纤网。在各交通管理职能部门之间建起了主干 4G、各主要节点 2G 带宽的千兆以太网络平台。在控制中心，采用磁盘阵列建起了高可靠性的数据仓库，采用高性能的小型机处理各类交通管理业务，并应用 Cluster 技术实现对数据仓库的共享。

3. 路面交通状况监视与监测

建立了闭路电视监视系统、电子警察（交通违章监摄管理系统）和路面车流监测系统。广深高速等也建立了闭路电视监视系统。其中广州的闭路电视监视器为 87 个，路面传感器为 148 个，基本覆盖了全市的主要路口。

4. 交通诱导与信息发布

广州市建立了羊城交通广播电台，利用闭路电视监视图像和交通信息员的路面情况报告，每 15min 发布一次道路信息，对城市交通的诱导起到重要作用。交通台不仅具有重大的社会效益，而且还有较大的经济效益。广州市还利用闭路电视监视图像和交通台动态信息数据库成功地实现了基于电子地图和 Internet 的动态交通信息发布应用示范，开发了从数据采集到数据传输到 Internet 发布的整套软件系统。

5. 城市道路不停车收费

1997 年，广州市实施全市路桥“一卡通”不停车收费推广工程。系统于 1999 年 1 月 1 日投入运行，截止到 2007 年已开通不停车收费车道 39 条，面向社会发行电子标签约 14 000 个，不停车收费车道累计车辆通过为 20 000 000 次。

6. 城市公共交通信息管理及城市间客运汽车跟踪

广州市公交公司应用了公共交通综合管理系统。该系统由局域网和城市网组成，以中心数据库为核心，集成了公交企业常规管理的 13 个系统，使用 VB 开发工具建成一套技术先进、功能完善、实时性强、操作方便的公共交通 MIS 系统。广深高速客运汽车进行了 GPS 跟踪应用示范。

7. 建立了货运信息管理平台

集装箱货物信息管理系统应用于黄埔集装箱公司及码头。该系统通过电子报文的传输后，交换、规划、组织和控制货物集散、配载、中转、储运等各个环节的信息流通，达到加快货物流转速度，降低运输成本的目的。

8. ITS 的发展规划研究

由市交委、市科委、市建委、市公安局等有关部门组成课题组，完成了广州市智能交通系统建设 2010 年发展规划的研究。目前，科技部正安排国家级 ITS 专家在此研究的基础上，编制广州市 ITS 体系机构，指导广州市完成 ITS 2010 年发展规划。

下一步，广州市将重点开发以下智能交通系统。一是先进的交通管理系统，包括车辆图像识别自适应信号控制系统；基于减少能耗和污染的交通信号优化控制系统；公交优先信号控制系统。二是先进的交通信息服务系统，包括交通信息双向传输技术；动态路径诱导系统。三是先进的公共交通系统，包括公共交通车辆自动调度系统；无接触式自动检票系统；公共交通行驶信息引导系统。四是先进的公路交通系统，包括不停车收费系统；事故紧急救援系统。五是先进的车辆控制系统，包括行车安全报警系统；行车自动控制系统。六是先进的物流及交通系统，包括物流信息调度管理系统；物流最佳集配系统。

【复习思考题】

1．什么是智能运输系统？

2．简述美国智能运输系统的主要组成内容。

3．试述我国 ITS 的发展现状。

4．简要回答我国发展 ITS 的特点。

5．智能运输系统在现代物流中有哪些应用？

参 考 文 献

[1] 赵龙强，张雪凤．数据库原理与应用[M]．2 版．上海：上海财经大学出版社，2008．

[2] 严余松．物流信息与技术[M]．成都：西南交通大学出版社，2006．

[3] 蔡淑琴．物流信息系统[M]．2 版．北京：中国物资出版社，2005．

[4] 张铎，林自葵．电子商务与现代物流[M]．北京：北京大学出版社，2002．

[5] 崔介何．电子商务与物流[M]．北京：中国物资出版社，2006．

[6] 张立云，邵武军，张红雨．计算机网络基础教程（修订本）[M]．北京：电子工业出版社，2006．

[7] 彭澎，吴震瑞，等．计算机网络基础[M] 3 版．北京：机械工业出版社，2008．

[8] 邓爱民，沈文．国内外物流经典案例[M]．北京：人民交通出版社，2001．

[9] 唐纳德 J 鲍尔索克斯，戴维 J 克劳斯．物流管理[M]．林国龙，宋柏，沙梅，译．北京：机械工业出版社，2002．

[10] 方美琪．电子商务概论[M]．3 版.北京：清华大学出版社，2009．

[11] 中国物品编码中心．条码技术与应用[M]．北京：清华大学出版社，2004．

[12] Michael N DeMers．地理信息系统基本原理[M]．2 版．武法东，付宗堂，王小牛，等译．北京：电子工业出版社，2001．

[13] 吴信才．地理信息系统设计与实现[M]．2 版．北京：电子工业出版社，2009．

[14] 陈述彭，鲁学军，周成虎．地理信息系统导论[M]．北京：科学出版社，2005．

[15] 李东．管理信息系统的理论与应用[M]．3 版．北京：北京大学出版社，2007．

[16] 黄卫，陈里得．智能运输系统（ITS）概论[M]．北京：人民交通出版社，2001．

[17] 李作敏．交通工程学[M]．2 版．北京：人民交通出版社，2004．

[18] 江锦祥．计算机网络与应用[M]．北京：科学出版社，2003．

[19] 江锦祥．物流与电子商务[M]．北京：人民交通出版社，2003．

[20] 何明珂．物流系统论[M]．北京：高等教育出版社，2004．

[21] 刘志学．现代物流手册[M]．北京：中国物资出版社，2001．

[22] 张铎．电子商务物流管理[M]．北京：高等教育出版社，2003．

[23] 张树山．物流信息技术与应用[M]．北京：国防工业出版社，2006．

[24] 李卫平．智能交通技术应用[M]．北京：人民交通出版社出版，2006．

[25] 方轮．物流信息技术与应用[M]．广州：华南理工大学出版社，2006．